金融会计

主　编◎沈惠霞
副主编◎白　雪　王立群　邓爱平

FINANCIAL
ACCOUNTING

北京师范大学出版集团
安徽大学出版社

图书在版编目(CIP)数据

金融会计/沈惠霞主编. —合肥:安徽大学出版社,2023.8
ISBN 978-7-5664-2659-8

Ⅰ.①金… Ⅱ.①沈… Ⅲ.①金融业－会计－高等学校－教材 Ⅳ.①F830.42

中国国家版本馆 CIP 数据核字(2023)第 128554 号

金融会计
JinRong KuaiJi

沈惠霞　主编

出版发行:	北京师范大学出版集团 安徽大学出版社 (安徽省合肥市肥西路3号 邮编 230039) www.bnupg.com www.ahupress.com.cn
印　　刷:	安徽利民印务有限公司
经　　销:	全国新华书店
开　　本:	787 mm×1092 mm　1/16
印　　张:	29
字　　数:	607 千字
版　　次:	2023 年 8 月第 1 版
印　　次:	2023 年 8 月第 1 次印刷
定　　价:	75.00 元

ISBN 978-7-5664-2659-8

策划编辑:姚　宁　邱　昱　　　装帧设计:李　军　孟献辉
责任编辑:姚　宁　　　　　　　　美术编辑:李　军
责任校对:方　青　　　　　　　　责任校对:陈　如　孟献辉

版权所有　侵权必究
反盗版、侵权举报电话:0551—65106311
外埠邮购电话:0551—65107716
本书如有印装质量问题,请与印制管理部联系调换。
印制管理部电话:0551—65106311

前 言

近年来,电子信息技术发展迅速,为满足金融服务便捷、安全的要求,我国对一系列金融基础设施、核算系统进行了升级改造或重建,金融会计核算的技术方法随之发生巨大变化;加之我国金融机构种类繁多,如银行、证券、保险等,金融业务复杂程度提高,金融会计如何核算与监督各类金融机构的业务活动和财务收支,如何在教材中描述各项业务的复杂性和技术手段的差异性,成为金融会计理论研究与教学需要面对和解决的问题。为此,在本书编写过程中,作者团队深入走访多家金融企业,搜集最新金融会计实务操作资料,邀请多位金融会计行业精英进行座谈、讨论,并结合自己长期从事金融企业会计教学经验,反复推敲直至定稿,力求简练、真实地反映最新金融会计实务。

本书注重电子信息化、网络化的会计核算背景,作者作了较多探索、创新与尝试,与目前公开发行的同类教材比较,本书具有以下特色。

第一,内容大幅度更新,切实反映金融会计实务发展的现状。教材在内容安排上,紧跟金融会计实务的发展,编写时依据企业会计准则、应用指南、解释公告等会计法规,以及《中华人民共和国民法典》《中华人民共和国商业银行法》《中华人民共和国保险法》《中华人民共和国证券法》和银行会计制度、银行财务制度、银行业务操作规程等金融法律法规,使得每一项业务描述均有法律法规依据,摒弃了以往教材中已经过时废止的制度、规定、做法,如手工联行的科目和内容;注意法律法规的时效性,依据《中华人民共和国民法典》对担保法律制度作了相应修改;增加了现行电子网络时代业务处理模式与方法,如电子商业汇票、支票影像交换、国内信用证业务核算处理手续等;对金融业务核算也全部采用新技术、新方法,如集中核算模式、按日匡计利息等;增加了买断式贴现与回购式贴现、转入转贴现与转出转贴现、福费廷、营改增后银行利息等收入的价税分离会计处理等内容,填补了教材空白,力求真实、全面地反映我国金融会计的现状,理论紧密结合实际。

第二,体例有所创新,探索满足多专业选修本课程的知识储备。本书在体例安排上作了一些新的尝试,根据现代金融教育和人才培养要求,每一章均从知识、能力和素质三个维度设定明确的学习目标;每一项金融业务均配有例题及解析,帮助读者理解相关内容;适当增加知识拓展模块,对教材内容涉及的金融知识和新概念进行补充诠释,为读者释疑解惑。此外,本书还考虑到非金融专业学生可能没有先修金融基础学科的情况,对金融基础知识作了较为详尽的介绍;适当增加金融案例并进行分析点评,揭示金融会计操作风险,培养学生金融风险意识。

第三,阐述基本理论,兼顾同类机构同质业务会计处理的差异。如各大银行业机构的会计科目和业务处理模式存在差异,在编写商业银行业务核算篇时,考虑到我国有4000多家银行法人,在虽有会计准则统一规范但允许各家银行保持各自核算特色的现状下,本书着重阐述金融会计的基本原理,选择一家商业银行的会计科目介绍业务核算,同时各家银行同质业务会计科目的不同之处也作了相应提示,以帮助读者厘清思路、了解同类教材的差异。

第四,增加实例操作,强化实际操作能力的训练。根据应用型人才培养目标,本教材强化了各项金融业务的操作规程和实际做法,围绕每章重点、难点,增加了适量的课后思考与练习题,做到学、练结合,帮助读者提高实务操作技能,加深对理论知识的理解。本书还特别增加了第四篇实验项目篇,为金融专业学生将实验操作和教材理论结合起来,为非金融专业选修本课程学生提供了实验素材。

本书内容新颖,结构严谨,语言简练,体例清新,资料翔实,实例经典、深入浅出,体现我国金融会计发展的最新成果。本书可以作为高等院校金融学、会计学等专业教学用书,也可以作为金融从业人员职业培训及自学参考用书。

本书作者分工如下:沈惠霞担任主编,并编写第一、四、五、十一、十二章;王立群编写第二、六、七、十章;白雪编写第三、八、九章;邓爱平编写第十三章。在写作过程中得到多位金融行业从业人员的帮助与指导,在此一并致谢!书中难免存在疏漏和不足之处,欢迎读者来信交流,并不吝赐教和指正。作者邮箱:ahshen9999@163.com。

编 者

2023 年 6 月

目 录

第一篇 基本理论与基础知识

第一章 总论 ··· 3

第一节 金融机构与金融会计 ·· 4

第二节 金融会计的对象 ·· 14

第三节 金融会计工作的组织与管理 ·· 16

思考与练习 ·· 19

第二篇 商业银行业务核算方法

第二章 基本核算方法 ·· 23

第一节 会计科目 ··· 23

第二节 记账方法 ··· 28

第三节 会计凭证 ··· 36

第四节 账务组织与处理 ·· 46

第五节 会计报表 ··· 55

思考与练习 ·· 58

第三章 存款业务的核算 ··· 60

第一节 概述 ··· 60

第二节 单位存款业务的核算 ·· 66

第三节 个人存款业务的核算 ·· 79

思考与练习 ·· 97

第四章 支付结算业务的核算 ·· 101

第一节 概述 ·· 101

第二节 票据业务的核算 ··· 107

	第三节 结算方式业务的核算	137
第四节 银行卡业务的核算	147
思考与练习	153

第五章 支付系统业务的核算 156

第一节 概述 156
第二节 商业银行行内往来系统业务的核算 158
第三节 中国现代化支付系统业务的核算 167
思考与练习 184

第六章 贷款与贴现业务的核算 185

第一节 概述 185
第二节 信用贷款业务的核算 190
第三节 担保贷款与抵债资产的核算 204
第四节 贴现业务的核算 213
思考与练习 220

第七章 金融机构往来业务的核算 223

第一节 中央银行往来业务的核算 224
第二节 同业往来业务的核算 233
思考与练习 243

第八章 外汇业务的核算 245

第一节 概述 245
第二节 结售汇业务的核算 253
第三节 外汇存款业务的核算 260
第四节 外汇贷款与贸易融资业务的核算 267
第五节 国际结算业务的核算 287
思考与练习 299

第九章 商业银行财务管理与核算 302

第一节 概述 302
第二节 固定资产与无形资产的核算 304
第三节 所有者权益的核算 315
第四节 收入和成本费用的核算 325
第五节 利润与利润分配的核算 341
思考与练习 349

第十章　年度决算与财务报告 ································ 352
第一节　年度决算 ································ 352
第二节　财务报告 ································ 361
思考与练习 ································ 374

第三篇　保险公司与证券公司业务核算方法

第十一章　保险公司业务的核算 ································ 377
第一节　概述 ································ 377
第二节　财产保险业务的核算 ································ 381
第三节　人身保险业务的核算 ································ 394
第四节　再保险业务的核算 ································ 408
思考与练习 ································ 418

第十二章　证券公司业务的核算 ································ 421
第一节　概述 ································ 421
第二节　证券经纪业务的核算 ································ 425
第三节　证券承销业务的核算 ································ 431
第四节　证券自营业务的核算 ································ 436
第五节　其他证券业务的核算 ································ 443
思考与练习 ································ 447

第四篇　模拟实验操作

第十三章　银行会计实验项目选编 ································ 451
第一节　银行日间业务操作流程 ································ 451
第二节　存款业务实验 ································ 453
第三节　贷款与贴现业务实验 ································ 454
第四节　结算业务实验 ································ 454

参考文献 ································ 455

第一篇

基本理论与基础知识

第一章 总　论

学习目标

1. 了解、熟悉我国金融体系、金融机构和金融业务。
2. 了解金融会计核算和监督的内容。
3. 能够正确分辨银行会计要素的构成。
4. 熟悉金融会计组织和职责。

金融是以银行为中心的货币和信用的授受及与之相联系的经济活动的总称。它具体包括货币的发行与回笼，货币资金的存入与支取，信贷资金的发放与偿还，企业之间由商品交易引起的资金结算与往来，金银、外汇等金融商品的买卖，有价证券的发行、购买、转让与贴现，信托，保险，国内、国际货币结算等。这些分别设定为银行、证券、保险等金融机构的业务范围。金融是商品经济发展到一定阶段的产物，金融机构经营的是货币、信用等特殊商品，是市场经济的核心和枢纽。金融机构通过上述业务活动，引导货币资金的运动，能够有效地调剂市场主体的资金余缺，优化社会资源配置，促进社会经济的发展。

会计是以货币为主要计量单位，反映和监督一个单位经济活动的一种经济管理活动。会计工作就是对企业各项交易或事项进行确认、计量，最后形成财务报告，披露财务信息。

金融会计即金融机构的会计，用于反映和监督各类金融机构的业务活动和财务收支情况，由于金融机构不同于实体企业，金融会计具有特殊性。金融会计在会计确认、计量和报告过程中，须发挥会计的管理作用，控制金融业务过程，揭示和预警各项金融风险，促使金融机构健康、持续、稳定地发展，保障金融安全和国家经济安全。

第一节 金融机构与金融会计

一、金融机构

金融机构的组成、分工及其相互联系所形成的统一整体构成一国的金融机构体系。在市场经济条件下,各国金融机构体系大多数是以中央银行为核心来进行组织管理的,形成以中央银行为核心、商业银行为主体,各类金融机构并存的金融机构体系。

我国金融机构、金融监管机构伴随着社会经济的发展而处于不断调整变化中,历经演变,目前按照分业经营、分业监管、牵头监管模式,设置银行业和非银行业两大类金融机构及其相应的金融监管机构。

(一)金融监管机构

金融监管机构是指一国的金融监管当局依照国家法律的授权,对金融业实施监督管理的机构。我国金融监管机构从"一行三会",即中国人民银行、中国银行监督管理委员会、中国保险监督管理委员会、中国证券监督管理委员会,到"一委一行两会",即国务院金融稳定发展委员会、中国人民银行、中国银行保险监督管理委员会、中国证券监督管理委员会,其中,"一委一行"为国务院直属机构,"两会"为国务院直属事业单位。再到2023年3月,中华人民共和国第十四届全国人民代表大会第一次会议批准通过了《国务院机构改革方案》,随后出台的《党和国务院机构改革方案》进一步明确将金融监管机构调整为"一委一行一局一会",具体变化如下。

1. 组建中央金融委员会

我国于2017年7月14日设立国务院金融稳定发展委员会,作为牵头金融监管机构,负责协调不同监管主体共同开展监管,加强金融监管协调,补齐监管短板,防范分业监管模式下的监管盲区。

2023年3月,《党和国务院机构改革方案》确定:组建中央金融委员会,作为党中央决策议事协调机构,不再保留国务院金融稳定发展委员会及其办事机构。

2. 统筹推进中国人民银行机构改革

1948年12月1日,在河北石家庄市,将华北银行、北海银行、西北农民银行合并,成立中国人民银行。新中国成立后,中国人民银行长期既承担中央银行、金融监管职责,又办理工商信贷和储蓄业务等商业银行的业务。1983年9月,国务院决定中国人民银行专门行使中国国家中央银行职能,自1984年1月1日起,将中国人民银行所承担的工商信贷和储蓄业务移交至新设立的中国工商银行。1995年3月18日,第八届全国人民代表大会第三次会议通过了《中华人民共和国中国人民银行法》,以法律形式确定"中国人民银行是中华人民共和国的中央银行"。2003年,中国人民银行对银行业金融机构的监管职责由新设立的中国银行监督管理委员会行使,至此,中国人民银行成为我国真正的中央银行(简称"央行"),为国务院组成部门,在国务院领导下,制定和执行货币政策,防范和化解金融风险,维护金融稳定。中国人民银行实行总分行制,总行下设九个大区分行、省会城市中心支行、地(市)级设中心支行和县支行四级机构。

2023年3月,《党和国务院机构改革方案》确定:撤销中国人民银行大区分行及分行营业管理部、总行直属营业管理部和省会城市中心支行,恢复设立31个省(自治区、直辖市)省级分行,设立深圳、大连、宁波、青岛、厦门计划单列市分行,上海分行与上海人民银行总部合署办公,不再保留中国人民银行县(市)分行。调整后,中国人民银行设总行、省级分行(单列市分行)、地(市)中心支行三级机构。

3. 组建国家金融监督管理总局

中国银行监督管理委员会于2003年成立,与之前成立的中国证券监督管理委员会(1992年成立)、中国保险监督管理委员会(1998年成立)正式形成了分工明确、相互协调的金融分业监管体系。2018年3月,中华人民共和国第十三届全国人民代表大会第一次会议批准了《国务院机构改革方案》,将中国保险监督管理委员会、中国银行监督管理委员会合并,成立中国银行保险监督管理委员会(简称"中国银保监会")。中国银保监会按照我国的行政区划设置分支机构,下设省银保监分局、地市银保监分局、县银保监支局。

2023年3月,《党和国务院机构改革方案》确定:在中国银行保险监督管理委员会基础上组建国家金融监督管理总局,作为国务院直属机构;将中国人民银行对金融控股公司金融集团的日常监管职责,以及对有关金融消费者保护职责划入金融监督管理总局;将中国证券监督管理委员会的投资者保护职责划入金融监督管理总局。

4. 保留中国证券监督管理委员会

中国证券监督管理委员会(简称"中国证监会")于1992年10月成立。中国证监会依照法律、法规和国务院授权,对证券、期货市场实行统一监督管理,维护证券期货市场秩序,保障其合法运行,防范系统性风险,维护投资者合法权益,促进证券市场健康发展。中国证监会按照我国的行政区划设置分支机构,下设省证监分局、地市证监分局。

2023年3月《党和国务院机构改革方案》确定:将中国证券监督管理委员会由国务院直属事业单位调整为国务院直属机构。

(二)银行业金融机构

银行业金融机构是指依法设立的商业银行、开发性银行和政策性银行等从事吸收存款、发放贷款和办理支付结算的企业法人机构。据中国银保监会网站资料显示,截至2021年12月31日,我国拥有4283家银行业金融机构法人,其中既包括各类商业银行机构,也包括由银保监会监管的金融资产管理公司、企业集团财务公司等类银行机构。

知识拓展

1. 商业银行

商业银行是指依照我国《中华人民共和国商业银行法》和《中华人民共和国公司法》设立的吸收公众存款、发放贷款、办理结算等业务的企业法人。

(1)商业银行的机构类型。我国商业银行机构数量众多,按照中国银保监会监管标准分类,机构类型划分为大型商业银行、股份制商业银行、外资法人银行、民营银行、城市商业银行、农村金融机构等,具体包括如下。

大型商业银行有6家,即中国工商银行、中国农业银行、中国银行、中国建设银行、交通银行、中国邮政储蓄银行,其组织形式均为股份有限公司。

股份制商业银行有12家,即中信银行股份有限公司、中国光大银行股份有限公司、招商银行股份有限公司、上海浦东发展银行股份有限公司、中国民生银行股份有限公司、华夏银行股份有限公司、平安银行股份有限公司、兴业银行股份有限公司、广发银行股份有限公司、渤海银行股份有限公司、浙商银行股份有限公司、恒丰银行股份有限公司等。

外资法人银行有41家,如东亚银行(中国)有限公司、汇丰银行(中国)有限公司、渣打银行(中国)有限公司等。

民营银行有19家,如天津金城银行股份有限公司、浙江网商银行股份有限公司、上海华瑞银行股份有限公司、温州民商银行股份有限公司、深圳珠海微众银行股份有限公司等。

城市商业银行128家,如北京银行股份有限公司、天津银行股份有限公司、上海银行股份有限公司、江苏银行股份有限公司、徽商银行股份有限公司等。

农村金融机构(含农村商业银行、农村合作银行、农村信用社、村镇银行等)近4000家,如上海农村商业银行股份有限公司、北京农村商业银行股份有限公司、无锡农村商业银行股份有限公司、芜湖扬子农村商业银行股份有限公司、合肥科技农村商业银行股份有限公司等。

(2)商业银行的业务范围。《中华人民共和国商业银行法》(以下简称《商业银行法》)规定,我国商业银行可以全部或者部分经营以下业务:吸收公众存款;发放短期、中期和长期贷款;办理国内外结算;办理票据承兑与贴现;发行金融债券;代理发行、代理兑付、承销政府债券;买卖政府债券、金融债券;从事同业拆借;买卖、代理买卖外汇;从事银行卡业务;提供信用证服务及担保;代理收付款项及代理保险业务;提供保管箱服务;经国务院银行业监督管理机构批准的其他业务等。经营范围由商业银行章程规定,报国务院银行业监督管理机构批准。商业银行经中国人民银行批准,可以经营结汇、售汇业务。商业银行以安全性、流动性、效益性为经营原则,实行自主经营,自担风险,自负盈亏,自我约束。目前,《商业银行法》在修订中,修订后规定商业银行还可开展托管业务、衍生品交易业务、贵金属业务、离岸业务,业务范围从14项拓展到18项。

《商业银行法》规定,城商行、农商行、村镇银行等区域性商业银行应在住所地范围内依法开展经营活动,未经批准,不得跨区域展业。

2. 国家开发银行和政策性银行

政策性银行是指由政府创立,以贯彻政府的经济政策为目标,在特定领域开展金融业务的不以营利为目的的金融机构。为实行政策性金融与商业性金融相分离,1994年中国政府设立了国家开发银行、中国进出口银行和中国农业发展银行三大政策性银行,均直属国务院领导。

(1)国家开发银行简称"国开行",主要职责是通过开展中长期信贷与投资等金融业务,为国民经济重大中长期发展战略服务。1994年3月17日,国家开发银行在北京成立,注册资本为500亿元人民币,承担国内开发性政策性金融业务。2008年12月,国家开发银行改制为国家开发银行股份有限公司。2015年3月,国务院明确国家开发银行定位为开发性金融机构,从政策银行序列中剥离。2017年4月,"国家开发银行股份有限公司"名称变更为"国家开发银行",组织形式由股份有限公司变更为有限责任公司。国家开发银行目前在中国内地设有37家一级分行和4家二级分行,境外设有香港分行和开罗、莫斯科、悉尼等10家代表处。国家开发银行是全球最大的开发性金融机构,是中国最大的中长期信贷银行和债券银行。

(2)中国农业发展银行简称"农发行",主要职责是按照国家的法律、法规和方针、政策,以国家信用为基础,筹集农业政策性信贷资金,承担国家规定的农业政策性金融业务,代理财政性支农资金的拨付,为农业和农村经济发展服务。1994年11月8日,中国农业发展银行在北京成立,注册资本为200亿元人民币,主要承担农业政策性扶植业务。2010年,中国农业发展银行已形成了以粮棉油收购信贷为主体、以农业产业化信贷为一翼、以农业和农村中长期信贷为另一翼的"一体两翼"业务发展格局。2012年,农发行正式成立投资部,投资业务定位为农业政策性的投资业务,拟进军直接投资和资产证券化等领域,商业化程度的进一步提升,意味着该行正式进入综合金融的发展轨道。2014年9月24日,国务院第63次常务会议审议通过了中国农业发展银行改革实施总体方案。农发行认真贯彻落实党中央、国务院的大政方针,顺应我国城乡关系深刻调整的历史趋势,重点支持粮棉油收储和农业农村基础设施建设,为维护国家粮食安全、促进城乡发展一体化作出了不可替代的重要贡献。

(3)中国进出口银行简称"进出口银行",主要职责是贯彻执行国家产业政策、对外经贸政策、金融政策和外交政策,为扩大中国机电产品、成套设备和高新技术产品出口,推动有比较优势的企业开展对外承包工程和境外投资,促进对外关系发展和国际经贸合作,提供政策性金融支持。1994年7月1日,中国进出口银行在北京成立,注册资本为33亿元人民币,主要承担大型机电设备进出口融资业务。

(三)非银行业金融机构

非银行业金融机构包括证券业金融机构和保险业金融机构以及由中国证监会监管的期货公司、基金公司等。证券业金融机构是指依法设立的从事证券、期货、基金业务的法人机构,有证券公司、基金管理公司、期货公司等。保险业机构是指依法设立的从事人身保险、财产保险、再保险等业务的法人机构,有人寿保险公司、财产保险公司、再保险公司等。

1. 证券公司

证券公司是指依照我国《中华人民共和国证券法》和《中华人民共和国公司法》规定设立的经营证券业务的有限责任公司或者股份有限公司。证监会2020年报显示我国有138家证券公司,如中信证券股份有限公司,招商证券股份有限公司,长城证券股份有限公司,东方证券股份有限公司等。

经国务院证券监督管理机构批准,证券公司可以经营下列部分或者全部业务:证券经纪;证券投资咨询;与证券交易、证券投资活动有关的财务顾问;证券承销与保荐;证券融资融券;证券做市交易;证券自营;其他证券业务。按其主要内容划分,证券公司的业务可分为证券经纪业务、证券自营业务、证券承销业务和其他证券业务。证券公司经营证券资产管理业务的,应当符合《中华人民共和国证券投资基金法》等法律、行政法规的规定。

2. 保险公司

保险公司是指依法成立的经营保险业务的非银行金融机构。保险公司的业务范围:人身保险业务,包括人寿保险、健康保险、意外伤害保险等保险业务;财产保险业务,包括财产损失保险、责任保险、信用保险、保证保险等保险业务;国务院保险监督管理机构批准的与保险有关的其他业务。

保险人不得兼营人身保险业务和财产保险业务。但是,经营财产保险业务的保险公司经国务院保险监督管理机构批准,可以经营短期健康保险业务和意外伤害保险业务。

保险公司的资金运用必须稳健,遵循安全性原则。保险公司的资金运用限于下列形式:银行存款;买卖债券、股票、证券投资基金份额等有价证券;投资不动产;国务院规定的其他资金运用形式。

保险业协会数据显示,截至2021年12月31日,中国共有350家保险公司,包括:保险集团(控股)公司13家,如中国人民保险集团股份有限公司、中国人寿保险(集团)公司、中国太平保险集团有限责任公司、中国再保险(集团)股份有限公司等;财产保险公司85家,如中国人民财产保险股份有限公司、中国太平洋财产保险股份有限公司、天安财产保险股份有限公司、中国人寿财产保险股份有限公司、中国平安财产保险股份有限公司、中国大地财产保险股份有限公司等;人身保险公司92家,如中国人寿保险股份有限公司、中国平安人寿保险股份有限公司、中国太平洋人寿保险股份有限公司、新华人寿保险股份有限公司、太平人寿保险有限公司、中国人民人寿保险股份有限公司等;再保险公司14家,如中国财产再保险有限责任公司、中国人寿再保险有限责任公司、慕尼黑再保险公司北京分公司、法国再保险公司北京分公司、太平再保险(中国)有限公司等。此外,还有资产管理公司,保险中介机构等相关保险机构。

3. 期货公司

期货公司是指依照《中华人民共和国公司法》和《中华人民共和国期货和衍生品法》设立的期货公司以及国务院期货监督管理机构核准从事期货业务的其他机构。目前,我国有149家期货公司,如国泰君安期货有限公司、南华期货股份有限公司、银河期货有限公司、永安期货股份有限公司、中信期货有限公司、中粮期货有限公司、中州期货有限公司、长城期货股份有限公司等。

期货交易是指以期货合约或者标准化期权合约为交易标的的交易活动。期货交易是以现货交易为基础,以远期合同交易为雏形而发展起来的一种高级的交易方式。它是为转移市场价格波动风险,而对那些大批量均质商品所采取的,通过经纪人在商品交易所内,以公开竞价的形式进行期货合约的买卖形式。

期货合约是指期货交易场所统一制定的、约定在将来某一特定的时间和地点交割一定数量标的物的标准化合约。这个标的物又叫"基础资产",期货合约所对应的现货,可以是某种商品,如铜或原油,也可以是某个金融工具,如外汇、债券,还可以是某个金融指标,如三个月同业拆借利率或股票指数。期货交易是市场经济发展到一定阶段的必然产物。期货交割是期货合约内容里规定的标的物(基础资产)在到期日的交换活动或行为。

期权合约是指约定买方有权在将来某一时间以特定价格买入或者卖出约定标的物(包括期货合约)的标准化或非标准化合约。

互换合约是指约定在将来某一特定时间内相互交换特定标的物的金融合约。

远期合约是指期货合约以外的,约定在将来某一特定的时间和地点交割一定数量标的物的金融合约。

期货公司经国务院期货监督管理机构核准可以从事下列期货业务:期货经纪;期货交易咨询;期货做市交易;其他期货业务。期货公司从事资产管理业务的,应当符合《中华人民共和国证券投资基金法》等法律、行政法规的规定。

4. 基金管理公司

基金管理公司是指依照《中华人民共和国公司法》和《中华人民共和国投资基金法》设立的,管理公开募集基金的非银行金融机构。目前,我国有133家基金管理公司,如国泰基金管理有限公司、南方基金管理股份有限公司、华夏基金管理有限公司、博时基金管理有限公司、易方达基金管理有限公司等。

二、金融会计

金融会计即金融机构会计,是将会计学的基本原理与方法运用到金融机构的一门行业会计。按照金融机构的类别,金融会计可以细分为银行会计、证券会计、保险会计等。每一类金融机构职责不同,业务经营范围不同,特征不同,因此,各类金融机构会计核算和监督的内容和重点便各不相同,自成体系。

(一)金融会计的概念

金融会计是会计学科的一个重要分支,遵循会计学基本原理,采用特定的方法体系,对金融机构的各项业务活动和财务收支以及由此引起的资金运动的过程和结果进行核算与监督,为经济决策提供信息资料的一种经济管理活动。该定义包含以下内容。

1. 金融会计遵循会计学的基本原理

金融会计需要遵循《企业会计准则》等会计法律法规,遵循会计学基本原则,如会计假设、会计基础(权责发生制和收付实现制)、会计信息质量要求、计量属性等基本原理,简述如下。

(1)会计假设是会计确认、计量和报告的前提,是对会计核算所处的空间范围、时间环境所作的合理假定,包括会计主体、持续经营、会计分期和货币计量四大假设,详见表1-1。

表 1-1 四大会计假设的具体解释

会计假设	概念理解	注意事项
会计主体	确定了会计确认、计量、报告的空间范围。	它不同于法律主体,一般来说,法律主体就是会计主体,但会计主体不一定是法律主体。
持续经营	确定了会计处理的时间范围,它是指在可以预见的将来,企业将按照当期的规模和状态持续经营下去,既不会停业,也不会大规模地削减业务。	持续经营假设是会计分期假设的前提,持续经营与否决定了企业选择会计确认、计量、报告的原则与方法不同。
会计分期	它是指将一个企业持续经营的生产经营活动划分成一个个连续的、长短相同的期间。	因会计分期才产生了本期、上期、下期等会计期间的区分,才使不同类型的会计主体有了记账基础,进而进行折旧、摊销等会计处理方法。
货币计量	它是指会计主体在财务会计确认、计量和报告时以货币计量反映会计主体的生产经营活动。	人民币为记账本位币,但是对于外汇业务量大、品种多的金融企业则可以采取原币记账法,而编制的财务会计报告应折算为人民币。

(2)会计基础包括权责发生制和收付实现制两种,企业应当以权责发生制为基础进行会计确认、计量和报告。

(3)会计信息质量要求分别是可靠性、相关性、明晰性、可比性、实质重于形式、重要性、谨慎性和及时性八项要求。真实性要求企业应当以实际发生的交易或者事项为依据进行会计确认、计量和报告,如实反映符合确认和计量要求的各项会计要素及其他相关信息,保证会计信息真实可靠、内容完整。相关性要求企业提供的会计信息应当与财务会计报告使用者的经济决策需要相关,有助于财务会计报告使用者对企业过去、现在或者未来的情况作出评价或者预测。明晰性也叫可理解性,要求企业提供的会计信息应当清晰明了,便于财务会计报告使用者理解和使用。可比性要求企业提供的会计信息应当具有可比性,如同一企业不同时期发生的相同或者相似的交易或者事项,应当采用一致的会计政策,不得随意变更,确需变更的,应当在附注中说明;不同企业发生的相同或者相似的交易或者事项,应当采用规定的会计政策,确保会计信息口径一致、相互可比。实质重于形式要求企业应当按照交易或者事项的经济实质进行会计确认、计量和报告,不应仅以交易或者事项的法律形式为依据。重要性要求企业提供的会计信息应当反映与企业财务状况、经营成果和现金流量等有关的所有重要交易或者事项。谨慎性要求企业对交易或者事项进行会计确认、计量和报告应当保持应有的谨慎,不应高估资产或者收益、低估负债或者费用。及时性要求企业对于已经发生的交易或者事项,应当及时进行会计确认、计量和报告,不得提前或者延后。

(4)会计计量属性是对会计要素金额的确定基础,包括以下五种。

①历史成本。在历史成本计量下,资产按照购置时支付的现金或者现金等价物

的金额,或者按照购置资产时所付出的对价的公允价值计量;负债按照因承担现时义务而实际收到的款项或者资产的金额,或者按照承担现时义务的合同金额,或者按照日常活动中为偿还负债预期需要支付的现金或者现金等价物的金额计量。

②重置成本。在重置成本计量下,资产按照现在购买相同或者相似资产所需支付的现金或者现金等价物的金额计量;负债按照现在偿付该项债务所需支付的现金或者现金等价物的金额计量。

③可变现净值。在可变现净值计量下,资产按照其正常对外销售所能收到现金或者现金等价物的金额扣减该资产至完工时估计将要发生的成本、估计的销售费用以及相关税费后的金额计量。

④现值。在现值计量下,资产按照预计从其持续使用和最终处置中所产生的未来净现金流入量的折现金额计量;负债按照预计期限内需要偿还的未来净现金流出量的折现金额计量。

⑤公允价值。在公允价值计量下,资产和负债按照市场参与者在计量日发生的有序交易中,出售资产所能收到或者转移负债所需支付的价格计量。

企业在对会计要素进行计量时,一般应当采用历史成本,采用重置成本、可变现净值、现值、公允价值计量的,应当保证所确定的会计要素金额能够取得并可靠计量。

2. 金融会计采用特定的方法体系

金融会计与实体企业会计方法不同,我国2000年出台了《企业会计制度》规范实体企业会计核算方法,2002年出台了《金融企业会计制度》规范金融企业会计核算方法,这两个制度充分体现了实体企业和金融企业会计方法的差异,金融会计需要采取特定的方法才能反映金融业务的特殊性。

3. 金融会计具有财务会计核算与监督的基本职能

金融会计核算和监督的内容是各类金融机构的业务活动和财务收支以及由此引起的资金运动的过程和结果。金融机构的会计业务核算需要全过程反映各类金融资金的循环周转特征。

4. 金融会计的目标

无论是金融企业还是实体企业,都应当编制财务会计报告(亦称为"财务报告")。财务报告的目标是向财务会计报告使用者提供与企业财务状况、经营成果和现金流量等有关的会计信息,反映企业管理层受托责任履行情况,有助于财务会计报告使用者作出经济决策。财务会计报告使用者包括投资者、债权人、企业管理层、金融监管当局和相关的社会公众等。

(二)金融会计的特征

每一类金融机构都面向社会公众、企业及团体提供金融服务,金融业务涉及面广,金融机构地位特殊,金融会计与实体企业会计相比,具有以下显著特征。

1. 会计核算内容具有广泛性

任何单位和个人想要获得相应的金融服务,必须在相关的金融机构开立金融账户,金融会计会对每一个金融账户内每一笔资金的增减变化进行详细的记载与反映,这与实体企业会计仅核算企业自身资金增减变化大不相同,金融会计核算内容更加广泛。以银行会计为例,其核算范围包括在银行开户的每一个单位和个人的每一笔资金的增减变化情况。

2. 反映情况具有全面性和综合性

金融会计能够详细、完整、系统地反映每一个开户单位和个人的资金往来情况,因此,其会计信息数据经过层层加工汇总后,能够反映全社会各行各业的资金运行情况,具有全面性和综合性特征。

3. 会计核算和业务处理具有同步性

金融业经营的是货币商品,而货币资金的增减变化需要经过金融会计进行账务处理才能完成,因此,每一笔金融业务的发生都体现了金融会计核算和业务处理的同步性特征。

4. 会计核算方法具有特殊性

金融会计核算方法多样,如专门设置金融企业会计科目、采取单式会计凭证,外汇分账制等特殊会计方法。

5. 会计监督具有严密性

金融业务涉及千家万户,金融账户内的资金安全直接影响到社会的稳定,资金安全、金融安全成为国家安全的重中之重。金融会计通过严密的会计监督体系构筑金融安全屏障:其一,金融会计监督严格,如银行柜员对每一笔业务资金来源或用途的合法性进行严格审核,审核通过,方可办理资金收付,从而有效防范洗钱、诈骗等违法犯罪行为的发生;其二,银行账务体系之间存在相互核对、相互牵制,确保账务记载正确无误;其三,银行设置事后监督岗位,对每一笔柜面处理过的业务再次逐笔进行检查核对,落实账户三级防护措施,确保客户资金安全。

(三)金融会计的作用与任务

1. 金融会计的作用

不论是实体企业会计,还是金融会计,会计都具有三个方面的作用:一是提供决策有用的信息,提高企业透明度,规范企业行为;二是加强经营管理,提高经济效益,促使企业可持续发展;三是考核企业管理层经济责任履行情况。

2. 金融会计的任务

各类金融机构均对金融会计提出具体任务要求,大体包括三个方面内容:一是组织会计核算,真实、完整、及时地记录和反映各项业务活动情况和财务收支状况;二是实施会计管理和会计监督,维护企业财产和资金的安全;三是开展会计分析,披露会计信息。

第二节　金融会计的对象

会计对象是指会计核算和监督的内容,金融会计核算和监督的内容就是金融机构各项业务活动、财务收支以及所引起的资金运动变化的过程和结果。会计要素是对会计对象的基本分类,分为资产、负债、所有者权益、收入、支出和利润六大要素,全面反映企业的经营状况和经营成果。由于各类金融机构的性质、职责和业务范围不同,金融会计要素的具体内容也各不相同,下文以商业银行为例进行阐述。

一、资产

资产是指企业过去的交易或事项形成的,由企业拥有或控制的,预期会给企业带来经济利益的资源。资产确认除符合该定义所述特征外,还需要满足以下两个条件:其一,与该资源有关的经济利益很可能流入企业;其二,该资源的成本或价值能够可靠地计量。

商业银行的资产主要包括现金、存放中央银行款项、存放同业款项、存放联行款项、拆放同业、各类贷款、贴现、应收利息、交易性金融资产、债权投资、长期股权投资、卖出国购证券、其他权益工具投资、固定资产、无形资产等。

二、负债

负债是指企业过去的交易或者事项形成的,预期会导致经济利益流出企业的现时义务。负债的确认除符合该定义所述特征外,还需要符合以下两个条件:其一,与该义务有关的经济利益很可能流出企业;其二,未来流出的经济利益的金额能够可靠地计量。

商业银行的负债包括吸收的企事业单位和个人的各项存款、同业存放款项、同业拆入、向人民银行借款、应付利息、应解汇款及临时存款、应交税费、交易性金融负债、买入返售证券、应付股利、应付职工薪酬等。

三、所有者权益

所有者权益也称为"股东权益"或"剩余权益",是指在企业资产扣除负债后,由所有者享有的剩余索取权。所有者权益的确认依赖于资产和负债要素的确认,其金额的确定也取决于资产和负债的计量。

商业银行的所有者权益包括实收资本、资本公积、盈余公积、一般风险准备、未分配利润。其中，一般风险准备是金融企业特有的，在税后利润中计提。

四、收入

收入是指企业在日常活动中形成的、会导致所有者权益增加的、与所有者投入资本无关的经济利益的流入。收入要素确认的条件是：与收入相关的经济利益很可能流入企业，其结果会导致资产的增加或负债的减少；经济利益的流入额能够可靠地计量。

商业银行的收入主要包括利息收入、金融机构往来收入、手续费收入、汇兑收益、投资收益等营业收入，其他营业收入，还包括企业取得的与业务经营无直接关系的营业外收入。

金融企业在确认收入的同时要确认增值税销项税额，但是存款利息、保险赔款不征增值税；金融机构同业往来利息收入、保险公司开办的一年期以上的人身保险产品取得的保费收入等享受免征增值税的优惠政策。

五、费用

费用是指企业在日常活动中形成的、会导致所有者权益减少的、与所有者分配利润无关的经济利益的总流出。费用要素确认的条件是：与费用相关的经济利益很可能流出企业，其结果会导致资产的减少或负债的增加；经济利益的流出额能够可靠地计量。

商业银行的支出主要包括利息支出、金融机构往来支出、手续费支出、营业费用、税金及附加等与业务经营有关的营业支出，其他营业支出，以及发生的与业务经营无直接关系的营业外支出。

六、利润

利润是指企业在一定会计期间的经营成果。如果利润为正，则企业实现盈利，所有者权益会增加，业绩得到提升；反之，利润如果为负，所有者权益则会减少，业绩下降。因为利润反映的是收入与费用、利得与损失的净额，所以利润的确认主要依靠收入与费用、利得与损失的确认。

在六大会计要素中，资产、负债、所有者权益属于静态要素，侧重于反映企业财务状况，是编制资产负债表的要素，也称为"资产负债表要素"，它们之间的关系是：资产＝负债＋所有者权益。收入、费用、利润属于动态要素，侧重于反映企业的经营成果，是编制利润表的要素，也称为"利润表要素"，它们之间的关系是：收入－费用＝利润。

第三节　金融会计工作的组织与管理

金融会计的工作组织就是根据相关法律法规的要求，在金融机构内部设置负责会计工作的职能机构，配备必要的会计人员，按照会计管理的客观规律，将会计工作科学地组织起来，使会计工作有条不紊地进行运转，从而保证会计工作任务的顺利完成，发挥会计的职能作用。

一、基本规定

金融会计实行"统一领导、分级管理"的会计管理体制。总行、总公司负责制定统一的会计规章制度，各分行、分公司负责组织实施，并根据总行、总公司统一的会计规章制度，制定辖区适用的补充规定和实施细则。上级机构的会计部门对下级机构的会计工作负有业务管理、检查、监督和辅导的责任，下级机构的会计工作应执行上级机构的有关规定。

银行业金融机构的会计工作，应在行长的领导下，由会计运营管理部作为本机构会计工作的主管部门，对全行会计工作实行统一管理。银行行长对本行的会计工作和会计资料的真实性、完整性负责。任何单位和个人不得以任何方式授意、指使、强令会计机构、会计人员伪造、变造会计凭证、会计账簿和其他会计资料，提供虚假的会计报告。金融机构的会计事务应遵照有关规定接受相关部门的审计和监督。

二、会计法规

金融会计机构组织和开展会计工作必须遵循相关的法律、法规，因此，科学制定并认真贯彻执行会计法律、法规，是组织开展会计工作核算的重要基础和法律依据，也是金融企业内部控制的重要环节。

金融会计法律法规包括《中华人民共和国会计法》《中华人民共和国中国人民银行法》《中华人民共和国商业银行法》《中华人民共和国证券法》《中华人民共和国保险法》《中华人民共和国投资基金法》等法律，以及由财政部颁布的《企业会计准则》《企业财务通则》《金融企业财务规则》《金融企业会计制度》等法规。此外，金融会计核算还应当执行由中国人民银行、中国银保监会、中国证监会颁布的金融监管法规。这些法律法规包含了对金融会计事务处理的具体方法规定，体现了国家的财政方针、政策和金融监管要求。

随着我国市场经济的发展、信息技术的进步、经济管理体制的变化和金融创新及改革的深化，金融会计法规随着经济金融体制改革、监管要求的改变而不断变化。

三、会计机构

金融机构会计核算单位分为独立会计核算单位和附属会计核算单位两种。凡单独编制会计报表和办理年度决算的,为独立会计核算单位;凡其业务收支由主管部门采用并账或并表方式汇总反映的,为附属会计核算单位。

金融机构应根据会计核算和管理要求设置会计机构从事会计工作,会计机构是金融组织设置的职能部门体系的重要组成部分。会计机构应按照有利于提高效率、有利于业务开展、有利于责任清晰分工明确、有利于加强会计控制等原则科学合理地设置会计岗位。会计机构对本单位的会计业务统一管理、指导、监督和检查。金融会计部门的设置,应与其管理体制、组织架构相适应。目前来看,商业银行一般都是按照总分行制设立组织机构,由上而下依次设总行、一级分行或省分行、二级分行、支行,上级行对下级行实行垂直领导,在商业银行每一级组织机构中设置会计运营部和财务会计部,分别办理对外业务运营资金的会计核算和对内财务收支的核算。会计运营部属于商业银行一线业务部门,对银行开展的各项业务活动进行实时的会计核算,而财务会计部属于商业银行内部管理部门,对商业银行发生的各项财务收支进行财务核算,因此,商业银行会计实际上又分为银行业务会计和银行财务会计两大类。中国人民银行以及政策性银行也都设置会计部和财务部两大部门,职责同商业银行的两大会计部门类似。证券公司和保险公司一般只设置财务会计部,属于企业内部管理岗。因此,金融会计中最为特殊的是银行业务会计,这也是金融会计学科着重研究的对象。

此外,对于一些业务不多、不进行独立核算的分支机构,银行一般不设立独立的会计机构,但必须配备专职会计人员,负责处理会计工作。各级金融企业的会计部门在组织上要接受本级机构负责人(行长、经理)的领导,在业务上要接受上一级会计部门的领导。

成立事后监督中心,集中监督本级金融机构各营业网点、账务核算中心和有关业务部门的会计核算结果。

会计部门办理的财务收支和会计事务,应当依法接受审计机关的审计监督。

会计机构裁撤、合并、分设、改变隶属关系时,须全面核对账务和清查资产,办理业务交接手续。

四、会计人员

金融机构应根据会计业务的需要设置会计岗位,并配备相应的会计人员。设置会计岗位应遵循的原则是:有利于分工协作,有利于相互制约,有利于提高工作效率。

各级金融机构要指定会计机构负责人,会计机构负责人的任免、调动应经上级金融机构会计部门同意。会计机构负责人也可由上级金融机构委派。会计人员应当具备必要的专业知识和专业技能,熟悉国家有关法律、法规和财务会计制度,有一定的职业道德水平。

银行业务会计岗位人员一般包括会计主管人员、柜员;财务会计岗位一般包括出纳员、记账员、复核人员;事后监督岗位一般包括稽核、检查、辅导人员等。会计、营业、事后监督及有关业务部门的会计业务负责人是本部门的会计主管,负责管理本部门的会计核算工作。会计部门主管人员应具备规定的任职条件,并通过有关部门对其进行的任职资格审核。会计人员必须取得会计从业资格证书,持证上岗,并接受岗位培训和后续教育。会计人员上岗、调离须经部门会计主管同意。会计部门应定期对会计人员进行岗位轮换,对重要的会计岗位人员要实行强制休假制度。

会计人员的主要职责:贯彻执行国家法律、法规和人民银行各项规章制度,维护财经纪律;坚持诚信原则,遵守职业道德;依据岗位职责,办理会计核算,实施会计管理;做到实事求是,客观公正。

会计人员的权利:有权要求开户单位或本行其他业务部门执行国家法律、法规或有关规章制度,并监督其执行情况;有权拒绝办理违反国家法律、法规或有关规章制度的事项,并向行长反映;行长坚持办理的,会计人员有权向相关管理部门提出书面报告。

会计人员坚持原则、忠于职守,避免重大资金损失或工作长期无差错的,应给予表扬和奖励。会计人员工作失职、违反制度,应视情况给予批评教育或行政处分;构成犯罪的,应依法追究刑事责任。

会计人员因工作调动或其他原因离职,必须办理交接手续。普通会计人员办理交接手续由部门会计主管监交;部门会计主管办理交接手续由运营管理部负责人监交。会计人员因培训、休假等原因短期离岗,须办妥业务移交手续。会计人员的任用应坚持回避制度,需要回避的直接亲属为:夫妻关系,直系血亲关系,三代以内旁系血亲以及配偶亲关系。

五、银行业务会计的劳动组织方式

当前,银行业务会计已经从分散运营模式发展到集中运营模式,会计集中核算的基本组织形式是:设置营业网点办理柜台业务;成立核算中心集中处理全辖会计核算事项;成立事后监督中心集中监督营业网点、核算中心和有关业务部门的会计核算结果。银行业务会计的劳动组织方式是指对外经办业务的基层行处会计人员的分工和组织形式,一般采取以下几种。

(一)柜员制

柜员制是指基层经办银行柜员在承接对外业务时,同时兼任出纳、记账、复核等项工作,柜面业务实行一手清的劳动组织形式。采取柜员制能够有效地节约人力成本、落实责任、降低操作风险,是银行提高经济效益、提高业务办理速度的有效途径。

柜员制是电子信息技术发展到一定阶段的产物,是商业银行基层营业机构采取的主要形式。银行柜员分为普通柜员和综合柜员,普通柜员只能经办零售业务,综合柜员可以经办零售业务和对公业务。

在集中核算模式下,基层经办行的柜员主要是将柜面业务扫描上传至账务核算中心。

(二)专柜制

专柜制是指基层商业银行按照客户的经济性质、所属行业、涉及的银行会计科目分设几个会计专柜进行核算,每个专柜一般由2~3人组成,分别为记账员和复核员,实行双人临柜、交叉复核,现金业务则专设出纳专柜办理。这种组织形式是在金融会计手工核算情况下采取的劳动组织形式,我国曾长期采用该模式,现在已被柜员制取代。

(三)账务处理中心模式

在集中运营模式下,商业银行在省分行(或一级分行)设置会计账务处理中心,集中处理区域内的会计业务核算,将大部分会计业务上收到账务中心统一核算。基层支行的柜员受理业务后通过行内业务网络上传相关资料,账务中心接单后集中处理会计账务。这种处理方式可以有效地减少会计操作风险,提高会计核算效率。

思考与练习

一、思考题

1. 简述我国金融机构体系的构成。
2. 简述金融企业会计的对象。
3. 商业银行会计有哪些特征?
4. 金融机构会计的法规包括哪些内容?
5. 试述商业银行会计与证券公司会计的异同?

二、单选题

1. 会计假设是会计核算方法的前提,无论是实体企业会计还是金融会计,都包括四大假设,其中确定会计核算空间范围的要素是( )。
   A. 会计主体　　B. 持续经营　　C. 会计分期　　D. 货币计量
2. 我国的中央银行是( )。
   A. 中国银行　　B. 中国人民银行　C. 中国开发银行　D. 中国工商银行

三、多选题

1. 下列各项中属于金融会计资产要素的有( )。
   A. 现金　　　　B. 存放中央银行款项　　C. 同业存放款项　　D. 贷款

2. 下列各项中属于金融会计负债要素的有( )。
   A. 吸收的存款　　B. 贴现　　C. 向中央银行借款　　D. 同业拆入

3. 反映商业银行经营状况的要素有( )。
   A. 资产　　　　B. 负债　　　　C. 所有者权益
   D. 收入　　　　E. 费用　　　　F. 利润

4. 反映商业银行经营成果的要素有( )。
   A. 资产　　　　B. 负债　　　　C. 所有者权益
   D. 收入　　　　E. 费用　　　　F. 利润

第二篇

商业银行业务核算方法

第二章 基本核算方法

学习目标

1. 熟悉银行会计科目的种类、理解银行会计科目的设置原则,掌握银行基本业务会计科目。

2. 掌握借贷记账法在银行的运用。

3. 熟悉银行会计凭证的分类。

4. 掌握明细核算与综合核算的具体内容,了解银行账务处理程序,掌握银行错账冲正方法。

5. 了解银行会计报表的种类。

会计方法是会计核算和监督会计对象,完成会计任务的手段。会计方法包括会计核算方法、会计分析方法和会计检查方法,会计核算方法是基础,会计分析方法是会计核算方法的继续和发展,会计检查方法是会计核算方法和会计分析方法的保障。其中,会计核算方法是指对会计对象进行连续、系统、完整的记录、计算、综合反映与监督的业务技术手段,它包括基本核算方法和各项业务的具体核算方法两大部分,基本核算方法是对各项金融业务核算处理手续方法的高度概括和总结,各项业务核算方法是基本核算方法在各项金融业务核算中的具体运用。金融会计的基本核算方法主要有设置会计科目、复式记账、填制和审核会计凭证、设计账务组织、登记账簿、编制财务报表等。

第一节 会计科目

一、设置会计科目的意义

会计科目是对会计要素进行进一步分类的类别名称。金融企业会计科目是对金融企业资产、负债、所有者权益、收入、费用和利润作进一步的分类。

设置会计科目对于金融企业组织会计核算具有以下重要意义。

第一,会计科目是进行会计核算的基础。会计科目是设置账户、归集和记载各项交易和事项的工具,也是确定财务报表项目的依据。

第二,金融企业会计科目是系统反映国民经济情况的工具。由于金融企业处于国民经济的中心地位,国民经济的各行各业各企事业单位以及广大居民都需要在银行开立账户,所有资金往来结算均在银行账户中得到反映。

第三,会计科目是金融企业统一会计核算口径的手段。规定会计科目的核算范围和内容,可以统一各金融企业会计核算口径,使得同类企业同类业务会计数据具有可比性。

二、金融会计科目设置的原则要求

金融企业会计工作依据"统一领导、分级管理"的原则,会计科目由各法人银行总行统一设置。会计科目按资金性质、业务特点和核算管理需要设置,具体要求如下。

(一)满足国家宏观经济管理、企业经营管理的需要

金融企业作为国民经济的核心,其会计科目的设置不仅要反映金融企业自身的业务和财务收支变动情况,更重要的是要反映国民经济各部门、各行业、各单位的资金运动变化情况。因此,金融会计科目的设置要满足国家管理经济以及企业经营管理的需要,通过银行会计科目核算数据,为国家管理经济提供重要参考。例如,设置"普惠金融贷款""政策扶贫贷款"等科目,通过该类科目核算资料,为国家评估宏观经济政策效果提供参考;设置"应收利息""应付利息"科目,为银行每日匡算利润、加强经营管理提供直接数据参考。

(二)体现金融业务特点,适应金融业务发展的需要

金融行业是经营货币的特殊机构和组织,银行主要业务是吸收存款、发放贷款和办理支付结算等,其资金的循环周转不同于实体企业,因此,金融会计科目设置要充分考虑自身业务特点,会计科目要涵盖金融行业所有的业务类型,全面反映金融业务和财务收支的变化。例如,银行在"现金"一级科目下,设置"库存现金""运送中的现金""自助设备占款"等二级科目,充分反映现金分布及增减变动状况。同时,当新的金融业务产生时,要增设相应的会计科目进行会计核算,以适应金融行业经营管理的需要。金融会计科目一般按照类别和归属顺序进行编号,形成科目代号,科目代号之间要留有余地,便于拓展新业务后进行添加。金融会计科目和科目代号既要保持稳定性,又要兼具拓展性。

(三)满足金融企业组织会计核算的需求

金融会计科目的设置要满足金融会计核算的技术性需要,对每一个会计科目应按照核算内容编制使用说明,明确核算范围和使用方法,使得各科目含义明确、界限分明。同时,在满足会计核算要求、保证会计核算质量的前提下,会计科目的分类要做到简明、适用,不宜过于繁复,以保证会计核算工作能够顺利进行。会计科目既要全面反映金融行业的经济业务,又要减轻会计人员的负担,会计科目设置数量要恰当,数量过多、过细会给金融会计实务增加难度和工作量,而数量过少又不能满足会计信息明晰性的质量要求。

(四)体现统一性与灵活性相结合的要求

我国财政部制定了统一会计科目表,其中一部分会计科目为金融企业专用,并规定金融企业在不违反企业会计准则中有关确认、计量和报告规定的前提下,可以根据自身的实际情况自行增设、分拆、合并会计科目。目前在金融会计实务中,银行、保险公司、证券公司等金融企业的会计科目均由各自的总行、总公司制定,会计科目的使用必须按总行、总公司的统一规定严格执行。金融企业的分支机构经总行、总公司批准,根据具体情况可增设辖内专用的科目。设置会计科目遵循统一性与灵活性相结合的原则,一方面可使提供的会计信息具有可比性,便于对比、分析和汇总;另一方面能够更加适应金融企业的业务特点和业务发展需要。

三、会计科目的分类

(一)按与资产负债表关系分为表内科目和表外科目

1. 表内科目

表内科目是指用于核算涉及金融企业资金实际增减变动的交易或事项,从而列入资产负债表内的会计科目。《企业会计准则——应用指南》所规定的会计科目均为表内科目。

表内科目按经济内容分为资产类、负债类、所有者权益类、资产负债共同类和损益类五大类。

(1)资产类科目。资产类科目是反映资产要素各项目增减变动情况及变动结果的会计科目,是对金融企业符合资产定义和资产确认条件的资源,根据核算与管理要求进行科学分类的类别名称。这类科目用来反映金融企业资金的占用与分布,包括各种财产、债权和其他权利,如银行设置的现金、贵金属、存放款项、应收利息、短期贷款、中长期贷款、贴现、拆放同业等科目。

(2)负债类科目。负债类科目是反映负债要素项目增减变动及其余额的会计科目,是对金融企业符合负债定义和负债确认条件的义务,根据核算与管理要求进行科学分类的类别名称。这类科目用来反映金融企业资金来源的渠道,如单位活期存款、单位定期存款、单位通知存款、活期储蓄存款、定期储蓄存款、个人通知存款、机关团体存款、向中央银行借款、同业拆入、应付利息、应交税费等科目。

(3)资产负债共同类科目。资产负债共同类科目是根据金融业务的特殊性设置的会计科目。这类科目用来反映日常核算中资产负债性质不确定且其性质须视科目的期末余额方向而定的交易或事项,如"待清算资金往来""外汇买卖"科目等。

(4)所有者权益类科目。所有者权益类科目是反映金融企业所有者权益要素项目增减变动情况及变动结果的会计科目。它是对金融企业资产扣除负债后由所有者享有的剩余权益,根据核算与管理要求进行科学分类的类别名称。这类科目用来反映金融企业各种自有资金的取得和形成渠道,包括所有者投入的资本、直接计入所有者权益的利得和损失、留存收益等,如实收资本(或股本)、资本公积、盈余公积、一般准备、本年利润、利润分配等科目。

(5)损益类科目。损益类科目反映的是金融企业各种收入取得与费用发生的会计科目。这类科目核算的是计入当期损益,反映金融企业一定时期内的财务收支及经营成果,分别设置收入类和支出类两部分科目。其中:银行业损益类科目一般设置利息收入、金融机构往来收入、手续费收入、其他营业收入、汇兑收益、投资收益、营业外收入、利息支出、金融机构往来支出、手续费支出、其他营业支出、营业外支出、税金及附加、所得税等科目;保险企业除上述科目外,还包括保费收入、手续费及佣金收入、手续费及佣金支出、赔付支出等科目。

2. 表外科目

表外科目是指用于核算业务确已发生而尚未涉及金融企业资金实际增减变动的重要业务事项,不列入资产负债表的科目。银行表外业务包括或有事项类、承诺事项类及备查事项类会计科目等,其中,大多数银行对或有类和承诺类表外科目采用复式记账法进行核算,这部分内容将在后面相关业务核算中加以介绍;而对备查类会计科目则采用单式记账法加以登记,包括需要备忘或控制类事项,如"重要空白凭证""有价单证""代保管有价值品""抵(质)押有价物品"等。再如银行柜员收到客户提交的"委托收款凭证",该业务是客户委托银行代为收款,在款项未收到时、没有发生资金变动,应该在表外登记簿上进行登记,待款项收到时,再予以注销,起控制作用。

(二)按科目反映的详细程度及统驭关系分为一级科目和二级科目

会计科目根据核算需要可以设置子目,子目下设置账户。银行的会计科目由总行统一制定,会计科目应严格按照规定的代号和核算内容进行使用。

1. 一级科目

一级科目亦称"总分类科目"或"总账科目",是对会计要素具体内容进行总括分类、提供总括信息的会计科目。一级科目由财政部统一颁布,在《企业会计准则——应用指南》中给予详细说明。每一个会计科目设置一个总账账户,会计科目就是总账的名称。

2. 二级科目

二级科目亦称"明细分类科目"或"子目",是对一级科目进一步分类、提供更详细、更具体信息的会计科目。例如,某银行在"定期储蓄存款"一级科目下设置"整存整取定期储蓄存款""零存整取定期储蓄存款""整存零取定期储蓄存款""存本取息定期储蓄存款"等二级科目,在这些二级科目下根据开户人再设立分户账账户,以详细反映每个个人客户各类定期存款的变动情况。

四、会计科目表

根据会计核算的需要,《企业会计准则——应用指南》对每一个会计科目所包含的经济内容给予了详细说明。其中,有一部分会计科目是针对金融企业设置的,为金融企业专用。同时,对于金融企业不可能发生的一些交易或者事项也可以不设置相关科目。财政部2021年12月出版发布了《企业会计准则》(2022年版),其会计科目表可扫二维码。

准则明确规定:金融企业在不违反企业会计准则中有关确认、计量和报告规定的前提下,可以根据自身的实际情况自行增设、分拆、合并会计科目。目前,各法人商业银行的一级会计科目由各自总行统一制定,自成体系。但是,对一些基本业务设置的科目具有共性特征,比如:多数银行为减少核算级次,存款类科目直接按照存款类别设置"单位活期存款""单位定期存款""活期储蓄存款""定期储蓄存款""机关团体存款"等一级科目;贷款则设置"短期贷款""中长期贷款""贴现"等一级科目。此外,各法人银行根据自身业务特点,也设置了一些个性化业务的会计科目。本教材重点介绍银行共性业务的科目及核算方法。

五、会计科目代号与账号

会计科目按照类别和归属顺序编号,形成科目代号,满足会计核算电子化的需要。银行会计科目代号由4位数字组成,第一位数字表示科目性质,如财政部统一会计科目表所示:"1×××"表示资产类科目,"2×××"表示负债类科目,"3×××"表示资产负债共同类科目,"4××ד表示所有者权益类科目,"6×××"表示损益类科目。各法人银行的科目代号顺序不尽相同,也有的银行科目代号顺序不同于以上统一会计科目表顺序,如工行"1×××"表示资产类科目,"2×××"表示负债类科目,"3×××"表示所有者权益类科目,"4×××"表示资产负债共同类科目,"5×××"表示损益类科目,"6×××"表示表外科目。科目代号以各法人银行规定为准。

账号是银行对每一个开户单位或个人的分户账户对应设定一个数字编号。账号一般由银行行号、资金性质、开户顺序号、校验号等组成,户名、账号是否匹配是银行办理业务时审核凭证的首要内容,也是保证客户资金安全的重要措施之一。

第二节 记账方法

一、记账方法的种类

记账方法是随着经济业务的不断发展、会计工作的不断演变形成的对经济业务使用特定的技术进行处理的专门方法,在会计核算方法体系中有着重要的地位。记账方法包括单式记账法和复式记账法两种。

(一)单式记账法

单式记账法是当业务发生时,只在一个账户中进行登记的记账方法。单式记账法是一种原始简单、不完整的记账方法,不能对交易或事项的会计记录进行试算平衡。银行对部分表外科目采用单式记账法。

(二)复式记账法

复式记账法是当经济业务发生时,同时在两个或两个以上相互联系的账户中,以相等的金额、相反的方向进行登记,全面反映交易或事项来龙去脉的记账方法。复式记账法可以对会计主体所有交易或事项的会计记录进行总体试算平衡,以检查会计记录是否正确。复式记账法分为借贷记账法、增减记账法和收付记账法。目前,世界上普遍采用的复式记账法是借贷记账法。我国的《企业会计准则——基本准则》明确规定:"企业应当采用借贷记账法记账。"在金融企业会计核算中,对涉及表内科目的增减变动的会计事项,采用借贷记账法进行记录。

二、借贷记账法

(一)借贷记账法的基本内容

借贷记账法是以会计等式"资产=负债+所有者权益"为理论依据,根据复式记账原理,以"借""贷"作为记账符号,按照一定的记账规则,在会计账户中记录和反映企业经济业务的增减变动及其结果的一种记账方法。借贷记账法的基本内容包括以下几个方面。

1. 理论依据

借贷记账法以会计等式"资产＝负债＋所有者权益"为理论依据,无论经济业务发生何种变化,都不会破坏这一会计恒等式。

2. 记账符号

借贷记账法的记账符号是"借"和"贷"。此时,"借"和"贷"不具有其本身的字面含义,而是作为一种抽象的记账符号用来标明记账的方向。在借贷记账法下,将所有账户都分为左右两方,左为借方,右为贷方,并规定了不同类型账户的记账方向和余额方向。

(1)每一类账户记账方向的具体规定。

①资产类账户增加记借方,减少记贷方,余额在借方。

②负债类账户增加记贷方,减少记借方,余额在贷方。

③所有者权益类账户同负债类账户记账方向、余额方向一致。

④损益中的收入类账户增加记贷方,减少记借方,期末结转前余额在贷方,期末结转后余额为零;损益中的费用支出类账户与收入类账户记账方向相反,发生或增加时记借方,减少或结转时记贷方,期末结转前余额在借方,期末结转后余额为零。

⑤资产负债共同类账户记账方向根据具体业务确定,其余额方向有的科目为双方反映余额,有的科目在一家银行为贷方余额,在另一家银行为借方余额。若余额在借方,则该类账户表现为资产性质;若余额在贷方,则该类账户表现为负债性质,这类科目在以后章节的具体业务中分别加以介绍。

(2)每一类账户的余额方向及轧计公式。会计期末,根据"期末余额＝期初余额＋本期增加额合计－本期减少额合计"公式轧计各科目总账的期末余额。各类会计科目的余额轧计公式如下。

①资产类、损益类的支出科目余额在借方,余额轧计公式为:

本期借方余额＝上期借方余额＋本期借方发生额－本期贷方发生额

②负债类、所有者权益类、损益类收入科目的余额在贷方,余额轧计公式为:

本期贷方余额＝上期贷方余额＋本期贷方发生额－本期借方发生额

③资产负债共同类科目余额借贷双方反映或轧差反映在借方(贷方),余额轧计公式为:

上期借方余额－上期贷方余额＋本期借方发生额－本期贷方发生额＝本期借方余额－本期贷方余额

金融会计

④表外科目余额在收入方,余额轧计公式为:

本期收入余额=上期收入余额+本期收入发生额-本期付出发生额。

⑤因为银行按日进行日结,所以每日日终,即营业终了或系统进行日结时,各科目总账的余额计算公式演变为:

本日借方余额=上日借方余额+本日借方发生额-本日贷方发生额

本日贷方余额=上日贷方余额-本日借方发生额+本日贷方发生额

借贷记账法各类账户结构及记账方向汇总如表 2-1 所示。

表 2-1 借贷记账法下金融企业各类账户结构

账户类型	借方	贷方
资产类	增加额、余额	减少额
负债类	减少额	增加额、余额
资产负债共同类	资产增加额、负债减少额、资产>负债的余额	资产减少额、负债增加额、负债>资产的余额
所有者权益类	减少额	增加额、余额
损益类(收入) 损益类(费用)	收入减少额和结转额 费用增加额	收入增加额 费用减少额和结转额

3. 记账规则

借贷记账法的记账规则为"有借必有贷,借贷必相等"。根据记账原理,无论银行经济业务如何千变万化,其核算结果都不会影响会计恒等式"资产=负债+所有者权益"的平衡关系。因此,银行业务类型无外乎以下四种:等式两边同增、等式两边同减、等式左边有增有减、等式右边有增有减。结合记账符号所规定的记账方向,必然得出上述记账规则。金融企业在采用借贷记账法记账时,对需要记账的每一笔经济业务,以相反的方向、相同的金额,同时在两个或两个以上具有对应关系的账户中进行登记,务必注意记入借方账户的金额合计数一定等于记入贷方账户的金额合计数。

4. 试算平衡

银行每日营业终了按科目进行试算平衡,包括发生额和余额的试算平衡。

(1)发生额试算平衡。按照"有借必有贷,借贷必相等"的记账规则进行核算时,金融企业发生的每一笔经济业务,从金额上来看,其记入借方的金额都等于记入贷方的金额。因此,一定期间内的所有总账账户的借方发生额合计,一定等于同期所有总账账户的贷方发生额合计。其平衡公式为:

所有科目本日借方发生额合计=所有科目本日贷方发生额合计

(2)余额试算平衡。在借贷记账法下,金融企业在期末结出各账户的余额,资产类账户余额在借方,而负债和所有者权益类账户余额在贷方,根据"资产=负债+所有者权益"会计方程式的恒等关系,必然有所有账户期末借方余额合计等于所有账户期末贷方余额合计。其平衡公式为：

所有科目本日借方余额合计＝所有科目本日贷方余额合计

试算平衡是在期末(日终)时,利用以上两个公式检查账户记录是否正确的一种方法。经过试算,如果以上两个公式不成立,即不平衡,则表示账户记录中肯定存在错误;如果以上两个等式成立,即平衡,则只能说明账户记录基本而非完全正确,因为有些账户记录错误并不影响试算结果的平衡,通过试算平衡不能被检查出来。这种情况主要包括：被漏记的业务,被重复登记的业务,借贷方记反的业务,借方和贷方同时多记或少记相等金额的业务,记账串户的业务等。

在会计实务中,银行每日在日结后通过编制日计表,进行账务的试算平衡检查,日计表按会计科目代号顺序编制,设置上日余额、本日发生额和本日余额三栏式,格式见表2-3。日计表也是银行按日编制的业务状况报告表。

(二)借贷记账法在银行的应用实例

就同一笔业务而言,商业银行作为会计主体,由于银行与实体企业的会计角度不同,初学者往往产生银行会计分录与实体企业会计分录相反的感觉,为便于理解,下面对每笔业务类型和记账方向逐一加以解析,以此阐述借贷记账法在金融企业的具体应用。

例题： 某商业银行某支行202×年3月5日发生下列8笔经济业务,经审核无误,予以办理,逐笔作出该行的会计分录,并于营业终了进行试算平衡。各科目上日余额见表2-3。

【例2-1】 收到开户单位A公司签发的现金支票,要求从其活期存款账户中支取备用现金30 000元,审核无误后予以办理。

解析： 该笔业务涉及"单位活期存款"和"现金"两个科目。"单位活期存款"为负债类科目,减少数应记入借方;"现金"为资产类科目,减少数应记入贷方。该笔业务为银行资产负债同时减少的业务,会计分录为：

借：单位活期存款——A公司　　　　　　　　　　30 000
　　贷：现金　　　　　　　　　　　　　　　　　　30 000

【例2-2】 储户王成持本行借记卡从本行ATM自助设备中自行提取1 000元现金,银行完成会计分录。

解析： 本笔业务涉及银行"现金"和"活期储蓄存款"两个科目。银行现金减少,记"现金"科目的贷方,"活期储蓄存款"为负债类科目,减少记借方。该笔业务为银行资产负债同时减少的业务,会计分录为：

借：活期储蓄存款——王成　　　　　　　　　　　1 000
　　贷：现金　　　　　　　　　　　　　　　　　　1 000

【例2-3】 开户单位B公司,向本行申请流动资金贷款一笔,金额为200 000元,期限为半年,年利率为5%,收到银行信贷审批通知单,办理贷款发放手续。

解析:该笔业务涉及"短期贷款"和"单位活期存款"两个科目。"短期贷款"为资产类科目,发放贷款时增加应记入借方;"单位活期存款"为负债类科目,贷款转入时增加应记入贷方。该笔业务为银行资产负债同时增加的业务,会计分录为:

借:短期贷款——B公司　　　　　　　　　　　　　200 000
　　贷:单位活期存款——B公司　　　　　　　　　　200 000

【例2-4】 本行签发现金支票,从其中央银行准备金存款账户提取现金1 000 000元。

解析:该笔业务涉及"现金"和"存放中央银行款项"两个科目。其中,"现金"为资产类科目,增加数记入借方;"存放中央银行款项"也为资产类科目,减少数应记入贷方。该笔业务为银行资产一增一减的业务,会计分录为:

借:现金　　　　　　　　　　　　　　　　　　　1 000 000
　　贷:存放中央银行准备金　　　　　　　　　　　　1 000 000

【例2-5】 收到开户单位甲商场签发的转账支票,金额50 000元,向同在本行开户的乙工厂支付购货款,立即办理。

解析:该笔业务涉及"单位活期存款"科目下两个不同账户资金增减变化,甲商场的存款减少,乙工厂的存款增加。"单位活期存款"为负债类科目,减少数应记入"甲商场户"的借方;同时,增加数应记入"乙工厂户"的贷方。该笔业务为负债一增一减的业务,会计分录为:

借:单位活期存款——甲商场　　　　　　　　　　　50 000
　　贷:单位活期存款——乙工厂　　　　　　　　　　50 000

【例2-6】 银行收兑黄金一份,价格为18 000元,支付客户款项。

解析:该笔业务涉及"贵金属"和"现金"两个科目。"贵金属"为资产类科目,增加数应记入借方;"现金"也为资产类科目,减少数应记入贷方。该笔业务为银行资产一增一减的业务,会计分录为:

借:贵金属——黄金　　　　　　　　　　　　　　　18 000
　　贷:现金　　　　　　　　　　　　　　　　　　　18 000

【例2-7】 本行签发转账支票,归还中央银行日拆性借款5 000 000元。

解析:该笔业务涉及"存放中央银行款项"和"向中央银行借款"两个科目。前者为资产类科目,减少数应记入贷方;后者为负债类科目,减少数应记入借方。该笔业务为商业银行资产负债同时减少的业务,会计分录为:

借:向中央银行借款——日拆性　　　　　　　　　　5 000 000
　　贷:存放中央银行准备金　　　　　　　　　　　　5 000 000

【例 2-8】 收到开户单位 A 公司签发的转账支票,金额为 506 000 元,归还银行短期贷款本金 500 000 元,利息 6 000 元。

解析: 该笔业务涉及"单位活期存款""短期贷款"和"应收利息"三个科目。"单位活期存款"为负债类科目,减少数应记入借方;"短期贷款"为资产类科目,减少数应记入贷方;"应收利息"为资产类科目,收到时减少记贷方。该笔业务为资产负债同时减少两笔业务,合而为一的会计分录为:

借:单位活期存款——A 公司　　　　　　　　　　　506 000
　　贷:短期贷款——A 公司　　　　　　　　　　　　500 000
　　　　应收利息　　　　　　　　　　　　　　　　　6 000

假设该银行当日仅发生以上 8 笔业务,其他科目均未发生变化,在业务发生时登记分户账,当日营业终了进行日结时登记总账,分别计算各科目总账本日借方发生额合计数和贷方发生额合计数,进行发生额试算平衡;计算出所有科目总账当日余额,进行余额试算平衡;根据以上资料编制日计表,其格式如表 2-2 所示。

表 2-2　日计表
202×年 3 月 5 日　　　　　　　　　　　　　　　　　　　　　　单位:元

会计科目	上日余额		本日发生额		本日余额	
	借方	贷方	借方	贷方	借方	贷方
现金	1 480 000		1 000 000	49 000	2 431 000	
贵金属	800 000		18 000		818 000	
存放中央银行准备金	89 000 000			6 000 000	83 000 000	
短期贷款	560 550 000		200 000	500 000	560 250 000	
中长期贷款						
应收利息	866 000			6 000	860 000	
固定资产	200 000 000				200 000 000	
…	356 104 000				356 104 000	
单位活期存款		508 700 000	586 000	250 000		508 364 000
活期储蓄存款		169 000 000	1 000			168 999 000
向中央银行借款		9 500 000	5 000 000			4 500 000
实收资本		507 000 000				507 000 000
资本公积		600 000				600 000
…		14 000 000				14 000 000
合计	1 208 800 000	1 208 800 000	6 805 000	6 805 000	1 203 463 000	1 203 463 000

说明:该银行当日未发生业务的科目名称未在表中全部列示,除已列示的外,其他未列示的科目名称统一以"…"代替,余额以合计数列示表中,以便进行余额试算平衡。

(三)银行总分类账与明细分类账平行登记的应用

1. 金融企业总分类账户与明细分类账户设置

在科目分类中已介绍银行会计科目级次,根据科目设置账户,具体做法如下。

根据一级会计科目设置的会计账户为"总分类账户(或称总账)",用来提供各种总括的核算资料,可以全面反映金融企业的各项资产、负债、所有者权益等要素的增减变动的总体情况和结果。例如,前例中提到的"短期贷款""单位活期存款"等账户均为总分类账户。

根据二级明细科目设置明细分类账户,用来提供分类详细核算资料的账户。例如,为了具体掌握客户存款的增减变动的情况,在"单位活期存款"一级科目下按照存款的类型设置二级明细分类科目,用以反映每一类资金的增减变化。在二级科目下按客户名称设置分户账,具体反映每一个客户资金的增减变化。以此对总分类账户的资料进行补充说明。

以"单位活期存款"账户为例,银行一般在该科目下按行业设二级科目、按开户单位设分户账。如"工业企业活期存款、商业企业活期存款、房地产业活期存款、旅游服务业活期存款、建筑安装业活期存款"等明细分类,再按开户单位所属行业在相应的二级科目下开立分户账。日终结账时,"单位活期存款"总分类账户提供某银行当天"单位活期存款"总额的增减变化,但具体是哪种类型、哪个客户的存款金额变化,就需要二级明细账和具体的分户账资料进行补充说明。

2. 金融企业总分类账户与明细分类账户平行登记规则

业务发生时,开户单位资金发生变化,即分户账数字发生变化,同时会引起其上二级明细分类账户和总账数字呈同方向变化。同一经济业务发生的同时引起三级、二级、一级账户记账方向相同、金额相同的变化,就叫"平行登记原理",即"核算内容相同、核算方向相同、核算金额相等"。具体做法如下。

在金融企业当经济业务发生时,若所涉总分类账户下设明细分类账户的,要在总分类账户及其下设各级明细分类账户中同时登记,登记方向相同,如总分类账户中和明细账户中均记入借方或贷方;总分类账户中登记的金额必须与记入其下设的一个或几个明细分类账户的金额合计数相等。需要说明的是,银行的总账账户是在每日营业终了银行做日结时,进行汇总后登记总账账簿,银行总账每日只记一笔账。

3. 金融企业总分类账户与明细分类账户平行登记应用实例

依据前例资料,假设该商业银行当日只发生了前例中的8笔业务,且"单位活期存款"明细账户下只设"商业企业活期存款"和"工业企业活期存款"2个二级明细分类账,以及4家三级明细分类账户,即"A公司、B公司、甲商场、乙工厂"4个分户账,则对"单位活期存款"总分类账户及其下设二级和三级明细账户的平行登记如表 2-3 所示。

表 2-3 "吸收存款"及其明细分类账发生额及余额表

202×年 3 月 5 日　　　　　　　　　　　　　　　　　　　　　　　单位:元

会计科目	上日余额		本日发生额		本日余额	
	借方	贷方	借方	贷方	借方	贷方
单位活期存款		508 700 000	586 000	250 000		
商业企业活期存款		300 700 000	586 000	200 000		300 314 000
A 公司		200 000	536 000			170 000
B 公司		120 000		200 000		320 000
甲商场		300 000	50 000			250 000
工业企业活期存款		208 000 000		50 000		208 050 000
乙工厂		208 000 000		50 000		208 050 000

三、单式记账法在银行的应用

银行对备查类的表外科目采用单式记账法进行核算,单式记账法采用"收"和"付"或"收入"和"付出"作为记账符号,业务发生或增加时记收入,业务减少或核销时记付出,余额为业务已发生但尚未结清的业务事项或结存数。

表外科目登记在登记簿上,登记簿设收入、付出和余额三栏。当经济业务发生需要登记表外科目时,"收"登记的是会计事项引起的表外科目增加额;"付"登记的是表外科目的减少或相关经济业务的销账;期末表外科目的余额表示已发生但尚未结清的业务事项或结存数。例如,金融企业办理抵押贷款业务收到抵押品时,记"收入:代保管有价值品";抵押贷款到期偿付退回抵押品时,记"付出:代保管有价值品",用以记录表外科目的增减变动。

表外科目一般以业务实际发生额或凭证票面金额入账,有些控制实物数量的表外科目则按假定价格记账,如"重要空白凭证"科目,以每份 1 元的假定价格记账。

【例 2-9】 某商业银行受理 A 公司代保管有价单证申请,票面金额为 1 000 000 元,按规定办理各种手续后作表外核算如下:

　　收:代保管有价值品——A 公司　　　　　　　　　　　　　　1 000 000

单证到期提取时,A 公司提交"委托代保管有价单证收据"和有效身份证明,商业银行审核无误后办理提取手续并销记表外科目相关账簿。会计分录为:

　　付:代保管有价值品——A 公司　　　　　　　　　　　　　　1 000 000

第三节 会计凭证

一、金融会计凭证的意义

银行会计凭证是各项经济业务和财务收支发生的原始记录,是银行办理资金收付、登记账簿的依据,也是明确经济责任和事后查考的书面证明。会计凭证记录了经济业务的执行、完成情况,是记录经济信息的载体。会计凭证的填制与审核是金融企业会计核算工作的起点和纽带,银行会计凭证的传递是银行办理资金收付、登记账簿、核对账务的过程。经办人员在会计凭证上的签章,明确了各自的经济责任。会计凭证作为重要的会计档案,也是事后会计检查查考的依据。

由于银行会计凭证要在银行之间、各柜台之间进行传递记账,银行会计凭证又被称为"传票"。

二、会计凭证的种类

商业银行统一的会计凭证格式一般由总行设计,外部监管部门另有规定的除外。

(一)会计凭证按照来源和用途,分为原始凭证和记账凭证

1. 原始凭证

原始凭证是在经济业务发生时,银行自行编制或直接取得的、以书面形式记录业务的发生及完成的会计凭证。原始凭证是编制记账凭证、登记账簿的原始依据。

按取得的来源不同,金融企业原始凭证分为外来的原始凭证和自制的原始凭证。

(1)自制的原始凭证是银行根据内部业务需要,经有权人员授权自行制作,相关经办人员在执行或完成某项交易或事项时自行编制的会计凭证。例如,为支付存款客户利息编制的利息清单,为员工发放工资编制的工资表,系统内往来划款凭证等。

(2)外来的原始凭证是金融企业在经济业务发生时,直接由客户提交或系统生成的会计凭证。例如,客户提交的各种结算凭证,采购办公用品取得的各种发票,员工出差报销用的车船票等。

具备记账凭证基本要素的原始凭证,可以作为记账凭证使用。在银行会计实务中,银行大量使用客户提交的或联行及代理行寄来的各种原始凭证,直接代替记账凭证进行账务处理。

2. 记账凭证

记账凭证是由电子信息输出后打印或根据原始凭证信息填制生成的会计凭证。

记账凭证是反映经济业务引起的会计账户记账方向和金额的书面文件,作为登记账簿的依据。根据原始凭证生成的记账凭证,原始凭证作为记账凭证的附件。

(二)银行记账凭证按照凭证形式不同,分为单式记账凭证和复式记账凭证

单式记账凭证是将一笔交易或事项的所涉及的账户分别填制在若干张记账凭证上,每张记账凭证上只填列一个会计账户、科目,其中的对方科目仅供参考,不作为登记账簿的依据。只填列借方科目的记账凭证称为"借方记账凭证",只填列贷方科目的记账凭证称为"贷方记账凭证"。因此,一笔业务的会计分录中涉及几个账户就要编制几张记账凭证,银行每一笔业务发生后会用到两张或两张以上的单式记账凭证。单式记账凭证的优点在于:在传统手工操作下,由于商业银行业务量大,单式凭证便于在各柜组、各银行之间传递、分工记账和按会计科目汇总发生额。

复式记账凭证是当经济业务发生时,将一笔业务所涉及的所有账户、科目填制在一张记账凭证上,该凭证既反映借方账户、科目,又反映贷方账户、科目,据此分别登记借方账户和贷方账户。复式记账凭证的优点在于:能在一张凭证上完整地反映一项经济业务所涉及的所有账户、科目,清楚资金的来龙去脉,出现差错,便于查找;因为银行很多账务涉及多家银行同时记账,复式记账凭证往往无法满足一笔业务在不同银行同时记账的要求,所以,银行会计手工核算一般采用单式记账凭证,特殊业务也可根据需要采用复式凭证。

采取计算机联网操作和综合柜员制的商业银行,表内业务的核算采用复式凭证,单讫记账时可采用单式凭证;表外业务的核算采用单式凭证,一记双讫时可采用复式凭证。其中,一记双讫是指一笔交易同时处理借、贷方账务;单讫是指一笔交易只处理借方或贷方账务,必须同时使用另一单边交易或计算机批量补充方式以确保账务的借贷平衡。

(三)银行会计凭证根据适用范围和用途不同,分为基本凭证和特定凭证

1.基本凭证

基本凭证又称为"自制通用凭证",是银行会计部门根据原始凭证及业务事项有关信息自行编制或生成的凭以记账的证明。银行基本凭证按照其格式和用途的不同分为以下八种类型。

(1)现金收入凭证、现金付出凭证。这类凭证专门用于现金收入与付出业务,其格式如图 2-1 和图 2-2 所示。

```
中国××银行    现金收入传票           总字第    号
                                      字第    号
（贷）        年    月    日
```

户名或账号	摘要	金　　额										附单据
		千	百	十	万	千	百	十	元	角	分	张

会计　　　　　出纳　　　　　复核　　　　　记账

图2-1　现金收入凭证

```
中国××银行    现金付出传票           总字第    号
                                      字第    号
（借）        年    月    日
```

户名或账号	摘要	金　　额										附单据
		千	百	十	万	千	百	十	元	角	分	张

会计　　　　　出纳　　　　　复核　　　　　记账

图2-2　现金支出凭证

（2）转账借方凭证、转账贷方凭证。这类凭证专门用于办理内部转账业务及表外科目核算业务,这类凭证只在银行内部使用,不对外销售和传递,其格式如图2-3和图2-4所示。计算机记账的则合并为复式凭证,称作"转账凭证"。

```
中国××银行    转账借方传票           传票
                                      编号
              年    月    日
```

科目	（借）	对方科目：											
户名或账号	摘要	金　　额										附单据	
		千	百	十	万	千	百	十	元	角	分	张	

会计　　　　　出纳　　　　　复核　　　　　记账

图2-3　转账借方凭证

图 2-4 转账贷方凭证

(3)特种转账借方凭证、特种转账贷方凭证。这类凭证主要用于没有特定凭证,但又涉及客户资金收付的转账业务,一般是银行在主动为客户收款进账或扣款出账时填制打印,作为付款或收款通知。这类凭证在金融企业内外部均可传递,但不对外销售,其格式如图 2-5 和图 2-6 所示。计算机记账的合并为复式凭证,称作"特种转账凭证"。

图 2-5 特种转账借方凭证

中国××银行特种转账贷方传票

年　月　日

总字第　　号
字第　　号

收款单位	全称			付款单位	全称		
	账号或地址				账号或地址		
	开户银行		行号		开户银行		行号
金额	人民币（大写）				千 百 十 万 千 百 十 元 角 分		
原凭证金额		赔偿金		科目（借）＿＿＿＿			
原凭证名称		号码		对方科目（贷）＿＿＿＿			
转账原因	盖章　银行			会计　复核　记账			

附件　张

图 2-6　特种转账贷方凭证

（4）表外科目收入凭证、表外科目付出凭证。这类凭证主要用于表外科目核算，其格式如图 2-7 和图 2-8 所示。计算机记账的合并为复式凭证，称作"表外凭证"。

中国××银行表外科目收入传票

年　月　日

总字第　　号
字第　　号

表外科目（收入）

户名	摘要	金额 千	百	十	万	千	百	十	元	角	分

附件　张

会计　出纳　复核　记账

图 2-7　表外科目收入凭证

中国××银行表外科目付出传票

年　月　日

总字第　　号
字第　　号

表外科目（收入）

户名	摘要	金额 千	百	十	万	千	百	十	元	角	分

附件　张

会计　出纳　复核　记账

图 2-8　表外科目付出凭证

2. 特定凭证

特定凭证是根据某些业务的特殊需要而设计的专用凭证，用以代替记账凭证。特定凭证应按照业务操作规程的有关规定使用。它是银行根据各类业务的特殊需要而统一设计、印制的，具有专门格式和用途，客户根据业务需要购买或领用，办理业务时填写好并加盖预留印鉴后提交给银行，据以办理业务。例如：支票、进账单、现金缴款单、汇兑凭证、托收凭证、各类业务申请书等；银行签发的如银行本票、银行汇票、定期储蓄存单等。银行业务凭证大多数为多联次的凭证，客户填写时需要一次套写。

(四)会计凭证按其载体不同，可分为电子凭证和纸质凭证

电子会计凭证是采用电子介质形式储存、检索和调阅的凭证。它是通过计算机系统开具，依赖于计算机系统阅读、处理并可在通信网络上传输的会计凭证。2020年3月，财政部联合国家档案局发布的《关于规范电子会计凭证报销入账归档的通知》，强调"来源合法、真实的电子会计凭证与纸质会计凭证具有同等法律效力，各组织可以直接用于电子报销、入账、归档"。这里所说的"电子会计凭证"是指各单位从外部接收的电子形式的各类会计凭证，包括电子发票、财政电子票据、电子客票、电子行程单、电子海关专用缴款书、银行电子回单、电子划款凭证等。例如，"汇划报文来账人工处理入客户账认证"电子原始凭证见图2-9。

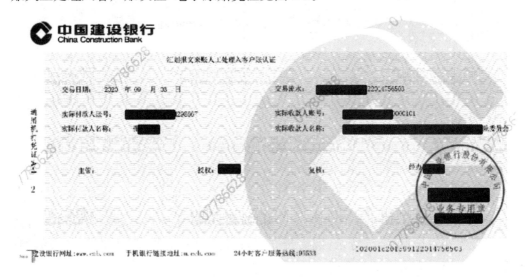

图2-9 电子原始凭证

纸质会计凭证是记账在纸质介质上的凭证。在会计实务中，纸质会计凭证的使用仍然十分广泛，原始凭证和记账凭证都存在大量纸质形式会计凭证。例如，中国建设银行手工账记账凭证见图2-10。

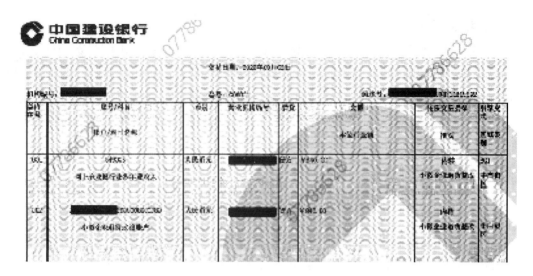

图 2-10　手工账记账凭证

会计凭证的种类总结如图 2-11 所示。

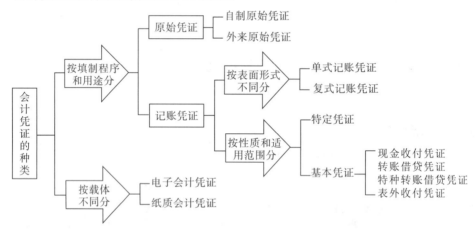

图 2-11　会计凭证的分类

三、银行会计凭证的基本要素

记账凭证基本要素包括：填制凭证的日期；收、付款人的户名、账号和开户行；货币符号及大小写金额；会计分录（即借贷方向）；经济业务摘要；附件张数；凭证编号；银行业务印章及有关人员签章等。

记账凭证基本要素不得因纸凭证与电子信息之间的相互转换而改变内容。

会计凭证上由客户填写的内容，未经客户书面授权，银行会计人员不得代办。

四、会计凭证的处理

会计凭证的处理是指金融企业会计人员从受理或编制会计凭证开始，经过审核、传递、记账，直至整理、装订、保管为止的整个过程。编制和审核会计凭证是银行会计核算工作的起点;只有经审核无误的会计凭证,才能作为办理资金收付、款项划转和登记账簿的依据;会计凭证在登账完成后应按规定整理、装订和归档保管,以备核对账务和事后查考。

(一)会计凭证的填制

正确填制会计凭证对于如实反映金融企业交易或事项的内容、确保会计核算的质量至关重要。会计凭证必须要素齐全、内容真实、数字准确、字迹清晰、填写规范。金融企业对纸质会计凭证和电子会计凭证的填制要求不同。

1. 纸质会计凭证的填制

根据财政部《会计基础工作规范》(2019年修订),纸质会计凭证的填制有如下要求。

(1)原始凭证的填制基本要求。

①原始凭证的内容必须具备:凭证的名称;填制凭证的日期;填制凭证单位名称或者填制人姓名;经办人员的签名或者盖章;接受凭证单位名称;经济业务内容;数量、单价和金额。

②取得外单位填制的原始凭证,必须盖有填制单位的预留银行印鉴;从个人取得的原始凭证,必须有填制人员的签名或者盖章。自制原始凭证必须有经办单位负责人或者其指定的人员签名或者盖章。对外开出的原始凭证,必须加盖本单位预留银行印鉴。

③凡填有大写和小写金额的原始凭证,大写与小写金额必须相符;购买实物的原始凭证,必须附有验收证明;支付款项的原始凭证,必须附有收款单位和收款人的收款证明。

④原始凭证不得涂改、挖补。发现原始凭证有错误的,应当由开出单位重开或者更正,更正处应当加盖开出单位预留银行印鉴。

⑤业务部门、柜员、会计核算机构要妥善保管原始凭证,不得丢失、遗失。

(2)记账凭证的填制基本要求。

①记账凭证应具备以下信息:填制凭证日期,会计科目或账号,摘要及有关业务编号,货币,金额及借贷方向(一般为借正贷负),经办和复核人员机打姓名或印章;如为电子凭证,可为经办和复核柜员编号、凭证编号、所附原始凭证张数(交易自动进行账务处理的除外)。

②在手工账务处理情况下,会计人员要根据审核无误的原始凭证填制记账凭证,称为"手工记账凭证"。手工记账凭证可以根据每一张原始凭证填制,或者根据若干张同类原始凭证汇总填制,也可以根据原始凭证汇总表填制,但不得将不同内容和类别的原始凭证汇总填制在一张记账凭证上。手工记账凭证必须附带原始凭证,便于检索和调阅。

③如果一张原始凭证涉及几张记账凭证,则应当把原始凭证附在一张主要的记账凭证后面,并在其他记账凭证上注明附有该原始凭证的记账凭证的编号或者附原始凭证复印件。

④手工填制的记账凭证必须做到正确、完整,并经过复核。复核时应以原始凭证及交易事实为依据,并注意以下要点:会计科目或账号是否正确;会计分录是否正确;货币金额是否正确,借贷是否平衡;摘要及业务编号有无遗漏;附件是否齐全。

2. 电子会计凭证的填制

在系统自动进行账务处理的情况下,记账凭证可由业务系统自动生成,称为"电子记账凭证"。随着移动支付、自助设备、企业网银等电子渠道以及银行业务信息系统的升级换代,会计凭证电子化不断推进,纸质凭证逐渐被电子凭证所替代。一方面,客户在系统客户端直接发起的交易无原始凭证;另一方面,系统将交易流水通过会计引擎生成会计信息,变更账户余额,产生会计科目发生额,生成总账。在这一过程中,会计流水统一成了交易流水,会计凭证不再专门生成,以电子凭证替代。

电子凭证可以通过凭证上的交易流水号、业务编号和摘要信息与交易清单、原始凭证建立对应关系。电子记账凭证可采用电子介质形式储存,不必打印输出,但应建立完善的索引体系,便于检索和调阅。

(二)会计凭证的审核

银行对自制或受理的会计凭证,必须根据会计规范和有关业务的具体要求,进行认真审核,以保证会计凭证的真实性、完整性、正确性、合法性,充分发挥会计监督的作用。只有经过审核无误的会计凭证,才能作为银行处理业务、制证或登账的依据。会计凭证审核的重点主要有以下几个方面:

(1)凭证是否为本企业受理;

(2)凭证内容、联数、附件是否齐全、相符,是否超过有效期限;

(3)账号与户名是否一致,是否为被冻结账户;

(4)大小写金额是否一致,有无涂改、刮擦痕迹;

(5)取款是否超过存款余额、拨款限额和贷款额度;

(6)密押、印鉴是否真实齐全;

(7)款项来源、用途是否符合政策及有关资金财务管理的规定;

(8)计息、收费、赔偿金、外汇牌价等计算标准和计算结果是否正确;

(9)科目及账户名称使用是否符合规定。

在审核会计凭证的过程中,金融企业会计人员应坚持原则,认真履行职责。对内容不全、手续不完备、存在数字差错的会计凭证,应当退回、补填或更正;对不真实、不合法的会计凭证,应拒绝受理,并向金融企业负责人报告。会计凭证经审核无误后,应及时处理和科学传递。

(三)会计凭证的传递

会计凭证的传递是指金融企业为了办理业务和处理账务的需要,将编制或受理的会计凭证,在金融企业内部以及金融企业之间按照规定的时间、程序进行传送流转。金融企业记录不同交易或事项的凭证在具体传递时间和程序上存在差别,但总的来说,会计凭证按照准确及时、手续严密、安全可靠、先外后内、先急后缓的原则进行传递。内部凭证不得通过客户传递,除另有规定外,一律通过邮局、专业快递公司或金融企业内部指定专人传递,并建立严格的登记签收制度。比如,商业银行为了保证资金安全,会计凭证的传递必须遵守以下记账顺序:现金收入业务,先收款后记账;现金付出业务,先记账后付款;转账业务,先借后贷,即先记借方账(付款人账),后记贷方账(收款人账);代收他行票据,应收妥后抵用。

(四)会计签章

会计签章是在会计凭证、账簿、报表等会计资料上表明并确认真实身份及业务合法性的特定标识,包括印章、签名等,以及法律、行政法规和部门规章规定的电子签名。

银行会计印章的种类及使用范围如下。

1. 业务公章:用于对外的重要单证及柜台受理业务的回单。

2. 现金收、付讫章:用于现金凭证及现金进账回单、现金交款单、现金支票以及发行基金出入库凭证。

3. 转讫章:用于已转账的凭证。

说明:也有银行将上列第2、3印章合并为一枚"业务讫章"。

4. 汇票专用章:签发银行汇票、承兑银行承兑汇票、办理商业汇票贴现等业务时使用。

5. 本票专用章:用于签发银行本票。

6. 结算专用章:办理结算查询查复使用。

7. 业务受理专用章:用于已受理但尚未完成的业务。如托收他行的票据,尚未收到款项。

8. 个人名章:用于会计人员经办和记载的凭证、账簿、报表等。

以上印章,除个人名章外,均应冠以行名,并带有年、月、日。重要印章的刻制管理由总行统一规定。

其他业务专用章按照相关业务管理规定使用。对已经处理或打印输出的会计凭证、账表必须按规定加盖印章或签名,计算机输出的操作员姓名可代替会计经办人员的签章;计算机自动处理的账务,会计凭证和账表打印输出后可不加盖个人名章。

(五)会计凭证的整理、装订和保管

会计凭证是重要的会计档案和历史资料,为了保证会计资料的安全、完整和便于事后查考,根据《中华人民共和国会计法》的规定,金融企业对已办完会计核算手续的凭证,应按规定整理、装订成册,建立档案,妥善保管。

会计凭证每日按固定顺序(如按交易流水号或会计科目代号顺序)整理,装订时要将凭证、附件整理整齐,并加具封面、封底,在装订处加封,由装订人员在加封处盖章。凭证过多可分若干册装订,每册凭证应在封面上编列号码,对每日分册装订的凭证,在凭证封面上应注明共几册、第几册。

会计凭证每日经缩微扫描存储于光盘等介质后,能满足保管、查阅需要的,可不经装订,直接装入专用袋塑封保管,在袋上注明日期、凭证和附件张数等。

银行会计档案包括会计凭证、会计账簿、财务会计报告及其他会计资料。会计档案分为定期保管和永久保管两种,具体划分按各法人银行总行规定执行。

第四节 账务组织与处理

账务组织,又称为"会计核算形式",是金融会计账簿设置、账务处理程序和账务核对方法的有机组织。

一、会计账簿

会计账簿是账务处理的载体。会计账簿是以会计记账凭证为依据,对交易活动进行全面、分类、系统、序时登记和反映的簿籍。金融企业将每个会计凭证登记的信息,全面、连续、科学地记录在具有一定格式、相关联系的账页中,形成会计账簿。会计账簿是编制会计报表的依据。

(一)会计账簿分类

银行会计账簿包括序时账、分户账、总账和备查账簿。备查账簿是辅助账簿,其他则是银行的基本账簿。分户账、总账统称为"分类账簿",按照分类的概括程度不同,分户账又称为"明细分类账",总账又称为"总分类账"。

1. 序时账

序时账通常被称为"日记账"或"流水账",是按照业务发生时间的先后顺序按日逐笔登记的账簿。序时账反映的是业务交易形成的交易流水,如中国建设银行使用的新一代核心系统交易流水。再如商业银行的现金收入和付出日记簿,是现金业务的序时记录,是用以记载现金收入、现金付出数及现金传票张数的明细分类账簿。它由出纳员根据现金收入传票和现金付出传票,按照收付款的先后顺序逐笔序时登记。每日营业终了,分别结出现金收入合计数和现金付出合计数,并与金库保管员经管的现金库存簿

以及现金总账科目的借方、贷方发生额合计数核对相符。现金收入日记簿的格式如表 2-12 所示,现金付出日记簿的格式与现金收入日记簿的格式相同。

现金收入日记簿

柜组名称：　　　　　　　　　　　年　月　日　　　　　　第　页 共　页

凭证号数	科目代号	户口名或账号	计划项目代号	金额（代数）	凭证代号	科目代号	户名或账号	计划项目代号	金额（位数）

复核　　　　　　　　　　　出纳

图 2-12　现金收入日记簿

2. 分户账

分户账是各科目的明细记录,按单位、个人或按资金性质立户,逐笔连续记载各项交易,具体反映各分户账的资金活动情况,凭以办理日常业务和核对账务。分户账是银行明细核算的主要账簿,如建设银行的新一代系统客户合约账户等。明细分类账可以具体反映每一个客户资金增减变动的详细情况,因而它也是金融企业办理业务及与客户进行内外账务核对的重要工具。银行的分户账须逐笔登记、逐笔轧出余额。

分户账的格式有以下四种。

(1)三栏式账簿,称为"甲种账"。它设有借、贷方发生额(收入、付出)和余额三栏,其格式如图 2-13 所示。甲种账页应用广泛,适用于余额表计息科目账户、不计息科目账户、表外科目账户、银行内部资金和损益类科目账户。

中国××银行（　　）

　　　　　账　　　　　本账总页数
　　　　　　　　　　　本户页数

户名：　　　账号：　　　领用凭证记录：

年		摘要	凭证号码	对方科目代号	借方（位数）	贷方（位数）	借或贷	余额（位数）	复核盖章
月	日								

会计　　　　　　　　记账

图 2-13　甲种账格式

(2)多栏式账簿,称为"乙种分户账"。它设有借方发生额、贷方发生额、余额和积数四栏,其格式如图 2-14 所示,适用于需要在账页上计息的账户,又称为"计息式账页"。乙种分户账的运用在第三章存款业务的核算中阐述。

中国××银行（　　）

本账总页数
本户页数

_____ 账

户名：　　　账号：　　　领用凭证记录：　　　利率：

年		摘要	凭证号码	对方科目代号	借方（位数）	贷方（位数）	借或贷	余额（位数）	日数	积数（位数）	复核盖章
月	日										

会计　　　　　　记账

图 2-14　乙种账格式

(3)多栏式账簿,称为"丙种分户账"。它设有借、贷发生额和借、贷余额四栏,其格式如图 2-15 所示,适用于借、贷双方同时反映余额的账户。

中国××银行（　　）

本账总页数
本户页数

_____ 账

户名：　　　账号：　　　领用凭证记录：　　　利率存贷：

年		摘要	凭证号码	对方科目代号	发生额		余额		复核盖章
					借方	贷方	借方	贷方	
月	日				（位数）	（位数）	（位数）	（位数）	

会计　　　　　　记账

图 2-15　丙种账格式

(4)销账式账簿,称为"丁种分户账"。它设有借方发生额、贷方发生额、余额和销账四栏,其格式如图 2-16 所示,适用于记录逐笔记账、逐笔销账的一次性业务的账户。

中国××银行（　　）

_____账

本账总页数

本户页数

户名：

年		账号	户名	摘要	凭证号码	对方科目代号	借方（位数）	销账			贷方（位数）	借或贷	余额（位数）	复核盖章
月	日							年	月	日				

会计　　　　　　　　　记账

图 2-16　丁种账格式

3. 总账

总账是各科目的总括记录。总账按科目设置，每日营业终了，根据各科目所属各账户的发生额合计数记载，并结出余额。总账设有借、贷方发生额和借、贷方余额四栏，其格式如图 2-17 所示。

任何科目总账的当日借方或贷方发生额或者余额，应当与其所属各分户账借方或贷方发生额或者余额的合计数相等。这种数量相等关系能使总分类核算与明细分类核算互相制约，是对总分类账和明细分类账进行核对、保证账账相符的重要依据。

总账

科目名称：　　　　　　　　　　　　　　　　　　　　　　　第　　号

年月	借方		贷方		
上年底余额					
本年度累计发生额					
上月底余额					
日期	发生额		余额		复核盖章
	借方	贷方	借方	贷方	
1 天小计					
……					
10 天小计					
……					
20 天小计					
……					
31 天小计					
合计					
自年初累计					
本期累计计息积数					
本月累计未计息积数					

会计主管　　　　　　　　　记账

图 2-17　总分类账格式

4. 登记簿

登记簿是适应某些业务需要设置的,起备忘、控制和管理作用的辅助性账簿,有通用格式和特定格式两种。通用格式设有收入、付出和余额三栏,每栏下面分设数量栏和金额栏。其常见格式如图 2-18 所示。它主要用来登记在分户账和日记簿中未能记载而又需要查考的业务事项,如对客户交来的托收单据、金融企业的一些重要空白凭证及有价单证进行登记,对金融企业租入固定资产进行登记等。登记簿与其他账簿之间不存在严密的依存与勾稽关系,属于辅助性登记,可根据需要设计特定格式。

中国××银行（　　）

登记簿（卡）

本账总页数

本户页数

户名：　　　　　　单位：

年		摘要	收　入		付　出		余　额		复核盖章
月	日		数量	金额（位数）	数量	金额（位数）	数量	金额（位数）	

会计　　　　　　　记账

图 2-18　备查账簿通用格式

(二)账务处理与账簿生成机制

账务处理是从会计事项发生开始,受理原始凭证或编制记账凭证,登记会计账簿,进行账务核对,实现账务平衡的全过程。《中华人民共和国会计法》规定:会计账簿登记以经过审核的会计记账凭证为依据;会计账簿生成需要以原始交易凭证为基础,编制会计记账凭证,再根据会计记账凭证登记会计账簿。

在新信息技术环境下,银行账务处理通过计算机系统完成。银行柜员根据客户需求(有些有原始交易凭证,有些没有原始交易凭证,仅仅是客户在系统客户端直接发起的交易)在交易系统中进行交易处理,系统将自动生成交易流水,会计引擎根据交易流水和事先设置好的会计核算规则,生成会计借贷信息,变更明细账账户余额,产生总账自然科目发生额,最后生成总账自然科目余额。

(三)账簿登记与错账冲正

1. 账务登记规则

(1)账务数据必须根据合法、有效的会计凭证记载。当发现凭证内容不全或有错误时,应交由制票人更正、补充或更换,并加盖印章后,再行记账。

(2)操作员输入的账务数据,须换人复核。重大会计事项应经有权人员审批后办理。

(3)打印输出的账务信息,应符合规定的格式,不得进行手工修改。

(4)账簿记载错误,应及时按规定方法更正。

(5)对红字凭证,记账时按同方向负数处理,即用"－"表示。

2. 银行错账冲正方法

账务差错经部门会计主管审批后,按下列规定办理更正,并对错账的原因、日期、金额以及冲正的日期等进行登记。

(1)当日发生的差错。

①凭证填制正确,录入时发生差错,按计算机账务处理系统规定的更正方法更正。

②凭证填制错误,录入时相应发生差错,按计算机账务处理系统规定的更正方法更正后,再依据正确的凭证录入账务数据。

(2)次日或以后发现的差错。

①隔日发现账务差错,应填制同方向红、蓝字凭证办理更正。

②本年度发现隔年度错账,应填制蓝字反方向凭证更正,不得更改决算报表。

③隔日发现凭证内容不全或有错误,若不涉及账务的调整,应交由制票人更正或补充。

(3)凡更正错账影响利息计算时,应计算应加、应减积数进行调整。

(4)联行错账、支付清算往来错账应按联行制度、支付系统相关规定办理。

3. 账簿结转

(1)明细账结转。一般分户账按月结转,销账分户账按年结转。年度结转时,销账式账页应将未销账务逐笔过入新账页,并结出余额,在摘要栏填列该笔账务的初始发生日期和内容;卡片账未销账卡继续沿用。

(2)总账按月结转。

二、账务组织

银行账务组织体系包括明细核算和综合核算两个系统,两个系统核算依据相同的会计凭证进行不同分类账务处理,在信息反映上相互联系、相互补充,在会计数据上相互核对、相互制约。其中,明细核算是综合核算的具体化,对综合核算起补充说明作用;综合核算是明细核算的概括,对明细核算起统驭控制作用。

(一)明细核算程序

明细核算是在每个会计科目下按账户进行核算,是各科目详细、系统的记录。明细核算由分户账、登记簿、现金收入和付出日记簿、余额表四种账表构成。明细核算的基本程序如图 2-19 所示，即在经济业务发生后，根据会计凭证登记现金收支日记账、分户账或登记簿，再根据分户账编制余额表，最后与总账进行核对。

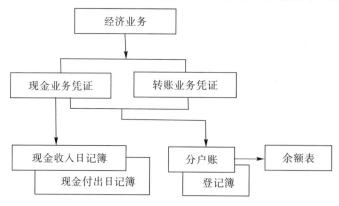

图 2-19　明细核算基本程序

现金收入与付出日记簿、分户账、登记簿在账簿中已经介绍，此处重点介绍余额表。

余额表是反映各分户账当日最后余额的明细表，是核对总账与分户账余额是否相符的重要工具。余额表由系统于日终批量时在各营业网点产生，其同一总账科目各分户账余额合计数应与当日该科目总账余额相等。余额表分为一般余额表和计息余额表。一般余额表适用于不计息的科目或不需要在余额表上计息的科目，按各分户账当日的最后余额编制，其格式如图 2-20 所示。

一般余额表

年　月　日　　　　　　　　　　　　　　　　　　　　　　共　　页第　　页

科目代号	户名	摘要	余额（位数）	科目代号	户名	摘要	余额（位数）

会计　　　　　　　　　　　复核　　　　　　　　　　　制表

图 2-20　一般余额表格式

计息余额表是余额表计息法的重要工具，按科目设置，分账户填列，一月一张，每日一行，每日营业终了，在计息余额表上将各分户账当日的最后余额填入，当日没有发生额的账户则照抄上日余额。每旬末，月末将余额表中的余额相加，结出小计、合计。将"本月合计"加上"至上月底累计未计息积数"，便得出"至本月底累计未计息积数"。每季末月，将"至上月底累计未计息积数"加上本月初至结息日的余额之和，便得出本结息期的"至结息日累计计息积数",以此积数乘以相应的利率,计算各分户账本计息期的应计利息。计算累计积数时,如遇错账冲正,应计算应加、应减积数,并填入余额表的相应栏目,对累计积数进行调整。计息余额表的具体应用见第三章存款业务的核算,其格式见表 3-2。

(二)综合核算程序

综合核算是各科目的总括记录,是按科目进行的核算。它可以综合、概括地反映各科目资金增减变化的情况及其结果。综合核算包括科目日结单、总账和日计表。综合核算的基本程序如图 2-21 所示,即在经济业务发生后,通过对会计凭证的审核编制科目日结单,根据科目日结单登记各科目总账,根据总账编制日计表。

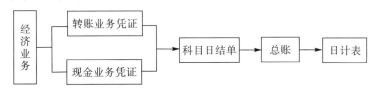

图 2-21 综合核算基本程序

总账是综合核算与明细核算互相核对,统驭分户账的主要工具,它不仅是各科目的总括记录,也是编制日计表、月计表、业务状况报表和资产负债表的依据,其格式在账簿中已介绍。

1. 科目日结单

科目日结单是每一个会计科目当天借方、贷方发生额和传票张数的汇总记录,是登记总账的依据。科目日结单的格式如图 2-22 所示。

中国××银行(　　)

科目日结单

年　月　日

凭证种类	借　方		贷　方		
	传票张数	金　额 (位数)	传票张数	金　额 (位数)	附件
现金					
转账					张
合计					

事后监督　　　　　复核　　　　　记账　　　　　制单

图 2-22 科目日结单格式

每日营业终了,将当日处理的全部传票按科目整理,每一科目汇总填制一张科目日结单。填制方法是:对同一会计科目,将其借方金额分别按现金付出传票和转账借方传票进行汇总,并分别计算现金付出传票和转账借方传票的张数后,填入该科目日结单的借方栏;将其贷方金额分别按现金收入传票和转账贷方传票进行汇总,并分别计算现金收入传票和转账贷方传票的张数后,填入该科目日结单的贷方栏;同时,结出该科目借方、贷方发生额及传票张数的合计数。

此外,由于现金科目不另行编制传票,现金科目日结单应根据其他各科目日结单中现金栏的借方和贷方数各自相加,反方向填记,只填金额,不填传票张数。具体步骤为:第一步,将各科目日结单的借方现金数相加,填入现金科目日结单的贷方;第二步,将各科目日结单的贷方现金数相加,填入现金科目日结单的借方。

当日全部科目日结单的借方合计数加总与贷方合计数加总必须相等。

2. 日计表

日计表是反映当日业务和财务活动情况,轧平当日全部账务的主要工具。日计表中的会计科目按科目代号顺序排列,设有上日借方、贷方余额,本日借方、贷方发生额和本日借方、贷方余额六栏,其格式如本章表2-3所示。日计表应每日编制,日计表中的数字应根据总账科目上日余额、本日借方、贷方发生额和本日余额填列,余额和发生额各自平衡。

(三)账务核对

账务核对是账务组织的重要环节,通过账务核对可以防止账务差错,保证会计核算质量及金融企业的资金安全。账务核对相符后,经办人员应在有关账簿上盖章,以明确责任,会计主管人员也应加强督促检查,保证核对工作及时顺利进行,并切实做到账务核对相符。账务核对必须做到账账、账款、账据、账表、账实、内外账务"六相符",分别在每日核对和定期核对中完成。

1. 每日核对

金融企业在每日营业终了后,进行每日核对,内容包括如下。

(1)总分核对。总账各科目余额与分户账或余额表对应各账户余额合计核对相符。

(2)账款核对。现金日记簿的收入、付出合计数与现金科目总账借、贷方发生额核对相符,现金库存登记簿的库存数与实际库存现金和现金科目总账余额核对相符。

(3)总账各科目余额、总账各科目发生额合计借贷相等,余额表各账户余额合计与日计表对应各科目余额核对相符。

(4)联行业务、支付业务的账务核对按联行制度和支付系统相关规定办理。

(5)与其他业务部门有往来关系的内部资金科目应分别与相关部门核对相符。

2. 定期核对

在每日核对中,未核对的项目需进行定期核对,定期核对的主要内容包括如下。

(1)存折户应坚持账折见面,在办理业务的当时进行账折核对。

(2)定期或不定期(至少每月一次)对结算账户填发"余额对账单"与客户对账。

(3)定期及在年终决算前将固定资产、无形资产、低值易耗品等进行账实核对相符。

(4)按月将各种贷款借据与各该科目分户账逐笔勾对相符。

(5)按月将各种卡片账与各该科目总账或有关登记簿核对相符。

(6)按月将贵金属、有价单证、空白重要凭证等进行账实核对相符。

(7)按月或于清算资金时将商业银行与央行、同业之间的往来款项进行核对一致。

(8)按旬、按月、按结息期将余额表上的计息积数与同科目总账上的同期余额累计数核对相符。

(9)按旬加计丁种账中未销账的各笔金额总数,与同科目总账余额核对相符。

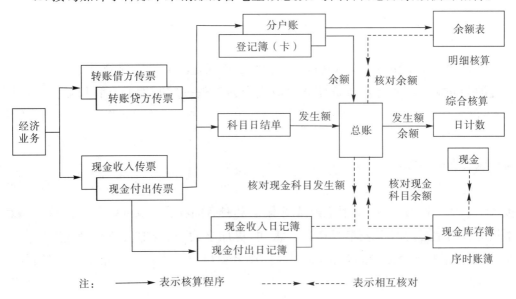

图 2-23 账务处理与账务核对关系图

第五节　会计报表

会计报表由报表和附注两部分构成。一套完整的会计报表至少应当包括"四表一注",即资产负债表(财务状况表)、利润表(综合收益表)、所有者权益变动表(股东权益变动表)和现金流量表及附注。会计报表是企业财务报告的核心。

一、会计报表的内容

金融企业基本会计报表包括资产负债表、利润表、现金流量表和所有者权益变动表。

资产负债表是反映金融企业在某一特定日期的财务状况的会计报表。编制资产负债表的目的是如实反映金融企业的资产、负债和所有者权益金额及其结构情况,从而有助于使用者评价金融企业资产的质量以及短期偿债能力、长期偿债能力、利润分配能力等。

利润表是反映金融企业在一定会计期间的经营成果和综合收益的会计报表。编制利润表的目的是如实反映金融企业的收入、发生的费用以及应当计入当期利润的利得和损失、其他综合收益等金额及其结构情况,从而有助于使用者分析评价金融企业的盈利能力及其构成与质量。

现金流量表是反映金融企业在一定会计期间的现金和现金等价物流入和流出的会计报表。编制现金流量表的目的是如实反映金融企业各项活动的现金流入和现金流出,从而有助于使用者评价金融企业生产经营过程特别是经营活动中所形成的现金流量和资金周转情况。

所有者权益变动表是反映构成金融企业股东权益的各组成部分当期的增减变动情况的会计报表。所有者权益变动表应当全面反映一定时期所有者权益变动的情况,不仅包括所有者权益总量的增减变动,还包括所有者权益增减变动的重要结构性信息,特别是要反映直接计入所有者权益的利得和损失,让使用者准确理解所有者权益增减变动的根源。

会计报表附注是对在会计报表中列示项目所作的进一步说明以及对未能在这些报表中列示项目的说明等。附注由若干附表和对有关项目的文字性说明组成。编制附注的目的是通过对报表本身作补充说明,更加全面、系统地反映金融企业财务状况、经营成果和现金流量的全貌,从而向使用者提供更为有用的决策信息,帮助其作出更加科学合理的决策。

二、会计报表的分类

会计报表可以按照编报期间和编报主体来分类。

(一)按会计报表编报期间的不同,可以分为中期会计报表和年度会计报表

中期会计报表是以短于一个完整会计年度的报告期间为基础编制的会计报表,包括月报、季报和半年报等。金融企业的月报包括资产负债表和利润表;季报包括资产负债表、利润表和现金流量表;半年报格式和内容与年度报表一致,包括资产负债

表、利润表、现金流量表和所有者权益变动表以及附注。年度会计报表则是以一个完整会计年度为报告期间的会计报表。

(二)按会计报表编报主体的不同,可以分为个别会计报表和合并会计报表

个别会计报表是由金融企业在自身会计核算基础上对账簿记录进行加工而编制的会计报表,它主要用于反映企业自身的财务状况、经营成果和现金流量情况。合并会计报表是以母公司和子公司组成的企业集团为会计主体,根据母公司和所属子公司的会计报表,由母公司编制的综合反映企业集团财务状况、经营成果及现金流量的会计报表。

三、合并财务报表

合并财务报表是指反映母公司和其全部子公司形成的企业集团整体财务状况、经营成果和现金流量的财务报表。

(一)合并报表的特点

1. 合并财务报表反映的对象是由母公司和其全部子公司组成的会计主体。
2. 合并财务报表的编制者是母公司,但所对应的会计主体是由母公司及其控制的所有子公司所构成的合并财务报表主体(简称为"合并集团")。
3. 合并财务报表是站在合并财务报表主体的立场上,以纳入合并范围的企业个别财务报表为基础,根据其他有关资料,抵销母公司与子公司、子公司相互之间发生的内部交易,考虑了特殊交易或事项对合并财务报表的影响后编制的,旨在反映合并财务报表主体作为一个整体的财务状况、经营成果和现金流量。

(二)合并财务报表的编制原则

合并财务报表作为财务报表,必须符合财务报表编制的一般原则和基本要求,包括真实可靠、内容完整、重要性等。合并财务报表的编制还应遵守一体性原则,即合并财务报表反映的是由多个主体组成的企业集团财务状况、经营成果和现金流量,在编制合并财务报表时应将母公司和所有子公司作为整体看待,视为一个会计主体,母公司和子公司发生的经营活动都应当从企业集团这一整体的角度进行考虑,包括对项目重要性的判断。

在编制合并财务报表时,应将母公司与子公司、子公司相互之间发生的经济业务,视为同一会计主体的内部业务处理,对合并财务报表的财务状况、经营成果和现金流量不产生影响。另外,对某些特殊交易,如果站在企业集团角度的确认和计量与个别财务报表角度不同,那还需要站在企业集团角度就同一交易或事项予以调整。

思考与练习

一、思考题

1. 简述银行会计科目是如何分类的。
2. 什么是借贷记账法？借贷记账法的内容有哪些？
3. 简述单式记账凭证和复式记账凭证的区别。
4. 商业银行的基本凭证有哪几种？
5. 简述商业银行的账务组织的内容。

二、单项选择题

1. 对会计要素进一步分类的类别名称是( )。
   A. 会计凭证　　　B. 记账方法　　　C. 会计科目　　　D. 会计账簿
2. 统驭明细账,进行综合核算与明细核算相互核对的主要工具是( )。
   A. 科目日结单　　B. 总账　　　　　C. 日计表　　　　D. 余额表
3. 银行用来记载经济业务,办理资金收付,明确经济责任的主要工具是( )。
   A. 会计凭证　　　B. 会计报表　　　C. 会计科目　　　D. 会计账簿
4. 银行办理转账业务必须贯彻( )的原则。
   A. 先收款后记账　　　　　　　　　B. 先记账后付款
   C. 先记付款人账户后记收款人账户　D. 先记贷后记借
5. 银行的明细核算是分户反映各科目详细具体情况的核算系统,由( )四部分组成。
   A. 分户账　　　　B. 登记簿　　　　C. 现金收付日记簿
   D. 余额表　　　　E、日计表
6. 综合核算是反映各科目综合、概括情况的核算系统,它是由( )三部分组成。
   A. 科目日结单　　B. 分户账　　　　C. 总账　　　　　D. 日计表
7. 下列会计凭证中属于基本凭证的有( )。
   A. 现金收、付传票　　　　　　　　B. 转账借、贷方传票
   C. 特种转账借、贷方传票　　　　　D. 表外科目收、付传票
   E、进账单
8. 下列属于银行每日账务核对的内容有( )。
   A. 总分核对　　　　　　　　　　　B. 账款核对
   C. 固定资产账实核对　　　　　　　D. 银企内外对账
9. 下列会计科目中,属于银行资产类的科目有( )。
   A. 现金　　　　　　　　　　　　　B. 存放中央银行款项
   C. 活期储蓄存款　　　　　　　　　D. 贴现

10. 下列会计科目中,属于银行负债类的科目有(　　)。

　　A. 存放同业　　　　　　　　B. 单位活期存款

　　C. 活期储蓄存款　　　　　　D. 向中央银行借款

三、业务分录题

202×年3月18日,某商业银行发生下列各项业务,经审核无误,逐笔作出该银行的会计分录。

1. 开户单位百货商场送存销售收入现金20 000元。

2. 开户单位机床厂签发♯2112现金支票,提取20 000元现金备用。

3. 开户单位机床厂签发♯3727转账支票,支付百货商场(也在本行开户)购货款50 000元。

4. 开户单位机床厂签发♯3728转账支票,归还银行短期贷款100 000元,并支付利息3000元。

5. 向百货商场发放一笔三个月的流动资金贷款,金额为150 000元,转入该单位存款户。

6. 储户张三持现金10 000元,来办理整存整取定期储蓄存款,期限为一年。

7. 储户李四持活期存折,支取现金1 000元。

8. 银行收兑黄金若干,价值6 000元,以现金支付给客户。

9. 向中央银行送存现金200 000元。

10. 银行行政部门购置一辆公务轿车230 000元,用本行经费存款支付。

第三章 存款业务的核算

学习目标

1. 了解商业银行存款业务的意义,掌握存款的种类。
2. 掌握结算账户的种类及管理要求。
3. 掌握活期存款业务的核算及利息计算,了解单位定期存款业务核算及利息计算。
4. 掌握活期储蓄存款和整存整取定期储蓄存款业务核算及利息计算,熟悉定期储蓄存款的种类和利率政策规定。
5. 了解存款保险制度,树立存款业务风险意识。

第一节 概 述

一、存款业务的意义

存款是银行以信用方式吸收社会闲置资金的筹资活动。存款是银行的主要负债,也是银行最重要的信贷资金来源。银行通过吸收客户的存款增加运营资金,并将资金有计划地贷出,对于调节经济结构、促进经济发展具有重要意义。银行吸收存款,为存款人开立存款账户,这也是存款人办理资金结算的工具和前提;同时,银行吸收存款,有利于央行运用货币政策工具,调节市场货币流通量,平衡社会资金供求,对于稳经济、保增长具有重要意义。

二、存款业务的分类

根据存款管理的不同需要,可以按照不同的标准对存款进行分类,下面列举与会计核算相关的几种分类方式。

(一)按存款对象的不同,分为单位存款和个人存款

单位存款又称为"对公存款",是指银行吸收的各类企业、事业单位、学校、部队、社会团体等具有法人的营业执照和社团登记的存款。个人存款又称为"对私存款",分为储蓄存款和个人结算存款两种,是指银行吸收的自然人闲置或待用的资金所形成的存款。由于储蓄存款不能办理支付结算业务,银行一般自动默认个人存款为个人结算存款。

(二)按存款期限和存取方式的不同,分为活期存款、定期存款、通知存款和协定存款

活期存款是指存入时不约定存期,在银行营业时间内可以随时存取的存款。定期存款是指与客户预先约定期限,一般到期客户才能支取的存款。通知存款存入时不约定存期,只约定支取时提前通知银行的时间,分一天通知和七天通知两种。协定存款是约定当活期存款账户流水超过一定限额时自动转存定期的存款。

(三)按货币政策的需要和资金性质的不同,分为财政性存款和一般性存款

财政性存款是指各级财政部门代表本级政府掌管和支配的一种财政资产,它包括各级财政拨入的预算资金、应上缴财政的资金和财政安排的专项资金等。财政性存款是人民银行信贷资金的重要来源,商业银行所吸收的财政存款百分之百划缴人民银行使用。一般性存款是指银行吸收的单位和个人存入的存款,需按照法定存款准备金率向人民银行缴存法定存款准备金。

(四)按产生来源的不同,分为原始存款和派生存款

原始存款又称为"现金存款"或"直接存款",是指银行吸收的单位和个人送存的现金或从央行贷款等形成的存款。派生存款又称为"转账存款"或"间接存款",是指银行通过发放贷款、购买证券等资产业务而形成的存款。

(五)按存款币种的不同,分为人民币存款和外币存款

人民币存款是银行吸收客户的人民币资金而形成的存款;外币存款是银行吸收客户的外汇资金而形成的存款。

三、存款业务的核算要求

(一)维护存款人的合法权益,提高服务质量

客户存入银行的资金属于银行的负债,对于这部分资金银行仅具有暂时的使用

权而没有所有权,银行必须按照国家法律和相关制度的规定,维护好存款人的合法权益。对于单位存款,要做到谁的钱,进谁的账,由谁支配;对于个人存款,要做到存款自愿,取款自由,为储户保密;对于应计利息的存款,要及时向客户计付利息。

(二)正确及时办理业务,提供准确信息

银行在办理存款业务时要按照规定的操作程序,正确处理相关的会计凭证,使用正确的会计科目和账户,及时正确地进行账务处理,以保证客户的资金能够及时到账,转账和结算等业务能够及时完成,并且向客户提供完整准确的信息。

(三)加强柜面监督,遵循银行不垫款原则

银行须加强柜面监督,制定行之有效的"印、押、证"三分管制度,对于现金、贵金属和重要空白凭证等实行严格的入库、登记和领用手续,柜员在办理业务时要严格按照规章制度进行操作,每日营业终了须认真核对尾箱,并定期与存款单位进行对账。银行作为支付中介,在办理转账、结算等业务时,要核对存款人账户的资金是否充足,不可以代垫款项。

四、单位银行存款账户的开立与管理

银行存款账户是指银行按照存款人或款项性质开立户头,对资金的增减变化和结存情况等进行连续、系统记录的记账载体。它按照存款人类型不同可分为单位存款账户和个人存款账户。

(一)单位存款账户的开立

存款人以单位名称开立的银行结算账户即为单位存款账户。个体工商户凭借营业执照,以经营者姓名开立的银行结算账户也纳入单位银行结算账户的管理。对于单位存款账户,依据我国央行的《人民币银行结算账户管理办法》等法规,按照资金管理要求,单位存款账户分为基本存款账户、一般存款账户、临时存款账户和专用存款账户四类。

1. 基本存款账户

基本存款账户是指存款人因办理日常转账结算和现金收付业务需要而开立的银行结算账户。基本存款账户是单位存款人的主办账户,单位日常经营活动的资金收付、工资和奖金等现金的支取均应通过基本存款账户进行办理。开设基本账户的条件是:独立核算的企、事、团、个体工商户,异地常设机构,外国驻华机构,团级以上军队,武警部队以及分散执勤的支队等。

2. 一般存款账户

一般存款账户是指存款人因借款或其他结算需要,在基本存款账户开户银行以

外的银行营业机构开立的银行结算账户。存款人可以通过该账户办理转账结算和现金缴存业务,但不得办理现金支取。开设一般存款账户的条件是:与基本存款账户的存款人不在同一地点的附属非独立核算单位开立的账户;在基本存款账户行以外的银行取得贷款的。

3. 临时存款账户

临时存款账户是指单位存款人因临时经营活动需要,并在规定期限内使用而开立的银行结算账户。存款人可以通过该账户办理转账结算,以及银行现金管理办法规定的现金收付。开设临时存款账户的条件是:设立临时机构,异地临时经营活动需要,注册验资。

4. 专用存款账户

专用存款账户是指单位存款人按照法律、行政法规和规章,对其特定用途资金进行专项管理和使用而开立的银行结算账户。比如,单位存款人拥有的基本建设资金、技术改造拨款、职工医保、住房公积金等特定用途款项应开设专用存款账户,进行专项管理。

(二)单位存款账户的管理

事业单位开户实行核准制,企业单位开户改核准制为备案制。机关、事业单位开立基本存款账户、临时存款账户和预算单位开立专用存款账户时实行核准制度,经人民银行核准后,由开户行核发开户许可证,但存款人因注册验资需要开立的临时存款账户除外。对于企业单位,我国2019年底全面取消企业银行账户许可制,开户时实行备案制度。

每个单位只能选择一家银行开立一个基本存款账户。开立基本存款账户是开立其他银行结算账户的前提。独立核算的单位开立基本存款账户时,需要提供开户申请书、企业法人执照或营业执照正本、组织机构代码证书、法人身份证、税务登记证、印鉴卡、固定经营场所证明等材料。

临时存款账户使用有效期最长不得超过两年。临时存款账户没有数量限制,有效期满后,如因业务需要可向开户行申请展期。

专用存款账户的管理规定,根据资金性质不同,要求不同。其一,单位银行卡账户的资金必须由其基本存款账户转账存入,该账户不得办理现金收付业务。其二,财政预算外资金账户、证券交易结算资金账户、期货交易保证金和信托基金专用账户不得支取现金。其三,基本建设资金、更新改造资金、政策性房地产开发资金、金融机构存放同业资金账户,需要支取现金的,在开户时需报当地人行分支行批准。其四,粮、棉、油收购资金、社会保障基金、住房基金和党、团、工会经费等专项资金,在支取现金时按现金管理规定办理。其五,收入汇缴账户除向其基本存款账户或预算外资金财政专用存款账户划缴款项外,只收不付,不得支取现金。业务支出账户除从其基本存款账户拨入款项外,只付不收,其现金支取必须按国家现金管理规定办理。

存款人开立和使用银行结算账户应当遵守法律和行政法规,不得出租、出借银行结算账户,不得利用银行结算账户从事偷逃税款、套取现金及其他违法犯罪活动。

五、个人存款账户的开立与管理

第一,个人在银行开立结算账户和储蓄账户实行实名制。个人储蓄存款是指居民将个人手中闲置、结余的资金存入银行,将货币使用权让渡给银行的一种信用行为。个人银行结算账户是自然人因投资、消费、结算等需要,凭个人身份证件以自然人名称开立的银行结算账户,其可运用各种现金、非现金支付工具办理个人转账收付和现金支取等业务。通过个人银行结算账户,存款人可以进行投资、消费、结算等,比如工资、奖金和其他的劳务收入,债券、基金、信托等投资的本金和收益,股票和期货的交易保证金,个人贷款的转存,个人所得税纳税和退还等,均可通过个人银行结算账户进行办理。

第二,全面推进个人账户分类管理。个人人民币银行结算账户一般分为三类,即Ⅰ类户、Ⅱ类户和Ⅲ类户。其中,Ⅰ类户可提供存款、购买投资理财产品、转账、消费和缴费支付、支取现金等服务;Ⅱ类户可提供存款、购买投资理财产品、限定金额的转账、限定金额的消费和缴费支付等服务;Ⅲ类户可提供限定金额的消费和缴费支付服务。自2016年12月1日起,银行业金融机构为个人开立银行结算账户的,同一个人在同一家银行只能开立一个Ⅰ类户,已开立Ⅰ类户再开新户的,应当开立Ⅱ类户或Ⅲ类户;对于个人支付账户,非银行支付机构为个人开立支付账户的,同一个人在同一家支付机构只能开立一个Ⅲ类账户。

六、存款科目的设置与应用

(一)"单位活期存款"科目

"单位活期存款"属于负债类科目,用来核算银行吸收各单位存入的活期存款,包括企业、事业单位、机关、社会团体等。当银行收到单位存入的活期存款时,借记"现金""存放中央银行款项"等科目,贷记"单位活期存款";当单位支取活期存款时,借记"单位活期存款",贷记"现金""存放中央银行款项"等科目。该科目通常按照存款种类和存款单位进行明细核算。

(二)"单位定期存款"科目

"单位定期存款"属于负债类科目,用来核算银行吸收单位存入的定期款项。当银行收到单位存入的定期存款时,借记"单位活期存款"等科目,贷记"单位定期存款";当单位支取定期存款时,借记"单位定期存款",贷记"单位活期存款"等科目。该科目通常按照存款的种类和存款单位进行明细核算。

(三)"活期储蓄存款"科目

"活期储蓄存款"属于负债类科目,用来核算银行吸收个人客户存入的活期存款。当银行收到个人客户存入的款项时,借记"现金"等科目,贷记"活期储蓄存款";当个人客户支取活期存款时,借记"活期储蓄存款",贷记"现金"等科目。该科目一般按照存款人姓名进行明细核算。

(四)"定期储蓄存款"科目

"定期储蓄存款"属于负债类科目,用来核算银行吸收个人客户存入的定期存款。当银行收到个人客户存入的款项时,借记"现金""活期储蓄存款"等科目,贷记"定期储蓄存款";当个人客户支取定期存款时,借记"定期储蓄存款",贷记"现金""活期储蓄存款"等科目。该科目一般按照存款人姓名及存款种类进行明细核算。

(五)"应付利息"科目

"应付利息"属于负债类科目,用来核算银行吸收的存款、各种借款所产生的应付而未付的利息额。银行按照合同规定计算确定利息,当计提应付未付的利息时,借记"利息支出"科目,贷记"应付利息";当银行实际支付已计提的利息时,借记"应付利息",贷记"单位活期存款""单位定期存款"等科目。该科目通常按照存款或借款的种类进行明细核算。

(六)"利息支出"科目

"利息支出"属于损益类科目,用来核算银行在进行存款、借款业务中发生的利息费用支出。当银行发生或确认利息支出时,借记"利息支出",贷记"单位活期存款"等科目;期末时,"利息支出"科目余额结转到"本年利润"科目的借方,结转后该科目无余额。该科目通常按照不同的支出项目进行明细核算。

(七)"其他应付款——代扣代缴利息税"科目

"其他应付款——代扣代缴利息税"属于负债类科目,用来核算银行代扣代缴个人利息所得税额。当个人客户收到存款利息时,应按照相关政策规定缴纳利息所得税,直接由银行代扣代缴,借记"活期储蓄存款",贷记"其他应付款——代扣代缴利息税"等科目;次月纳税时,借记"其他应付款——代扣代缴利息税",贷记"存放中央银行准备金"等科目。

除以上常用会计科目外,商业银行相关业务的表内会计科目还设有通知存款、教育储蓄存款等;表外会计科目设有重要空白凭证、有价单证等。

第二节 单位存款业务的核算

一、单位活期存款业务的核算

单位活期存款的存取方式主要分为现金存取和转账存取两种类型。转账存取的业务处理涉及各类结算方式和支付工具,在第四章具体介绍,本节主要介绍现金存取业务的账务处理方法。

(一)单位活期存款主要业务交易流程

单位活期存款业务的处理主要包括建立客户号、单位活期存款开户、单位活期存款账户结息、现金存取、转账收付,以及单位活期账户销户等。对于单位活期存款账户,银行要随时维护账户信息,客户可以通过账号查询账户信息、交易清单和支票信息等,同时,银行要按照相关法规制度对单位活期存款账户进行监督管理,包括支票管理、外币限额管理等。单位活期存款的主要业务交易流程如图3-1所示。

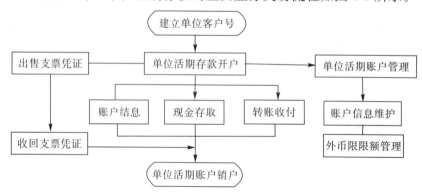

图 3-1 单位活期存款主要业务交易

按照存取款形式不同,可将单位存款账户划分为支票账户和存折账户,分别介绍如下。

(二)单位活期存款(支票户)业务的核算

支票账户是指单位存款人在银行开立的凭现金解款单和支票等结算凭证办理存取现金的账户。该类账户通常适用于财务制度比较健全的企事业单位,账户开立后银行向存款人发售统一印制的专用空白凭证。

1. 单位活期存款开户的核算

单位客户向银行申请开户时需提交开户申请书、预留印鉴卡和相关证明文件,银行柜员审核单位提交的开户资料,审核无误后登记"开销户登记簿",为单位开立账户。若为支票账户,单位需向银行购买现金支票或转账支票。

2. 单位活期存款存入现金的核算

银行在办理单位活期存款存入现金业务时,须遵守"先收款、后记账"的业务原则。单位存入现金时,需填写一式两联的现金缴款单,并连同现金一起提交给银行,柜员审核材料并清点现金,确认无误后进入业务系统,登记现金收入日记簿,复核签章后在缴款单的第一联加盖"现金收讫"章,并作为回单退还给存款人,第二联留存作为贷方传票登记分户账。其会计分录为:

借:现金
　　贷:单位活期存款——××户

【例3-1】 2022年3月12日,新兴百货公司到其开户银行中国建设银行某支行送存销货现金,现金缴款单上的金额合计数为90 000元,要求编制存入现金的会计分录。

解析:银行收到现金的会计分录为:

借:现金　　　　　　　　　　　　　　　　　　　　　90 000
　　贷:单位活期存款——新兴百货公司户　　　　　　　90 000

3. 单位活期存款支取现金的核算

银行在办理单位活期存款支取现金业务时,须遵守"先记账、后付款"的业务原则。单位支取现金时,应向银行提交现金支票,柜员接到现金支票鉴别其真伪,审查支票上的各要素是否齐全、大小写金额是否相符、签章与预留印鉴是否相符、是否超过提示付款期、是否背书、出票人账户是否有足额存款等。经审查无误后,将现金支票留存作为借方传票登记分户账,并凭以向取款人付款。其会计分录为:

借:单位活期存款——××户
　　贷:现金

【例3-2】 2022年6月2日,新华公司开出现金支票,到其开户银行交通银行某支行提取现金50 000元,要求编制开户行支取现金的会计分录。

解析:该笔支取现金的会计分录为:

借:单位活期存款——新华公司户　　　　　　　　　　50 000
　　贷:现金　　　　　　　　　　　　　　　　　　　　50 000

(三)单位活期存款利息计算

1. 银行利息计算的基本规定

银行利息计算要根据规定的利率、结息日期和计息方法结计利息。计息方法有逐笔计息法和积数计息法两种。

(1)逐笔计息法。逐笔计息法是逐笔计息、利随本清的方法,适用于定期存款的利息计算和逐笔发放、逐笔收回的贷款的利息计算。

①计息基本公式为:

利息＝本金×期限×利率

②计息期为整年(月)的,计息公式为:

利息＝本金×年(月)数×年(月)利率

③计息期有整年(月)又有零头天数的,计息公式为:

利息＝本金×年(月)数×年(月)利率＋本金×零头天数×日利率

银行也可选择将计息期全部化为实际天数计算利息,即每年为365天(闰年366天),每月为当月公历实际天数。计息公式为:

利息＝本金×实际天数×日利率

逐笔计息法计息期的计算:对年对月对日,算头不算尾,即存入日算,支取日不算。存贷款期间的节假日照计利息。

(2)积数计息法。积数计息法是定期结息的方法,适用于单位和个人活期存款的利息计算。按日计息,按季结息,结息日为每季度末月的20日(即3月、6月、9月、12月的20日),次日利息转存入存款人账户。

①计算公式为:

利息＝累计计息积数×日利率

累计计息积数＝每日余额累计数

②采用积数计息法的,应按实际天数结计利息,法律法规另有规定的,从其规定。计息天数采用算头不算尾的方法。

③积数计息法按季结息,结息日为每季末月的20日,则每个结息期限为上季度末月21日起至本季度末月20日(含)止。在规定的结息日计算利息时,应将结息日当天计算在内,所计利息于结息日次日入账,利息转存的会计分录为:

借:利息支出——××存款利息支出户

贷:××存款——××户

(3)年利率、月利率和日利率的换算公式为:

月利率(‰)＝年利率(%)÷12

日利率(‰)＝年利率(%)÷360

外币利率遵循国际惯例换算。

利率分为年利率、月利率和日利率,在计算使用时应与期限保持单位上的一致,若存期以天计算,则使用日利率;若存期以月计算,则使用月利率;若存期以年计算,则使用年利率。

(4)银行吸收的存款计息范围。除财政预算资金和有特殊规定的款项不计利息外,其余存款均应按照规定计付利息。即对于独立核算的企业单位存入的活期存款,机关、团体、学校、部队等事业单位存入的预算外资金存款,以及各单位存入的工会会费、党费、团费等,银行会计部门应按规定的结息期和计算方法,准确计算和支付利息。

(5)需要说明的是:当前多数银行的业务核算系统已经升级换代,自动对每笔需要计息的存、贷款业务按日匡息,按季或到期支付存款利息、收取贷款利息。

以活期存款利息为例,按日匡计利息的会计分录为:

借:利息支出——××存款利息支出户

贷:应付利息——应付××存款利息

按季付息的会计分录则为:

借:应付利息——应付××存款利息

贷:××存款——××户

2. 单位活期存款的利息计算

(1)账页计息法。账页计息法是采用乙种账页上的积数栏结计利息的一种方法,通常适用于业务量不大,存款余额变动不太频繁的单位账户计息。具体处理流程为:日常根据账户发生的存取款业务登记其发生额,结出余额,同时计算出变化的前日存款余额的实存天数和相应积数,填入积数栏内,以此类推,直至结息日营业终了为止。在结息日日结后加计本季度存款的累计积数,然后乘以日利率,得出本季度应付利息额。结息日次日编制传票将应支付的利息转为本金入账。

银行利息转存的会计分录为:

借:利息支出——单位活期存款利息支出户

贷:单位活期存款——××户

【例3-3】 甲企业的单位活期存款分户账如表3-1所示,要求计算甲企业第三季度的活期存款利息,并编制相应的会计分录。

表3-1 单位活期存款分户账

户名:甲企业　　　　　　　　　　　　　　　　　　　　　　　　　　　　利率:0.3%

20××年		摘要	借方	贷方	借或贷	余额	日数	积数
月	日							
8	1	承前页			贷	4 000	41 8	112 000 32 000
8	9	转付	1 000		贷	3 000	14	42 000
8	23	转收		11 000	贷	14 000	10	140 000
9	2	现付	300		贷	13 700	15	205 500
9	17	转付	700		贷	13 000	0	0
9	17	转付	1 000		贷	12 000	2	24 000
9	19	转收		2 000	贷	14 000	2	28 000
9	20	结息					92	583 500
9	21	转息转存		4.86	贷	14 004.86		

解析:

承前页需将前一张账页上的余额和累计未计息积数过入新账页,即将20××年6月21日至7月31日(8月1日前)的累计积数为112 000。

8月1日至8月8日,分户账余额为4 000元,则该阶段累计积数为4 000×8=32 000,同理8月9日至8月22日的阶段累计积数为3 000×14=42 000…9月19日至9月20日的阶段累计积数为14 000×2=28 000。将以上各个阶段累计积数加总即可得到甲企业20××年第三季度的累计积数为112 000+32 000+…+28 000=583 500。

甲企业第三季度的活期存款利息=累计日积数×日利率
$$=583\ 500×0.3\%÷360=4.86(元)$$

支付利息的会计分录为:

借:利息支出——单位活期存款利息支出户　　　　4.86
　　贷:单位活期存款——甲企业户　　　　　　　　4.86

(2)余额表计息法。余额表计息法是利用计息余额表计算单位存款利息的一种方法,通常适用于存款余额变动较为频繁的存款账户。具体处理流程为:每日营业终了将各计息分户账的日终余额逐户抄列在计息余额表中,当日余额未变动的分户账则照抄上日余额,到结息日按照余额表将本季度各账户的每日余额分别进行加总,即为各户累计计息积数,然后乘以日利率,可得应付利息。结息日次日,与分户账账页计息法处理相同,编制传票将应支付的利息转为本金入账。

【例3-4】 某商业银行20××年6月的计息余额表如表3-2所示,假定本计息期内活期存款利率为0.3%,要求计算A公司第二季度的活期存款利息,并编制相应的会计分录。

表3-2　计息余额表

20××年6月

科目名称:单位活期存款　　　　利率:0.3%　　　　　　　共　页第　页

账号 余额　户名 日期	××001 A公司	××002 B公司	…
至上月底累计未计息积数	13 500 000	(略)	
1	50 000		
2	45 000		
3	45 000		
4	45 000		
5	30 000		
6	30 000		

续表

余额 账号 户名 日期	××001 A公司	××002 B公司	… …
7	40 000		
8	35 000		
9	35 000		
10	25 500		
10天小计	380 500		
…			
20天小计	940 500		
…			
本月合计	1 371 000		
应加积数			
应减积数	6 000		
至结息日累计应计息积数	14 434 500		
至本月底未计息积数	430 500		
结息日计算利息数	200.48		

解析：

①表3-2中应加积数和应减积数是在账务记录中出现差错,发现错误更正后对积数进行调整。本例中因重复记录一笔A公司1 500元的转账收入,4天后发现,更正错误后累计4天的应减积数为6 000元。

②至结息日累计应计息积数＝至上月底累计未计息积数＋20天小计＋应加积数－应减积数
＝13 500 000＋940 500＋0－6 000＝14 434 500(元)

③至本月底未计息积数＝本月合计－20天小计
＝1 371 000－940 500＝430 500(元)

④结息日计算利息数＝至结息日累计应计息积数×年利率÷360
＝14 434 500×0.3‰÷360＝120.29(元)

⑤结息日次日利息转存的会计分录为：

借：利息支出——单位活期存款利息支出户　　　　　120.29
　贷：单位活期存款——A公司户　　　　　　　　　120.29

(四)单位活期存款(存折户)业务的核算

存折账户是指单位存款人在银行开立的凭存折(卡)办理存取现金的账户。该类账户通常适用于生产规模较小、收支不太频繁的单位。与支票户核算相比,单位活期存折户在办理业务时主要存在记账凭证上的差异,银行在开立分户账的同时给单位开办存折(卡),记账凭证为存款凭条或取款凭条。单位活期存折户具体的核算会计分录与单位活期支票户相同,此处不再赘述。

(五)单位活期存款的账务核对与销户

1. 账务核对

单位活期存款的账务核对是银行内外对账的重要内容。

(1)账务核对的目的。单位活期存款业务的账务核对主要是指内外账务核对,即商业银行的单位活期存款各分户账与开户单位的银行存款账进行核对,以保证双方存款账户余额的一致,达到内外账务相符的目的。

(2)账务核对的原因。首先,由于银行与开户存款单位双方记账时间可能存在前后不一致,账务核对可以及时查清未达账项,保证内外账务相符;其次,双方在记账过程中由于种种因素都有可能发生差错;最后,银行与单位及时对账,加强双方的会计控制和账务监督,不仅有利于保证双方账务记载一致,还是保护资金和存款安全的重要举措。

(3)账务核对方式。

①定期对账:一般是针对支票户采取的对账方式。银行按照规定每季末将纸质或电子的余额对账单一式二联发送给单位核对账务,若单位账务核对无误,则将对账单第一联留存,第二联加盖印鉴后退还银行;若单位核对账务不符,则应及时到银行查明原因,及时更正。对于账务核对长期不符的单位,银行应采取必要措施查找原因,限期查清。对于单位退回的对账单回单,银行应按规定妥善保管,以备查考。

②随时对账:一般是针对存折户采取的对账方式。银行在存折户办理存取款业务时,进行"账折见面",随时将存折与银行的分户账发生额、余额进行逐笔核对,以防止双方在账务记载出现错误。

2. 销户

销户是指撤销开户单位的银行存款账户。存款单位由于搬迁、破产、合并等原因,要求注销银行结算账户时,须向开户行申请办理销户手续。具体流程如下:存款单位向银行申请销户,并向银行柜员提交相关材料,柜员审核材料无误后,与销户单位核对确认存款账户余额,并按规定标准计算存款利息,将存款本息一并支付给存款单位。对于存折存款户,柜员应当收回存折并注销;对于支票存款户,柜员应当收回所有空白支票凭证。

二、单位定期存款业务的核算

(一)单位定期存款的相关规定

单位定期存款是指单位存入资金时与银行约定存期,到期支取本息的存款业务。单位定期存款的存期分为3个月、6个月、1年、2年、3年和5年等档次,其中,5年期档次的基准利率已取消。存款金额为人民币1万元起存,多存不限。银行在办理单位定期存款业务时,要求一次存入,到期支取。单位定期存款可以全部或部分提前支取,但只能提前支取一次。另外,财政拨款、预算内资金及银行贷款等不得作为单位定期存款存入。单位定期存款只能办理转账存取,不能办理现金存取。

(二)单位定期存款开户的核算

1. 单位定期存款开户流程

单位向银行提供企业法人营业执照、组织机构代码证书、税务登记证、基本户开户许可证和印鉴卡等开户资料,并提交开户申请书和转账支票,银行审核客户信息和签章,审查转账支票,审核无误后办理单位定期存款转账存入手续,并打印一式三联单位定期存款开户证实书,证实书第一联留存银行、第三联作进账单附件,第二联加盖公章交给客户作为存款凭据,证实书只起存款证实作用,不能作为质押的权利凭证。

2. 单位定期存款开户的会计核算

单位按照存款金额签发转账支票,连同进账单一起交给银行,银行柜员按规定审查资料,无误后办理转账。其会计分录为:

借:单位活期存款——××户
　　贷:单位定期存款——××户

【例3-5】 20××年9月1日,A公司签发转账支票并向银行提交开户资料到中国建设银行某网点要求转存一年期定期存款,金额为30万元,利率为1.5%,银行审核无误予以办理,要求编制银行该笔业务的会计分录。

解析:银行该笔业务的会计分录为:

借:单位活期存款——A公司户　　　　　　　　　300 000
　　贷:单位定期存款——A公司户　　　　　　　　　300 000

(三)单位定期存款支取的核算

1. 到期支取处理

存款到期时,单位持单位定期存款开户证实书和进账单到银行支取本息,银行柜员对存单的号码、单位全称、大小写金额、印鉴、存期等内容进行审查,审核无误后计算利息,打印利息清单,选择转账销户交易,将本金和利息一并转入单位活期存款账户。其会计分录为:

借:单位定期存款——××户
　　利息支出或应付利息——单位定期存款利息支出户
贷:单位活期存款——××户

该业务会计分录中利息科目需根据情况选择使用,如银行已按日或按季预提应付利息的,则使用"应付利息"科目;否则,使用"利息支出"科目。

【例3-6】 A公司2021年3月23日持定期存款开户证实书,来银行办理到期支取手续,本金10万元,定期1年,原定年利率为1.5%,予以办理,未匡息,计算利息并作出会计分录。

解析: 利息=100 000×1×1.5%=1 500(元)

借:单位定期存款—A公司　　　　　　　　　　　　　100 000
　　利息支出　　　　　　　　　　　　　　　　　　　　1 500
贷:单位活期存款—A公司　　　　　　　　　　　　　101 500

2. 逾期支取的处理

单位定期存款逾期支取时,银行需要支付的利息包括两部分,即到期利息和逾期利息。除利息计算外,其他的办理手续和账务处理与到期支取基本相同。

3. 提前支取处理

(1)全部提前支取。单位定期存款全部提前支取时,银行应根据提前支取的相关规定计算全部提前支取的利息,并在单位定期存款开户证实书上加盖"提前支取"戳记。与到期支取相比,全部提前支取在利息计算方面的规定不同,提前支取应当按照单位支取存款当天的活期存款利率计算利息,其他的处理手续和账务处理与到期支取基本相同。

(2)部分提前支取。单位定期存款办理部分提前支取时,银行应根据提前支取的相关规定计算部分提前支取的利息,采用"满付实收、更换新存单"的做法。利息按支取部分金额及规定计息标准结计。其会计分录为:

借:单位定期存款——××户　　　　　　　　　　(提前支取的本金)
　　利息支出或应付利息——单位定期存款利息支出户(提前支取部分利息)
贷:单位活期存款——××户　　　　　　　　　　(提前支取部分本息和)

部分提前支取后,对于留存金额高于单位定期存款起存金额的,应按照原来的存入日、期限、利率、到期日重新开立单位定期存款开户证实书;对于留存金额低于单位定期存款起存金额的,应请客户办理全部提前支取。

【例3-7】 甲企业在2020年1月10日存入10万元三年期单位定期存款,利率为2.75%。甲企业于2021年1月10日来银行提交存单要求提前支取3万元本金,余款续存。假定2020年1月10日,银行挂牌的一年期单位定期存款利率为1.75%、活期存款利率为0.35%;2021年1月10日,银行挂牌的一年期单位定期存款利率为1.5%、活期存款利率为0.30%。要求:计算甲企业提前支取时银行实际支付的利息,并编制提前支取的会计分录。

解析:甲企业存入三年期单位定期存款,一年后办理部分提前支取,银行应当采用"满付实收"的做法进行账务处理。提前支取时,部分本金利息应按照支取当天银行挂牌的活期存款利率计算,因此,银行实际支付的利息额为:

利息=30 000×1×0.30%=90(元)

甲企业办理部分提前支取的会计分录为:

借:单位定期存款——甲企业户　　　　　　　　　　　　　30 000
　　利息支出——单位定期存款利息支出户　　　　　　　　　　90
　贷:单位活期存款——甲企业户　　　　　　　　　　　　　30 090

(四)单位定期存款利息计算

1. 计息规定

单位定期存款的利息计算采用逐笔计息、利随本清的方法,即在存款到期日支取本金的同时一并计付利息,详见上文利息基本规定,这里不再赘述。

2. 单位定期存款计息中的利率政策规定

(1)到期支取的单位定期存款在存期内按存入日挂牌公告的定期存款利率计付利息,存期内遇利率调整不分段计息。到期日支取时,如逢法定假日,可以应存款单位的要求在假日前一天办理转账,执行到期利率,存期扣除一天。逾期部分按支取日挂牌公告的活期存款利率计息。

(2)提前支取的部分按支取日挂牌公告的活期存款利率计息。如全部提前支取,则全部本金按照支取日挂牌公告的活期存款利率计息。

(3)单位定期存款到期不取,未办理续存手续的,存期内按原存入时利率计息,逾期部分按支取日挂牌公告的活期存款利率计息。

3. 计提应付利息的账务处理

(1)银行按日匡息的处理。目前,多数银行业务系统每日自动对每一笔存款进行匡息,不论是活期存款还是定期存款,按日匡息的会计分录均为:

借:利息支出——单位定期存款利息支出户
　贷:应付利息——应付单位定期存款利息

定期存款支取时的会计分录为：

　　借：单位定期存款——××户
　　　　应付利息——应付单位定期存款利息支出户
　　贷：单位活期存款——××户

（2）传统做法。如果银行业务系统没有按日匡息的功能，则按照传统做法，根据权责发生制原则，银行对于一年期和一年以上的单位定期存款一般按季（或按月）预提应付利息。单位定期存款到期支取时，再冲减应付利息。即在每季末月的20日结息日计提应付利息。

结息日预提利息时的会计分录为：

　　借：利息支出——单位定期存款利息支出户
　　贷：应付利息——应付定期存款利息户

单位定期存款到期支取时，对于已预提的利息直接冲减应付利息，对于未预提的利息则直接列支利息支出，会计分录为：

　　借：单位定期存款——××户
　　　　应付利息——应付定期存款利息户
　　　　利息支出——单位定期存款利息支出户（未预提的利息）
　　贷：单位活期存款——××户

【例3-8】 宏源公司于2021年1月10日向开户行提交转账支票一张，要求将基本账户的850 000元，转存一年期定期存款，利率为1.5%。现到期支取，利随本清，要求：编制存入时、按季计提应付利息与到期支取时的会计分录。

解析： 存入定期存款时的会计分录为：

　　借：单位活期存款——宏源公司户　　　　　　　　　　850 000
　　贷：单位定期存款——宏源公司户　　　　　　　　　　850 000

到期支付的利息额＝本金×年数×年利率＝850 000×1×1.5%＝12 750(元)

3月20日结息日计提的利息额＝850 000×70×1.5%÷360＝2 479.17(元)，计提利息的会计分录为：

　　借：利息支出——单位定期存款利息支出户　　　　　　2 479.17
　　贷：应付利息——应付单位定期存款利息户　　　　　　2 479.17

6月20日计提的利息＝850 000×3×1.5%÷12＝3 187.5(元)，计提利息的会计分录为：

　　借：利息支出——单位定期存款利息支出户　　　　　　3 187.5
　　贷：应付利息——应付单位定期存款利息户　　　　　　3 187.5

9月20日、12月20日计提利息数和计提利息分录同6月20日，略。

2022年1月10日到期支取本息时,该笔存款已计提利息=2 479.17+3 187.5+3 187.5+3 187.5=12 041.67(元)。

12月21日—1月9日的利息=850 000×20×1.5‰÷360=708.33(元),直接作利息支出处理,支取本息的会计分录为:

借:单位定期存款——方达集团户　　　　　　　　　850 000
　　应付利息——应付单位定期存款利息户　　　　　 12 041.67
　　利息支出——单位定期存款利息支出户　　　　　　708.33
　贷:单位活期存款——方达集团户　　　　　　　　　862 750

三、单位通知存款业务的核算

通知存款是指存款人在存入时不约定存期,但约定支取时提前通知银行时间的存款。境内个人、法人和其他组织均可到金融机构办理通知存款。通知存款分为一天通知存款和七天通知存款两个品种。一天通知存款必须提前一天通知银行约定取款;七天通知存款则必须提前七天通知银行约定取款。通知存款的币种为人民币。通知存款的利率一般介于活期存款和定期存款之间,它是一种比活期存款收益高、比定期存款支取灵活的大额存款方式。

(一)单位通知存款存入的核算

单位通知存款开户时须记名,开户单位须提交开户申请书和营业执照正副本等,并预留印鉴。单位通知存款50万元起存,个人通知存款5万元起存,且必须一次性存入;个人办理存入手续时可以使用现金,单位只能转账办理。其存入手续与单位定期存款存入时的处理相类似,存入时的会计分录为:

借:单位活期存款——××户
　贷:单位通知存款——××户

(二)单位通知存款支取的核算

单位通知存款在支取之前须按规定提前通知银行,单位应填写通知存款通知书,按约定提前一天或七天提交给银行,银行柜员审核无误后,登录系统并根据要求确定支取日期和金额,同时打印通知存款通知书,并在通知书上加盖相关业务公章。

单位通知存款不能用于结算或支取现金,支取存款本息时只能转入存款单位的其他存款账户。存款人可办理一次或分次支取,且每次最低支取额单位不得少于10万元,个人不少于5万,支取存款利随本清。单位通知存款支取方式主要分为全额支取和部分支取,具体处理流程如下。

1. 全额支取

单位按照约定提前通知银行支取日期和金额,办理全额支取时须向银行提交单

位通知存款证实书,银行柜员审核材料无误后,按规定标准计算利息,并将本息一并支付给存款单位。全额支取的会计分录为:

借:单位通知存款——××户
　　利息支出——单位通知存款利息支出户
　贷:单位活期存款——××户

2. 部分支取

存款单位到开户行办理部分支取,部分支取后留存的金额不得低于起存金额50万元。若留存金额低于50万,银行柜员则作一次性清户处理,按照清户当天银行挂牌公告的活期存款利率计算利息,办理支取手续并销户;若留存金额大于50万元,银行柜员则按留存金额、原起存日期、原约定通知存款种类等,出具新的单位通知存款开户证实书,办理续存手续,具体处理流程与单位定期存款部分提前支取相似,采用"满付实收,更换新存单"的做法,会计分录也与单位定期存款部分提前支取相似,此处不再赘述。

(三)单位通知存款利息的计算

1. 单位通知存款利息计算公式为:利息＝本金×实际存期×利率。

不论实际存期多长,都只按存款人存入时约定的取款提前通知的期限长短来划分,金融机构按支取时挂牌公告的相应各档次利率水平和实际存期计息,利随本清。

2. 对已办理通知手续而不支取或在通知期限内取消通知取款的,则规定其通知期限内不计息,即"七天通知存款"的不计息天数为7天,"一天通知存款"的不计息天数为1天。

3. 存户发生下列情况的,将按活期存款利率计息:
(1)实际存期不足通知期限的,按活期存款利率计息;
(2)未提前通知而支取的,支取部分按活期存款利率计息;
(3)已办理通知手续而提前支取或逾期支取的,支取部分按活期存款利率计息;
(4)支取金额不足或超过约定金额的,不足或超过部分按活期存款利率计息;
(5)支取金额不足最低支取金额的,按活期存款利率计息;
(6)部分支取后留存部分低于起存金额予以清户的存款。

【例3-9】 甲企业于2022年7月20日到中国建设银行某支行办理单位通知存款业务,存入金额为90万元,与银行约定为七天通知存款。2022年9月20日,甲企业书面通知银行于2022年9月27日支取通知存款90万元。2022年9月27日,甲企业到银行柜台支取存款,支取当天银行挂牌公告的七天通知存款年利率为1.1%。
要求:计算甲企业支取存款时银行应当支付的利息,并编制单位通知存款支取的会计分录。

解析： 单位通知存款按规定办理支取时，银行应当按照支取日挂牌公告的通知存款利率计付利息。甲企业单位通知存款的存期从2022年7月20日至2022年9月27日，实存天数为69天。因此，甲企业支取存款时银行应当支付的利息额为：

应付利息额 = 900 000 × 69 × 1.1‰ ÷ 360 = 1 897.5（元）

单位通知存款支取的会计分录为：

借：单位通知存款——甲企业户　　　　　　　　　　900 000
　　利息支出——单位通知存款利息支出户　　　　　1 897.5
　贷：单位活期存款——甲企业户　　　　　　　　　901 897.5

四、单位协定存款业务的处理

协定存款是指存款人与开户银行协定存款合同，约定结算账户的留存额度，超过留存额度的部分存款转为协定存款，单独计算计息积数并按协定存款利率计算利息的一种存款方式。存款人办理协定存款须与银行签订合同。

协定存款只对结算账户流水50万元以上的存款单位办理，结算账户转协定存款后的留存额度最低为人民币10万元。活期存款与单位协定存款之间进行调整，调整的金额起点为1万元。结算账户和协定存款账户分别计算计息积数计算利息。

第三节　个人存款业务的核算

一、个人存款的规定和种类

(一) 个人存款的规定

1. 个人存款的"实名制"规定

我国的《个人存款账户实名制规定》要求，在金融机构开立存款账户的个人应当遵守"实名制"规定。即居民在金融机构开户和办理储蓄业务时，必须出示本人有效身份证件，银行员工有义务在银行存单上记录客户姓名。该规定从根本上否定了匿名账户存在的合法性，它使个人资产透明化，在杜绝金融领域的灰色交易、确保个人所得税的缴纳等方面具有积极作用。

2. 储蓄存款的原则

我国《商业银行法》规定，商业银行在办理个人储蓄存款业务时，应当遵循"存款自愿、取款自由、存款有息、为存款人保密"的原则。存款自愿是指储蓄必须出于存款人的自愿，任何单位和个人都不得强制其他人参加储蓄。个人是否存款、存入哪家银行、存入金额和期限等都由储户自己决定。取款自由是指储户将钱存入银行只是使用权的暂时让渡,并未改变所有权,因此,储户什么时间取款、提取多少金额都由储户自己决定,银行和其他人不得干预。存款有息是指银行与储户之间是一种平等互利的经济关系,银行对于储户的各种储蓄存款都要按照法律规定计付利息。为存款人保密是指银行有责任对客户的存款情况进行保密,银行对存款人的姓名、住址、存款金额、储蓄种类、存取款情况、印鉴以及其他各种情况都要严格地保守秘密,并有权拒绝任何单位或个人查询、冻结、扣划,但法律另有规定的除外。

3. 储蓄存款缴纳利息税的规定

我国对自1999年11月1日起,储蓄存款孳生的储蓄利息,按利息所得的20%缴纳利息税,由银行代扣代缴。国务院决定自2007年8月15日起,将储蓄利息税的税率由20%调减为5%;2008年10月9日,国务院决定为增加个人储蓄存款收益,满足国家宏观调控的需要,自即日起对储蓄存款利息所得暂免征收利息税。自此至今,个人储蓄存款不再缴纳利息税。

(二)个人储蓄存款的种类

个人储蓄存款的种类主要包括活期储蓄存款、定期储蓄存款、定活两便储蓄、个人通知存款、教育储蓄等。其中,根据存入和支取方式的不同,定期储蓄存款可以分为整存整取、零存整取、整存领取、存本取息等类型。

目前,我国银行的业务处理基本实现电子化,银行柜员在处理个人储蓄存款业务时,按照钱账一手清的要求,遵守现金收入业务先收款后记账、现金付出业务先记账后付款等操作流程办理各项业务。

二、活期储蓄存款业务的核算

(一)活期储蓄存款主要规定

活期储蓄存款是指不约定存期,随时可以存取的一种储蓄存款。该种储蓄类型不受存取时间限制,但利率较低,适用于居民个人的日常开支。它的主要规定如下:活期储蓄存款1元起存,多存不限;办理开户时一律实名;办理业务是凭存折(卡)存取,可预留印鉴(密码)。

(二)活期储蓄存款开户的处理

活期储蓄存款开户可采用现金开户、转存开户和支票开户等多种形式,下面将以现金开户为例,介绍相关的会计处理流程。储户到银行开户时需填写开户申请书或活期储蓄存款凭条,并连同身份证件、现金一起交给银行柜员办理相关手续。银行柜员审核开户申请书的内容,联网查验身份证件,清点现金,审核无误后将现金收入尾箱,进入业务系统录入相关信息,系统自动登记"活期储蓄开销户登记簿"并生成账号,登记"现金收入日记簿""分户账"和"现金总账",银行柜员打印存款凭条,交由客户签字确认,最后在储蓄存款凭条和存款回单上加盖现金收讫章和柜员名章,储蓄存折加盖业务公章,将存款回单、存折(卡)和身份证件交还给客户,存款凭条留存作为记账凭证。其会计分录为:

借:现金
　　贷:活期储蓄存款——××户

客户也可通过自动柜员机办理现金存款业务。

【例3-10】 2022年9月5日,客户张源到中国建设银行某网点开立活期储蓄账户,存入现金6 000元。要求:编制银行的会计分录。

解析:银行柜员收妥现金后,录入业务系统,其会计分录如下:

借:现金　　　　　　　　　　　　　　　　　　　　　　6 000
　　贷:活期储蓄存款——张源户　　　　　　　　　　　　　　6 000

(三)活期储蓄存款续存的处理

客户续存现金时,将现金、存折(卡)一并交给银行柜员,柜员查验存折(卡),清点款项无误后,将相关信息录入客户分户账。与开户时的会计处理手续相比,主要区别在于客户无须提供身份证,且凭证多由银行电脑代填,客户只需输入密码、签名即可,银行系统按存折账号与分户账核对余额相符后进行记账。会计分录与现金开户时相同。

【例3-11】 2022年10月11日,张源在开户行中国建设银行向自己的活期储蓄账户存入现金5 000元。要求:编制银行的会计核算分录。

解析:活期储蓄存款续存的会计分录如下:

借:现金　　　　　　　　　　　　　　　　　　　　　　5 000
　　贷:活期储蓄存款——张源户　　　　　　　　　　　　　　5 000

(四)活期储蓄存款支取的处理

活期储蓄存款支取现金时,客户口述支取金额,把存折(卡)交给银行柜员,柜员审查鉴别存折(卡)的真伪,审核无误后进入业务系统,选择取款交易代码,客户录入支取密码,柜员打印取款凭条、存折,并核对打印要素交由客户签字,柜员按照取款凭条配款,在储蓄取款凭条和取款回单上加盖现金付讫章和柜员名章,将存折(卡)、现金和取款回单交还给客户,取款凭条留存作为借方传票。与存入活期储蓄存款业务相比,主要区别在于:进入的业务系统和选择的交易码不同;会计核算的分录与存入

时相反;柜员的尾箱现金余额减少,出纳付款。具体的会计分录如下:

借:活期储蓄存款——××户
　　贷:现金

【例 3-12】 2022 年 10 月 21 日,储户王芳到其开户行中国建设银行某支行,要求支取现金 20 000 元。要求:编制银行支付现金的会计分录。

解析: 活期储蓄存款支取的会计分录为:

借:活期储蓄存款——王芳户　　　　　　　　　　　　　　20 000
　　贷:现金　　　　　　　　　　　　　　　　　　　　　　20 000

(五)活期储蓄存款利息计算及账务处理

1. 一般规定

自 2005 年 9 月 21 日起,我国活期储蓄利息计算改为按季结息。与单位活期存款利息计算方法、时间相同,均采用积数计息法,按日计息,按季结息,按结息日挂牌活期利率计息,结息日为每季末月的 20 日,结息期是从上个季度末月 21 日至本季度末月 20 日,计息期间遇利率调整分段计息。结息日次日利息转存。积数计算可使用分户账账页计息和余额表计息两种方法,详见单位活期存款利息计算。

2. 账务处理

银行在结算日次日办理利息转存的处理,依照规定的活期储蓄存款利率标准计算各账户的利息额,办理转账,其会计分录为:

借:利息支出——活期储蓄存款利息支出户
　　贷:活期储蓄存款——××户

对于储户 2008 年 10 月 9 日前的利息收入,银行须在确认利息收入的同时代扣代缴个人利息所得税,其会计分录为:

借:活期储蓄存款——××户
　　贷:其他应付款——代扣代缴利息税

对于储户 2008 年 10 月 9 日后的利息免征利息税,则无须此笔会计分录。

【例 3-13】 中国建设银行某支行 2021 年第二季度储户王明活期储蓄账户累计计息积数为 630 000 元,年利率为 0.3%,要求:计算本季应付利息,编制 6 月 21 日结息转存的会计分录。

解析: 应付利息=630 000×0.3%÷360=5.25(元)

6 月 21 日利息转存会计分录为:

借:利息支出——活期储蓄存款利息支出户　　　　　　　　5.25
　　贷:活期储蓄存款——××户　　　　　　　　　　　　　5.25

(六)活期储蓄存款销户处理

1. 活期储蓄存款销户的操作流程

销户是指客户要求支取账户中的全部存款余额,不再续存。销户的具体操作流程为:客户把已填写的取款凭条、存折(卡)和身份证提交给银行柜员,申请销户,柜员审核存折、取款凭条和身份证,审核无误后在业务系统进行活期账户销户操作,并打印取款凭条、利息清单交给客户签名,客户签字后柜员根据取款凭条配款,同时将现金本息和第二联利息清单交还给客户,最后加盖"结清"和"附件"印章,破坏存折磁条或将银行卡剪角作废。

2. 活期储蓄存款销户的会计核算

未到结息日清户时,按清户口挂牌公告的活期利率计息到清户前一日止。销户时的会计分录为:

借:活期储蓄存款——××户
　　利息支出——活期储蓄存款利息支出户
　贷:现金

【例3-14】 储户王霞2021年12月15日到中国建设银行某支行要求销户,所得本息全部提取现金。其活期储蓄账户的存款变动情况如下表3-3所示。假定2021年12月15日销户时,活期储蓄存款年利率为0.3%,不交利息税。要求:

(1)将下表分户账的内容补充完整;
(2)计算王霞销户时可以得到的利息额;
(3)编制销户时的会计分录。

表3-3 活期储蓄存款分户账

户名:王霞

20××年		摘要	借方	贷方	借或贷	余额	日数	积数
月	日							
9	23	新开户		45 000	贷	45 000	7	315 000
9	30	续存		5 000	贷	50 000	20	1 000 000
10	20	支取	4 000		贷	46 000	9	414 000
10	29	续存		6 000	贷	52 000	34	1 768 000
12	2	支取	10 000		贷	42 000	13	546 000
12	15	销户	42 000			0		

解析:(1)计算该分户账每笔存款余额停留的日数和积数,填入分户账如表3-3所示。
(2)根据分户账中的累计积数,计算王霞销户时可以得到的利息额为:

应付利息＝累计日积数×日利率
　　　　＝(315 000＋1 000 000＋414 000＋1 768 000＋546 000)×0.3‰÷360
　　　　＝33.69(元)

(3)因不交利息所得税,销户时银行将本金和利息一并交给客户,其会计分录为:
　　借:活期储蓄存款——王霞户　　　　　　　　　　　42 000
　　　　利息支出——活期储蓄存款利息支出户　　　　　　33.69
　　贷:现金　　　　　　　　　　　　　　　　　　　42 033.69

三、定期储蓄存款业务的核算

定期储蓄存款是指储户在存款时约定存期,一次或按期分次存入本金,到期一次或分次支取本金和利息的储蓄方式。与活期储蓄存款相比,定期储蓄存款具有存款时间长、存期固定、规定存储起存金额等特点。按照存取款方式的不同,定期储蓄存款分为整存整取、零存整取、整存零取和存本取息四种类型,逐一介绍如下。

(一)整存整取定期储蓄存款的核算

1. 主要规定

整存整取定期储蓄存款是指存入时约定存期,一次存入,到期一并支取本金和利息的一种定期储蓄业务。整存整取定期储蓄存款的主要规定如下:50元起存,多存不限;存期分为3个月、半年、1年、2年、3年和5年等档次(说明:央行已于2014年11月22日取消存款5年期档次产品,但是部分商业银行仍保留了该档次存款产品,其他各种定期存款5年期档次亦同此规定,不再赘述)。该存款类型主要适用于长期闲置的资金存储。

2. 核算手续

(1)存入(开户)。客户到银行办理整存整取定期储蓄存款时,应填写"整存整取定期储蓄存款开户书",将身份证件和现金一同交给银行柜员,柜员审核材料、清点现金,在系统上选择"定期储蓄开户",在银行卡里开立定期存款账户,或开立一式三联的"整存整取定期储蓄存单",第一联为存款凭条,作为传票,第二联存单,加盖业务公章后交给客户作为存款凭证,第三联作为卡片账留存,最后登记"定期储蓄开户销户登记簿"。客户现金开户的会计分录为:

　　借:现金
　　贷:定期储蓄存款——整存整取××户

【例3-15】 储户李明于2021年8月30日,到中国建设银行某支行办理整存整取定期储蓄存款开户,存入金额10万元,约定存期为三年,年利率为2.75%。要求:编制银行开户时的会计分录。

解析： 整存整取定期储蓄存款开户的会计分录为：

借：现金　　　　　　　　　　　　　　　　　　　　　　　　100 000
　　贷：定期储蓄存款——整存整取李明户　　　　　　　　　　100 000

(2)到期支取。整存整取定期储蓄存款到期时，存款人将定期存单（或借记卡）交给银行柜员，柜员审核无误后登录系统，办理支取手续，将本金和利息一并支付现金给存款人或转入存款人活期账户，若政策规定需交纳个人利息所得税，则由银行直接代扣代缴。到期支取的会计分录为：

借：定期储蓄存款——整存整取××户
　　利息支出——定期储蓄利息支出户
　　贷：现金（或活期储蓄存款）
　　　　其他应付款——代扣代缴利息税

【例3-16】 储户王源于2019年9月20日到中国建设银行存入期限为3年的整存整取定期储蓄存款，金额为10万元，存入时年利率为2.75%，假定到2020年3月15日，该档次利率调整为3%。王源2022年9月20日到期支取存款本息，不需缴纳个人利息所得税，计算王源到期支取存款时银行应支付的利息大小，并写出支取本息时的会计分录。

解析： 整存整取定期储蓄存款若在存期内遇到利率调整，不需分段计息，按照存入时银行挂牌的定期利率计算利息。则银行应支付的利息额为：

应付利息＝本金×存期×利率＝$100\,000 \times 3 \times 2.75\% = 8\,250$(元)

银行支付本息时的会计分录为：

借：定期储蓄存款——整存整取王源户　　　　　　　　　　　100 000
　　利息支出——定期储蓄利息支出户　　　　　　　　　　　　 8 250
　　贷：现金　　　　　　　　　　　　　　　　　　　　　　　108 250

(3)逾期支取。整存整取定期储蓄存款若过期支取，其处理程序与到期支取大体相似，主要区别在于结息利率的规定不同，即逾期支取在计算利息时包括到期利息和逾期利息两部分，其中，到期利息按照存入时约定的整存整取定期储蓄利率计算，逾期利息则按照支取当天银行挂牌的活期储蓄利率计算。逾期支取的会计分录与到期支取相同。

【例3-17】 储户张雨于2021年11月10日存入一笔整存整取定期储蓄存款10 000元，定期1年，年利率为1.75%。该储户于2022年12月16日逾期支取，计算支取时的利息，并作出会计分录。(2022年11月20日该行公告的活期利率为0.35%)

解析： 计算逾期支取的利息额为：

利息＝原定存期利息＋逾期利息
　　＝$10\,000 \times 1 \times 1.75\% + 10\,000 \times 36 \times 0.35\% \div 360 = 175 + 3.5 = 178.5$(元)

银行支付本息时的会计分录为:

借:定期储蓄存款——整存整取王源户　　　　　　　　　10 000
　　利息支出——定期储蓄利息支出户　　　　　　　　　　178.5
　　贷:现金　　　　　　　　　　　　　　　　　　　　10 178.5

(4)提前支取。整存整取定期储蓄存款可以办理提前支取,存款人凭借身份证件和定期存单或借记卡到银行柜台办理提前支取手续。根据提前支取的金额大小,可分为全部提前支取和部分提前支取两种情况。

①全部提前支取。整存整取定期储蓄存款办理全部提前支取时,存款人将身份证件和存单或借记卡等相关材料提交给银行柜员,柜员审核材料无误后,登录系统录入信息,并按照支取当天银行挂牌的活期储蓄存款利率计算利息。除了利息的计算,其余处理程序与到期支取基本相同,全部提前支取的会计分录也与到期支取相同。

【例 3-18】 储户张宏于 2021 年 11 月 10 日存入一笔整存整取定期储蓄存款 20 000 元,定期 1 年,年利率为 1.75%。该储户于 2021 年 5 月 10 日全部提前支取,支取时该行公告的活期利率为 0.35%,半年期整存整取利率为 1.5%,计算支取时的利息,并作出会计分录。

解析: 计算全部提前支取的利息额为:

利息 = 20 000 × 6 × 0.35% ÷ 12 = 35(元)。

银行支付本息时的会计分录为:

借:定期储蓄存款——整存整取王源户　　　　　　　　　20 000
　　利息支出——定期储蓄利息支出户　　　　　　　　　　　35
　　贷:现金　　　　　　　　　　　　　　　　　　　　20 035

②部分提前支取。整存整取定期储蓄存款办理部分提前支取时,与单位定期存款部分提前支取的处理程序相似。若留存金额不低于起存金额,银行应根据提前支取的相关规定计算部分提前支取的利息,采用"满付实收,更换新存单"的做法。其会计分录为:

借:定期储蓄存款——整存整取××户　　　　　　(提前支取的本金)
　　利息支出——定期储蓄利息支出户　　　　　　(提前支取部分利息)
　　贷:现金　　　　　　　　　　　　　　　　　(提前支取本息和)

(5)利息计算。整存整取定期储蓄存款的利息计算方法、期限计算和利率政策规定均与单位定期存款利息计算的规定完全相同,都是采取逐笔计息法,利随本清,于支取时计算利息。定期存款利率政策规定:到期支取时按照存入日银行挂牌公告的相应档次的定期利率计算利息,如果存期内遇到利率调整,不需分段计息。整存整取定期储蓄存款在到期前办理提前支取,提前支取的部分按照支取日银行挂牌公告的活期储蓄存款利率计息;逾期支取的,则超过原定存期的部分按照支取日银行挂牌的活期储蓄存款利率计算利息。

(二)零存整取定期储蓄存款的核算

1. 主要规定

零存整取定期储蓄存款是指存入时约定存期,固定存额,每月存储一次,到期一次性支取本金和利息的一种定期储蓄存款。零存整取定期储蓄存款5元起存,多存不限,存期分为1年、3年和5年三个档次。每月固定存款金额,每月存入一次,中途如有漏存,可在次月补存。零存整取定期储蓄存款办理提前支取时,只能全部提前支取,不办理部分提前支取。零存整取定期储蓄存款的利率低于整存整取定期储蓄存款的利率,但高于活期储蓄存款的利率。

2. 核算手续

(1)开户的处理。存款人办理零存整取定期储蓄存款开户时,应将有效身份证件、现金和开户申请书提交给银行柜员,柜员审查相关材料并清点现金,审核无误后录入系统办理存入手续,登记开销户登记簿,开立零存整取定期储蓄分户账,存款人预留印鉴或密码,柜员将零存整取存款凭条交存款人签字确认后收回,最后在存折上加盖业务公章,将存折、身份证件交还给存款人,存款凭条留存作为现金收入传票。银行也可在客户借记卡里开立零存整取子账户,会计分录为:

  借:现金

    贷:定期储蓄存款——零存整取××户

(2)续存的处理。储户续存时须按开户金额续存,将零存整取存折或借记卡连同现金提交给银行柜员,柜员审核材料并清点现金,审核无误后登录系统,办理续存的相关交易手续,登记存折和分户账,打印存款凭证,并交给储户签字确认后收回,最后将存折或卡、回单交还储户。零存整取定期储蓄存款续存的会计分录与开户相同。

(3)到期支取。当零存整取定期储蓄存款到期时,储户将存折提交给银行柜员,柜员审核无误后登录系统办理相关交易手续,然后打印取款凭证、利息清单和存折内页,将取款凭证交给储户签字确认,并根据取款金额进行配款,最后将现金和取款回单交还给储户。到期支取时的会计分录为:

  借:定期储蓄存款——零存整取××户

    利息支出——定期储蓄利息支出户

    贷:现金

(4)逾期支取。若零存整取定期储蓄存款到期未支取,则办理逾期支取时其处理手续与到期支取基本相同,主要差别在于利息的计算,逾期支取时银行应支付的利息包括两部分,即到期利息和逾期利息,其中,逾期利息按照支取日银行挂牌的活期利率计付。

(5)提前支取。零存整取定期储蓄存款可以办理全部提前支取,但不能办理部分提前支取。若储户到银行要求办理全部提前支取,应将身份证件、零存整取存折一并提交给银行柜员,柜员审核无误后,录入系统办理相关手续,银行按照支取日挂牌公告的活期储蓄存款利率计付利息,除利息计算不同之外,其余处理手续与到期支取时的流程基本相同。

(6)利息计算方法。零存整取定期储蓄存款的余额每月发生变化,在计算利息时与固定余额的定期存款不同。零存整取定期储蓄存款到期时,银行计付利息通常有两种方法,即月积数计息法和固定基数计息法。下面将分别对这两种方法进行详细介绍。

①月积数计息法。该方法是指根据零存整取分户账的存款余额,按月计算其月积数,到期付息时加计出累计月积数,然后将累计月积数乘以月利率,即可求得应付利息。计息公式为:

应付利息=累计月积数×月利率。

需要说明的是,月积数计息法不考虑具体存款日期,只要每月任何一天存入,都认为该笔存款存满了一个月,计算不够精细。月积数计息法过期支取时零头天数不计息。现在多数银行采用日积数计息法,计算公式为:利息=累计日积数×日利率,利息计算更为精确。日积数计息法同单位活期存款计算积数做法相同,这里不再赘述。

【例3-19】 储户王源于2021年9月10日到中国建设银行某支行开立一年期零存整取定期储蓄存款账户,每月存入金额2 000元,开户当天银行挂牌公告的一年期零存整取定期储蓄存款年利率为1.1%,于2022年9月10日到期支取本息,分户账信息如表3-4所示,不需缴纳个人利息所得税。要求:计算银行到期应付存款利息额,并编制到期支取本息的会计分录。

表3-4 零存整取定期储蓄存款分户账

户名:王源　　　　　　　　　账号:　　　　　　　　　利率:1.1%

日期			次数	存入	结存	月数	积数
年	月	日					
2021	9	10	1	2 000	2 000	1	2 000
	10	11	2	2 000	4 000	1	4 000
	11	6	3	2 000	6 000	1	6 000
	12	8	4	2 000	8 000	1	8 000

续表

日期			次数	存入	结存	月数	积数
年	月	日					
2022	1	10	5	2 000	10 000	1	10 000
	2	15	6	2 000	12 000	1	12 000
	3	6	7	2 000	14 000	1	14 000
	4	3	8	2 000	16 000	1	16 000
	5	12	9	2 000	18 000	1	18 000
	6	13	10	2 000	20 000	1	20 000
	7	9	11	2 000	22 000	1	22 000
	8	10	12	2 000	24 000	1	24 000

解析： 银行到期应付存款利息额为：

应付利息＝累计月积数×月利率
　　　　＝(2 000＋4 000＋6 000＋…＋24 000)×1.1%÷12＝143(元)

到期支取本息的会计分录为：

借：定期储蓄存款——零存整取王源户　　　　　　　　24 000
　　利息支出——定期储蓄利息支出户　　　　　　　　　143
　　贷：现金　　　　　　　　　　　　　　　　　　　24 143

②固定基数计息法。该方法是指先计算出每元固定利息基数，即每元存款在到期时应当支付的利息额作为计息基础数，当零存整取定期储蓄存款到期支取时，用每元固定利息基数乘以分户账的最终余额，即可得到银行应付的利息大小。采用固定基数计息法必须是"中途无漏存"。具体计算公式如下：

每元固定利息基数＝1(元)×(第一笔存款存入月数＋最后一笔存款存入月数)
　　　　　　　　　÷2×月利率

因为第一笔存款存入月数与总存入次数相同，最后一笔存款默认存满一个月，所以该公式也可演变为：

每元固定利息基数＝1(元)×(存入总次数＋1)÷2×月利率

应付利息＝存款余额×每元固定利息基数

【例 3-20】 引用上例 3-12 资料，已知储户王源开立一年期零存整取定期储蓄存款账户，每月固定存入金额 2 000 元，最终存款余额为 24 000 元，存入时约定年利率为1.1%，不缴纳个人利息所得税。要求：利用固定基数计息法，计算到期支取时银行的应付利息额。

解析： 到期支取时银行的应付利息为：

每元固定利息基数＝1(元)×(存入总次数＋1)÷2×月利率
　　　　　　　　＝1×(12＋1)÷2×1.1%÷12＝0.005958(元)

应付利息＝存款余额×每元固定利息基数
　　　　＝24 000×0.005958＝143(元)

(三)整存零取储蓄存款的核算

1. 主要规定

整存零取定期储蓄存款是指一次存入一定数额的本金,约定期限,在存期内分次提取本金,到期一次计付利息的储蓄存款。整存零取定期储蓄存款1 000元起存,多存不限,存期分1年、3年和5年三个档次,储户凭存单或借记卡到银行分期支取本金,利息在最后期满时支付,支取期分1个月、3个月和6个月三个档次,具体由储户在存入本金时与银行协商确定。整存零取定期储蓄存款可以全部提前支取,不能部分提前支取。该种储蓄一般适用于专门基金等类型的固定开支。

2. 开户存入的处理

整存零取定期储蓄存款开户存入的处理手续与零存整取定期储蓄存款基本相同。储户申请开户时,将身份证件、现金或借记卡提交给银行柜员,填写一式三联的"整存零取定期储蓄存单"或在借记卡里开立整存零取子账户,将户名、存入金额、存入期限和支取次数等信息填写完整,柜员审核无误后,将第二联存单交给储户作为存款凭证,第一联和第三联分别作为现金收入传票和卡片账留存。其会计分录为:

借:现金(或活期储蓄存款——××户)
　　贷:定期储蓄存款——整存零取××户

3. 分次支取的处理

储户按照与银行的约定分次支取本金时,按规定填写取款凭条,并连同整存零取定期储蓄存单或借记卡一起交给银行柜员,柜员审核材料无误后,登录系统办理付款手续,根据取款金额配款,将回单、现金等交还给储户。分次支取本金时的会计分录与开户存入时相反:

借:定期储蓄存款——整存零取××户
　　贷:现金

4. 结清的处理

当存款期满,储户办理到期结清手续时,银行应按照分次支取的手续将最后一部分本金支付给储户,除此之外,还应按照约定计算存款利息,并在存单上加盖"结清"戳记作为取款凭条附件,将剩余本金和利息一并支付给储户。结清的会计分录为:

借:定期储蓄存款——整存零取××户
　　利息支出——定期储蓄利息支出户
　　贷:现金

5. 利息计算

整存零取定期储蓄存款的本金按约定分次支取,存款余额定期递减,若办理到期结清,则银行可先计算出在整个存期内的等差级数平均值,然后在此基础上计算应付利息额大小;若整存零取定期储蓄存款办理全部提前支取,则银行应按提前支取的相关规定计付利息;若办理逾期支取,则银行除了要支付约定利息,还需按规定利率加付逾期利息。其中,到期结清时利息的计算公式为:

利息=[(全部本金+每次支取本金数额)÷2]×支取本金次数×每次支取的间隔(月)期×月利率。

【例 3-21】 储户王源于 2021 年 11 月 6 日到中国建设银行某支行办理整存零取定期储蓄存款开户,存入本金 30 000 元,存期为 1 年,年利率为 1.1%,约定每月支取本金 2 500 元,到期结清。要求:计算到期结清时银行应支付的利息,并编制银行到期支付本息时的会计分录。

解析: 到期结清时银行应支付的利息为:

应付利息=[(全部本金+每次支取本金数额)÷2]×支取本金次数×每次支取的间隔(月)期×月利率
=[(30 000+2 500)÷2]×12×1×1.1%÷12=178.75(元)

银行到期支付本息时的会计分录为:

借:定期储蓄存款——整存零取王源户　　　　　　　　　2 500
　　利息支出——定期储蓄利息支出户　　　　　　　　　178.75
　贷:现金　　　　　　　　　　　　　　　　　　　　　2 678.75

(四)存本取息储蓄存款的核算

1. 主要规定

存本取息定期储蓄存款是指储户一次存入一定数额的本金,约定存期和取息期限,在存期内分次支取利息,到期一次支取本金和剩余利息的储蓄存款。存本取息定期储蓄存款 5 000 元起存,多存不限,存期分 1 年、3 年和 5 年三个档次,开户时银行向储户发放存单或借记卡,储户按照与银行的约定凭存单或卡、在存期内分次支取利息,到期一次支取本金。通常需要有固定支出的人群会选用这种储蓄类型。

2. 开户的处理

储户办理存本取息储蓄存款开户时,填写开户申请书,标明姓名、存期和取息日期等信息,连同身份证件、现金或借记卡票提交给银行柜员,柜员审核无误后,打印一式三联的"存本取息定期储蓄存款存单"或在借记卡里开立子账户,第二联交给储户作为存款凭证,第一联和第三联银行分别作为传票和卡片账留存。办理开户的会计分录为:

借:现金(或活期储蓄存款——××户)
　贷:定期储蓄存款——存本取息××户

3. 支取利息的处理

计算公式为：每次支取利息＝本金×存期×利率÷支取次数

存本取息定期储蓄存款支取利息时，储户应按照开户时与银行的约定，凭借存单或卡在存期内定期分次支取利息，其处理手续与整存零取存款分次支取本金相似。未到取息日时储户不能提前取息；若到取息日未取息，则储户之后可随时支取，但不另计算复利。支取利息的会计分录为：

借：利息支出——定期储蓄利息支出户
　贷：现金

4. 到期支取的处理

存本取息定期储蓄存款到期时，储户凭借存单到银行支取本金和最后一次利息，同时一次性扣收个人利息所得税，其处理流程与整存零取存款的到期结清相似，银行柜员审核资料无误后，登录系统办理相关手续，并在存单上加盖"结清"戳记，同时销记开销户登记簿。其会计分录为：

借：定期储蓄存款——存本取息××户
　　利息支出——定期储蓄利息支出户
　贷：现金

5. 提前支取的处理

存本取息储蓄存款只办理全部提前支取，不办理部分提前支取。储户如果需要提前支取本金，则应将身份证件和存单提交给银行柜员申请办理业务，提前支取时利息应当按照支取日当天的活期利率计算。具体的处理程序可分为以下两种情况。

（1）当储户已支取的利息大于按照活期利率计算的利息时，银行应从储户的本金中将多支付的利息扣回。其会计分录为：

借：定期储蓄存款——存本取息××户
　贷：利息支出——定期储蓄利息支出户
　　　现金（或活期储蓄存款）

（2）当储户已支取的利息小于按照活期利率计算的利息时，银行应将剩余的利息连同本金一并支付给储户。其会计分录为：

借：定期储蓄存款——存本取息××户
　　利息支出——定期储蓄利息支出户
　贷：现金（或活期储蓄存款）

6. 逾期支取的处理

存本取息定期储蓄存款逾期支取时，银行除了按照约定支付本金和分次利息，还应将逾期的部分按照支取日挂牌公告的活期存款利率计付利息，具体的处理手续与到期支取时基本相同，此处不再赘述。

7. 利息计算

存本取息定期储蓄存款的利息计算过程为：首先按照开户日银行挂牌公告的存本取息定期存款利率，计算出整个存期应当支付的利息总额，然后用利息总额除以取息次数，即可得到每次应当支取的利息大小。具体计算公式为：

每次支取的利息额＝本金×存期×利率÷支取利息的次数

若储户申请提前支取本金，则银行应当按照实际存期和支取日当天的活期存款利率，计算应付利息额，并按照相关规定收回多支付或补足未支付的利息，具体处理过程前已阐述。

【例 3-22】 储户王源于 2020 年 1 月 9 日到中国建设银行某支行办理存本取息定期储蓄存款开户，存入现金 60 000 元，期限为 3 年，存入当天银行挂牌的三年期存本取息定期储蓄存款利率为 1.35%，约定每半年支取一次利息。要求：计算储户王源每次支取的利息额，并编制开户、每次支取利息以及到期结清时的会计分录。

解析： 储户王源每次支取的利息额为：

每次支取的利息额＝本金×存期×利率÷支取利息的次数
　　　　　　　　＝60 000×3×1.35%÷6＝405（元）

存本取息定期储蓄存款开户时的会计分录为：

借：现金　　　　　　　　　　　　　　　　　　　　60 000
　　贷：定期储蓄存款——存本取息王源户　　　　　　60 000

储户每次支取利息时的会计分录为：

借：利息支出——定期储蓄利息支出户　　　　　　　　405
　　贷：现金　　　　　　　　　　　　　　　　　　　405

到期结清时的会计分录为：

借：定期储蓄存款——存本取息王源户　　　　　　　60 000
　　利息支出——定期储蓄利息支出户　　　　　　　　405
　　贷：现金　　　　　　　　　　　　　　　　　　60 405

四、定活两便储蓄存款的核算

定活两便储蓄是指存入时不确定存期，本金一次性存入，存款人根据自身需要凭借存单或借记卡随时一次性支取本息，存款利率随存期长短而变动的一种储蓄存款。定活两便储蓄存款 50 元起存，该产品兼具流动性和收益性，比定期储蓄存款支取更加灵活，并且存期达到定期储蓄的期限时能够获得比活期储蓄更高的收益。

定活两便储蓄存款在计付利息时，一律按支取日一年期以内整存整取定期储蓄存款同档次利率打六折进行计算，其利率按照"就低不就高"的原则执行。具体规定如下：当存期小于 3 个月时，按照活期存款利率计息；当存期大于 3 个月（含 3 个月）

并小于6个月时,按照支取日定期整存整取3个月存款利率打六折计算利息;当存期大于6个月(含6个月)小于1年时,按照支取日定期整存整取6个月存款利率打六折计算利息;当存期在1年以上(含1年)时,无论存期多长,整个存期一律按照支取日定期整存整取1年期存款利率打六折计算利息。计息公式为:

应付利息＝本金×实际存期×整存整取定期存款利率×60%

对于定活两便储蓄存款的存入、支取、利息计提等会计处理,与整存整取定期储蓄存款相类似,只是采用不同的会计科目,即"定活两便储蓄存款"进行核算,处理流程和会计分录详见整存整取定期储蓄的介绍。

【例3-23】 储户王源在2021年5月10日到中国建设银行某支行办理定活两便储蓄存款开户,存入金额20 000元。2022年8月14日,王源到银行柜台办理全额支取现金,支取日银行挂牌公告的整存整取定期储蓄存款一年期利率为1.5%。要求:计算储户办理全额支取时银行应当支付的利息,并编制支取时的会计分录。

解析:储户王源定活两便储蓄存款的存期为从2021年5月10日至2022年8月14日,一共15个月零4天,大于1年。根据利率政策规定,整个存期按照支取日定期整存整取1年期存款利率打六折计算利息。因此,银行应当支付的利息额为:

利息＝本金×年(月)数×年(月)利率＋本金×零头天数×日利率
     ＝20 000×15×1.5%÷12×60%＋20 000×4×1.5%÷360×60%
     ＝227(元)

银行支付本息的会计分录为:

借:定活两便定期储蓄存款——王源　　　　　　　　　　20 000
　　利息支出——定期储蓄存款利息支出户　　　　　　　　　227
　贷:现金　　　　　　　　　　　　　　　　　　　　　20 227

【例3-24】 储户王成在2022年5月10日到中国建设银行某支行办理定活两便储蓄存款开户,存入金额30 000元。2022年9月10日,王成到银行柜台办理全额支取,支取当天银行挂牌公告的整存整取定期储蓄存款3个月档次的年利率为1.1%,6个月档次的年利率为1.35%,要求:计算储户办理全额支取时银行应当支付的利息,并编制支取时银行的会计分录。

解析:该笔存款实际存期为4个月,介于3个月和6个月之间,则利率适用3个月档次的利率,银行应当支付的利息额为:

利息＝30 000×4×1.1%÷12×60%＝66(元)

银行支付本息的会计分录为:

借:定活两便定期储蓄存款——王成　　　　　　　　　　30 000
　　利息支出——定期储蓄存款利息支出户　　　　　　　　　66
　贷:现金　　　　　　　　　　　　　　　　　　　　　30 066

五、个人通知存款的核算

个人通知存款是指存入款项时不约定存期,支取时须提前通知银行,约定好支取日期和金额后到期支取本金和利息的储蓄存款方式。个人通知存款分为一天通知存款和七天通知存款两个品种。个人通知存款的起存金额一般为5万元,须一次存入,可以一次或分次支取,当分次支取时,每次支取的金额不得低于5万元。个人通知存款的利率比活期储蓄存款高,支取存款时比定期储蓄存款更为灵活。

个人通知存款办理支取时可全部支取和部分支取。储户全部支取时,应按照规定提前通知银行,到期到银行柜台办理支取手续。储户办理部分支取时,如果留存金额低于起存金额5万元,则应全部支取,银行柜员按照规定流程向储户支付本金和利息,并对该通知存款账户进行销户;如果留存金额大于起存金额5万元,则银行柜员应当采用"满付实收,更换新存单"的做法,按照留存金额、原起存日期、原约定通知存款种类等,开具新的通知存款存单,办理续存手续。个人通知存款支取业务,其利息计算、支取的会计核算等规定与单位通知存款相似,详见单位通知存款的相关内容。

六、大额定期存单的介绍

(一)产品定义

个人大额存单是由商业银行发售的,面向个人客户的记账式大额存款凭证,是存款类金融产品,属于一般性存款。个人大额存单为人民币标准类固定利率大额存单,包括1个月、3个月、6个月、9个月、1年、18个月、2年、3年和5年共9个期限。各期限产品的购买起点金额均不低于人民币20万元。个人大额存单按期发售,每期产品的起点金额、期限、对应利率等信息会在银行门户网站进行相关产品公告。

(二)产品优势

1. 收益率高:本产品利率较同期限现有定期存款产品更具竞争力。

2. 流动性好:本产品可办理全部或部分提前支取(按月付息产品不支持部分提前支取)、质押贷款,还支持个人客户间转让(按月付息款产品除外),随时满足客户的用款需求。

3. 安全性强:本产品属于存款产品,保本保息,不存在本金和收益损失风险,安全可靠值得信赖。

4. 功能丰富:本产品可依客户需要,选择性配发纸质存单凭证。

5. 渠道灵活:本产品支持网点柜台、智能柜台、网上银行和手机银行等多个渠道办理(部分功能仅限个别渠道办理)。

6. 办理流程:在银行开立个人活期存款账户的客户,可持本人有效身份证件到我行网点柜台或智能柜台购买;已开通网上银行、手机银行的客户可直接通过网上银行或手机银行购买。

(三)特别规定

1. 大额存单一般采用电子方式发售,也可配发纸质存单凭证。
2. 大额存单不可自动转存。

知识拓展

3. 未配发纸质存单凭证的产品,到期自动赎回,并可通过网点柜台、智能柜台、网上银行、手机银行等多个渠道办理全部提前支取,部分提前支取可通过网点柜台、手机银行、智能柜台办理。
4. 配发纸质存单凭证的产品,须到网点柜台、智能柜台办理到期赎回、全部提前支取,部分提前支取须到网点柜台办理。
5. 本产品全部提前支取的,按照支取日我行挂牌公告的活期储蓄存款利率计付利息;部分提前支取的,提前支取的部分按支取日我行挂牌公告的活期储蓄存款利率计付利息,其余部分到期时按大额存单开户日约定的存款利率计付利息。

七、教育储蓄存款的核算

教育储蓄是一种特殊的零存整取定期储蓄存款,是零存整取的存款方式与整存整取的存款利率相结合,专门针对子女教育的储蓄品种,享受优惠利率,更可获取额度内利息免税。

教育储蓄存款是指个人为其子女接受非义务教育(即九年制义务教育之外的全日制高中、大中专、本科、硕士和博士研究生)积蓄资金,按零存整取的方式每月固定存款,到期支取本金和利息的一种储蓄方式。教育储蓄存款的起存金额为 50 元,且每月固定存额,每个账户的本金合计最高限额 2 万元,存期一般分为一年、三年和六年三个档次。

(一)开户的处理

教育储蓄开户时采用实名制,储户要持本人(学生)有效身份证件或户口簿到银行柜台办理开户,开户时需要与银行约定好每次的存额和相应的存期,银行柜员审查储户提交的材料,审核无误后按照规定流程办理开户手续。

(二)支取的处理

教育储蓄属于零存整取定期储蓄存款,但由于该种储蓄的特殊性,在支取核算时与普通零存整取定期储蓄存款略有差异,下面将分别按照到期支取、逾期支取和提前支取三种情况,对教育储蓄存款的会计处理进行介绍。

1. 到期支取

教育储蓄在办理到期支取时,除了要向银行提交存折、身份证或户口簿,还须提供正在接受非义务教育的学生身份证明,证明材料齐全的,银行按照存款期限和相应档次优惠利率计算利息,并且可以免征教育储蓄存款利息税。在计付利息时,不同期限的利率规定如下:一年期的教育储蓄依照开户日一年期整存整取定期储蓄存款利率计算利息;三年期的教育储蓄依照开户日三年期整存整取定期储蓄存款利率计算利息;六年期的教育储蓄依照开户日五年期整存整取定期储蓄存款利率计算利息。如果在存期内遇到利率调整,则不用分段计息。

若储户无法向银行提供有效的非义务教育的学生身份证明,则该教育储蓄账户不再享受免征利息所得税及利率优惠。此时,银行柜员应按照开户日挂牌公告的零存整取定期储蓄存款利率向储户支付本金和利息。

2. 逾期支取

教育储蓄存款逾期支取时,原定存期内的利息,应当按照教育储蓄存款到期支取的相关规定支付本金和利息;超过原定存期的部分,无论是否能够提供相关证明,都依照支取日银行挂牌公告的活期储蓄存款利率计付利息,并按有关规定征收个人利息所得税。

3. 提前支取

教育储蓄存款只办理全额提前支取,不办理部分提前支取。储户在办理提前支取时,同样分为有证明和无证明两种情况。若储户能够提供有效的非义务教育的学生身份证明,柜员则按照存入日银行挂牌公告的整存整取定期储蓄存款相应档次的利率计付利息,并且可以免征个人利息所得税;若储户不能提供有效的非义务教育的学生身份证明,柜员则按实际存期和支取当天银行挂牌公告的活期储蓄存款利率计付利息,同时按照有关规定征收个人利息所得税。

思考与练习

知识拓展

一、思考题

1. 试述银行办理存款业务的意义。
2. 简述银行为单位开立的存款账户的种类、条件、功能以及管理规定。
3. 简述单位和个人定期存款业务利息计算的利率政策。
4. 单位存款利息计算方法有哪两种?
5. 个人储蓄存款的原则有哪些?

二、选择题

1. 一个企事业单位只能选择一家银行开立一个（　　），用以办理转账结算和现金存取业务。
   A. 基本存款账户　　　　　　　　B. 一般存款账户
   C. 临时存款账户　　　　　　　　D. 专用存款账户

2. 存款人用于办理日常转账结算和现金收付的主办账户是（　　）。
   A. 基本存款账户　　　　　　　　B. 一般存款账户
   C. 临时存款账户　　　　　　　　D. 专用存款账户

3. 我国储蓄存款的原则是（　　）。
   A. 存款自愿、取款自由　　　　　B. 鼓励和保护
   C. 存款有息　　　　　　　　　　D. 为储户保密

4. 下列关于定期存款利率，说法正确的是（　　）。
   A. 到期支取的，存期内一律按存入日挂牌公告的该档次利率计息
   B. 全部提前支取，不论实际存期多长，均按支取日挂牌公告的活期利率计息
   C. 过期支取，过期部分按支取日的活期利率计息
   D. 单位定期存款存取都只能转账办理，不能用现金办理

5. 银行对单位活期存款和活期储蓄存款均按季结息，其结息日是（　　）。
   A. 每月末　　　　　　　　　　　B. 每季度末月20日
   C. 每季末　　　　　　　　　　　D. 每月30日

6. 客户将现金存入商业银行，商业银行的资产和负债如何变化？（　　）
   A. 资产和负债同时增加　　　　　B. 资产和负债同时减少
   C. 资产增加，负债减少　　　　　D. 负债增加，资产减少

7. 下列说法正确的是（　　）。
   A. 存款人的账户只能办理本身的业务，不允许出租或出借他人
   B. 一个单位可选择一家银行的多个营业机构开立基本存款账户
   C. 由于开户实行双向选择，因此存款人可以选择多家银行开立基本存款账户
   D. 一般存款账户既可以存入现金，也可以支取现金

8. 单位活期存款利息计算方法是（　　），单位定期存款的利息计算方法是（　　）。
   A. 逐笔计息法　　　　　　　　　B. 余额表计息法
   C. 乙种账页计息法　　　　　　　D. 月积数计息法

9. 零存整取定期储蓄存款计息方法有（　　）两种，其中积数计息法包括（　　）。
   A. 固定基数计息法　　　　　　　B. 月积数计息法
   C. 积数计息法　　　　　　　　　D. 日积数计息法

10. 定活两便储蓄存款,一律按支取日(　　)计息,存期不满三个月的按(　　)计息。

　　A. 整存整取同档次利率打六折

　　B. 一年期以内整存整取同档次利率打六折

　　C. 按支取日活期利率

　　D. 按存入日活期利率打六折

11. 活期储蓄存款的金额起点是(　　)起存,多存不限。

　　A. 100元　　　　B. 10元　　　　C. 1元　　　　D. 不限

12. 下列哪一项说法是错误的?(　　)

　　A. 利息计算的基本公式为:利息＝本金×期限×利率

　　B. 计算利息时,期限上采取"算头不算尾"的做法

　　C. 活期存款计息的利率是采用存入日的银行挂牌活期存款利率

　　D. 定期存款逾期支取时,逾期的部分不用支付利息

三、业务分录题

2021年11月20日,某商业银行发生下列各项业务,经审核无误,予以办理,请逐笔编制会计分录,计算利息时保留至分位,分位以下四舍五入。

1. 开户单位A公司签发现金支票一份,金额为40 000元,到银行柜台提取现金。

2. 开户单位华兴公司送存当日销货现金90 000元,收妥入账。

3. 开户单位B公司持定期存款开户证实书,来行办理到期支取手续,本金20万元,定期1年,证实书上1年期档次的年利率为1.95%,予以办理,列式计算利息并作出存入和支取的会计分录。

4. 储户王伟于2021年5月20日存入整存整取定期储蓄存款20 000元,定期半年,利率为1.65%,客户本日来行办理到期支取,全部支取现金,计算利息并作出支取时的会计分录。

5. 储户王兵2020年11月20日开户存入零存整取定期储蓄存款,每月存入1000元,定期1年,存入时利率为1.65%,无漏存,王兵于2021年11月20日到期取现,计算利息并作出支取的会计分录。

6. 储户李琳于2021年1月20日存入定活两便储蓄存款5000元,于2021年11月20日支取,支取时整整3个月利率为1.40%,半年期利率为1.65%,一年期利率为1.95%。计算利息并作出支取的会计分录。

7. 甲企业于2021年1月10日向开户行中国建设银行提交转账支票一份,要求将基本账户中的80万元转存1年期定期存款,利率为年1.5%。要求:计算甲企业到期支取利息额的大小,并编制存入时、按季计提利息与到期支取时的会计分录。

8. 开户单位 A 公司在中国建设银行的单位活期存款分户账如表 3-5 所示,年利率为 0.3%,请完成下列要求。

表 3-5　单位活期存款分户账

户名:A 公司　　　　　　　　　　　　　　　　　　　　　　　　　　　利率:0.3%

2022 年		摘要	借方	贷方	借或贷	余额	日数	积数
月	日							
3	28	开户		20 000	贷			
3	28	转收		25 000	贷			
4	11	转付	10 000		贷			
4	26	现收		5 000	贷			
5	7	转付	15 000		贷			
6	8	转付	1 000		贷			
6	20	转收		40 000	贷			
6	20	结息						

(1)完成上表中的分户账记录。

(2)计算 6 月 20 日结息时,银行应当支付的利息额大小。

(3)编制银行结息转存的会计分录。

第四章 支付结算业务的核算

学习目标

1. 熟悉银行支付结算的原则、纪律及票据基础知识。
2. 掌握银行支付结算工具和结算方式的基本规定、结算流程、银行账务处理手续。
3. 结合第五章内容,熟悉银行现行电子支付条件下银行结算处理手续的变化。
4. 熟悉银行结算业务核算流程,强化操作风险意识。

第一节 概 述

一、支付结算的概念和意义

支付结算是指单位、个人在社会经济活动中使用票据、信用卡和汇兑、托收承付、委托收款等结算方式进行货币给付及其资金清算的行为。商品交易、劳务供应等一切经济活动产生的债权债务都需要结算予以清偿。

银行是支付结算和资金清算的中介,支付结算是商业银行传统的中间业务,银行准确、快速地办理支付结算业务,对参与结算的各方均有重要意义。首先,支付结算能够促使结算参与者诚实守信、按期付款,加速企业的资金周转和商品流通,维护经济金融秩序,促进社会经济的发展;其次,支付结算具有量大、风险小、收益稳定的特点,有利于银行提高中间业务收入;最后,通过银行办理转账结算能够节约现金的使用,从而节省社会流通费用。

二、支付结算环节

支付结算通常分为支付和资金清算两个环节。

第一环节是客户与其开户行之间的支付与清算,具体内容是:付款人开户行从付款人账户扣款;收款人开户行为收款人收款进账。这一环节需要客户选择结算方式向银行提交支付结算工具或从企业网银、手机银行、自助设备等电子终端发起,这些为本章研究的内容。

第二环节是商业银行行际之间的资金划转与清算,具体内容是:付款人开户行(即付款行)将款项划出;收款人开户行(即收款行)收到划入款项。这一环节需要构建资金汇划与资金清算的支付系统,目前我国已建成由央行主管的中国现代化支付系统,解决跨系统银行之间的资金汇划与清算;各家商业银行的行内业务系统,解决商业银行系统内跨区域银行之间的资金汇划与清算,这些为第五章支付系统研究的内容。

随着信息技术的发展和我国支付结算市场的开放,目前除银行作为支付结算中介外,还允许经批准的第三方(非银机构)办理支付结算,称作"非银支付"或"第三方支付",该内容不属本书研究范围。本章仅介绍银行支付结算业务。

三、法律依据及结算原则

银行支付结算工作的任务,就是根据企事业单位的需要,准确、快速、安全、便捷地组织和办理支付结算,按照有关法律、行政法规的规定管理支付结算,保障支付结算活动的正常进行,维护社会经济秩序。

知识拓展

为了规范支付结算行为,保障支付结算活动中当事人的合法权益,加速资金周转和商品流通,促进社会主义市场经济的发展,我国先后出台了《中华人民共和国票据法》(以下简称《票据法》)《票据管理实施办法》《支付结算办法》《人民币银行结算账户管理办法》《国内信用证结算办法》《银行卡业务管理办法》《最高人民法院关于审理票据纠纷案件若干问题的规定》等一系列法律法规。

《支付结算办法》规定办理支付结算的单位、个人和银行必须遵守下列支付结算原则。

(一)恪守信用,履约付款

该原则要求参与结算的各方当事人必须诚实信用,按照合同约定及时付款,履行义务,实现自己的权利。诚实信用的原则是我国民事活动的基本原则之一。

(二)谁的钱进谁的账,由谁支配

该原则要求银行在办理结算时,必须凭客户(即开户单位或个人)的指令办理收、付款。客户指令可以是客户向银行柜台提交的结算工具和结算凭证,也可以是客户通过手机银行、企业网银、自助设备等电子端发起的支付结算业务;还可以是银行的支付系统提示的收付款信息,银行根据指令做到谁的钱进谁的账户,由谁支配,切实

维护客户账户安全和资金的自主支配权,银行不代任何单位扣款。但有权机关如司法机关、行政机关、军事机关等办理查询、冻结、扣划开户单位或个人账户资金的,银行应当按照有关政策规定予以协助。

(三)银行不垫款

银行不垫款,即银行在办理结算过程中,只负责将款项从付款人账户划转到收款人账户,银行不得代客户垫付任何款项。因此,银行在设计支付结算流程时要充分体现该原则,在办理资金收付时,必须先借记付款人账户,后贷记收款人账户。存款人只能在其存款余额内支用款项,不得透支;收款人只能在款项收妥入账后才能抵用。

四、支付结算的纪律

支付结算的纪律包括参与结算的单位和个人客户应遵守的结算纪律和银行应遵守的结算纪律两个方面。

(一)单位和个人办理支付结算应遵守的纪律

不准签发没有资金保证的票据或远期支票,套取银行信用;不准签发、取得和转让没有真实交易和债权债务的票据,套取银行和他人资金;不准无理拒绝付款,任意占用他人资金;不准违反规定开立和使用账户;不得出租、出借、出售账户。

(二)银行办理支付结算应遵守的纪律

不准以任何理由压票、任意退票、截留挪用客户和他行资金;不准无理拒绝支付应由银行支付的票据款项;不准受理无理拒付、不扣或少扣滞纳金;不准违章签发、承兑、贴现票据,套取银行资金;不准签发空头银行汇票、银行本票和办理空头汇款;不准在支付结算制度之外规定附加条件,影响汇路畅通;不准违反规定为单位和个人开立账户;不准拒绝受理、代理他行正常结算业务;不准放弃对企事业单位和个人违反结算纪律的制裁;不准逃避向中国人民银行转汇大额汇划款项。

五、支付结算的种类

知识拓展

《支付结算办法》规定的支付结算种类有"三票、一卡、三种结算方式",但随着市场经济和电子信息技术的发展,支付结算的种类也有所调整,2005年央行将托收承付与委托收款凭证合并为托收凭证,称为"托收业务"。2016年4月27日,中国人民银行、中国银行业监督管理委员会正式颁布修订后的《国内信用证结算办法》,据此,目前我国支付结算的种类包括支票、银行本票、银行汇票、商业汇票、汇兑、委托收款、托收承付、信用卡、国内信用证结算等。其中,商业汇票根据承兑人不同,又分为商业承兑汇票和银行承兑汇票两种,目前商业汇票全部通过电子商业汇票系统办理,纸质商业汇票正式退出历史舞台。

上述结算种类根据适用的票据交换区域不同,分为同城结算和异地结算。系统内同城结算是指同一账务处理中心辖内各分支机构之间的结算,否则为异地结算;跨系统同城结算是指同一城市处理中心(CCPC)的参与者相互间发生的支付结算业务,否则为异地结算。随着支票影像交换系统和电子商业汇票系统的上线运行,结算工具和方式的适用区域也发生了变化:银行本票仅适用于同城结算,托收承付仅适用于异地结算,其余则在同城异地均可使用。

六、票据基础知识

(一)票据的种类、功能、特征

广义的票据泛指一切商业票证,狭义的票据是指用于支付结算的票据,即我国《票据法》规定的票据,包括汇票(含银行汇票和商业汇票)、本票和支票,是支付结算工具。

1. 票据的功能

支付结算票据具有以下功能:支付功能,是指票据可以充当支付工具;汇兑功能,是指可以代替货币,将款项在不同地区之间进行转移;信用功能,是指票据当事人可以约定在未来某日支付票据款项;结算功能,是指交易中的付款人可以交付票据来抵销债务;融资功能,是指远期票据可以通过贴现、转贴现和再贴现来获得融资。

2. 票据的法律特征

票据是一种有价证券,具有以下法律特征:设权证券(出票即创设了票据权利)、金钱证券(票据面值只能是货币)、无因证券(票据产生是有基础原因的,但是票据一经作成,即与其产生的原因相分离)、要式证券(票据行为要符合法律规定,即要式性)、流通证券(票据可以背书转让)、文义证券(票据权利义务以票面所载明的文字含义来确定,不得另行补充)、占有证券(票据权利以占有票据为前提,持票人享有票据权利)、提示与返还证券(行使票据权利须提示证券并返还票据给出票人)等。票据这些法律特征在票据业务核算中均有所体现。

(二)票据行为

票据行为包括出票、背书、承兑、保证和付款五种行为。票据行为具有要式性。

出票是指做成票据并交付的行为。出票时有必须记载的事项和可以记载的事项,必须记载的事项缺一无效,可以记载的事项可以记载也可以不记载,但是一旦记载即发生票据效力。

背书是指在票据背面进行记载,包括转让背书、委托收款背书和质押背书三种。票据可以背书转让,但填明"现金"字样的银行汇票、银行本票和用于支取现金的支票不得背书转让。票据仅限于在规定的适用区域内背书转让。已背书转让的票据,背书应当连续,背书连续是指票据第一次背书转让的背书人是票据上记载的收款人,前次背书转让的被背书人是后一次背书转让的背书人,依次前后衔接,最后一次背书转让的被背书人是票据的最后持票人。委托收款背书是持票人委托银行收款时将票据交给银行保管但是不转让票据权利。质押背书则在票据权利外设置质权。背书不得附有条件,背书附有条件的,所附条件不具有票据上的效力。

承兑是在商业汇票的票面签章承诺到期无条件支付票款的行为。一经承兑,承兑人即为票据主债务人。承兑不得附有条件,承兑附有条件的视为拒绝承兑。

保证是在票面保证人栏签章,为票据付款进行担保的行为。

付款行为无须记载,持票人请求付款时须返还票据。

(三)票据权利

持票人享有付款请求权和追索权。付款请求权即持票人在票据到期时请求付款人支付票款的权利。追索权是持票人在票据到期未获付款或到期前未获承兑,在行使保全措施后,向其前手请求偿还票据金额、利息及其他法定款项的一种票据权利。

(四)票据丧失的补救

票据可能因为被盗、毁损、遗失而导致持票人不再占有票据,失票人可以采取救济措施,停止票据付款,避免自己的经济损失。

1. 可以挂失的票据范围

已承兑的商业汇票、支票、填明"现金"字样和代理付款人的银行汇票、填明"现金"字样的银行本票,上述票据丧失后,可以由失票人通知付款人或者代理付款人挂失止付。

未填明"现金"字样和代理付款人的银行汇票以及未填明"现金"字样的银行本票丧失,不得挂失止付。

2. 失票人向银行申请挂失止付的处理

允许挂失止付的票据丧失,失票人需要挂失止付的,应填写挂失止付通知书并签章。付款人或者代理付款人收到挂失止付通知书后,查明挂失票据确未付款时,应立即暂停支付。付款人或者代理付款人自收到挂失止付通知书之日起 12 日内没有收到人民法院的止付通知书的,自第 13 日起,持票人提示付款并依法向持票人付款的,不再承担责任。

付款人或者代理付款人在收到挂失止付通知书之前,已经向持票人付款的,不再承担责任。但是,付款人或者代理付款人以恶意或者重大过失付款的除外。

3. 失票人向法院申请公示催告或提起诉讼

失票人应当在通知挂失止付后3日内,也可以在票据丧失后,直接依法向人民法院申请公示催告,或者直接提起诉讼。法院受理后3日内应发出止付通知和公告,法院收到利害关系人的申报后,应当裁定终结公示催告程序,公示催告期满以及在判决作出前,没有利害关系人申报权利的,公示催告申请人应当自申报权利期限届满的次日起一个月内申请法院作出除权判决,票据权利丧失。

七、会计科目的设置

存款类科目一般按照存款人不同、业务种类不同分别设置会计科目,数量较多,这里只列举以下几个科目加以介绍。

"单位活期存款"科目,用于核算和反映银行吸收的存款单位不约定存期可以随时存取的活期存款情况。单位存入现金或转入资金时,借记有关科目,贷记本科目;支取现金或转出资金时,借记本科目,贷记有关科目。本科目属于负债类科目,余额在贷方。

"机关团体活期存款"科目,用于核算和反映银行吸收的社保、海关、公检法、工商、税务等机关团体不约定存期随时可以存取的存款情况。本科目属于负债类科目,余额在贷方。

"特种存款"科目,用于核算和反映在银行开户的军队所有编内建制单位的存款情况。如军队建制的各种经费、装备费等。本科目属于负债类科目,余额在贷方。

"汇出汇款"科目,用于核算银行接受单位和个人委托汇出款项的情况,如签发银行汇票时向客户收取的汇票资金情况。本科目属于负债类科目,余额在贷方。

"开出本票"科目,用于核算和反映银行签发银行本票是向客户收取的本票资金情况。本科目属于负债类科目,余额在贷方。

"应解汇款及临时存款"科目,用于核算和反映其他行委托本行解付或应支付给未在本行开户的单位及个人的待解付款项的情况。本科目属于负债类科目,余额在贷方。

"待清算支付款项"科目,是通过小额支付系统办理跨系统的支付结算和资金划转时使用的会计科目。本科目属于资产负债共同类科目。

"待清算辖内往来"科目,是通过行内业务系统(也称为系统内联行)进行结算和资金划转时使用的会计科目,用于核算和反映系统内各营业机构之间发生的待清算往来款项情况,发起行(往账行)和接收行(来账行)均使用该科目。本科目属于资产负债共同类科目,是系统内联行专用科目。

需要说明的是:各法人商业银行系统内联行均自成系统,互不交叉,各行设置的联行科目名称各不相同,但是用法基本相同。例如,有的银行设置"清算资金往来"科目,有的银行设置"系统内资金往来汇划"科目等,本教材统一使用某法人银行的"待清算辖内往来"科目进行账务处理。

第二节 票据业务的核算

一、支票业务的核算

(一)支票的概念和种类

支票是指由出票人签发的、委托办理支票存款业务的银行在见票时无条件支付确定的金额给收款人或持票人的票据。支票的基本当事人包括出票人、付款人和收款人。出票人是在银行机构开立可以使用支票的存款单位和个人;付款人是出票人的开户银行;持票人是在票面上填明的收款人,也可以是经背书转让的被背书人。支票是出票人签发给其开户行的一种支付指令。

支票分为现金支票、转账支票和普通支票。支票上印有"现金"字样的为现金支票,只能用于支取现金。支票上印有"转账"字样的为转账支票,只能用于转账。支票上未印有"现金"或"转账"字样的为普通支票,普通支票既可用于支取现金,也可以用于转账。在普通支票左上角划两条平行线的,为划线支票,划线支票只能用于转账,不得支取现金。现金支票业务在第三章存款业务中已作介绍,这里只介绍转账支票业务的处理。

支票结算具有使用范围广泛,手续简便,资金清算及时,减少现钞流通的特点。

(二)支票结算的有关规定

1. 支票必须记载的事项

签发支票必须记载:表明"支票"的字样,无条件支付的委托,确定的金额,付款人名称,出票日期和出票人签章。缺少以上列记载事项之一的,支票无效。支票的金额、收款人名称,可由出票人授权补记,未补记前不得背书转让和提示付款。

支票的付款人为支票上记载的出票人开户银行,支票出票人与付款人之间应有真实的资金委托关系。

2. 支票的使用范围

单位及个人客户在境内同城或异地办理各种款项结算时,均可使用支票。《支付结算办法》中规定支票仅能用于同城结算,2006年全国支票影像交换系统上线运行,支票可在全国通用,全国支票影像交换系统处理异地支票金额上限为50万元(含)。

其派生出的概念和业务包括支票圈存、支票截留、全国支票影像交换。

3. 支票付款方式

支票限于见票即付,不得另行记载付款日期,另行记载的该记载无效。

4. 支票的提示付款期限

支票的提示付款期限为自出票日起 10 日内,超过提示期限的,付款人不予付款,但出票人对持票人承担票据责任。

5. 禁止签发的支票

禁止签发空头支票、签章与预留印鉴不符的支票、使用支付密码地区,支付密码错误的支票。对出票人签发的上述支票,不以骗取财物为目的的,银行应予以退票,由中国人民银行处以票面金额 5% 但不低于 1000 元的行政罚款;持票人有权要求出票人赔偿支票金额 2% 的赔偿金。对屡次签发的,银行应停止其签发支票。

6. 签发支票的填写

签发支票应使用碳素墨水钢笔或墨汁填写,中国人民银行另有规定的除外。采用机打支票的应符合会计凭证要求的墨汁打印。

(三)转账支票业务的核算处理手续

在转账支票业务核算中涉及四个当事人:交易双方即收款人和付款人,以及各自的开户行。以商品交易为例来看,商品从卖方向买方流转,而资金则是从付款人(买方)账户转出,转入到收款人(卖方)账户,资金流与商品流方向相反,其基本流程如图 4-1 所示。

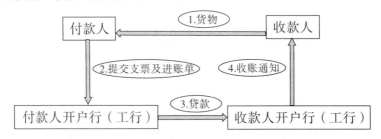

图 4-1 转账支票业务核算基本流程图

根据收付双方开户行和结算区域的不同,支票结算可分为系统内同城、异地结算和跨系统同城、异地结算。系统内是指收付款人在同一总行(即同一法人)下属不同分支机构开户的情况。跨系统结算(或称跨行结算)是指收付款人在不同总行(即不同法人)的分支机构开户的情况。根据支票提交银行办理结算的申请人不同,支票结算可分为出票人提交支票主动付款和收款人/持票人提交支票委托收款两种。分别介绍如下。

1. 系统内同城、异地结算的核算处理

(1)持票人提交支票委托收款的处理。持票人提交支票时,需同时填写三联进账单,格式如图 4-2 所示,一并提交给开户行办理委托收款,银行受理时,应认真审查以下内容:

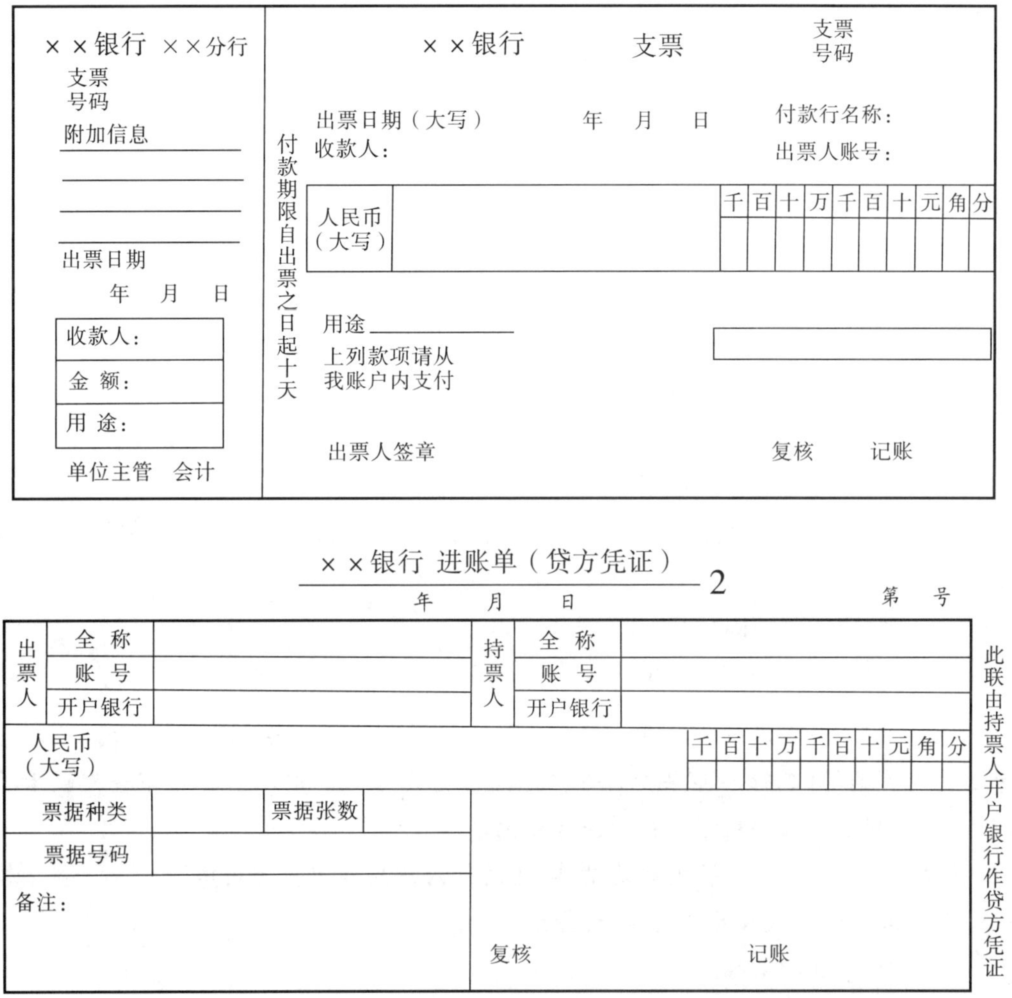

图 4-2 支票及进账单

支票是否统一规定印制的凭证,支票是否真实,提示付款期限是否超过;支票填明的持票人是否在本行开户,持票人的名称是否为该持票人,与进账单上的名称是否一致;出票人账户是否有足够支付的款项;出票人的签章是否符合规定,与预留银行的签章是否相符,使用支付密码的,其密码是否正确;支票的大小写金额是否一致,与进账单的金额是否相符;支票必须记载的事项是否齐全,出票金额、出票日期、收款人名称是否更改,其他记载事项的更改是否由原记载人签章证明;背书转让的支票是否按规定的范围转让,其背书是否连续,签章是否符合规定,背书使用粘单的是否按规定在粘接处签章;持票人是否在支票的背面作委托收款背书。

经审查无误后,第一联进账单加盖业务受理专用章作业务受理回单退给持票人,经办柜员根据支票和进账单要素录入业务系统或上传至账务中心。待系统转账后,第三联进账单作收账通知盖章后交收款人。

①同城结算。在集中核算模式下,由账务中心集中进行会计核算,以支票作借方凭证,第二联进账单作贷方凭证,系统自动进行转账,会计分录为:

借:××存款——出票人户
　　贷:××存款——持票人户

②异地结算。通过行内往来系统,在付款经办行、清算行与收款清算行、经办行之间进行划转,详见第五章第一节行内系统的核算处理。

收款人开户行通过行内系统发起往账借报业务,此时无账务处理,不产生会计分录。

付款人开户行收到系统内借记业务来账信息,审核支票影像,无误后系统自动扣款,扣款成功后发送确认付款回执,会计分录为:

借:××存款——出票人户
　　贷:待清算辖内往来

收款人开户行收到付款行确认付款回执后,为收款人办理入账手续,会计分录为:

借:待清算辖内往来
　　贷:××存款——出票人户

【例4-1】 A市工行收到开户单位广汉公司签发转账支票及进账单一份,要求支付B市新百商场(工行B市某支行开户)货款,金额为150 000元,银行审查无误后予以办理,编制该笔业务双方银行的会计分录。

解析:该笔业务是系统内异地结算,通过行内系统办理资金划转。

A市工行为付款人开户行,会计分录为:

借:单位活期存款——广汉公司　　　　　　　　　　　150 000
　　贷:待清算辖内往来　　　　　　　　　　　　　　150 000

B市工行某支行为收款人开户行,会计分录为:

借:待清算辖内往来　　　　　　　　　　　　　　　　150 000
　　贷:单位活期存款——新百商场　　　　　　　　　150 000

(2)付款人提交支票主动付款的处理。出票人将支票和三联进账单提交自己的开户行办理提示付款,出票人提交的支票无须做委托收款背书。

银行受理出票人送来的支票和三联进账单时,应认真审查,审查内容除无背书和收款人与持票人是否一致外,其余审查内容同上1(1)。经审查无误后,支票作借方凭证,第二联进账单作贷方凭证。经办柜员录入系统进行账务处理:

第四章 支付结算业务的核算

同城结算的会计分录同1(1)①。第一联进账单加盖业务专用章(因为央行不再统一规定各商业银行的结算业务用章,所以各行在回单联上用章不同,有的银行加盖转讫章,有的银行加盖回单专用章)作回单交给出票人,第三联进账单加盖业务章作收账通知交给收款人。

异地结算的,付款人开户行审核借记付款人账户后,通过行内系统向收款行办理往账贷记业务划款手续,收款人开户行收款,会计分录同1(1)②。

2. 跨系统同城、异地结算的核算处理手续

同城、异地的跨系统结算都需要进行票据交换。我国的票据交换大体经历了三个发展阶段:第一阶段,为过去长期采取的做法,在当地央行主办的票据交换所集中进行纸质票据交换,当场清算交换的差额资金,具体做法详见第七章第一节同城票据交换;第二阶段,上线票据交换清算系统进行票据信息交换,次日再传递纸质票据;第三阶段,为当前做法,全部通过小额批量支付系统、支票影像交换系统办理,票据交换信息全部采取无纸化电子信息传递,纸质票据截留(即由受理行留存备查)。

信息传递通过小额支付系统的前置机,发起普通贷记业务,或借助于全国支票影像交换系统上传票据影像,发起普通借记业务。

(1)持票人提交支票委托收款的处理。业务处理流程:所有业务信息先发给付款行,付款行从付款人账户成功扣款后,发送付款确认回执,收款行收到付款回执后给收款人收款入账。具体核算处理手续如下。

①持票人开户行提出支票影像的处理。银行接到持票人送交的支票和三联进账单时审查凭证。认真审查凭证,除按上述1(1)内容审查外,还需审查支票票面是否记载银行机构代码,支票金额是否超过中国人民银行规定的影像支票业务的金额上限(50万元)。凭证审查无误的,在第一联进账单上签章后作为回单退还给持票人,在第二联进账单上加盖"业务受理章"留存。

提出支票影像交换,支付系统称作提出行发起借记业务,此时不进行账务处理,不产生会计分录。在支票规定区域加盖票据交换专用章;采集支票影像,如实物支票未附粘单的,影像信息包括支票的正反两面,如实物支票附粘单的,影像信息包括支票的正面和最后一手委托收款背书的粘单。编制提出支票清单;登记"提出支票业务登记簿";将支票和进账单配对专夹保管。经数字签名后,纸质支票截留,发送影像交换系统报文至人行城市处理中心前置机,供其组包发送小额支付系统,支付系统各节点的处理详见第五章第二节小额支付系统借记业务的处理,这里略。

收到付款人确认付款回执的账务处理。提出行的行内业务系统收到付款行确认付款回执的,匹配并销记"提出支票业务登记簿"后,进行账务处理,会计分录为:

　　借:待清算支付款项
　　　贷:××存款——收款人户

从行内系统或小额支付系统打印来账清单作贷记收款人账户的凭证,同时从专夹保管的支票和进账单中抽出已回执业务的进账单,第二联作为来账凭证的附件,第三联加盖业务专用章作收账通知交持票人。专夹保管的支票定期归档,留存备查。

收到拒绝付款的回执的处理。提出行匹配并销记提出支票业务登记簿后,经行内系统或小额支付系统前置机打印退票理由书一式二联,一联加盖业务公章连同支票和进账单一并退还持票人,并办理签收手续,一联留存归档。

②付款人开户行提入支票影像的处理。支付系统称作提入行提入借记业务,处理手续如下:

核验支票影像。银行出售支票时,应在支票右下角支付密码栏下方加盖付款银行的银行机构代码。提入行行内系统收到分中心发来的支票影像业务报文后,进行解析处理,并登记提入支票业务登记簿。提入行对接收的支票影像业务报文按印鉴核验方式或支付密码核验方式进行核验处理。采用印鉴核验方式的,可使用电子验印系统,检查支票印鉴与预留印鉴是否相符,核验依据以签章为主,支票影像其他要素为辅。

审核支票。检查通过后对下列信息进行审核:支票的大小写金额是否一致;支票必须记载的事项是否齐全;持票人是否在支票的背面作委托收款背书;电子清算信息与支票影像内容是否相符;出票人账号、户名是否相符;出票人账户是否有足够支付的款项。审核无误的,进行确认付款处理;审核有误的,进行拒绝付款(退票)处理。采用支付密码核验方式的,应与出票人事先签订协议约定使用支付密码作为审核支付支票金额的依据。提入行收到支票影像业务报文后,检查支付密码是否正确。检查通过后,比照印鉴核验方式进行信息审核。

确认付款、发送确认付款回执的处理。支票核验通过后,提入行确认付款的,立即扣款,扣款的会计分录为:

借:××存款—付款人户
贷:待清算支付款项

扣款成功后,提入行应在规定期限(T+N)内,通过小额支付系统发起支票影像业务确认付款回执。未参加小额支付系统的提入行,由其代理行通过小额支付系统发送确认付款回执并进行扣款的账务处理。

拒绝付款(退票)的处理。提入行对提入的支票进行核验,存在下列情形之一的,可作退票处理:大、小写金额不符;支票必须记载的事项不全;出票人签章与预留银行签章不符;约定使用支付密码的,支付密码未填写或错误;持票人未作委托收款背书;电子清算信息与支票影像不相符;出票人账号、户名不符;出票人账户余额不足以支付票据款项;重复提示付款;非本行票据;出票人已销户;出票人账户已依法冻结;持票人已办理挂失止付或已收到法院止付通知书;持票人开户行申请止付;数字签名或证书错误。提入行应在规定期限(T+N)内,通过小额支付系统发起支票影像业务拒绝付款回执。未参加小额支付系统的提入行,委托其代理行通过小额支付系统发送拒绝付款回执。

【例 4-2】 合肥市工行本日收到开户单位同兴制药公司提交转账支票一份,委托银行代其收取货款,支票由合肥诚信药房(开户行为合肥市招行)签发,金额为138 000元,立即通过小额支付系统发起借记业务,合肥市招行验票后扣款成功,发送确认付款回执,作出双方银行的会计分录。

解析: 本题为同城跨系统结算,是收款人提交支票委托收款业务。

合肥市工行(收款行)收到回执的会计分录为:

  借:待清算支付款项   138 000

    贷:单位活期存款——同兴制药公司   138 000

合肥市招行(付款行)扣款的会计分录为:

  借:单位活期存款——诚信药房   138 000

    贷:待清算支付款项   138 000

③资金清算。央行根据小额支付系统业务量切换交换场次,通知各参与行对每场交换的资金差额进行清算。

应收差额行收到系统发来已清算通知时进行资金清算的账务处理,会计分录为:

  借:存放中央银行准备金

    贷:待清算支付款项

应付差额行收到小额支付系统已清算通知时进行账务处理,会计分录为:

  借:待清算支付款项

    贷:存放中央银行准备金

(2)付款人提交支票主动付款的处理。

①出票人开户行提出的处理。付款行收到出票人送交的支票和三联进账单时,按上述1(2)审查凭证,验票,审核无误后确认付款,以支票作借方凭证,办理转账,依据进账单,向小额支付系统发起普通贷记业务。转账的会计分录为:

  借:××存款——付款人户

    贷:待清算支付款项

②收款人开户行提入的处理。收到普通贷记业务信息包,逐包核对密押,小额支付系统前置机打印的来账清单或来账凭证,一联作为贷记收款人账户的凭证,一联加盖回单专用章作收账通知。进行账务处理,会计分录为:

  借:待清算支付款项

    贷:××存款——收款人户

③资金清算处理同上。

二、银行本票业务的核算

(一)银行本票的概念和种类

银行本票是银行签发的,承诺自己在见票时无条件支付确定的金额给收款人或者持票人的票据。银行本票分为现金银行本票和转账银行本票两种。银行本票最初设计有定额本票和不定额本票两种,2005年央行合并会计凭证,合并为不定额本票一种。

(二)银行本票业务的有关规定

签发银行本票必须记载下列事项:表明"银行本票"的字样;无条件支付的承诺;确定的金额;收款人名称;出票日期;出票人签章。欠缺记载上列事项之一的,银行本票无效。

银行本票的提示付款期限自出票日起最长不得超过2个月。持票人超过付款期限提示付款的,代理付款人不予受理。

银行本票的代理付款人是代理出票银行审核支付银行本票款项的银行。

现金本票仅限个人使用。申请人和收款人均为个人需要支取现金的,可以申请现金本票,在银行本票上划去"转账"字样。用于转账的,在银行本票上划去"现金"字样;申请人或收款人为单位的,银行不得为其签发现金银行本票。

适用范围仅限同城,单位和个人在同城各种款项结算均可以使用银行本票。

(三)银行本票的核算处理手续

1. 银行本票出票的处理手续

(1)申请人申请。申请人需要使用银行本票,应向银行填写"银行本票申请书",加盖预留印鉴。申请书一式三联,第一联存根,第二联借方凭证,第三联贷方凭证。交现金办理本票的,第二联注销。

(2)银行收款。受理申请人提交的第二、三联申请书时,应认真审查其填写的内容是否齐全、清晰;申请书填明"现金"字样的,经审查申请人和收款人是否均为个人,经审查无误后,才能受理其签发银行本票的申请。

转账交付的,以第二联申请书作借方凭证,第三联作贷方凭证。录入系统进行账务处理,其会计分录为:

借:××科目——申请人户
　　贷:开出本票

现金交付的,收取现金,以第三联申请书作贷方凭证。其会计分录为:

借:现金
　　贷:开出本票

【例 4-3】 开户单位华联商厦提交银行本票业务申请书,申请签发银行本票,金额 85 000 元,系货款。银行审查后转账收款,签发本票。

解析: 应编制会计分录如下:

借:单位活期存款——华联商厦　　　　　　　　　　　　85 000
　　贷:开出本票　　　　　　　　　　　　　　　　　　　85 000

(3)签发本票。出票行在办理转账或收妥现金以后,签发银行本票(以下简称"本票")。本票(见图 4-3)票样一式两联,第一联卡片,第二联本票。

图 4-3　银行本票

2. 银行本票付款的处理手续

(1)代理付款行付款的处理手续。代理付款行接到在本行开户的持票人交来的本票和三联进账单时,应认真审查:银行本票是否统一规定印制的凭证;本票是否真实,提示付款期限是否超过;本票填明的持票人是否在本行开户,持票人名称与进账单上的名称是否相符;出票行的签章是否符合规定;出票金额大小写是否一致;本票必须记载的事项是否齐全,出票金额、出票日期、收款人名称是否更改;持票人是否在本票背面签章,背书转让的本票背书是否连续,签章是否符合规定,背书使用粘单的是否按规定在粘接处签章等。

跨系统提示付款的,经审查无误后,通过小额支付系统向出票行发起普通借记业务信息,待收到确认付款回执后,以第二联进账单作贷方凭证,办理转账会计分录为:

借:待清算支付款项
　　贷:××存款——持票人户

第一联进账单加盖转讫章作收账通知交给持票人。本票加盖业务专用章凭以向出票行提出交换。

需要说明的是,因为不交换纸质票据,小额支付系统又无法传递本票影像,只能核验本票相关要素,出票行凭支付报文付款具有一定的风险,所以近年来我国本票业务量大幅萎缩。

【例4-4】 某市工行开户单位新百商场提交银行本票一份,委托银行收款,票面金额为40 000元,系同城农行开户单位红星机械厂50天前签发,农行核验无误发送确认回执,工行收到农行确认付款回执后为收款人入账,编制工行的会计分录。

解析:该题目中的工行为代理付款行,待收到确认付款回执为持票人入账。会计分录为:

  借:待清算支付款项   40 000
   贷:单位活期存款——新百商场户   40 000

(2)出票行受理本行签发的本票的核算手续。出票行接到收款人/持票人交来本行签发的本票时,核对无误后,付款与结清同步完成。

对注明"现金"字样的本票,抽出专夹保管的本票卡片或存根,经核对相符后,确属本行签发的,还必须认真审查本票上填写的申请书和收款人是否均为个人,核验收款人身份证件,并留复印件备查。经审核无误后,本票作借方凭证,本票卡片联作附件,办理付款。其会计分录为:

  借:开出本票
   贷:现金

出票行接到在本行开户的持票人交来的转账银行本票时,经审核无误后,银行本票确系本行签发,本票作借方凭证,本票卡片或存根联作附件,办理付款和结清的处理,转账会计分录为:

  借:开出本票
   贷:××存款——持票人户

【例4-5】 4月10日,市工行收到持票人冰箱厂(本行开户)提交本票和进账单一份,金额为人民币95 000元,要求收款,经查该本票是开户单位华联百货商厦2月20日申请签发的,审核无误后立即办理本票付款与结清手续,编制市工行的会计分录。

解析:题目中出票申请人和持票人都在同一工行,该付款与结清同步完成,会计分录为:

  借:开出本票   95 000
   贷:单位活期存款——冰箱厂   95 000

(3)如果在本票上未划去"现金"或"转账"字样的,银行在办理时,一律按照转账办理。

3.银行本票结清的处理手续

出票行收到小额支付系统提入的本票信息时,抽出专夹保管的本票卡片联,经核对无误后,本票作借方凭证,本票卡片联作附件,办理转账,并向支付系统回复确认付款回执,其会计分录为:

  借:开出本票
   贷:待清算支付款项

【例 4-6】 4月10日,市工行从小额支付系统收到本市农行划来的借记业务信息,本票金额为人民币95 000元,经查该本票是开户单位华联百货商厦2月18日申请签发的,立即办理本票付款与结清手续,编制市工行的会计分录。

解析:市工行为出票行,办理结清手续。会计分录为:

借:开出本票　　　　　　　　　　　　　　　　　　　　　　95 000
　贷:待清算支付款项　　　　　　　　　　　　　　　　　　　　95 000

(四)银行本票未用退款的处理手续

申请人因本票超过提示付款期限或其他原因要求出票行退款时,应填制一式二联进账单连同本票交给出票行,并按照支付结算办法的规定提交证明或身份证件。出票行经与原专夹保管的本票卡片核对无误,即在本票上注明"未用退回"字样,第二联进账单作贷方凭证(如系退付现金,本联作借方凭证附件),本票作借方凭证,本票卡片或存根联作附件,原路退款,其会计分录是:

借:开出本票
　贷:活期存款——申请人户
　或:现金

第一联进账单加盖转讫章作收账通知交给申请人。

三、银行汇票业务的核算

(一)银行汇票的概念、种类及特点

1. 概念

银行汇票是出票银行签发的,由其在见票时按照实际结算金额无条件支付给收款人或持票人的票据。汇款人将款项交存当地银行,由银行签发给汇款人持往代理付款行,办理转账结算或支取现金。银行汇票的出票银行为银行汇票的付款人,银行汇票的代理付款行是代理本系统出票银行或跨系统签约银行审核支付汇票款项的银行。

银行汇票是异地汇款的一种工具,异地汇款按照资金流向与结算凭证或信息传递方向是否一致,分为顺汇和逆汇两大类。两者方向一致的称为"顺汇",如汇兑;两者方向相反的称为"逆汇",如银行汇票。

2. 种类

(1)银行汇票按照在代理付款行能否支取现金,分为现金银行汇票和转账银行汇票,填明"现金"字样的银行汇票用于支取现金,为现金银行汇票。

(3)银行汇票按照使用范围分全国银行汇票和华东三省一市银行汇票两种。全国银行汇票可在全国范围内使用,一式四联,第一联卡片、第二联汇票、第三联解讫通知、第四联多余款收账通知,持票人收款时必须同时提交第二、第三联给代理付款行,缺一无效。华东三省一市银行汇票在指定区域使用,单位及个人客户在江苏省、浙江

省、安徽省、上海市范围内办理各种款项结算时，均可使用华东三省一市银行汇票。华东三省一市银行汇票无解讫通知联，其余联次、用途与全国银行汇票相同。

3. 特点

银行汇票具有以下特点：票随人走，人到款到，凭票收款；系统内代理付款行见票即付，跨系统提示付款收妥抵用；信用度高，安全可靠；结算准确及时，多余款能够自动退回。

（二）银行汇票业务的有关规定

1. 签发银行汇票必须记载下列事项：表明“银行汇票”的字样；无条件支付的承诺；出票金额；付款人名称；收款人名称；出票日期；出票人签章。欠缺记载上列事项之一的，银行汇票无效。

2. 银行汇票见票即付，不得另行记载到期日。

3. 银行汇票的提示付款期限为自出票日起 1 个月。持票人超过付款期限提示付款的，代理付款人不予受理。

4. 使用范围：单位和个人在境内同城或异地办理各种款项结算时，均可使用银行汇票。

5. 申请开立现金汇票的，申请人、收款人双方均应为个人，且必须交存现金，签发时须指定代理付款行；申请人须在“银行汇票申请书”上填明代理付款人名称，在“汇票金额”栏先填写“现金”字样，后填写汇票金额。

申请人或者收款人为单位的，不得在“银行汇票申请书”上填明“现金”字样。

（三）银行汇票业务的核算处理手续

1. 出票行出票的处理手续

（1）受理。申请人需要使用银行汇票，应向银行填写汇票申请书（见图 4-4，以下简称申请书）。申请书一式三联，第一联存根，第二联借方凭证，第三联贷方凭证。交现金办理汇票的，第二联注销。

××银行 汇票申请书（存　根）

日请日期　　年　月　日

申请人		收款人	
账　号 或住址		账　号 或住址	
用　途		代　理 付款行	
汇票金额	人民币 （大写）	千百十万千百十元角分	

第一联：申请人留存

备注：

科　目 ________

对方科目 ________

财务主管　　复核　　经办

图 4-4　汇票申请书

当前银行顺应电子化需要,对会计凭证进行改革,一些银行以人民币"结算业务申请书"(一式两联,一联作回单,一联作记账凭证)替代银行汇票申请书、银行本票申请书、汇兑凭证。

(2)出票行审核无误办理扣款。

银行受理申请人提交的第二、三联申请书时,应认真审查其内容是否填写齐全、清晰,其签章是否为预留银行的签章;申请书填明"现金"字样的,申请人和收款人是否均为个人,并交存现金。经审查无误后,才能受理其签发银行汇票的申请。

转账交付的,以第二联申请书作借方凭证,第三联作贷方凭证。其会计分录是:

借:××存款——申请人户
　　贷:汇出汇款

现金交付的,以第三联申请书作贷方凭证。其会计分录是:

借:现金
　　贷:汇出汇款

【例 4-7】 市工行开户单位华联商厦提交银行汇票申请书,申请签发银行汇票,汇款金额为 850 000 元,系货款。银行审查后转账收款,签发汇票。

解析:其会计分录为:

借:单位活期存款——华联商厦　　　　　　　　　850 000
　　贷:汇出汇款　　　　　　　　　　　　　　　　　850 000

(3)出票。出票行在办好转账或收妥现金后,签发银行汇票,选择全国银行汇票或华东三省一市银行汇票(见图 4-5),并将汇票信息录入行内业务系统。

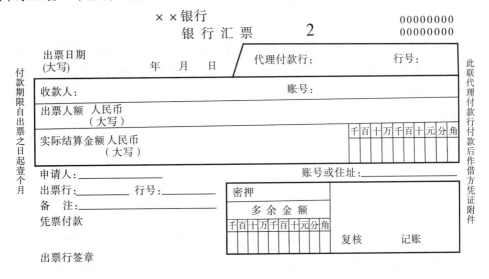

图 4-5　银行汇票

出票注意事项：

①汇票的出票日期和出票金额必须大写，如果填写错误，应将汇票作废；

②签发转账银行汇票一律不填写代理付款行名称，支付结算办法另有规定的除外；

③按照支付结算办法规定收款人可以在代理付款行支取现金的，须在汇票"出票金额人民币（大写）"之后紧接填写"现金"字样，再填写出票金额，在代理付款行名称栏填明确定的本系统代理付款行名称；

④申请书的备注栏内注明"不得转让"的，出票行应当在汇票正面的备注栏内注明；

⑤由人民银行代理兑付汇票的商业银行，在向设有分支机构地区签发汇票时，应填明代理付款行名称，并在汇票备注栏注明"不得跨区转让"字样（区是指同一票据交换区）。在向未设立分支机构地区签发汇票时，一律按规定向人民银行当地分支行移存资金，并在汇票和解讫通知填写的出票行行号之后加盖"请划付人民银行××行（行号）"戳记（可事先盖好备用）。

填写的汇票经复核无误后，在第二联上加盖汇票专用章并由授权的经办人签名或盖章，签章必须清晰；在实际结算金额栏的小写金额上端用总行统一制作的压数机压印出票金额，然后将第二、第三联一并交给申请人。第一联上加盖经办、复核名章，在逐笔登记汇出汇款账并注明汇票号码后，连同第四联一并专夹保管。

2. 代理付款行付款的处理手续

(1)直接入账的处理。代理付款行收到在本行开立账户的持票人交来的汇票、解讫通知和三联进账单时，应认真审查：

①汇票和解讫通知是否齐全，汇票号码和记载的内容是否一致；

②汇票是否是统一规定印制的凭证，汇票是否真实，提示付款期限是否超过；

③汇票填明的持票人是否在本行开户，持票人名称是否为该持票人，与进账单上的名称是否相符；

④出票行的签章是否符合规定，加盖的汇票专用章是否与印模相符；

⑤使用密押的，密押是否正确；大小写的出票金额是否一致；（过去手工填写使用压数机压印小写金额的，则审核压印的金额是否由统一制作的压数机压印，现已改为打印金额。）

⑥汇票的实际结算金额大小写是否一致，是否在出票金额以内，与进账单所填金额是否一致，多余金额结计是否正确，如果全额进账，则必须在汇票和解讫通知的实际结算金额栏内填入全部金额，多余金额栏填写"—0—"；

⑦汇票必须记载的事项是否齐全，出票金额、实际结算金额、出票日期、收款人名称是否更改，其他记载事项的更改是否由原记载人签章证明；

⑧持票人是否在汇票背面作委托收款背书,背书转让的汇票是否按规定的范围转让,其背书是否连续,签章是否符合规定,背书使用粘单的是否按规定在粘接处签章。

经审查无误,在第一联进账单上加盖回单专用章作收款通知交给持票人。然后在汇票上注明兑付日期;在解讫通知上加盖业务专用章及记账人、复核人名章。出票人为系统内银行的,由清算中心通过行内支付系统办理往账借报业务,发出银行汇票借记业务信息,此时无会计分录,等收到出票行确认付款回执后,以"电子清算付款专用凭证"作借方凭证办理转账。其会计分录是:

借:待清算辖内往来
　　贷:××存款——持票人户

代理付款行收到跨系统银行签发的转账汇票,直联方式接入小额支付系统的应将汇票和解讫通知信息提交给出票行,待收到确认付款回执时,再给收款人入账,其会计分录是:

借:待清算支付款项
　　贷:××存款——持票人户

间连方式接入的则通过上级清算行办理。

【例 4-8】 合肥市工行开户单位生物制药厂提交一份银行汇票第♯2、3 及进账单,汇票出票金额为 360 000 元,实际结算金额为 330 000 元,要求代其进账,立即从小额支付系统向与出票行发起借记业务,待收到对方确认付款回执后,作出会计分录。

解析: 按实际结算金额进行账务处理,会计分录为:

借:待清算支付款项　　　　　　　　　　　　　　　　330 000
　　贷:单位活期存款——生物制药厂　　　　　　　　　330 000

(2)不直接入账的处理。代理付款行接到未在本行开立账户的持票人为个人交来的汇票和解讫通知及三联进账单时,除了认真审查上述规定的内容,还必须审查持票人的身份证件,在汇票背面"持票人向银行提示付款签章"处是否有持票人的签章和证明身份的证件名称、号码及发证机关,并要求提交持票人身份证件复印件留存备查。

审查无误后,以持票人姓名开立"应解汇款及临时存款"账户,并在该分户账上填明汇票号码以备查考,第二联进账单作贷方凭证,办理转账。其会计分录是:

借:待清算辖内往来
　　贷:应解汇款及临时存款——持票人户

开户后,原持票人可将汇款一次或分次支取。需要支取现金的,要查看汇票上的申请人和收款人是否确为个人并按规定填明了"现金"字样,以及填写的代理付款人名称是否确为本行,如果一切无误,就可办理现金支付手续。未填明"现金"字样需要

支取现金的,由代理付款行按现金管理规定审查支付,另填一联现金借方凭证。其会计分录为:

借:应解汇款及临时存款——持票人户
贷:现金

原持票人如需转账支取的,应由其填制支款凭证,并向银行交验本人的身份证件,其会计分录为:

借:应解汇款及临时存款——原持票人户
贷:××存款等科目

3. 出票行结清款项的处理

出票行收到代理付款行从行内系统或小额支付系统发来的借报业务,抽出专夹保管的汇票卡片,经核对确属本行出票,报单与实际结算金额相符,多余金额结计正确无误后,分别作如下会计处理。

(1)汇票全额付款的,应在汇票卡片的实际结算金额栏填入全部金额,在多余款收账通知的多余金额栏填写"—0—",汇票卡片作借方传票,多余款收账通知作借方传票的附件,办理转账,其会计分录为:

借:汇出汇款
贷:待清算辖内往来等联行科目

同时,销记汇出汇款账。发出确认付款回执。

(2)汇票有多余款的,应在汇票卡片和多余款收账通知上填写实际结算金额,汇票卡片作借方传票,汇划系统打印凭证作多余款贷方传票,办理转账。其会计分录为:

借:汇出汇款
贷:待清算辖内往来等联行科目
　　单位活期存款——申请人户(申请人在本行开户)
或:其他应付款——申请人户(申请人不在本行开户)

同时,销记汇出汇款账,并通知申请人持申请书存根及本人身份证件来行办理领取手续。领取时,以多余款收账通知代其他应付款科目借方凭证,其会计分录是:

借:其他应付款——申请人户
贷:现金

出票行对专夹保管的汇票卡片及多余款收账通知,应当定期检查清理,发现有超过汇票付款期限(加上正常凭证传递期)的,应当主动与申请人联系,查明原因,及时处理。

【例4-9】 3月15日,行内系统收到省外银行划来银行汇票收款借报业务信息,报单金额为98 000元,经查该银行汇票是华联商厦2月28日申请签发的,出票金额为 100 000 元,立即办理结清票款的处理手续。

解析: 该题为汇票结清业务,有多余款退还申请人。会计分录为:

借:汇出汇款　　　　　　　　　　　　　　　　　100 000
　贷:待清算辖内往来　　　　　　　　　　　　　　98 000
　　　单位活期存款——华联商厦　　　　　　　　　2 000

(四)银行汇票未用退款的处理

申请人由于汇票超过付款期限或其他原因要求退款时,应交回汇票和解讫通知,并按照支付结算办法的规定提交证明或身份证件。出票行经与原专夹保管的汇票卡片核对无误,即在汇票和解讫通知的实际结算金额大写栏填写"未用退回"字样,汇票卡片作借方凭证,汇票作附件,解讫通知作贷方凭证(如系退付现金,即作为借方凭证的附件)办理转账。其会计分录是:

借:汇出汇款
　贷:××存款——申请人户
　或:现金

同时,销记汇出汇款账。多余款收账通知的多余金额栏填入原出票金额并加盖转讫章作收账通知,交给申请人。

申请人由于短缺解讫通知要求退款的,应当备函向出票行说明短缺原因,并交回持有的汇票,出票行于提示付款期满一个月后比照退款手续办理退款。

四、电子商业汇票业务的核算

(一)概念、特征、意义

1. 电子商业汇票的概念与种类

商业汇票是由出票人签发的,委托付款人在指定日期无条件支付确定的金额给收款人或持票人的票据。按承兑人不同分为商业承兑汇票(简称"商票")和银行承兑汇票(简称"银票")。随着电子信息技术的发展,我国纸质商业汇票已经被电子商业汇票所取代。

电子商业汇票(简称"电票")是指出票人依托电子商业汇票系统,以数据电文形式制作的,委托付款人在指定日期无条件支付确定金额给收款人或者持票人的票据。电子商业汇票分为电子银行承兑汇票和电子商业承兑汇票。

电子银行承兑汇票由银行业金融机构、财务公司(以下统称"金融机构")承兑;电子商业承兑汇票由金融机构以外的法人或其他组织承兑。电子商业汇票的付款人为承兑人。一般为交易中的付款人。承兑人一经承兑,即为票据的主债务人。

电子商业汇票票据显示样式由中国人民银行统一规定,电子银行承兑汇票如图 4-6 所示。

电子银行承兑汇票

出票日期				票据状态											
汇票到期日				票据号码											

出票人	全 称		收票人	全 称									
	票 号			票 号									
	开户银行			开户银行									
出票保证信息	保证人姓名:		保证人地址:			保证日期:							
票据金额	人民币大写				十亿	千	百	十万	千	百	十元	角	分
承兑人信息	全称		开户行行号										
	票号		开户行名称										
交易合同号			承兑信息	出票人承诺:本汇票信息请予以承兑,到期无条件付款									
能否转让				承兑人承诺:本汇票已经承兑,到期无条件付款									
				承兑日期:									
承兑保证信息	保证人姓名:		保证人地址:			保证日期:							
评级信息(由出票、承兑人自己记载,仅作参考)	出票人	评级主体:	信用等级:			评级到期日:							
	承兑人	评级主体:	信用等级:			评级到期日:							

图 4-6 电子商业汇票票据显示样式

2. 电子商业汇票系统及参与者

(1)电子商业汇票系统。电子商业汇票系统是经中国人民银行批准建立,依托网络和计算机技术,接收、存储、发送电子商业汇票数据电文,提供与电子商业汇票货币给付、资金清算行为相关服务的业务处理平台。电子商业汇票的货币给付通过央行的大额支付系统进行实时清算。

我国电子商业汇票系统于 2009 年 10 月 28 日上线试运行,2010 年 6 月 28 日在全国推广运行,纸质商业汇票和电子商业汇票并行。自 2021 年 1 月 1 日起,我国全面停止使用纸质商业汇票,商业汇票业务全部通过电子商业汇票系统办理。电子商业汇票系统运行时间由中国人民银行统一规定。电子商业汇票系统平台如图 4-7 所示。

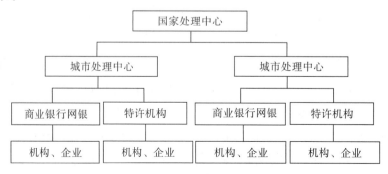

图 4-7 电子商业汇票系统平台

(2)电子商业汇票系统参与者。

①接入机构或接入点。它是指直接接入电子商业汇票系统的银行或财务公司。接入机构提供电子商业汇票业务服务,应对客户基本信息的真实性负审核责任。接入机构在电票业务中负责按规定向客户和电子商业汇票系统双向转发电子商业汇票信息,接入机构应实时接收、处理电子商业汇票信息,并向相关票据当事人实时发送该信息。

②被代理机构。它是指通过接入机构办理电子商业汇票业务的金融机构。

③中国人民银行。

④银行客户。即金融机构以外的法人及其他组织。

电子商业汇票系统运营者由中国人民银行指定和监管,电子商业汇票系统对不同业务主体分配不同的类别代码。

电子商业汇票系统运营者和系统参与者应采取有效措施,建立健全与电子商业汇票系统相关的内部管理制度,防范与电子商业汇票系统相关的信用风险、流动性风险、运行风险、法律风险和系统性风险。

3. 特征

电子商业汇票与纸质商业汇票没有本质的区别,主要区别在于技术手段的变化,票据行为由手工记载改为电子信息录入,电子商业汇票系统设计完整,票据流转环环相扣,全程在线控制。电票具有以下特征:

(1)以数据电文形式代替实物票据;

(2)以电子签名取代实体签章;

(3)以网络传输代替人工传递;

(4)以计算机录入代替手工书写,结算效率高。

电子商业汇票的票据行为既要依据《电子商业汇票业务管理办法》《电子商业汇票系统管理办法》等法规,又要遵守《中华人民共和国票据法》《票据管理实施办法》《支付结算办法》等法律法规的基本规定。

4. 意义

电子商业汇票业务对企业和银行都具有重要意义。

对客户而言,电子商业汇票系统搭建了统一的票据买卖市场,公开、透明,有效拓宽了企业融资渠道;电票提高了票面金额,延长了付款期限,增强了企业融资能力。票据全程实行电子化操作,提高了企业票据管控能力,同时免除了票据查询、挂失、托收成本,有利于企业减费增效。

对商业银行而言,全流程系统自动处理加快了结算速度,提高了银行的金融服务效率和服务水平,提升了客户体验的满意度。票据全程可查可控,有效降低了纸质票据存在的风险,杜绝了克隆票据、伪造、变造票据的风险。

(二)电子商业汇票业务的基本规定

1. 电子商业汇票的出票、承兑、背书、贴现、转贴现、再贴现、质押、保证、提示付款、追索、信息查询与其相关业务必须通过电子商业汇票系统办理。电子商业汇票信息以人民银行电子商业汇票系统的记录为准。

2. 出票必须记载下列事项:表明"电子商业承兑汇票"的字样;无条件支付的委托;确定的金额;出票人名称;付款人名称;收款人名称;出票日期;票据到期日;出票人签章。出票人可在电子商业汇票上记载自身的评级信息,并对记载信息的真实性负责,但该记载事项不具有票据上的效力。评级信息包括评级机构、信用等级和评级到期日。

3. 电子商业汇票为定日付款,付款期限自出票日起至到期日止,最长不得超过1年。纸质商业汇票付款期限最长不超过6个月。

4. 提示付款期限为自汇票到期日起10日,最后一日遇法定节假日、大额支付系统非营业日、电子商业汇票系统非营业日顺延。提示付款是指持票人通过电子商业汇票系统向承兑人请求付款的行为。

5. 出票人或背书人在电子商业汇票上记载了"不得转让"事项的,电子商业汇票不得继续背书。

6. 收、付款人之间必须具有真实的交易背景或债权债务关系,才能使用商业汇票。出票人不得签发无对价的商业汇票用以骗取银行或其他票据当事人的资金。

7. 票据当事人在电子商业汇票上的签章,为该当事人可靠的电子签名。票据当事人所使用的数据电文和电子签名应符合《中华人民共和国电子签名法》的有关规定。

8. 根据电子商业汇票的流转阶段,电子商业汇票系统精细划分为80种具体的业务状态,如:出票已登记;提示承兑待签收;提示承兑已签收;提示收票待签收;提示收票已签收;票据已作废;背书待签收;背书已签收;提示付款待签收;提示付款已签收待清算;提示付款已签收已排队;票据已结清;提示付款已拒付等。

电子商业汇票系统应实时接收、处理电子商业汇票信息,并向相关票据当事人的接入机构实时发送该信息。

9. 客户在电子商业汇票业务中可自行通过网上银行办理,也可委托其开户行代为办理。客户选择通过网上银行(简称网银)办理电子商业汇票业务的须先签约,客户向其开户行提交资料,银行应对客户名称、账号、组织机构代码和业务主体类别等基本信息的真实性进行审核,审核通过后,由银行操作员在电子商业汇票系统中选择"业务签约——新增签约",提交。并依据相关规定,与客户签订电子商业汇票服务协议,明确双方的权利和义务。

(三)电子商业承兑汇票业务的核算处理手续

电子商业承兑汇票出票、承兑、到期提示付款的处理如下。

1. 出票与承兑的处理

电子商业承兑汇票的出票人必须为银行以外的法人或其他组织。电子商业承兑汇票出票与承兑有以下四种方式：

一是真实交易关系或债权债务关系中的债务人签发并承兑；

二是真实交易关系或债权债务关系中的债务人签发，交由第三人承兑；

三是第三人签发，交由真实交易关系或债权债务关系中的债务人承兑；

四是收款人签发，交由真实交易关系或债权债务关系中的债务人承兑。

电子商业汇票出票与承兑业务包括出票信息登记、出票人提示承兑和出票人提示收票三个业务子流程。业务状态依次经过：出票申请——出票已登记——承兑申请——承兑已签收——提示收票；报文依次在出票人——出票人接入点（出票人经办行）——电子商业汇票系统——承兑人接入点（承兑人经办行）——承兑人之间传输。具体处理手续如下。

(1)登记出票信息的处理。电子商业汇票的出票是指出票人签发电子商业汇票并交付收款人的票据行为。

出票人申请签发电子商业承兑汇票，可自行通过企业网银办理出票信息登记，也可委托开户银行代其办理。

出票人委托银行代为办理出票信息登记的，银行操作员根据出票人提交的出票申请表及申请资料，在电子商业汇票系统中依次点击申请——出票——出票登记。出票登记成功后，通过票面信息查询，查询系统自动生成的电子票据，并在出票申请表上注明查询结果，出票申请表加盖有关印章，一份交客户，一份专夹保管。

(2)提示承兑的处理。电子商业汇票的承兑是指付款人承诺在票据到期日支付电子商业汇票金额的票据行为。电子商业汇票交付收款人前，应由付款人承兑。业务流程包括出票人发出提示承兑和承兑人回复提示承兑两个环节。

①出票人发出提示承兑的处理。出票人在票据状态为"出票已登记"时，向承兑人提示承兑。

出票人选择要提示承兑的电子商业汇票，应自行通过企业网上银行填写或确认由其开户金融机构代为填写的提示承兑信息。出票人在填写提示承兑信息时，如已获取交易合同和发票，则必须填写交易合同编号、发票号码。若无交易合同编号，则登记交易合同名称。若有多张发票且难以在"发票号码"项中全部注明的，应在"出票人备注"项中补全。

业务流程依次在出票人接入点银行、电子商业汇票系统、承兑人接入点银行、承兑人传输。系统成功完成时票据业务状态为"提示承兑待签收"。

②承兑人回复提示承兑的处理。承兑人承兑电子商业承兑汇票时可以选择对提示承兑签收或驳回。承兑人签收提示承兑申请,应自行通过企业网上银行,也可委托银行代为办理承兑回复。承兑人委托银行代为办理承兑回复的,应向其开户行提交加盖其预留银行印鉴的申请表。经办行应审核申请表内容填写是否完整、印鉴与预留银行印鉴是否相符。审核无误,经主管审批后交操作员作承兑回复处理。银行操作员根据客户提交的申请表与相关资料,发出承兑回复。交易成功,通过票面信息查询,查看票据状态为"提示承兑已签收",申请表加盖有关印章,一联交客户,一联附回执专夹保管。

承兑人应在票据到期日前,承兑电子商业汇票。

承兑应填写以下内容:电子票据号码;票据金额;到期无条件支付承诺;承兑人类别;承兑人开户行行号;承兑人账号;承兑人组织机构代码;标记为"签收"的回复标记;回复日期;承兑人电子签名。

承兑人驳回提示承兑申请,应自行填写或确认由其开户金融机构代为填写。承兑人接入点根据承兑人的回复,组成"通用回复报文",向电子商业汇票系统发送。

③提示收票业务处理。

出票人发出提示收票申请。出票人在电子商业汇票票据状态为"提示承兑已签收"时,可向收款人发出提示收票申请。

出票人选择要提示收票的电子商业汇票,应自行通过企业网上银行填写,也可委托银行代办。提示收票申请信息应包括以下内容:电子票据号码;票据金额;出票人账号;出票人开户行行号;出票人类别;出票人组织机构代码;出票人电子签名。可选择填写"出票人备注"项。

出票人委托银行代为办理提示收票的,应向其开户行提交加盖其预留银行印鉴的申请表。经办行应审核申请表内容填写是否完整、印鉴与预留银行印鉴是否相符。操作员根据出票人提交的申请表,在电子商业汇票系统中依次点击申请、出票、提示收票,进入提示收票界面,输入电子票据,核对信息无误后,点击"确定"提交发送。发送成功后,通过票据信息查询,查看票据状态为"提示收票待签收"。在申请表上注明查询结果后,申请表加盖有关印章,一份交客户,一份专夹保管。

收款人收票回复。收款人签收提示收票申请,应自行通过企业网上银行填写或委托开户银行代为填写。

收款人委托银行代为办理收票回复的,应向其开户行提交加盖其预留银行印鉴的申请表。经办行应审核申请表内容填写是否完整、印鉴与预留银行印鉴是否相符。

收款人接入点操作员根据客户提交的申请表,在电子商业汇票系统中点击待处理任务,输入票据或票据金额,查询该待处理任务,核对相关要素无误后,选择签收标记后提交。发送成功后,通过票据信息查询,查看票据状态,假设同意签收的,票据状态为"提示收票已签收";假设不同意签收的,票据状态回滚到"承兑已签收"。在申请表上注明查询结果后,申请表加盖有关印章,一份交客户,一份专夹保管。

收款人驳回提示收票申请,应自行通过企业网上银行填写或确认由其开户金融机构代为填写的相关内容。

2. 提示付款的处理

电子商业汇票在以下状态时,可以提示付款:提示收票已签收;转让背书已签收;买断式贴现已签收;回购式贴现赎回已签收;回购式贴现已逾赎回截止日;买断式转贴现已签收;回购式转贴现赎回已签收;回购式转贴现已逾赎回截止日;买断式再贴现已签收;回购式再贴现赎回已签收;回购式再贴现已逾赎回截止日;质押解除已签收;质押已至票据到期日;提示付款已拒付(不可拒付追索);提示付款已拒付(可拒付追索,可追所有人);央行卖票已签收。

逾期提示付款的除了在上述状态下,还可以在以下状态提示付款:提示付款已拒付(可拒付追索,只可追出票人、承兑人与其保证人);逾期提示付款已拒付(可拒付追索,可追所有人);逾期提示付款已拒付(可拒付追索,只可追出票人、承兑人)。

持票人提示付款有按期提示付款和逾期提示付款两种。

按期提示付款是指电子商业汇票在到期日前和提示付款期内,可发起提示付款交易。

逾期提示付款是指电子商业汇票已逾提示付款期的,持票人(或与其签有协议的接入金融机构)在作出说明后仍可向承兑人发出逾期提示付款申请,逾期提示付款可在票据到期日后2年内发起。

提示付款可以选择线上清算方式或线下清算方式,假设选择线上清算方式,则承兑人签收时大额支付系统必须为日间处理状态。

(1)持票人发起提示付款申请的处理。

①提示付款申请。持票人选择要提示付款的电子商业汇票,应自行通过企业网上银行填写或委托其开户金融机构代为填写提示付款信息。

持票人委托银行发出提示付款申请的,应向其开户行提交加盖其预留银行印鉴的申请表。开户行应审核申请表内容填写是否完整、印鉴与预留银行印鉴是否相符,并在电子商业汇票系统中点击查询、票面信息查询,查询核实票据状态是否符合规定。审核无误,经主管审批后作提示付款申请处理。

②发送提示付款申请的处理。持票人接入点(开户行)根据持票人的申请,组成"提示付款申请报文",并向电子商业汇票系统发送。发送方式可以单笔发送,也可以批量发送:

单笔发送提示付款申请。操作员在电子商业汇票系统中点击申请、提示付款,输入电子票据,核对系统显示票据信息无误,根据申请表选择清算方式和代理申请标识,其中:承兑人的接入点为接入财务公司的,不得选择线上清算方式。核对票据信息无误后点击提交。交易成功后,通过票面信息查询,查询票据状态为"提示付款待签收"。在申请表上加盖有关业务印章,一联交客户,一联专夹保管。

批量发送提示付款申请。客户申请同时发送多张商业汇票提示付款申请的,经办行按先选票、后发送的流程办理。操作员在电子商业汇票系统中依次点击查询、选票,输入票据查询勾选需相应票据信息,点击"导出到 Excel",生成 Excel 文件。发送提示付款申请,操作员在电子商业汇票系统中依次点击申请、提示付款,分别点击"浏览"、"读取 Excel 文件"导入票据信息,然后发送提示付款申请。

(2)承兑人开户行回复提示付款申请的处理。

①通知承付。承兑人经办行收到提示付款申请信息后,应按服务协议约定的方式实时通知承兑人。

电子商业承兑汇票承兑人在收到提示付款请求次日起第3日(遇法定休假日、大额支付系统非营业日、电子商业汇票系统非营业日顺延)仍未应答的,承兑人开户行应按其与承兑人签订的《电子商业汇票业务服务协议》约定代为应答。

②默认付款和无款支付的处理。承兑人账户余额在该日电子商业汇票系统营业截止时足够支付票款的,则视同承兑人同意付款,接入机构应扣划承兑人账户资金支付票款,并在下一日(遇法定休假日、大额支付系统非营业日、电子商业汇票系统非营业日顺延)电子商业汇票系统营业开始时,代承兑人作出付款应答,并代理签章。

承兑人账户余额在该日电子商业汇票系统营业截止时不足以支付票款的,则视同承兑人拒绝付款,经办行应在下一日(遇法定休假日、大额支付系统非营业日、电子商业汇票系统非营业日顺延)电子商业汇票系统营业开始时,代承兑人作出拒付应答,并代理签章。

③线上清算收取票款的处理。提示付款申请要求资金通过线上清算的,线上清算是指电子商业汇票系统与大额支付系统直连,在承兑人同意付款后,电子商业汇票系统发送即时转账报文,通过大额支付系统进行资金划转实时清算。经办行根据承兑人提交的申请表或电子商业汇票业务服务协议的规定,通过 ABIS 从承兑人账户扣划票款至专用账户。具体操作按照各行行内业务系统规定办理,会计分录为:

借:××存款——承兑人户
贷:应解汇款及临时存款等科目

④回复提示付款申请的处理。回复提示付款申请实行录入、复核双人操作模式,相关操作由经办行录入操作员、复核操作员完成。

录入操作员在电子商业汇票系统中依次点击待处理、待处理业务,查询点击提示付款回复或逾期提示付款回复待处理业务,根据承兑人申请表按规定审核提示付款信息。对同意付款且要求资金通过线上清算的,应核实票款已扣划到专用账户,大额支付系统应为日间处理状态;核实提示付款信息无误,签收标记选择"同意签收"后提交。对拒付业务,签收标记选择"拒绝签收",并选择拒付理由代码(如拒付理由代码选"其他",还要进一步注明具体拒付理由)后提交。

复核操作员在电子商业汇票系统中依次点击待处理、待处理业务,查询点击提示付款回复复核或逾期提示付款回复复核待处理业务,根据客户申请表或有关规定复核无误后,点击"复核通过"提交。如果复核信息有误,则点击"复核退回",由原录入操作员重新作录入处理。

交易成功后,同意付款的,票据状态为"票据已结清";拒绝付款的,系统根据当前的时间修改票据状态为"提示付款已拒付(不可进行拒付追索)""提示付款已拒付(可拒付追索,可以追所有人)""提示付款已拒绝(可拒付追索,只能追出票人,承兑人与其保证人)""逾期提示付款已拒绝(可拒付追索,可以追所有人)""逾期提示付款已拒绝(可拒付追索,只能追出票人,承兑人与其保证人)"。

⑤账务处理。承兑人接入点(开户行)操作员在电子商业汇票系统中点击待处理、待处理账务,查询点击"提示付款回复方记账"或"逾期提示付款回复方记账"进行记账。若大额支付系统清算成功,则大额支付系统向持票人开户行和承兑人开户行所属大额支付系统直接参与者分别发送"即时转账借贷通知报文",并向电子商业汇票系统发送报文处理码为"已清算"的"大额或即时转账清算结果返回报文",电子商业汇票系统根据报文修改票据状态为"票据已结清"。同时,电子商业汇票系统向持票人接入点和承兑人接入点发送报文处理码为"成功"的"线上清算结果通知报文"。交易成功后,根据资金是否线上清算分别作以下处理。

资金选择线上清算的,系统自动进行账务处理,其会计分录为:

借:应解汇款及临时存款等科目
　　贷:存放中央银行准备金

操作员打印记账凭证,加盖有关业务印章后,记账凭证附当日系统打印传票后保管。

资金选择线下清算的,系统不产生账务处理,下载交易清单,根据承兑人要求通过行内往来系统、大额支付系统、小额支付系统等方式从承兑人账户划付款项至持票人票面记载的或在"提示付款人备注"项中注明的行号和账号。具体操作按照各支付系统的相应规定办理。会计分录分别为:

借:××存款——承兑人户
　　贷:待清算辖内往来(行内往来系统)
　　或:存放中央银行准备金(大额支付系统)
　　或:待清算支付款项等科目(小额支付系统)

(3)持票人经办行收到提示付款申请回复的处理。

①承兑人按期付款的处理。资金通过线上清算的处理。经办行操作员在电子商业汇票系统中点击待处理、待处理账务,查询点击"提示付款申请方记账"或"逾期提示付款申请方记账"开展记账,交易成功,打印一式两份记账凭证,加盖有关业务印章后,一份记账凭证附当日系统打印传票后保管;一份经运营主管审批后,通过相关交易将专用账户的资金转至客户账户。具体操作按照各家银行系统规定办理。会计分录为:

  借:存放中央银行准备金
   贷:××存款——收款人户

资金通过线下清算的处理。经办行通过行内往来系统、大额支付系统、小额支付系统等方式收到票款,将资金转入持票人账户;具体操作按照相应系统的规定办理。会计分录为:

  借:存放中央银行准备金(大额支付系统)
  或:待清算辖内往来(行内支付系统)
  或:待清算支付款项(小额支付系统)
   贷:××存款——收款人户

经办行操作员在电子商业汇票系统中点击待处理、待处理账务,查询点击"提示付款申请方记账"下载交易清单,假设持票人为客户的,交易清单附入账交易凭证后保管。电子商业汇票系统显示票据已结清。

②承兑人拒付的处理。经办行操作员应实时通过电子商业汇票系统的票面信息查询,查询票据状态为"提示付款已拒付(不可进展拒付追索)""提示付款已拒付(可拒付追索,可以追所有人)""提示付款已拒绝(可拒付追索,只能追出票人,承兑人与其保证人)""逾期提示付款已拒绝(可拒付追索,可以追所有人)""逾期提示付款已拒绝(可拒付追索,只能追出票人,承兑人与其保证人)"。假设持票人为客户的,按照约定方式实时通知客户;假设持票人为银行的,应实时将查询结果通知相关部门。

【例4-10】 持票人五星制药厂在某市工行开户单位,在电子商业汇票系统将一份票面金额500 000元、期限9个月,本日到期的电子商业承兑汇票提示付款,承兑人为该市农行开户的医药公司,承兑人签收后选择线下清算,从小额支付系统办理付款。请作出双方银行的会计分录。

解析:市工行的会计分录为:

  借:待清算支付款项   500 000
   贷:单位活期存款——五星制药厂   500 000

市农行的会计分录为:

  借:单位活期存款——医药公司   500 000
   贷:待清算支付款项   500 000

(四)电子银行承兑汇票业务的核算处理手续

1. 承兑银行出票与承兑的处理

(1)出票信息登记。出票人申请签发电子银行承兑汇票,可自行通过企业网上银行办理出票信息登记,或委托银行为其办理。处理手续同电子商业承兑汇票的出票登记。

(2)发送待审批票据信息。承兑银行操作员在电子商业汇票系统中依次点击待处理、发送待审批票据信息,输入批次号等查询信息,查询确定该批次所有票据均已经登记成功后,勾选本批次所有票据记录,点击"标记为已满",完成待审批票据信息的发送。同时记录该批次号交信贷审批部门。信贷审批部门在银行信贷审批管理系统中进行线上或线下审批。

(3)承兑银行审批通过的处理。审批通过的电子银行承兑汇票,其业务受理、审查和审批按照"商业汇票相关制度"等规定处理。电子银行承兑汇票信贷审批部门审批不通过的,不需在电子商业汇票系统进行处理。

①移交审批资料。经信贷审批部门审批通过并完成凭证生效处理后,按相关规定将与票据有关的资料(如申请人签订的承兑协议)送交银行会计部门,双方核对资料无误后,按规定办理登记、签收。

②收取保证金或质押物。银行会计部门对递交的文档资料审核无误后,对承兑出票以缴存保证金或质押方式办理的,按相关规定办理保证金交存手续或质押物收取手续。收取保证金的会计分录为:

借:××存款——出票人户
　　贷:保证金存款——出票人户

如收取质押物,则按票面金额登记表外备查类科目。会计分录为:

收:待处理抵押质押品

③承兑银行发出承兑回复。发出电子银行承兑汇票的承兑回复实行录入、复核的双人操作模式。

录入操作员的处理:录入操作员在电子商业汇票系统中依次点击待处理、待处理任务,输入票据、票据金额或批次号,查询出"承兑回复"待处理业务,导入信贷审批信息,根据文档资料录入保证金金额、承诺费上下浮动等信息,检查承兑交易要素无误,签收标记选择"同意签收"后点击确定。交易成功后,录入操作员将文档资料传递给复核操作员,由复核操作员据以作复核处理。

复核操作员的处理:复核操作员在待处理业务中依次点击待处理、待处理任务,输入票据等信息,查询并点击"承兑回复复核"待处理业务,系统反显票据信息,依据文档资料核对录入信息无误,点击"复核通过"提交。如果复核信息有误,则点击"复核退回",由原录入操作员重新作录入信息处理。

交易成功后,通过票面信息查询,查看票据状态为"提示承兑已签收"。

④表外科目的账务处理。承兑回复发送成功后,经办操作员在电子商业汇票系统中依次点击待处理、待处理账务,查询选择提示承兑回复方记账进行或有类业务(表外科目)记账,会计分录为:

  借:银行承兑汇票应收款
   贷:银行承兑汇票应付款

交易成功后打印记账凭证,加盖有关业务印章后保管。

⑤业务收费的处理。经办行操作员在业务系统操作中点击费用收取、待处理收费单,输入客户名称、产品品种或客户组织机构代码查询待处理收费单,进行承兑手续费等费用的收取。减免或废除收费的,必须符合相关规定要求且必须经运营主管审批后方可办理。

办理单笔收费的,勾选对应的单笔待处理收费单后点击"收费",核对收费信息无误后点击提交。交易成功,打印记账凭证、客户回执,加盖有关印章后保管,客户回执交客户。

办理并笔收费的,勾选多笔对应的待处理收费单(同一客户组织机构代码下)后点击"收费";核对收费信息无误后点击提交交易成功,使用A4纸打印收费单一式两份,加盖相关业务印章后保管,一份交客户。

办理费用减免的,勾选对应的单笔待处理收费单后点击"减免",输入减免金额后点击提交,再按以上单笔收费手续处理。

计收承兑手续费按票面金额的千分之一或万分之五向出票人计收,收费比例在承兑协议中约定。确认收入的同时确认增值税的销项税额,价税分离的会计分录为:

  借:××存款——出票人户
   贷:手续费收入
    应交税费——应交增值税(销项税额)

⑥提示收票。服务协议中明确电子银行承兑汇票由银行代理提示收票的,操作员在完成承兑回复后,在电子商业汇票系统中依次点击申请、出票、提示收票,办理提示收票。

【例4-11】 市工行开户单位华阳机械申请银行承兑汇票承兑,汇票面额为人民币30 000 000元,银行审查后同意承兑,收取20%的保证金,按票面额的千分之一收取手续费,银行增值税率为6%,并进行表外科目登记。请编制会计分录。

解析: 收取保证金=30 000 000×20%=6 000 000(元)

会计分录为:

  借:单位活期存款——华阳机械   6 000 000
   贷:保证金存款——华阳机械   6 000 000

收取手续费:价税分离前手续费收入＝30 000 000×1‰＝30 000(元)

应交税费(销项税额)＝30 000÷(1＋6%)×6%＝1 698.11(元)

价税分离后银行手续费收入＝30 000－1 698.11＝28 301.89(元)

会计分录为:

借:单位活期存款——华阳机械　　　　　　　　　　　30 000

　贷:手续费收入——结算业务手续费收入　　　　　　　　　28 301.89

　　　应交税费——应交税费(销项税额)　　　　　　　　　　1 698.11

登记表外科目:

借:银行承兑汇票应收款　　　　　　　　　　　　　30 000 000

　贷:银行承兑汇票应付款　　　　　　　　　　　　　　　30 000 000

2. 提示付款的处理

(1)持票人发出提示付款申请的处理。持票人可按期发出(即在票据到期日前、提示付款期内提示付款)或逾期发出提示付款(含逾期提示付款,下同)申请,持票人可自行通过企业网上银行或委托银行为其办理提示付款申请。处理手续同电子商业承兑汇票的处理。

(2)承兑人回复提示付款申请的处理。持票人在票据到期日前提示付款的,承兑银行可拒付或付款,承兑人拒绝付款或未予应答的,持票人可待票据到期后再次提示付款,于到期日付款。

持票人在提示付款期内提示付款的,若提示付款指令于中午12:00前发出的,则承兑银行应于当日付款或拒绝付款,若提示付款指令于中午12点后发出的,则承兑银行应在收到提示付款请求的当日至迟次日(遇法定节假日、大额支付系统非营业日、电子商业汇票系统非营业日顺延)付款或拒绝付款。持票人超过提示付款期提示付款的,在作出合理说明后,承兑行不得拒绝受理。

①收取待兑付银行承兑汇票款项。承兑银行应按照"商业汇票相关制度"等规定,收到提示付款申请后,对同意付款且资金通过线上清算的,应于电子银行承兑汇票到期日向出票人收取票款。从出票人保证金账户与出票人存款结算账户扣划银行承兑汇票款项转入专用账户。会计分录为:

借:××存款——出票人户

　　保证金存款——出票人户

　贷:应解汇款及临时存款——出票人户

电子银行承兑汇票的出票人于票据到期日未能足额交存票款时,承兑人除向持票人无条件付款外,对出票人不足支付的汇票金额转入逾期贷款处理,并按照每天万分之五计收罚息。

借:逾期贷款——出票人逾期贷款户

　贷:应解汇款及临时存款——出票人户

【例 4-12】 某市工行承兑的一份电子银行承兑汇票,面额为 15 000 000 元,承兑申请人为开户单位电子配件厂,承兑时未收取保证金,本日到期从其存款账户收取款项备付,由于该户存款不足,只收取 10 000 000 元,其余作为逾期贷款处理,编制会计分录。

解析:该题的会计分录为:

借:单位活期存款——电子配件厂　　　　　　　　10 000 000
　　逾期贷款——电子配件厂　　　　　　　　　　　5 000 000
　贷:应解汇款及临时存款——电子配件厂　　　　　15 000 000

②回复提示付款申请。回复提示付款申请实行录入、复核的双人操作模式。

录入操作员的处理。录入操作员在电子商业汇票系统中依次点击待处理—待处理业务,查询点击提示付款回复或逾期提示付款回复待处理业务,审核提示付款信息,其中:线上清算标记为"线上清算"的,大额支付系统必须为日间处理状态。审核信息无误,签收标记选择"同意签收"后提交。

复核操作员的处理。复核操作员在电子商业汇票系统中依次点击待处理—待处理业务,查询点击提示付款回复复核或逾期提示付款回复复核待处理业务进展复核无误后,点击"复核通过"提交。

交易成功后,通过票面信息查询,查询票据状态为"票据已结清"。

(3)承兑人支付票款的账务处理。银行操作员在电子商业汇票系统中依次点击待处理、待处理账务,查询点击"提示付款回复方记账"进行记账。交易成功,根据资金是否线上清算分别作以下处理。

①资金选择线上清算的,大额支付系统扣款后,打印记账凭证,加盖有关业务印章后保管。会计分录为:

借:应解汇款及临时存款——出票人户
　贷:存放中央银行准备金

②资金选择线下清算的,打印一式两份记账凭证,加盖有关业务印章后保管;一份经运营主管审批后,通过行内往来系统、或大额支付系统、小额支付系统将票款划付至持票人票面记载的或在"提示付款人备注"项中注明的行号和账号。具体操作按照相应系统的规定办理。会计分录为:

借:应解汇款及临时存款——出票人户
　贷:待清算辖内往来
　或:存放中央银行准备金
　或:待清算支付款项

同时,销记表外科目:

借:银行承兑汇票应付款
　贷:银行承兑汇票应收款

【例4-13】 市工行承兑的一份电子银行承兑汇票,承兑申请人是市冰箱厂,金额为6 000 000元,本月3号到期,已收妥款项备付,持票人5号提示付款,线上清算,当日支付,作出大额支付的会计分录并销记表外科目。

解析:该题的会计分录为:

借:应解汇款及临时存款——市冰箱厂　　　　　　　　6 000 000
　　贷:存放中央银行准备金　　　　　　　　　　　　　　6 000 000
借:银行承兑汇票应付款　　　　　　　　　　　　　　6 000 000
　　贷:银行承兑汇票应收款　　　　　　　　　　　　　　6 000 000

(4)持票人接入点收到汇票款项的处理。与电子商业承兑汇票持票人接入点收到承兑人按期付款的处理相同。

①资金通过线上清算的,持票人接入点收到大额支付系统清算结果通知报文,其会计分录为:

借:存放中央银行准备金
　　贷:××存款——持票人户

②资金通过线下清算的,则根据行内支付系统、大额支付系统、小额支付系统将资金转入持票人账户,具体操作按照相应系统的规定办理。会计分录为:

借:存放中央银行准备金(大额支付系统)
或:待清算辖内往来(行内支付系统)
或:待清算支付款项(小额支付系统)
　　贷:××存款——收款人户

(五)电子商业汇票撤销的处理

票据行为发起人可对自己发起的且未被行为接收方回复的票据行为进行撤销。撤销手续按电子商业汇票系统规定操作。

可以发起撤销的票据行为包括:提示承兑、提示收票、转让背书、贴现、回购式贴现赎回、转贴现、回购式转贴现赎回、再贴现、回购式再贴现赎回、央行卖出商业汇票、质押、质押解除、保证、提示付款、逾期提示付款、追索通知、同意清偿。

第三节　结算方式业务的核算

《支付结算办法》规定的结算方式是指汇兑、托收承付和委托收款三种方式,目前我国已将托收承付与委托收款合并为托收方式。有的银行也将汇兑与转账业务并称为转账汇款业务。

一、汇兑

(一)汇兑的概念

汇兑是指汇款人委托银行将其款项支付给收款人的结算方式。单位和个人的各种款项的结算,均可使用汇兑结算方式。

汇兑根据凭证传递方式分为信汇和电汇两种,由汇款人选择使用。随着信息网络技术的发展,信汇已基本停办,主要采用电汇方式。若是行内汇款,则依托商业银行行内支付系统办理;若为跨行汇款,则依托央行的小额批量支付系统或大额实时支付系统办理。

汇兑结算灵活,《支付结算办法》规定可直接汇给收款人,也可"留行待取",还可以在汇入行分次支取或申请转汇。

(二)汇兑结算的有关规定

《支付结算办法》规定汇款人办理信汇时,应向银行填制一式四联的信汇凭证,第一联作回单,第二联作借方凭证,第三联作贷方凭证、第四联作收账通知或代取款收据。办理电汇的,向银行填制一式三联电汇凭证,第一联作回单,第二联作借方凭证,第三联作电子划款依据。汇款人为单位的,在第二联上加盖预留银行印鉴。格式如图4-8。

图 4-8 电汇凭证

填写汇兑凭证时需注意以下几点。

第一,汇款单位需要派人到汇入银行领取汇款时,除在"收款人"栏写明取款人的姓名外,还应在"账号或住址"栏内注明"留行待取"字样。留行待取的汇款,需要指定具体收款人领取汇款的,应注明收款人的单位名称。

第二,个体经营户和个人需要在汇入银行支取现金的,应在信、电汇凭证上"汇款金额"大写栏中先填写"现金"字样,后填写汇款金额。

第三,汇款人确定不得转汇的,应在"备注"栏内注明。目前,我国多数银行对会计凭证进行改革,异地汇款不再要求填写信、电汇结算凭证,而是由汇款人填写一式两联《结算业务申请书》,一联银行记账联,一联回单联,并加盖汇款申请人预留银行签章,若汇款人账号为支付密码账户,则汇款申请人应同时准确编制并填写支付密码。

第四,汇款人可以申请撤汇。汇款人对汇出银行尚未汇出的款项可以申请撤销。申请撤销时,应出具正式函件或本人身份证件及原信、电汇回单,汇出银行查明确未汇出款项的,收回原信、电汇回单,方可办理撤销。

(三)汇兑结算的核算处理手续

1. 汇出行的处理

(1)汇款人申请。汇款人办理汇兑结算可自行通过网上银行办理,也可以到银行柜台线下办理,线下办理时填交《结算业务申请书》。若汇款人账号为支付密码账户,汇款申请人应同时准确编制并填写支付密码。单位客户授权办理人或业务代办人应出示有效身份证件。

(2)审核凭证。汇出行受理《结算业务申请书》时,应认真审查以下内容:汇兑凭证必须记载的各项内容是否齐全、正确;大小写金额是否相符;委托日期是否为受理当日;金额、委托日期、收款人名称是否更改;汇款人账户内是否有足够支付的余额,汇款人的签章是否与预留银行签章相符;对填明"现金"字样的汇款,还应审查汇款人和收款人是否均为个人。

(3)向汇入行办理汇款。

①转账汇款的处理。原信、电汇凭证审核无误后,汇兑凭证第一联加盖回单专用章退给汇款人,汇兑凭证第二联作借方传票,借记汇款人账户,第三联作系统打印记账凭证的附件。汇出行审核材料无误后,向汇入银行办理汇款。

汇出行审核结算业务申请书无误后,在回单联上加盖回单专用章退给汇款人,根据记账联录入业务系统,按照汇款人要求,选择银行划款路径:行内系统、小额批量支付系统、大额实时支付系统办理,发起贷报(或贷记)业务,其会计分录分别如下:

  借:××存款——汇款人户
    贷:待清算辖内往来(行内系统使用)
    或:待清算支付款项(小额支付系统使用)
    或:存放中央银行准备金(大额支付系统使用)

②现金汇款的处理,汇款人需要提交现金缴款单和结算业务申请书,银行收妥现金后,以现金缴款单第二联作贷方记账凭证录入汇款信息。其会计分录为:

借:现金

　　　贷:应解汇款及临时存款———汇款人户

以申请书记账联录入系统,选择划款路径办理划款,其会计分录为:

借:应解汇款及临时存款———汇款人户

　　　贷:待清算辖内往来(或待清算支付款项、或存放中央银行准备金)

转账后,系统打印凭证保管。

2. 汇入行的处理

汇入行清算部门收到行内系统、小额支付系统、大额支付系统划入贷报(或贷记)业务报文信息,按各系统的相关规定核押、审核无误后,按下列手续处理。

(1)直接收账的账务处理。如果收款人在汇入行开立存款账户,则从系统下载打印传票,一联作贷方凭证,一联作收账通知,加盖回单专用章交收款人。其会计分录为:

借:待清算辖内往来(或待清算支付款项或存放中央银行准备金)

　　　贷:××存款———收款人户

(2)不直接收账的账务处理。如果收款人没有在汇入行开户,或者汇款人要求将汇款留行待取,以及汇给个人的汇款,则汇入行以系统打印凭证第二联作贷方凭证。其会计分录为:

借:待清算辖内往来(或待清算支付款项或存放中央银行准备金)

　　　贷:应解汇款及临时存款———收款人户

需要支取现金的,凭证上必须有汇出银行按规定填明的"现金"字样,按照有关规定一次办理现金支付手续;登记应解汇款登记簿,然后以便条通知收款人来行办理取款手续。会计分录为:

借:应解汇款及临时存款———收款人户

　　　贷:现金

如果需要分次支付的,应凭打印凭证注销"应解汇款登记簿",不通过分录,将款项如数转入应解汇款科目分户账内(以丁种账页代替),银行审核收款人填制的支款凭证,确认其预留签章和收款人身份证件无误后,办理分次支付手续。待最后结清时,将打印凭证作借方凭证附件。

3. 退汇的处理

退汇是指将汇出的汇款退还原汇款人。退汇的主要原因有:汇款人申请退汇、收款人拒收汇款、汇入银行主动退汇。收款人拒收的汇款可由收款人按正常汇款办理退汇手续即可,其他要求退汇的汇款必须是收款人未在汇入行开立账户,汇入行记入"应解汇款及临时存款"科目且尚未解付的汇款。

(1)汇款人申请退汇的处理。

①原汇出行的处理。汇款人要求退汇时,对收款人在汇入行开立账户的,由汇款

人与收款人自行联系退汇;对收款人未在汇入行开立账户的,应由汇款人备函或本人身份证件连同原汇款回单交汇出行办理退汇。

汇出行接到退汇函件或身份证件以及回单,应填制四联"退汇通知书",在第一联上批注"×月×日申请退汇,俟款项退回后再办理退款手续"字样,交给汇款人,第二、三联寄交汇入行,第四联与函件和回单一起保管。

如汇款人要求用数据电文通知退汇时,只需填制两联退汇通知书,比照信件退汇通知书第一、四联的手续处理,并凭退汇通知书通知汇入行,如为跨系统退汇,则按小额支付系统退汇规定办理;如为系统内退汇则按行内业务系统查询规定办理。

②汇入行的处理。汇入行接到汇出行退汇通知书或通知退汇的报文,如果该笔汇款已转入应解汇款科目,并查明尚未解付的,应与收款人联系,以第二联退汇通知书代转账借方凭证,汇款凭证收账通知联作附件,按原汇路退回,其分录分别是:

借:应解汇款及临时存款科目——原收款人户

贷:待清算辖内往来(或待清算支付款项)

第三联退汇通知书随退汇款项,一并退回原汇出行。如行内支付系统或小额支付系统办理退汇的,按系统规定办理。

如该笔汇款业已解付,则应在第二、三联退汇通知书或汇划系统注明解付情况及日期后,将第二联退汇通知书留存,以第三联退汇通知书通知汇出行,并及时发出查复。

③汇出行收到的处理。汇出行从小额支付系统划来跨系统退汇款,或从行内系统收到系统内退汇款,以系统打印凭证记账,如果汇款人在汇出行开立账户,其会计分录为:

借:待清算支付款项(或待清算辖内往来)

贷:××存款——原汇款人户

然后,在原汇款人凭证上注明"此款已于××月××日退汇"字样,以备查询。并在原留存的第四联退汇通知书上注明"退汇款汇回,已代进账"字样,加盖业务专用章后作为收账通知转汇款人。

如果汇款人未在银行开立账户,则其会计分录为:

借:待清算支付款项(或待清算辖内往来)

贷:其他应付款——原汇款人户

同时,另以便条通知原汇款人来行取款。汇款人领取款项时,另填一联现金借方凭证,其会计分录为:

借:其他应付款——原汇款人户

贷:现金

在原第二联汇款凭证上注明"此款已于×月×日退汇"字样,以备查考。以留存的第四联退汇通知书注明"退汇款汇回已代进账"字样,加盖转讫章后作为收账通知交给原汇款人。

如接到汇入行寄回的第三联退汇通知书或发来的电报注明汇款业已解付时,应在留存的第四联退汇通知书上批注解付情况,通知原汇款人。

(2)汇入行主动退汇的处理手续。

①汇入行的处理。汇款超过两个月,收款人尚未来行办理取款手续,或在规定期限内汇入行已寄出通知,但因收款人住址迁移或其他原因,以致该笔汇款无人受领时,汇入行可以主动办理退汇。

退汇时应填制一联特种转账借方传票和两联特种转账贷方传票,并在传票上注明"退汇"字样,第四联汇款凭证作借方传票附件,原路退回。其会计分录为:

借:应解汇款及临时存款
　　贷:待清算支付款项(或待清算辖内往来)

②汇出行的处理。原汇出行收到小额支付系统或行内系统划来的退汇款项,系统打印凭证记账,其分录是:

借:待清算支付款项(或待清算辖内往来)
　　贷:××存款——原汇款人户

另一联特种转账贷方凭证加盖转讫章代收账通知交给原汇款人。

如汇款人未在银行开立账户,其处理手续比照3、(1)③的有关手续处理。

二、委托收款业务的核算处理手续

(一)委托收款的概念及有关规定

委托收款是收款人委托银行向付款人收取款项的结算方式。《支付结算办法》规定:在银行开立账户的单位和个人,在境内同城或异地,凭已承兑的商业汇票、债券、存单等债权凭证(即付款人的债务证明)办理结算的,均可使用委托收款。委托收款结算款项的划回方式分邮划(邮寄凭证划款)和电划(电子联行划款)两种,由收款人选用。

结算方法已经发生变化:一是境内商业汇票业务全部通过电子商业汇票系统办理,收款人到期在电票系统里直接提示付款人付款即可,无须再另行办理委托收款结算;二是银行只办理电子支付系统划款,即只有电划方式,没有邮划方式,收款人可以选择划回的支付系统。

(二)委托收款的核算处理手续

1. 收款人开户行托收的处理

收款人办理委托收款,应填制托收凭证一式五联(见图4-9),第一联回单,第二联贷方凭证,第三联借方凭证,第四联发电依据,第五联付款通知。收款人在委托收款凭证第二联上加盖预留印鉴后,连同有关债务证明一并提交开户行,委托开户行向付款人收款。

图 4-9 托收凭证

收款人开户行收到上述凭证后,经审查无误后,将委托收款凭证第一联加盖回单专用章,退给收款人。第二联专夹保管,并登记"发出委托收款结算凭证"登记簿,第三联凭证加盖结算专用章,连同第四、第五联凭证及有关债务证明,一并寄交付款人开户行。

2. 付款人开户行划款的处理

付款人开户行接到收款人开户行寄来的邮划或电划的第三、第四、第五联委托收款凭证及有关债务证明时,应审查是否属于本行的凭证。审查无误后,在凭证上填注收到日期,根据第三、第四联托收凭证逐笔登记"收到委托收款凭证登记簿",专夹保管,分别作如下处理。

(1)付款人按期付款的处理。按照各支付系统贷记业务的规定处理,具体如下。

①付款人为银行的,如债务证明为债券或存款单,付款银行收到托收凭证和有关债务证明,银行以托收凭证第三联作借方传票,有关债务证明作借方传票附件,选择行内系统、小额支付系统、大额支付系统等路径,按支付系统规定发起贷记业务,系统自动转账,会计分录为:

借:应解汇款及临时存款——付款人户
贷:待清算辖内往来(或待清算支付款项或存放中央银行准备金)

②付款人为开户单位的,银行应及时通知付款人承付,将第五联托收凭证加盖业务公章通知付款人,按有关办法规定需要将债务证明交给付款人的应交给付款人签收。付款人通知银行付款或3天承付期满,付款人账户有足够金额支付款项时,银行视同默认付款,以第三联托收凭证作借方凭证(以债务证明和付款通知书作附件),根据托收凭证第四联,选择支付系统,按支付系统规定向收款人开户行发起贷记业务,系统自动转账,其会计分录如下:

借:××存款——付款人户

贷:待清算辖内往来(或待清算支付款项或存放中央银行准备金)

转账后,银行销记"收到委托收款凭证登记簿",填明转账日期。

(2)付款人无款支付的处理。付款期满日付款人存款账户余额不足支付全部款项的,银行在托收凭证和"收到委托收款凭证登记簿"上注明"无款支付"字样和退回日期,按照支付系统无款支付规定,填制三联付款人未付款通知书(用异地结算通知书代),将一联通知书和委托收款凭证第三联留存备查,将第二、第三联通知书连同托收凭证第四联邮寄收款人开户行。留存债务证明的,其债务证明一并邮寄收款人开户行。

(3)付款人拒绝付款的处理。

①付款人为单位的,银行在付款人签收的次日起3日内,收到付款人填制的四联拒绝付款理由书及债务证明和第五联委托收款凭证,核对无误后,在托收凭证和"收到委托收款凭证登记簿"备注栏中注明"拒绝付款"字样。然后将第一联拒绝付款理由书加盖业务公章退还付款人,将第二联拒绝付款理由书连同第三联托收凭证一并留存备查,将第三、第四联拒绝付款理由书连同债务证明和第四、第五联托收凭证一并寄往收款人开户行。

②付款人为银行的,拒绝付款的手续比照上述付款人为单位的拒绝付款的手续办理。

3. 收款人开户行收到划回的处理

(1)按期划款(回)的核算处理手续。收款人开户行收到贷记业务报文的,应将留存的托收凭证第二联抽出,经核对无误后,在两联托收凭证上填注转账日期,以凭证第二联作转账贷方传票。其会计分录如下:

借:待清算辖内往来(或待清算支付款项或存放中央银行准备金)

贷:××存款——收款人户

转账后,一联加盖回单专用章作收账通知交收款人,并销记"发出委托收款凭证登记簿"。

(2)付款人无款支付的处理手续。若收到无款支付而退回的托收凭证及有关单据,应抽出托收凭证第二联,在备注栏注明"无款支付"字样,销记"发出委托收款凭证登记簿",将托收凭证第四联及一联未付款项通知书和债务证明退交收款人。收款人在未付款项通知书上签章后,收款人开户行将一联未付款通知书连同托收凭证第二联一并保管备查。

(3)拒绝付款的处理手续。收款人开户行接到托收凭证第四、第五联及有关债务证明和第三、第四联拒绝付款理由书,经核对无误后,抽出托收凭证第二联,并在备注栏中注明"拒绝付款"字样,销记"发出委托收款凭证登记簿"。然后将托收凭证第四、第五联及有关债务证明和第四联拒绝付款理由书一并退给收款人。收款人在第三联拒绝付款理由书上签章后,收款人开户行将第三联拒绝付款理由书连同第二联托收凭证一并保管备查。

(三)同城特约委托收款

同城特约委托收款是由特定的收款人,委托银行直接从付款人账户中主动收取款项,而不经付款人承付的一种结算方式。该结算方式适用于公用事业、邮电、房管和交通部门等根据合同向同城范围内的各用户单位收取的标准固定的可计量的各种费用,如自来水费、电话费、养路费等。办理该种结算前,应由收付双方签订经济合同,由付款人向开户行授权,并经开户行同意,报经中国人民银行当地支行批准,付款人开户行按照支付系统定期贷记业务规定办理即可。对超范围办理同城特约委托收款的,银行不予办理。

三、托收承付业务的核算

(一)托收承付的概念

托收承付是指根据购销合同由收款人发货后委托银行向异地付款人收取款项,由付款人向银行承认付款的结算方式。目前,托收承付结算较之《支付结算办法》规定变化较大。

(二)托收承付的有关规定

1.《支付结算办法》中关于托收承付结算的基本规定

(1)办理托收承付的单位必须是国有企业、供销合作社以及经济管理较好、并经开户银行审核同意的城乡集体所有制工业企业。

(2)办理托收承付结算的款项,必须是商品交易,以及因商品交易而产生的劳务供应的款项。代销、寄销、赊销商品的款项,不得办理托收承付结算。收付双方使用托收承付结算必须签订符合《中华人民共和国劳动合同法》的购销合同,并在合同上订明使用托收承付结算方式。收款人办理托收,须具有商品确已发运的证件。

(3)托收承付结算每笔金额起点为1万元。新华书店系统每笔的金额起点为1 000元,款项划回的方式分为邮寄和电报两种,由收款人选择使用。

(4)付款人承付货款分为验单付款和验货付款两种,由收付款双方商量后选用一种,并在合同中明确规定。①验单付款。验单付款的承付期为3天,从付款人开户银行发出承付通知的次日算起(承付期内遇节假日顺延)。②验货付款。承付期为10天,从运输部门向付款人发出提货通知的次日算起。

(5)付款人在承付期内,未向银行提出异议,银行即视作承付,并在承付期满的次日(法定休假日顺延)上午银行开始营业时,将款项主动从付款人账户内付出,按照收款人指定的划款方式,划给收款人。

(6)付款人在承付期满日银行营业终了时,如无足够资金支付货款,其不足部分,即为逾期付款。付款人开户行对逾期支付的款项,应当根据逾期付款金额和逾期天数,按每天万分之五的比例计算逾期付款赔偿金。

(7)付款人开户银行对逾期未付的托收凭证,负责扣款的期限为3个月(从承付期满日算起)。期满时、付款人仍无足够资金支付尚未付清的欠款,银行应于次日通知付款人将有关交易单证在2天内退回银行,付款人逾期未退回单证的,银行自发出通知的第3天起、按照应付的结算金额对其处以每天5‰但不低于50元的罚款,并暂停其对外办理结算业务,直到退回单证时止。

2. 随着社会经济的发展,上述《支付结算办法》中关于托收承付结算的基本规定已大幅简化

(1)适用范围。单位客户在境内异地根据收付款人双方合同约定办理款项结算时,可使用托收承付。

(2)申请条件。收、付款双方必须签署购销合同,并在合同上订明使用托收承付结算方式。

(3)银行责任。付款人开户行在付款人拒付时,承担对收、付款人约定事项的审查责任。

(三)托收承付的会计核算

托收承付结算分为托收和承付划款两个环节,比照委托收款业务办理,《支付结算办法》、《支付结算会计核算处理手续》中规定的托收承付结算处理手续这里不作介绍。

四、国内信用证业务的核算

国内信用证(以下简称"信用证")是指在中华人民共和国境内银行依照申请人的申请开立的、对相符交单予以付款的承诺。银行开办的国内信用证业务依据中国人民银行、中国银行业监督管理委员会颁布《国内信用证结算办法》(2016年4月27日颁布,2016年10月8日起实施),原《国内信用证结算办法》和《信用证会计核算手续》(银发〔1997〕265号文印发)同时废止。银行在国际业务中开办的国际信用证依据的是国际商会制定 UCP600 及相关惯例,两者有着本质区别,但结算环节和流程基本一致,国际信用证业务见第八章第四节国际结算。

国内信用证业务的概念、基本规定和核算处理手续如开证、修改、通知、议付、寄单索款等详细内容扫以下二维码可见。

第四节　银行卡业务的核算

一、银行卡的概念和作用

银行卡是指由商业银行向社会发行的具有消费信用、转账结算、存取现金等全部或部分功能的信用支付工具。商业银行未经中国人民银行批准不得发行银行卡。

作为支付工具,持卡人可持卡在发卡机构特约商户办理购物消费;可在发卡机构的经营网点或自动柜员机上存取现金;可因临时消费急需,经发卡机构批准,在规定额度和期限内,进行透支性支付消费。

二、银行卡的种类

(一)银行卡按能否透支,分为信用卡和借记卡

信用卡按是否向发卡银行交存备用金分为贷记卡、准贷记卡两类。贷记卡是指发卡银行给予持卡人一定的信用额度,持卡人可在信用额度内先消费、后还款的信用卡。准贷记卡是指持卡人须先按发卡银行要求交存一定金额的备用金,当备用金账户余额不足支付时,可在发卡银行规定的信用额度内透支的信用卡。

借记卡按功能不同分为转账卡(含储蓄卡,下同)、专用卡、储值卡。借记卡不具备透支功能。

转账卡是实时扣账的借记卡。具有转账结算、存取现金和消费功能。

专用卡是具有专门用途、在特定区域使用的借记卡。具有转账结算、存取现金功能。专门用途是指在百货、餐饮、饭店、娱乐行业以外的用途。

储值卡是发卡银行根据持卡人要求将其资金转至卡内储存,交易时直接从卡内扣款的预付钱包式借记卡。

(二)银行卡按信息载体,分为磁条卡和芯片(IC)卡

磁条卡是在表面镶有磁条纹码或磁带记载持卡人信息的信用卡;芯片卡是采用IC芯片记载持卡人信息的信用卡,又称为"IC卡"。芯片(IC)卡既可应用于单一的银行卡品种,又可应用于组合的银行卡品种。

(三)银行卡按发行对象,分为单位卡(商务卡)和个人卡

单位卡的发行对象是企业、机关、团体、部队、学校等单位组织;个人卡的发行对象是个人。

(四)银行卡按信誉等级,分为金卡和普通卡

金卡发给经济实力强、社会地位高、信誉良好的持卡人使用;普通卡则发给一般资信的持卡人使用。

(五)银行卡按流通范围,分为国际卡和地区卡

国际卡在国际上通用;地区卡只能在发行国国内或一定区域内使用。

(六)银行卡按结算币种不同,分为本币卡和外币卡

本币卡以发行国本国货币为结算币种;外币卡以外币为结算币种。

三、借记卡的核算处理手续

(一)开卡的处理

银行卡开卡时,必须先开立个人结算账户,由储户填写个人业务申请书,连同现金、有效身份证件一并交经办柜员,经办柜员清点现金,审查"个人业务申请书"各要素填写是否齐全、申请书填写内容与开卡证件是否相符,正确无误后,在综合业务系统内录入各要素,由储户自行输入密码,打印开卡处理单、收费凭证、"储蓄存款凭条",并交与储户,储户审查各项目正确无误后签字确认,经办柜员加盖名章和业务讫章,将银行卡和身份证件以及回执交与储户。会计分录为:

借:现金
　　贷:活期储蓄存款——××户

收取工本费和手续费的会计分录为:(如不收工本费和手续费时,不作此分录,手续费收入进行价税分离,下同)

借:现金
　　营业费用——印刷工本费(红字)
　贷:手续费收入——银行卡手续费收入
　　　应交税费——应交增值税(销项税额)
借记卡开户、续存、销户的处理见银行活期储蓄存款业务核算。

(二)ATM现金取款及转账业务的核算

1. 本行系统内ATM现金取款及转账的核算

(1)ATM取款,系统记账会计分录为:
　借:活期储蓄存款——××户
　贷:现金——ATM库存现金

(2)ATM行内转账。

①银行卡账户之间的转账,系统记账会计分录为:
　借:××存款——付款人账户
　贷:××存款——收款人账户

②银行卡账户向单位结算账户转账,系统记账会计分录为:
　借:××存款——付款人账户
　贷:××存款——收款单位结算账户

2. ATM本代他(即他行卡在本行ATM机使用)取现、转账业务的会计核算

(1)ATM本代他取现、转账业务发生时的会计核算。

①本金:
　借:其他应收款——银联ATM取现本代他应收本金
　贷:现金

②银行间手续费:
　借:其他应收款——银联ATM取现本代他应收银行手续费
　贷:手续费收入——银联ATM取现本代他银行手续费收入

(2)银联同本行资金清算时的会计核算。

①银联ATM本代他本金:
　借:存放中央银行准备金——资金清算户
　贷:其他应收款——银联ATM本代他应收本金

②银联ATM本代他银行手续费:
　借:存放中央银行准备金——资金清算户
　贷:其他应收款——银联ATM本代他应收银行手续费

3. ATM 他代本(即本行卡在他行 ATM 机使用)取现、转账业务的会计核算

(1)ATM 他代本取现、转账业务发生时的会计核算。

①本金：

　　借:活期储蓄存款——××户
　　　贷:其他应付款——银行 ATM 取现他代本应付本金

②银行间手续费：

　　借:手续费支出——银联 ATM 取现他代本银行手续费支出
　　　贷:其他应对款——银联 ATM 取现他代本应对银行手续费

③客户手续费。他代本手续费由客户承担：

　　借:活期储蓄存款——客户
　　　贷:手续费收入——银联 ATM 取现他代本客户手续费收入

4. 银联同本行资金清算时的会计核算

(1)银联 ATM 他代本本金：

　　借:其他应付款——银联 ATM 他代本应付本金
　　　贷:存放中央银行准备金——资金清算户

(2)银联 ATM 他代本银行手续费：

　　借:其他应付款——银联 ATM 他代本应付银行手续费
　　　贷:存放中央银行准备金——资金清算户

(三)POS 业务的会计核算处理

持卡人可持本行银行卡在具有"银联"标识的 POS 机具上进行刷卡消费。

1. POS 他代本业务发生时的会计核算

(1)本金的核算：

　　借:活期储蓄存款——××户
　　　贷:其他应付款——银联 POS 消费应付他代本本金

(2)银行间手续费：

　　借:其他应收款——银联 POS 消费他代本应收银行手续费
　　　贷:手续费收入——银联 POS 消费他代本银行手续费收入

(3)银联同本行资金清算时的会计核算。

①银联 POS 他代本本金：

　　借:其他应付款——POS 消费他代本应付本金
　　　贷:存放中央银行准备金——资金清算户

②银联 POS 他代本银行手续费：

　　借:存放中央银行准备金——资金清算户
　　　贷:其他应收款——银联 POS 消费他代本应收银行手续费

2. POS 他代本业务退货时的会计核算

(1)本金的核算：

　　借：其他应收款——银联 POS 消费他代本退货

　　　　贷：活期储蓄存款——××户

(2)银行间手续费：

　　借：手续费支出——银联 POS 他代本退货手续费支出

　　　　贷：其他应付款——银联 POS 他代本退货手续费支出

(3)银联同本行资金清算时的会计核算。

①银联 POS 他代本退货本金：

　　借：存放中央银行准备金——资金清算户

　　　　贷：其他应收款——银联 POS 消费他代本应收退货本金

②银联 POS 他代本退货手续费：

　　借：其他应付款——银联 POS 消费他代本应收退货手续费支出

　　　　贷：存放中央银行准备金——资金清算户

四、信用卡业务的会计核算

(一)发卡行发卡的处理

发卡行受理单位或个人的信用卡申请书后，经审核符合发卡条件的，发卡行向申请人收取备用金和手续费，并登记开销户登记簿和发卡登记簿，办理转账。其会计分录为：

　　借：现金

　　或：××存款——持卡人户

　　　　贷：银行卡存款——持卡人户

　　　　　　手续费收入

　　　　　　应交税费——应交增值税(销项税额)

收妥款项后，将银行卡交持卡人。

若不预收款项，也不收取手续费，则不进行账务处理，直接审核发卡。

(二)持卡人取现金的处理

信用卡取现属于银行融资业务，收费较高，持卡人一般不会直接取现。持卡人如需要取现，可直接到银行柜员机上自助支取，也可到柜台办理。柜台办理手续如下：

银行柜员接到持卡人交来的信用卡、身份证，应审核如下内容：信用卡是否真实；是否超过有效期限或已经止付；是否为单位卡；核验身份证与持卡人一致性，审核无误后，压印一式四联"取现单"，在取现单上填写持卡人身份证件号码、金额及授权号

码,持卡人在取现单上签名,核实后,将现金和一联取现凭证、信用卡、身份证件交持卡人。其会计分录为:

借:银行卡透支——持卡人户
　　贷:现金
　　　　手续费收入
　　　　应交税费——应交增值税(销项税额)

(三)持卡购物消费的处理

信用卡传统支付流程如下:持卡人到银行卡特约商户刷卡购物时,特约商户打印签购单,由持卡人签字。特约商户汇总签购单,填制两联进账单交开户银行。特约商户开户银行审核无误后,区分不同发卡行信用卡的签购单,并按各发卡行分别汇总签购单的金额,将签购单寄往有关发卡行,收取持卡人应付的款项,通过中国银联清算资金。

目前,我国根据对WTO的承诺,开放银行卡转账清算市场,已出现专业银行卡收单机构和清算机构,中国银联一家独大的银行卡清算格局发生改变,由收单机构按不同发卡银行轧差资金与银联或其他清算机构进行清算。

1. 特约商户开户行的处理

(1)与发卡行为同一银行的处理。持卡人与特约商户在同一法人银行系统开户的情况,特约商户开户行根据签购单转账。其会计分录为:

借:银行卡存款——持卡人户
　　贷:××存款——特约商户

(2)发卡行为异地同系统银行的处理。这是指持卡人与特约商户在同系统异地开户的情况。其会计分录为:

借:待清算辖内往来——电子汇划款项户
　　贷:××存款——特约商户户

(3)发卡行为同城或异地跨系统银行的处理。持卡人与特约商户在不同法人银行开户,则根据小额支付系统有关规定办理普通借记业务,待收到发卡行确认付款回执后,为特约商户入账。其会计分录为:

借:待清算支付款项
　　贷:××存款——特约商户户

2. 发卡行的处理

(1)发卡行收到异地同系统银行发来的银行卡签购单的处理。发卡行审核报单及签购单无误,或收到清算行的电子汇划凭证后,办理转账。其会计分录为:

借:银行卡存款——持卡人户
　　贷:待清算辖内往来

(2)发卡行从票据交换所(现为小额支付系统)提回信用卡签购单的处理。发卡行审核签购单无误后,办理转账。其会计分录为:

借:银行卡存款——持卡人户
　贷:待清算支付款项

思考与练习

一、思考题

1. 简述我国支付结算工具和支付结算方式有哪些?
2. 试分析商业汇票和电子商业汇票的关系。
3. 简述国内信用证结算流程。
4. 简述支票影像交换的基本规定有哪些?

二、填空题

1. 票据法规定的票据结算种类包括(　　　)、汇票、(　　　)三种。
2. 商业汇票按承兑人的不同,分为(　　　)、(　　　)两种。
3. 支票分为(　　　)(　　　)、(　　　)三种。
4. 银行卡一般具有(　　　)、(　　　)、(　　　)三大功能。

三、选择题

1. 支付结算三原则是(　　)。
   A. 恪守信用,履约付款　　　　B. 谁的钱进谁的账,由谁支配
   C. 银行不垫款　　　　　　　　D. 单位和个人不得出租出借账户
2. 三票一卡结算工具中的"三票"具体是指下列哪些票据(　　)。
   A. 汇票　　　B. 本票　　　C. 支票　　　D. 国内信用证
3. 商业汇票根据承兑人不同,可以分为(　　)。
   A. 商业承兑汇票　B. 银行承兑汇票　C. 银行汇票　D. 商业汇票
4. 下列结算工具中只能用于同城结算的是(　　)。
   A. 银行汇票　　B. 本票　　　C. 支票　　　D. 银行卡
5. 关于支票功能说法正确的是(　　)。
   A. 现金支票只能取现,不能转账　　B. 现金支票既能取现,又能转账
   C. 转账支票不能取现,只能转账　　D. 转账支票既能取现,又能转账
6. 下列票据的付款方式属于见票即付的是(　　)。
   A. 银行汇票　　B. 本票　　　C. 支票　　　D. 商业汇票
   (提示:这四种票据中,前三种均须在规定期限内见票即付,只有商业汇票须载明到期日,定日付款)

7. 支票的提示付款期为( ),银行汇票的提示付款期为( ),本票的提示付款期为( )。

   A. 10 天   B. 1 个月   C. 2 个月   D. 6 个月

8.《票据法》规定的票据付款方式有四种( )。

   A. 见票即付   B. 定日付款

   C. 出票后定期付款   D. 见票后定期付款

   (提示:这四种付款方式都是《票据法》规定的,但是在具体业务中我国只采用了见票即付和定日付款两种方式。)

9. 纸质商业汇票的付款期最长不得超过( ),电子商业汇票的付款期限最长不超过( )。

   A. 3 个月   B. 6 个月   C. 9 个月   D. 1 年

10. 银行卡按能否透支,分为( )。

   A. 借记卡   B. 信用卡(贷记卡)   C. 金卡   D. 普通卡

四、业务分录题

20××年3月5日,合肥市工商银行三里街支行发生下列业务,经审核无误,予以办理,逐笔作出会计分录。(提示:注意各题支付系统不同,则会计科目的名称不同)

(一)支票、汇兑业务

1. 开户单位大为贸易商行签发转账支票一份,金额20 000,收款人为同城农业银行某支行开户的欣欣电机厂,予以转账并从小额支付系统发起贷记业务,收到农行确认回执,写出双方银行的会计分录。

2. 交换提入转账支票一张,系开户单位酒精厂签发,金额为人民币16 000元,经审查发现印鉴与预留印鉴不符,当即通知退票并计收罚款。计算应计罚款数并作出收取罚款的会计分录。

3. 开户单位服装厂签发现金支票,支取现金90 000元以备发放工资,经审核无误后付给现金。

4. 收到开户单位合肥市中医院提交电汇凭证一份,金额为人民币40 000元,要求汇往省外农业银行开封市支行张林收,用途为工资,审查无误后,立即通过小额支付系统办理跨行汇款手续。

5. 收到南京市工行营业部从行内支付系统汇入一笔汇款,金额120 000元,收款单位为开户单位三联商场,审查无误当即入账。

(二)银行汇票业务

1. 客户李清提交银行汇票申请书及现金40 000元,申请签发现金银行汇票持往异地购货,收妥现金后予以签发,指定代理付款行为上海市工行南京路支行。作出收现金签发的会计分录。

2. 开户单位华联商厦提交银行汇票申请书,申请签发银行汇票,汇款金额 85 000 元,系货款。银行审查后转账收款并签发汇票,作出签发的会计分录。

3. 开户单位新兴百货持异地工商银行签发的银行汇票及解讫通知和三联进账单来行办理收款手续,汇款金额 200 000 元,实际结算金额 195 000 元,经审核无误后发起贷报业务,收到确认付款回执,给收款人收账,作出收账的会计分录。

4. 从行内系统接到异地本系统银行的划付款信息,结算金额 45 000 元,原汇票金额 50 000 元,审核无误后办理付款、结清手续,作出结清的会计分录。

5. 开户单位制药厂申请的银行汇票因故未用,申请退回,金额 10 000 元,作出退款的会计分录。

(三) 商业汇票业务

1. 开户单位制药厂申请承兑一份电子银行承兑汇票,金额为 5 000 000 元,根据承兑协议,向承兑申请人按票面金额千分之一收取手续费,收取 20% 保证金,办理转账并登记表外科目。

2. 本日到期一份电子银行承兑汇票,根据承兑协议,向承兑申请人新兴百货收取票款备付,金额 10 000 000 元,由于该单位账户资金不足,只能支付 7 000 000 元,不足部分作逾期贷款处理,办理转账手续。

3. 一份本行承兑的电子银行承兑汇票在提示付款期内收到提示付款申请,当日予以付款,票面金额为 8 000 000 元,持票人在异地他行,立即办理跨系统银行付款手续。

4. 一份电子商业承兑汇票三日前到期,持票人于到期日通过电子商业汇票系统办理提示付款申请,金额 40 000 元,该商业承兑汇票的承兑人为开户单位服装厂,账户有足够资金,默认付款,经审核无误后办理承付划款手续。

5. 收到大额支付系统贷记业务报文,系银行承兑汇票承付划回款,金额 6 300 000 元,收款人为开户单位钢构厂,经审核无误后立即给收款人入账。

6. 收到异地本系统银行贷报业务报文,系异地承付划回商业承兑汇票款,金额 660 000 元,收款人为开户单位油漆厂,经审核无误后立即给收款人入账。

第五章 支付系统业务的核算

学习目标

1. 了解行内系统资金汇划与清算的基本流程。
2. 了解中国现代化支付系统的主要应用系统及参与者的概念。
3. 理解大额实时支付系统、小额批量支付系统基本业务范围。

第一节 概　述

一、支付系统的概念

支付系统是银行自行开发的、用于金融机构之间进行金融数据通信的专有金融系统,是支撑各种支付工具的应用,完成资金转移和实现资金清算的通道。现阶段我国的支付系统是利用现代化支付手段,将客户的支付信息通过网络安全地传达给银行或相应的处理机构,以实现客户、银行的资金划拨、转账和结算的电子支付系统,具有数据传递、资金划拨和资金清算三大功能。

随着我国社会经济快速发展,经济规模不断扩大,交易活动日益频繁,金融市场体系逐渐完善,市场的广度和深度不断拓展,综合国力显著增强,与其他国家和地区的经贸往来日益密切,人民币的国际地位不断提高等外部环境的变化对银行的支付清算服务提出了新的、更高的要求。支付系统是国家经济金融运行与发展的核心基础设施和制度安排,支付系统的建设与发展须与社会经济的发展水平相适应。

二、我国支付系统的构成

我国已建成与市场经济发展相适应的支付服务市场体系和专业化分工格局的支付清算体系:以中国现代化支付系统为核心,以银行业金融机构系统内联行往来(亦称行内往来)系统为基础,以网上支付跨行清算系统、人民币跨境支付系统、境内外币支付系统、城商行票据支付系统、银行卡支付系统、电子商业汇票系统、证券结算系统等为重要组成部分,以行业清算组织和互联网支付服务组织业务系统为补充。

中国现代化支付系统是中国人民银行根据我国支付清算的需要,利用现代计算机技术和通信网络开发建设的,能够高效、安全地处理各银行跨系统办理的异地、同城各种支付业务及其资金清算和货币市场交易资金清算的应用系统。

我国支付体系形成了较为完善的中国支付清算网络,对加快社会资金周转、提高支付清算效率以及促进国民经济健康平稳发展发挥了重要作用。

三、我国支付系统的发展

随着经济发展及支付工具的变革和进步,我国支付系统经历了传统手工联行、电子联行、现代化支付系统三个阶段。

(一)央行现代化支付系统从一代支付发展到二代支付,功能更强大

自2002年中国人民银行决定建设中国现代化支付系统以来,相继建成了包括大额支付系统、小额支付系统和支票影像交换系统等主要应用的第一代人民币跨系统银行支付系统。

2009年12月2日,中国人民银行决定正式启动建设第二代支付系统,2012年10月8日,第二代支付系统的其他应用系统和ACS系统上线运行,2014年11月正式完成。

与第一代支付系统相比,第二代支付系统能为银行业金融机构提供灵活的接入方式、一点清算模式和更加全面的流动性风险管理手段,实现网银互联,支撑新兴电子支付的业务处理和人民币跨境支付结算,实现本外币交易的对等支付(PVP)结算。同时,二代系统具备健全的备份功能和强大的信息管理与数据存储功能,建立高效的运行维护机制,进一步强化安全管理措施,并逐步实现支付报文标准国际化。二代支付提供了多种业务的排队解救体制,新增了自动拆借功能,为商业银行提供更全面的流动性风险管理功能。二代支付简化了人民币跨行支付业务处理流程,所有业务都先发给付款银行,再由收款银行确认收款信息,最后完成支付。

(二)商业银行行内业务系统相继完成更新换代

我国商业银行设立之初都采取传统手工联行进行系统内资金汇划清算,至20世纪90年代中期,以四大国有银行为首的各家商业银行纷纷上线电子资金汇兑系统,全面取代手工联行;近年来,为满足社会公众支付需求多样性发展的需要,各银行业金融机构的行内系统进一步升级换代,由分散运营模式过渡到一级分行(或省分行)集中运营模式,为银行间资金汇划自动审核、自动记账、自动回执提供了技术基础。

(三)非银支付组织获得许可,新兴电子支付方式不断涌现,支付服务组织呈现多样化发展趋势

自2011年起,中国人民银行开始向符合条件的非金融机构法人发放《支付业务许可证》,允许办理网络支付、预付卡的发行与受理、银行卡收单以及中国人民银行确定的其他支付服务,正式开放我国支付服务市场,引入第三方支付服务机构(也称非银支付机构)。

第二节 商业银行行内往来系统业务的核算

一、商业银行行内往来的概念与特点

(一)相关概念

行内往来也称"系统内往来"或"联行往来",是指同一银行法人(即隶属于一个总行)系统内各经营机构之间,由于办理支付结算、资金调拨等业务,相互代收、代付而发生的资金账务往来。行内往来系统是专门处理商业银行系统内各营业机构之间资金汇划与清算的业务处理网络系统,在支付系统中居于基础地位。

我国系统内往来经历了手工联行往来、电子汇划系统(电子联行)、行内往来业务系统的发展历程。手工联行往来通过传递纸质联行报单实现资金异地转移与清算;电子汇划系统是对手工联行的升级,传递电子联行报单信息进行资金异地转移与清算;行内往来系统是对电子联行的升级,与行内业务核算系统连接,通过传输电子数据报文实现资金汇划清算,系统自动记账。行内往来业务中涉及的一些基本概念在传承中也随之发生改变。

1. 发报行、收报行改称为发起行、接收行

在手工联行中,发报行也称"往账行",是指发出或寄出纸质联行报单(即联行凭证)的银行;收报行也称来账行,是指收到纸质联行报单的银行。在行内往来电子汇划系统中,发报行改称"发起行",是指发起资金汇划业务报文的银行,是资金汇划业务的起点,也是往账行;收报行改称"接收行",是指接收电子汇划业务报文的银行,也是来账行。

2. 贷报业务(贷方报单)、借报业务(借方报单)

手工联行中的纸质划款凭证称为"联行报单",分为贷方报单和借方报单两种,在行内系统中相应地称为"贷报业务和借报业务"。

贷报业务是付款人开户行发起的支付业务,也称为"划收业务",主要包括汇兑、委托收款(托收承付)划回等结算业务。发报经办行发起贷报业务,应借记付款人账

户,贷记联行科目。

借报业务是收款人开户行发起的支付业务,也称为"划付款业务"。它主要包括银行汇票的解付、信用卡的解付及定期借记业务等。发报经办行发起借报业务,收到付款行确认付款回执后,再进行账务处理,借记联行科目,贷记收款人账户。

(二)行内往来业务的特点

1. 各法人银行的行内往来自成体系,互不交叉

例如,工商银行的行内往来仅限于工商银行分支机构之间办理,农业银行的行内往来则仅在农业银行分支机构之间办理,工行和农行的行内系统不相连,如需在这两家银行之间进行资金划转,则为跨行支付,需要借助于央行的支付系统方可办理。

2. 行内系统设有多层级机构,层层负责

集中运营模式下一般包括一个全国清算中心、几十个省级清算行,一级分行或省分行为省级清算行,集中处理省辖范围内各机构之间的资金账务往来。分散处理模式则在全国和省辖清算行下,还需设立数百个城市处理中心,以及上千个县级处理中心,逐级上划进行资金清算。商业银行各分支机构都是行内系统的参与者。

3. 账务分散在不同银行,相互对应

由于系统内往来发生在两个银行之间,往来的双方银行各以与自己对应的另一方银行作为往来的前提。因此,在一笔电子汇划业务中,一方付出一定金额的资金,另一方则收入相等金额的资金,在该笔往来账务中,双方的账务是相互对应的,设置一个往来科目,一家银行记该科目借方,另一家银行则记该科目贷方,如"待清算辖内往来"或"系统内资金往来"等科目,各法人银行设置的往来科目名称各不相同,但是科目性质和用法基本相同。

4. 行内往来系统全部采取无纸化电子信息传递

电子汇划业务以发报行发出汇划信息为起点,以收报行对汇划信息核验确认为终点,电子汇划业务数据全部采取固定电子报文进行加密传输。

5. 发报行、收报行均以电子汇划信息为依据进行账务处理

记账所需的汇划凭证、清单、清算日报表等,由各银行按核算手续各自打印所需联次,并加盖相应业务专用章或回单专用章。电子汇划信息转换打印的凭证与纸式汇划凭证具有同等效力。

6. 各营业机构指定专人负责电子汇划来账的查询、接收工作,当天的来账业务必须在规定时间内处理完毕

坚持信息查询、查复原则。对查询、查复等事务类信息,必须坚持"有疑必查、有查必复、复必详尽、切实处理"的原则。

7. 加强密押等保密工作

加强对密押器、电子汇划专用章、电子汇划业务专用凭证等物品及单证的管理,保证岗位制约等制度的落实。密押是保证资金汇划安全的重要措施,分为人民银行支付系统密押和商业银行行内系统密押两类。密押按级别分为全国押和地方押,在同一清算行内各分支机构之间进行资金划转需编地方押;在清算行与总行清算中心之间传输报文需编全国押。

二、基本做法

行内往来基本运行方式是支付指令实时传输、汇划资金适时到达、汇差当日自动清算。以某商业银行例,其基本做法如下。

(一)上存头寸,实存资金控制

系统内各级行须在上级管辖行开立备付金存款账户,实际上存头寸,按账户余额控制资金划出。下级行设置"上存系统内款项"科目核算上存上级行的备付金、定期存款等情况;上级行设置"系统内款项存放"科目核算和反映下级行上存的备付金、定期存款等情况。

(二)信息纵向传递,往来集中转换

客户办理一笔资金汇划业务,都是从发报经办行开始,依次经过发报清算行、总行清算中心、收报清算行,至收报经办行结束,信息纵向传输,往账与来账集中在总行清算中心进行转发。其中:

经办行是指办理结算和资金汇划业务的银行,发报经办行为汇划业务的发起行,收报经办行为汇划业务的接收行;

清算行是指在总行清算中心开立备付金存款账户的银行,各省分行或一级分行均为清算行,清算行负责办理辖内下属各分支机构汇划款项的清算;

总行清算中心主要办理系统内各经办行之间的资金汇划、各清算行之间的资金清算及资金借、账户对账等账务的核算与管理。

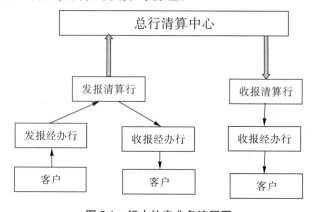

图 5-1 行内往来业务流程图

(三)差额清算,逐级平衡检查,集中监督核对

逐级自上而下清算当天系统内汇划的汇差资金,分两级清算,每日日终,由清算行负责清算辖内各分支机构当天汇差,总行负责各清算行当天汇差清算。往来账务逐级核算平衡,事后监督集中检查核对。

三、会计科目的设置

(一)"上存系统内款项"科目

"上存系统内款项"科目属于资产类科目,是下级行用以核算其存放在上级行的资金。各清算行在总行开立的备付金账户以及二级分行在省区分行/一级分行开立的调拨资金账户均使用该科目进行核算。

清算行包括省/直辖市分行、总行直属分行,均应在"上存系统内款项"科目下设置"上存总行备付金"账户,用以核算资金调拨和清算辖属行处的汇划款项;二级分行还需设置"上存省区分行/一级分行调拨资金"账户,用以核算在内集中调拨资金。

(二)"系统内款项存放"科目

"系统内款项存放"科目属于负债类科目,与"上存系统内款项"科目相对应,是上级行用以核算其下级行上存的备付金存款、定期存款和调拨资金情况。总行在"系统内款项存放"科目下按清算行设置"××行备付金",用以核算各清算行和省区分行在总行的备付金存款的增减变动情况;省区分行在该科目下按二级分行设置"××行调拨资金",用以核算一级分行的调拨资金存款的增减变动情况。

(三)"待清算辖内往来"科目

"待清算辖内往来"科目属于资产负债共同类科目,用以核算各发、收报经办行与清算行之间的资金汇划往来与清算情况,余额轧差反映。该科目余额即为资金汇划产生的汇差,贷方余额表示本行应付汇差,借方余额表示本行应收汇差。汇差与往来行清算后,该科目余额为零。

需要说明的是,各法人商业银行对于行内往来汇划系统设置的会计科目名称各不相同,但科目核算内容和记账方向基本一致。

四、行内往来业务的核算处理手续

行内往来分为往账业务和来账业务,处理手续如下。

(一)往账业务的处理

1. 发报经办行的处理

它包括业务受理、审核、录入、复核、确认、发送等工作。

(1)日间的处理。发报经办行根据客户提交的原始凭证,审核无误后将业务数据录入计算机,经复核、授权后实时或批量发送至发报清算行,系统自动记账。

如发起贷报业务,则会计分录为:

借:××存款——付款人户
　　贷:待清算辖内往来——××行

如发起借报业务,暂不产生会计分录,待系统收到来账行确认付款回执后,再进行账务处理,则会计分录相反:

借:待清算辖内往来
　　贷:××存款——收款人户

(2)日终处理。日终"待清算辖内往来"科目自动轧差反映余额,该余额是当日划收、划付业务的差额,又称为"汇差"。

若"待清算辖内往来"为贷方余额,则为应付汇差,本行应该付款,日终清算时,本行在上级清算行的备付金存款会减少,会计分录为:

借:待清算辖内往来——××管辖行
　　贷:上存系统内款项——上存××行备付金

若"待清算内往来"科目为借方余额,则为应收汇差,本行应该收款。日终清算时,本行在上级清算行的备付金存款会增加。会计分录为:

借:上存系统内款项——上存××行备付金
　　贷:待清算辖内往来——××管辖行

每日营业终了,发报经办行根据当天向发报清算行发出的汇划业务信息打印辖内往来汇总记账凭证、资金汇划业务清单,资金汇划业务清单及有关原始凭证作汇总记账凭证的附件。

2. 发报清算行的处理

(1)日间的处理。发报清算行收到发报经办行传输来的跨清算行汇划业务报文,系统自动进行账务处理,更新在总行清算中心的备付金存款账户,并将汇划数据加密押后传输至总行清算中心。如收到经办行贷报业务,则会计分录为:

借:待清算辖内往来——××行
　　贷:上存系统内款项——上存总行备付金

如收到经办行借报业务,待付款行记账确认后,则会计分录相反。

(2)日终的处理。对"待清算辖内往来"科目按经办行轧差,若为借方余额(借

差),则为本行应收汇差,日终清算时,应减少该经办行在本行的备付金存款。会计分录为:

借:系统内款项存放——××行备付金
贷:待清算辖内往来——××行

若为贷方余额(贷差),则为本行应付汇差,日终清算时,应增加该经办行在本行的备付金存款。会计分录为:

借:待清算辖内往来——××行
贷:系统内款项存放——××行备付金

(3)同一清算行辖内汇划业务的处理。若发报清算行收到发报经办行传输来的本清算行辖内汇划业务报文,系统直接将汇划数据加押后传输至收报经办行,并分别更新发报经办行和收报经办行在本行清算中心的备付金存款。如为贷报业务,则会计分录为:

借:系统内款项存放——××发报经办行备付金
贷:系统内款项存放——××收报经办行备付金

如为借报业务,则会计分录相反。

每日营业终了,发报清算行打印清算行辖内往来汇总记账凭证、清算行备付金汇总记账凭证、资金汇划业务清单等,并核对有关数据。

(二)总行清算中心的处理

总行清算中心收到各发报清算行上送的汇划业务报文,系统自动登记后,传输至收报清算行。日终,系统自动更新各清算行在总行的备付金存款账户。

如收到贷报业务,则会计分录为:

借:系统内款项存放——××发报清算行备付金
贷:系统内款项存放——××收报清算行备付金

如为借报业务,则会计分录相反。

每日营业终了,系统自动生成总行清算中心的资金汇划日报表和相应的对账信息下发清算行和经办行对账。

(三)来账业务的处理

1.收报清算行的处理

收报清算行收到总行清算中心传来的汇划业务报文,系统自动更新在总行清算中心的备付金存款账户,并根据分散式、集中式管理模式(确定后在汇划系统中设定)自动进行账务处理。

(1)集中式。集中式是指收报清算行作为业务处理中心,负责全辖汇划收报的集中账务处理及汇出汇款等内部账务的集中管理。

①实时业务核押无误后,由收报清算行一并处理自身及收报经办行的账务,记账信息传至收报经办行。

如收到贷报业务,则会计分录为:

借:上存系统内款项——上存总行备付金
贷:待清算辖内往来——××行

同时,代理收报经办行记账,会计分录为:

借:待清算辖内往来——××行
贷:××存款——收款人户

如收到借报业务,则会计分录相反,代理收报经办行(付款行)会计分录为:

借:××存款——付款人户
贷:待清算辖内往来——××行

②批量业务核押无误后,收报清算行当日进行挂账处理,次日传输至收报经办行。如为贷报业务,则会计分录为:

借:上存系统内款项——上存总行备付金
贷:其他应付款——待处理汇划款项

如为借报业务,则会计分录为:

借:其他应收款——待处理汇划款项
贷:上存系统内款项——上存总行备付金

次日,由清算行代收报经办行逐笔确认后冲销"其他应付款""其他应收款"。如为贷报业务,则会计分录为:

借:其他应付款——待处理汇划款项
贷:待清算辖内往来——××行

如为借报业务,则会计分录为:

借:待清算辖内往来——××行
贷:其他应收款——待处理汇划款项

同时,代理收报经办行记账。如为贷报业务,则会计分录为:

借:待清算辖内往来——××行
贷:××存款—收款人户或其他科目

如为借报业务,则会计分录相反。

(2)分散式。分散式是指收报清算行收到总行清算中心传来的汇划数据后均传至收报经办行处理,账务分散在各行处理。

实时汇划业务核押无误后,收报清算行及时传至收报经办行。如为贷报业务,则收报清算行会计分录为:

借：上存系统内款项——上存总行备付金
  贷：待清算辖内往来——××行

如为借报业务，则会计分录相反。

②批量业务核押无误后，收报清算行当日先转入"其他应付款"、"其他应收款"进行挂账处理；次日，由收报经办行逐笔确认后冲销"其他应付款"、"其他应收款"，并通过"待清算辖内往来"科目传至收报经办行记账。会计分录与集中式批量处理相同。

(3)日终清算的处理。日终，对"待清算辖内往来"科目按经办行轧差，若为贷方余额(贷差)，则为本行应付汇差，日终清算时，应结清待清算支付款项，增加该经办行在本行的备付金存款。会计分录为：

借：待清算辖内往来——××行
  贷：系统内款项存放——××行备付金

若为借方余额(借差)，则为本行应收汇差，日终清算时，应减少该经办行在本行的备付金存款，结清待清算支付款项。会计分录为：

借：系统内款项存放——××行备付金
  贷：待清算辖内往来——××行

每日营业终了，收报清算行打印清算行辖内往来汇总记账凭证、清算行备付金汇总记账凭证、资金汇划业务清单等，并核对有关数据。

2. 收报经办行的处理

(1)分散式。分散管理模式下，收报经办行收到收报清算行传来的批量、实时汇划报文，经确认无误后，由系统自动记账，打印资金汇划补充凭证。

如为贷报业务，则会计分录为：

借：待清算辖内往来——××行
  贷：××存款——收款人户

如为借报业务，则会计分录为：

借：××存款——付款人户
  贷：待清算辖内往来——××行

日终，对"待清算辖内往来"科目轧差，办理日终清算。若为借方余额(借差)，则为本行应收汇差，日终清算时，应增加本行在上级清算行的备付金存款。会计分录为：

借：上存系统内款项——存××行备付金
  贷：待清算内往来——××行

若为贷方余额(贷差)，则为本行应付汇差，日终清算时，应减少本行在上级清算行的备付金存款。会计分录为：

借：待清算辖内往来—××行
  贷：上存系统内款项——存××行备付金

每日营业终了,收报经办行打印辖内往来汇总记账凭证、资金汇划业务清单,并进行数据核对。

(2)集中式。集中管理模式下,收报业务均由收报清算行代理记账,收报经办行只须于日终打印资金汇划补充凭证和有关记账凭证及清单,用于账务核对。集中模式下收报经办行日终清算的会计分录与分散模式相同。

【例 5-1】 2022年5月6日,工行安徽肥西县支行收到开户单位A公司提交电汇凭证,要求汇往工行浙江杭州西湖支行开户单位B公司货款80 000元。工行肥西县支行审核无误后,通过行内系统办理款项汇划,工行西湖支行收到汇划信息,确认无误后,为收款人办理入账手续。中国工商银行杭州分行采取集中核算模式。

解析:该笔为贷报业务。

(1)工行肥西支行为发报经办行,发出贷报,会计分录为:

  借:单位活期存款——A公司   80 000
    贷:待清算辖内往来——合肥分行   80 000

(2)工行合肥分行为发报清算行,会计分录为:

  借:待清算辖内往来——肥西支行   80 000
    贷:上存系统内款项——上存总行备付金 80 000

(3)工行总行清算中心收到合肥分行的汇划业务报文,系统自动登记后,传输至工行杭州分行。日终,系统自动更新合肥分行和杭州分行在总行的备付金账户。会计分录为:

  借:系统内款项存放——合肥分行备付金 80 000
    贷:系统内款项存放——杭州分行备付金 80 000

(4)工行杭州分行为收报清算行。收到总行清算中心传来的汇划业务报文,系统自动更新在总行清算中心的备付金账户。会计分录为:

  借:上存系统内款项——上存总行备付金 80 000
    贷:待清算辖内往来——西湖支行   80 000

同时,代收报经办行西湖支行记账,会计分录为:

  借:待清算辖内往来——杭州分行   8 000
    贷:单位活期存款——B公司   8 000

五、系统内备付金存款的核算

1. 备付金存款账户的开立与资金存入的处理

(1)清算行在总行清算中心开立备付金存款账户时,可通过其在中国人民银行的备付金存款账户,以实汇资金的方式将款项存入总行清算中心。上存时,会计分录为:

借:其他应收款——待处理汇划款项
　　贷:存放中央银行准备金
待接到总行清算中心返回的成功信息后,进行账务处理。会计分录为:
借:上存系统内款项——上存总行备付金
　　贷:其他应收款——待处理汇划款项
(2)总行清算中心收到各清算行和省区分行上存的备付金后,进行账务处理。会计分录为:
借:存放中央银行准备金
　　贷:系统内款项存放——××行备付金
(3)支行在管辖的清算行开立备付金存款账户时,可比照上述进行处理。上存时,会计分录为:
借:其他应收款——待处理汇划款项
　　贷:存放中央银行准备金
待接到管辖清算行返回的成功信息后,进行账务处理。会计分录为:
借:上存系统内款项——上存××行备付金
　　贷:其他应收款——待处理汇划款项
管辖清算行收到所辖各支行上存的备付金后,进行账务处理。会计分录为:
借:存放中央银行准备金
　　贷:系统内款项存放——××行备付金
各行在上级行的备付金存款不足时,通过中国人民银行汇款补足的处理同上。

需要说明的是:商业银行系统内上下级行之间的资金调拨,也必须通过各自存放在央行的准备金存款(备付金存款)账户进行资金的实际划转,既动账又动钱;如果仅通过内部系统汇划,则为只动账未动钱,并没有进行实际资金划转。

第三节　中国现代化支付系统业务的核算

中国现代化支付系统(China National Advanced Payment System，CNAPS)是中国人民银行根据我国支付清算的需要,利用现代计算机技术和通信网络开发建设的,能够高效、安全地处理各银行办理的异地、同城各种支付业务及其资金清算和货币市场交易资金清算的应用系统。中国现代化支付系统是我国支付体系的中枢。

一、中国现代化支付系统概述

(一)系统简介

中国现代化支付系统是我国重要的金融基础设施,为各参与者提供资金清算服务,也为人民银行监管机构提供数据信息服务。外部的参与者包括商业银行、银联、第三方/网络支付及特许机构。

现代化支付系统包括:大额实时支付系统、小额批量支付系统、网上支付跨行清算系统、支票影像交换系统、电子商业汇票系统、城市商业银行汇票处理中心、农信银清算系统,中央国库系统(TCBS/TBS)、中央银行会计集中账务处理系统(ACS/ABS)、中央债券综合系统(CBGS)、中央证券登记公司综合系统、外汇交易系统、境内外币支付系统、企业个人征信中心、反洗钱中心等。

第一代支付系统建设时,大额支付系统、小额支付系统等每一个业务系统都建设了一套相对独立的从参与者到 CCPC 再到 NPC 的应用逻辑,既要负责业务需求和功能的实现,也要负责报文收发和节点间的传输,报文的收发和在节点间的传输需求,对各个业务系统而言,基本都是一致的,各系统分别去实现这些功能属于简单重复。

第二代支付系统建设实行"报文传输与业务处理分离",通过构建一个高可用的支付报文传输平台,简称 PMTS(Payment Message Transmission System),实现参与者与支付系统之间安全可靠的支付业务报文传递。各类支付业务系统均可接入到该平台,通过该平台提供的服务来发送/接收跨行的支付信息(即报文)。PMTS 是一个高可用的端到端报文传输平台,其任务是保证支付系统与各个参与者之间的高可靠性的报文传输。

PMTS 参与者接入端软件(PMTS-MBFE,部署在直联前置机上的应用软件)是支付报文传输平台,是连接支付系统和参与者行内系统的桥梁,是支付系统的重要组成部分。

构建支付报文传输平台后,支付系统与参与者和其他外围系统的关系如图 5-2 所示。

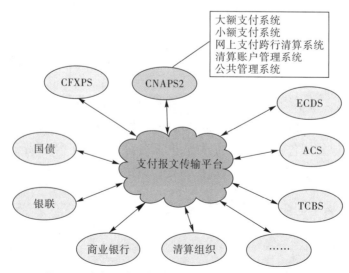

图 5-2 支付系统与参与者和其他外围系统的关系图

图 5-2 中的 CNAPS2,即第二代支付系统,包含了大额支付系统、小额支付系统、网上支付跨行清算系统、清算账户管理系统、公共数据管理系统等业务系统;PMTS,即支付报文传输平台,负责完成第二代支付系统与外部参与者间的支付业务报文传输,是整个第二代支付系统的一个基础服务平台。

(二)系统相关概念

1. 大额实时支付系统,简称 HVPS(High Value Payment System)

大额实时支付系统是指以电子方式实时处理异地、同城每笔金额在规定起点以上的贷记支付和紧急的金额在规定起点以下的贷记支付的应用系统。大额实时支付系统以全额方式清算资金。

2. 小额批量支付系统,简称 BEPS(Bulk Electronic Payment System)

小额批量支付系统是指以电子方式批量处理同城、异地纸凭证截留的借记支付以及每笔金额在规定起点以下的小额贷记支付的应用系统。小额批量支付系统批量发送支付指令,轧差净额清算资金。

3. 清算账户管理系统,简称 SAPS(Settlement Account Processing System)

清算账户管理系统是指支付系统的支持系统,集中存储清算账户,处理支付业务的资金清算,并对清算账户进行管理。

4. 支付管理信息系统,简称 PMIS(Payment Management Information System)

支付管理信息系统是指中国现代化支付系统的重要辅助系统,由行名行号管理子系统、支付参数管理子系统、计费管理子系统、支付业务统计分析子系统、支付业务监控子系统和支付业务明细查询子系统等六个子系统组成,为支付清算系统监督管理和金融调控宏观决策提供参考依据,对提高中央银行金融服务水平、维护金融稳定和畅通货币政策传导具有重要作用。

5. 国家处理中心,简称 NPC(National Processing Center)

国家处理中心是指控制支付系统运行,管理国家金融网络通信、接收、结算、清算支付业务的国家一级处理中心。NPC 连接支付系统所有城市节点和特许参与者的中枢节点,负责接收、转发支付信息,并进行资金清算处理。

6. 城市处理中心,简称 CCPC(City Clearing Processing Center)

城市处理中心是指支付系统的城市节点,连接 NPC 和各直接参与者,负责接收并转发国家处理中心与清算账户行之间支付信息的收发报中心。

国家处理中心和城市处理中心,为人民银行机构。

7. 参与者接入端软件,简称 PMTS-MBFE,俗称"直联前置机"

参与者接入端软件是指摆放在支付系统参与者端,包括 ACS、政策性银行、商业银行等机构,连接支付系统,并负责接收、发送通过支付系统处理本行支付业务的系统。

8. 系统参与者

系统参与者是指通过支付系统办理支付业务、进行资金清算的银行和具有经营支付结算业务资格的城市信用合作社、农村信用合作社以及经中国人民银行批准可以通过支付系统办理特定业务的机构。系统参与者分为直接参与者、间接参与者和特许参与者。

(1)直接参与者(Direct Participant),也称"清算账户行"。在人民银行开设清算账户的银行和非银行金融机构。清算账户行既是向支付系统提交支付信息的发起清算行,也是向收报行转发支付信息的接收清算行。

(2)间接参与者(Indirect Participant),也称"非清算账户行"。未在人民银行开设清算账户而委托直接参与者办理资金清算的银行以及经人民银行批准经营支付结算业务的非银行金融机构。

(3)特许参与者(Concessionary Participant)。经中国人民银行批准可以通过支付系统办理特定业务的机构或组织。例如:银联、代收付中心等清算组织。

(三)系统特点

1. 参与者接入端软件(PMTS-MBFE)

参与者接入端软件是由人民银行负责开发的应用软件,免费提供给系统参与者使用,直联前置机物理部署在系统参与者端,并由系统参与者进行系统维护与管理,其业务功能包括报文转发、报文格式检查、安全管理等,具体如下:

(1)报文转发。与行内系统互联,行内系统向支付系统发送报文时,通过直联前置机负责将报文发送给支付系统;行内系统接收支付系统转发的来账报文时,通过参与者直联前置机获取报文。

(2)传输安全。保证支付报文传输过程中端到端的数据完整性;支付业务报文采用固定格式并实行加密传输,保证金融数据的安全性。

支付系统业务信息的密押为人民银行密押,分为全国密押和地方密押。支付业务信息在直接参与者与城市处理中心间传输,加编地方押。支付业务信息在CCPC与NPC之间传输,加编全国密押。全国密押由中国人民银行总行负责管理,地方密押由城市处理中心所在地的中国人民银行当地分支行负责管理。

(3)报文校验。对收到的支付报文要进行格式校验,不满足格式要求的给予拒绝处理,从而实现对参与者故障的有效隔离。参与者故障中报文级的错误可以在支付报文传输平台得到屏蔽,不影响业务处理系统。

(4)智能路由。对于满足格式要求的,根据目标地址自动选择传输路径,确保最终送达支付系统或者参与者。该平台支持参与者多点接入路由的灵活调整,如在某些节点发生故障的时候,该平台能够根据调整后的路由选择其他节点继续进行报文传输处理。

2. 支付报文传输平台 PMTS

该平台具备以下主要特性。

(1)与业务系统无关。支持大额、小额和网银系统的各类报文，只提供直连接入功能，不提供业务录入、来账打印等间连接入功能。

(2)兼容多种报文格式。支持 CMT/PKG/XML 报文，并可以根据需要方便扩展；

(3)高可用性。系统要具有较好的容错机制，在部分节点失效时能继续提供报文传输服务。

(四)支付系统的接入及清算模式

1. 接入

支付系统采取"两级两层"结构，第一层为国家处理中心（NPC），第二层为城市处理中心（CCPC），NPC 分别与各 CCPC 连接。

2. 清算模式

商业银行行内业务系统由商业银行根据业务发展和系统数据集中情况，可灵活选择采取"一点接入，一点清算""一点接入，多点清算"和"多点接入，多点清算"三种方式之一。目前，二代支付系统实行一点清算模式。

"一点接入，一点清算"是指银行业金融机构以其法人一点接入大额支付系统 NPC 或所在地 CCPC，其通过支付系统处理的所有支付业务，均使用其摆放在 SAPS 的单一法人清算账户集中进行资金清算，该模式适用于对头寸集中管理要求较高的参与者。

(五)清算账户的开立与使用

1. 清算账户的开立

清算账户是指直接参与者和特许参与者在中国人民银行开立的、用于资金清算的存款账户。小额、大额支付系统共享清算账户清算资金。

中国人民银行会计营业部门收到各银行的需开立清算账户的申请，经审查同意后，向国家处理中心发出清算账户开户报文。国家处理中心收到报文，确认无误，自动进行开户处理，并将回执信息分别发送申请开户的各银行和管理该清算账户的人民银行会计营业部门。

国家处理中心接受开户申请的次日起，清算账户正式生效。

2. 清算账户的管理规定

(1)直接参与者和特许参与者应在其清算账户存有足够的资金，用于本机构及所属间接参与者支付业务的资金清算。

国家处理中心对清算账户中不足清算的支付业务,按以下队列排队等待清算:①错账冲正;②特急大额支付(救灾、战备款项);③日间透支利息和支付业务收费;④同城票据交换轧差净额清算;⑤紧急大额支付;⑥普通大额支付和即时转账支付。

直接参与者根据需要可以对特急、紧急和普通大额支付在相应队列中的先后顺序进行调整。各队列中的支付业务按顺序清算,前一笔业务未清算的,后一笔业务不得清算。

(2)中国人民银行根据协定和管理需要,可以对直接参与者的清算账户设置自动质押融资机制和核定日间透支限额,用于弥补清算账户流动性不足。

(3)同城票据交换等轧差净额清算时,国家处理中心按以下程序处理:

①对应贷记清算账户的差额,作贷记处理;

②对应借记清算账户的差额,清算账户头寸足以支付的作借记处理,不足支付的作排队处理;

③一场同城票据交换轧差净额未全部清算完毕,不影响当日以后各场差额的清算;

④清算窗口关闭之前,所有排队等待清算的同城票据交换等轧差净额必须全部清算。

(4)大额支付系统设置清算窗口时间,用于清算账户头寸不足的直接参与者筹措资金。在预定的时间,国家处理中心发现有透支或排队等待清算的支付业务时,打开清算窗口。在清算窗口时间内,弥补透支和清算排队的支付业务后,立即关闭清算窗口,进行日终处理。

清算窗口时间内,大额支付系统仅受理电子联行来账业务和用于弥补清算账户头寸的支付业务。

清算窗口时间内,清算账户头寸不足的直接参与者应按以下顺序及时筹措资金:①向其上级机构申请调拨资金;②从银行间同业拆借市场拆借资金;③通过债券回购获得资金;④通过票据转贴现或再贴现获得资金;⑤向中国人民银行申请再贷款。

清算窗口时间内,已筹措的资金应按以下顺序清算:①错账冲正;②特急大额支付(救灾、战备款项);③弥补日间透支;④日间透支利息和支付业务收费;⑤同城票据交换轧差净额清算;⑥紧急大额支付;⑦普通大额支付和即时转账支付。

(5)清算账户禁止隔夜透支。在清算窗口关闭前的预定时间,国家处理中心退回仍在排队的大额支付和即时转账业务。对直接参与者清算账户资金仍不足的部分,由中国人民银行当地分支行按规定提供高额罚息贷款。

(6)清算账户查询的限制。中国人民银行总行及其分支行可查询所管辖的直接参与者的清算账户余额,并可通过设定余额警戒线,监视清算账户余额情况。

各银行总行及其分支机构可查询本行及所属直接参与者清算账户的余额,并可通过设定余额警戒线,监视清算账户余额情况。银行间不能相互查询,同级行之间不能相互查询,下级行不能查询上级行清算账户的有关信息。

(六)大额、小额支付系统业务种类

1. 大额实时支付系统处理以下支付业务

(1)贷记支付业务。普通贷记业务是指付款行向收款行主动发起的规定金额起点以上的跨行付款业务,包括汇兑、委托收款划回、托收承付划回、国库资金划拨、银行间同业拆借、外汇交易人民币清算、退汇等普通贷记业务。

办理大额支付系统业务应符合中国人民银行规定的金额起点(2万元以上)。

(2)即时转账业务。即时转账业务由金融市场基础设施运营机构向大额支付系统发起,大额支付系统借、贷记指定清算账户后,将支付业务信息经付款清算行和收款清算行转发至付款行和收款行。

经中国人民银行批准办理特定业务的直接参与者,可根据与成员机构的约定,发起以下即时转账业务:

①中国人民银行公开市场操作室发起公开市场操作和自动质押融资的资金清算业务;

②中央国债登记结算公司发起债券交易和发行兑付相关资金清算业务;

③中国银联股份有限公司发起银行卡跨行支付净额资金清算业务;

④银行间市场清算所发起外汇和债券交易相关资金清算业务;

⑤中国人民银行规定的其他即时转账业务。

(3)中国人民银行营业部门发起涉及清算账户的业务。

(4)小额支付系统、网上支付跨行清算系统、同城清算系统轧差净额的资金清算业务。

(5)城市商业银行汇票资金移存和兑付业务;电子商业汇票网上清算资金业务。

城市商业银行签发银行汇票,应通过大额支付系统将汇票资金移存至城市商业银行资金清算中心(以下称汇票处理中心)。代理兑付行兑付银行汇票,应通过大额支付系统向汇票处理中心发送银行汇票资金清算请求。汇票处理中心确认无误后,应及时将兑付资金和多余款项通过大额支付系统分别汇划代理兑付行和签发行。

(6)中国人民银行规定的其他业务。

2. 小额批量支付系统处理以下支付业务

(1)普通贷记业务。它是指付款行向收款行主动发起的付款业务,包括下列业务种类:规定金额以下的汇兑;委托收款划回;托收承付划回;国库贷记汇划业务;网银贷记支付业务;其他普通贷记支付业务,如缴费、缴税、非税收入、财政直接支付退回、

财政授权支付退回、国库资金国债兑付贷记划拨。

（2）定期贷记业务。它是指付款行依据当事各方事先签订的协议，定期向指定收款行发起的批量付款业务，包括下列业务种类：代付工资业务；代付保险金、养老金业务；中国人民银行规定的其他定期贷记支付业务。

（3）实时贷记业务。它是指付款行接受付款人委托发起的、将确定款项实时贷记指定收款人账户的业务，包括下列业务种类：个人储蓄通存业务；中国人民银行规定的其他实时贷记支付业务。

（4）普通借记业务。它是指收款行向付款行主动发起的收款业务，包括下列业务种类：中国人民银行机构间的借记业务；国库借记汇划业务；其他普通借记支付业务，财政直接支付、财政授权支付、国库资金国债兑付借记划拨、支票截留业务。

（5）定期借记业务。它是指收款行依据当事各方事先签订的协议，定期向指定付款行发起的批量收款业务，包括下列业务种类：代收水、电、煤气等公用事业费业务；国库批量扣税业务；中国人民银行规定的其他定期借记支付业务。

（6）实时借记业务。它是指收款行接受收款人委托发起的、将确定款项实时借记指定付款人账户的业务，包括下列业务种类：个人储蓄通兑业务；对公通兑业务；国库实时扣税业务；中国人民银行规定的其他实时借记支付业务。

（7）中国人民银行规定的其他支付业务。

银行业金融机构行内直接参与者之间的支付业务可以通过小额支付系统办理。

（七）会计科目的设置

1. 中国人民银行办理支付系统业务设置的会计科目

（1）存款类科目。按行别分别设置：政策性银行准备金存款、工商银行准备金存款、农业银行准备金存款、中国银行准备金存款、建设银行准备金存款、交通银行准备金存款、其他商业银行准备金存款、城市信用社准备金存款、农村信用社准备金存款、其他金融机构准备金存款、外资银行准备金存款、外资其他金融机构准备金存款、其他存款科目。

以上各准备金存款科目核算银行业金融机构存放在人民银行的法定准备金和超额准备金。其他存款科目核算特许参与者用于支付业务收费的归集、划拨等。

存款类科目属于中国人民银行负债类科目，该存款类科目按参与者、特许参与者分设账户进行明细核算。

（2）联行类科目。

①"大额支付往来"科目。本科目属于资产负债共同类科目，核算支付系统发起清算行和接收清算行通过大额支付系统办理的支付结算往来款项都使用该科目核算，余额轧差反映。年终，该科目余额全额由SAPS自动转入"支付清算资金往来"科

目,结转后余额为零。

②"小额支付往来"科目。该科目属于资产负债共同类科目,核算支付系统发起清算行和接收清算行通过小额支付系统办理的支付结算往来款项,余额轧差反映。年终,该科目余额全额转入"支付清算资金往来"科目,余额为零。

③"支付清算资金往来"科目。本科目核算支付系统发起清算行和接收清算行通过小额支付系统和大额支付系统办理的支付结算汇差款项。年终,"大额支付往来"和"小额支付往来"科目余额,结转至本科目,余额轧差反映。

④"汇总平衡"科目(国家处理中心专用)。本科目用于平衡国家处理中心代理人民银行分支行(库)账务处理,不纳入人民银行(库)的核算。

"大额支付往来""小额支付往来""支付清算资金往来""汇总平衡"科目按人民银行分支行的会计营业部门、国库部门等机构分设账户。

2. 商业银行办理支付系统业务设置的会计科目

(1)"存放中央银行准备金"科目。该科目属于资产类科目,核算存放在中央银行的法定准备金存款和结算备付金存款(超额准备),所有通过央行办理的资金结算都通过该科目核算,即大额支付系统汇款实时清算资金或小额支付系统清算汇差资金时均使用该科目。

(2)"待清算支付款项"科目。该科目核算商业银行直接参与者通过小额支付系统与城市处理中心之间的资金往来业务,余额轧差反映。该科目余额即为小额支付系统资金汇划产生的差额(汇差),贷方余额表示本行为应付差额行,清算资金时应当付款;借方余额表示本行为应收差额行,清算资金时应当收款。资金清算后,该科目余额为零。

(八)大额、小额支付系统操作流程

1. 签到

支付系统签到。

2. 录入

录入员根据客户提供的凭证资料进行录入。

3. 复核发送

由复核员根据录入员提交的汇款原始凭证进行复核确认,复核无误后便可发送。支付信息经过确认才产生支付效力。

4. 查询查复业务

主要用来对不确或有疑问的支付交易业务进行核实。查询查复的处理要按照"有疑必查,查必彻底,有查必复,复必详尽,切实处理"的原则办理。

二、大额支付业务的核算处理手续

大额实时支付系统采取逐笔、实时处理支付业务、实时全额清算资金的运作模式。大额支付系统按照国家法定工作日运行,系统将每一个工作日分为日间业务处理时间,清算窗口时间,日终/年终业务处理时间。目前,业务准备时间、业务受理时间段为8:30～17:00。

商业银行对规定金额起点以上的跨行贷记支付业务、规定金额起点以下的紧急跨行贷记支付业务通过大额支付系统办理普通贷记业务。在大额支付业务种类中,发起大额支付业务的有商业银行、人民银行会计营业部门、人民银行国库部门等机构,下面仅以商业银行发起贷记业务为例加以介绍。

贷记支付业务由付款行发起,经发起清算行发送大额支付系统,大额支付系统完成资金清算后,将支付业务信息经接收清算行转发收款行。

(一)往账业务:商业银行发起行、发起清算行的处理

1. 分散式

(1)发起行的处理。柜员收到客户递交跨系统结算的原始票据,办理往账业务前要对原始凭证的各项内容进行检查核对,并确定收报行。录入支付信息,由确认柜员进行往账确认后,通过行内系统发送发起清算行。发起行的账务处理按各银行系统内往来的规定办理。会计分录为:

借:××存款——付款人户

贷:待清算辖内往来——××行

(2)发起清算行的处理。发起清算行收到后,审核无误,按行内往来进行账务处理,并逐笔实时清算资金。会计分录为:

借:待清算辖内往来——××行

贷:存放中央银行准备金

(3)若发起清算行本身就是发起行,则其对自身发起的普通贷记业务进行账务处理的会计分录为:

借:××存款——付款人户

贷:存放中央银行准备金

2. 集中式

发起行审核客户提交的普通贷记业务,扫描凭证、录入行内系统提示的少量信息,上传至发起清算行,清算行核对无误后,集中进行账务处理,会计分录同1(3)。

完成账务处理后,商业银行行内业务处理系统未与前置机直连的,银行根据付款人提交的原始凭证和要求,确定普通、紧急的优先级次(救灾战备款为特急;低于规定的大额金额起点的,应设定为紧急),并由业务操作员录入、复核,系统自动逐笔加编地方密押后发送发报中心 CCPC。待 SAPS 清算资金后接收回执。

商业银行行内业务处理系统与前置机直连的,根据发起人提交的原始凭证和要求,行内业务处理系统将规定格式标准的支付报文发送前置机系统,系统自动逐笔加编地方密押后发送发报中心 CCPC。待 SAPS 清算资金后接收回执。

(二)发报中心(CCPC)的处理

发报中心收到发起清算行发来的支付信息,确认无误后,逐笔加编全国密押,实时发送国家处理中心。

(三)国家处理中心的处理

1. 国家处理中心(央行)收到发报中心发来的支付报文,逐笔确认无误后,分别情况进行如下账务处理。

(1)发起清算行、接收清算行均为商业银行的,会计分录为:

借:××银行准备金存款——发起清算行户
　　贷:大额支付往来——人民银行××行户
借:大额支付往来——人民银行××行户
　　贷:××银行准备金存款——接收清算行户

(2)发起清算行为商业银行的,其清算账户头寸不足时,国家处理中心对该笔支付业务进行排队处理。

2. 国家处理中心账务处理完成后,将支付信息发往收报中心。

(四)收报中心 CCPC 的处理

收报中心接收国家处理中心发来的支付信息,确认无误后,逐笔加编地方密押实时发送给商业银行清算行。

(五)来账业务:商业银行收报清算行的处理

银行行内业务处理系统与前置机直连的,前置机收到收报中心发来的支付信息,逐笔确认后发送至银行行内业务处理系统,并按规定打印支付信息。

银行行内业务处理系统未与前置机直连的,前置机收到收报中心发来的支付信息,逐笔确认后,使用中国人民银行统一印制的支付系统专用凭证打印支付信息。

1. 分散式

(1) 收报清算行的会计分录为：

借：存放中央银行准备金
　　贷：待清算辖内往来——××行

(2) 收报经办行的会计分录为：

借：待清算辖内往来——××行
　　贷：××存款——收款人户

(3) 如果收报清算行就是经办行，系统自动进行账务处理。会计分录为：

借：存放中央银行准备金
　　贷：××存款——收款人户

2. 集中式

系统自动代收报行进行账务处理，会计分录同1(3)。

三、小额批量支付业务的核算处理手续

(一)小额支付系统的基本规定

1. 小额支付系统业务处理方式。小额支付系统采取业务处理方式有：业务实时传输、发出待转过渡、批量组包发送、接收自动挂账、回执确认发送、实时轧差处理、定时日切对账、批量净额清算、24小时运行。

业务实时传输是指小额支付业务处理信息由柜员录入、复核完成后系统实时传输。

批量组包发送是指系统根据确定的笔数、金额、时间由系统自动对待发送小额支付业务进行组包发送处理。

接收自动记账是指接收的贷记来账及借记支付业务回执、收费业务、清算汇差等均由系统自动记账完成。

回执确认发送是指对接收的借记支付业务均由录入员扣款确认后，复核员复核后发送。

实时轧差处理是指小额支付业务在通过净借记限额检查后逐包实时进行轧差处理。

2. 业务金额起点。原则是"大额支付系统不设置金额起点，小额支付系统设置金额上限"。小额支付系统的单笔金额上限贷记业务为20 000元，实时贷记和借记业务不设限制。

3. 每日定时日切对账。根据人民银行规定的日切时点，系统自动进行日切处理，日切成功，清算中心与人民银行对账，进行账务处理。小额支付系统实行7×24小时

不间断运行。如每日16:00进行日切处理,即前一日16:00到次日16:00为一个工作日。小额支付系统的系统工作日为自然日,其资金清算时间为大额支付系统的工作时间。

小额支付系统日切后仍可正常接受小额业务,自动纳入次日第一场轧差清算(遇节假日顺延至节假日后的第一个工作日)。

4. 支付信息、支付凭证相互转化,具有同等效力。支付业务信息在小额支付系统中以批量包的形式传输和处理。

支付业务信息由纸凭证转换为电子信息,或由电子信息转换为纸凭证,具有同等的支付效力。

支付业务信息由纸凭证转换为电子信息,电子信息产生支付效力,纸凭证失去支付效力;电子信息转换为纸凭证,纸凭证产生支付效力,电子信息失去支付效力。

支付业务信息经过确认才产生支付效力。支付业务信息经小额支付系统传输过程的确认,应符合中国人民银行规定的信息格式,并按照规定编核密押。

商业银行各机构、网点发起或接收小额支付往、来账业务,必须使用总行统一规定的支付专用凭证(一式三联),并按重要空白凭证使用及管理。

5. 应用小额支付系统的营业机构可代理未应用小额支付系统的营业机构办理小额支付业务。

6. 办理定期借记业务,收款人、付款人、付款人开户行需要签订办理代扣某类费用的三方合同(协议);办理定期贷记业务,付款人与付款人开户行需要签订双方合同(协议)。

7. 轧差和资金清算。小额支付系统批量处理支付业务,轧差净额清算资金。经小额支付系统轧差的支付业务具有最终性和不可撤销性。收到已轧差的贷记报文、借记回执时应当贷记确定的收款人账户。

国家处理中心对异地业务进行轧差处理,城市处理中心对同城业务进行轧差处理。普通贷记、定期贷记支付业务以贷记批量包为轧差依据,实时贷记、借记支付业务以回执包中的成功交易为轧差依据。

8. 商业银行辖内机构、网点小额支付业务统一使用省分行在人民银行开立的"存放中央银行准备金"账户进行资金清算,与省分行之间的资金清算,通过行内系统的"待清算辖内往来"核算码核算。

(二)小额支付系统业务处理手续

小额支付处理流程为:业务受理、业务审核、往账录入、往账确认、发起交易。因篇幅所限,下面仅介绍商业银行发起和商业银行接收的普通贷记业务和普通借记业务的核算处理手续。

1. 普通贷记业务的核算

(1)发起贷记业务。商业银行付款清算行发起的处理如下。

业务受理:客户前来办理汇兑、委托收款划回、托收承付划回、国库资金贷记划拨、缴费、缴税等异地或同城每笔金额在规定起点以下的跨系统贷记支付业务。

业务审核:柜员受理客户委托,办理发出业务前要根据支付结算业务的规定对原始结算凭证进行审核。是否按要求计收手续费。

往账录入、确认:发起行审核无误后录入,经确认柜员确认后,进行账务处理。会计分录为:

借:××存款——付款人户或现金等科目
贷:待清算支付款项

完成账务处理后,付款清算行行内业务处理系统与前置机直连的,行内系统按收款清算行组包发送前置机。前置机收到业务包后,前置系统按设定的组包策略,将发出业务按相同的接收清算行、业务类型组成业务批量包,逐包加编地方押发送至人行的城市处理中心(以下简称CCPC)。

付款清算行行内业务处理系统与前置机间连的,由业务操作员手工录入、复核、授权,或从磁介质导入,前置机对提交的业务按收款清算行组包并加编地方押后发送至CCPC。

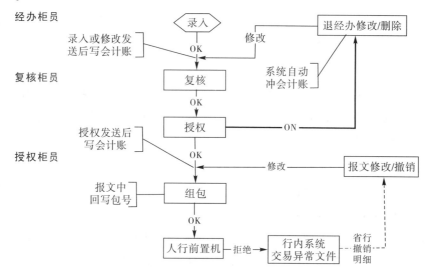

图 5-3 普通的贷记业务处理流程图

(2)付款清算行城市处理中心(CCPC)的处理。CCPC收到付款清算行发来的业务包后,进行格式、业务权限等合法性检查并核验地方押。CCPC收到ABS和TBS提交的业务包后,除按上述规定检查外,还要按组包规则进行检查,并对业务包的笔数和金额进行总分核对。

CCPC对检查、核押无误的同城业务进行净借记限额检查。检查通过的纳入轧差处理并对业务包标记"已轧差"状态,转发收款清算行,同时向付款清算行返回已轧差信息;检查未通过的,将业务包作排队处理并向付款清算行返回已排队信息。

CCPC对检查、核押无误的异地业务加编全国押后转发国家处理中心(以下简称 NPC)。

(3)国家处理中心(NPC)的处理。NPC收到CCPC发来的业务包,进行合法性检查并核验全国押。

NPC对检查、核押无误的业务包进行净借记限额检查。检查通过的纳入轧差处理并对包标记"已轧差"状态,转发收款清算行CCPC,同时向付款清算行CCPC返回已轧差信息;检查未通过的,将业务包作排队处理并向付款清算行CCPC返回已排队信息。

(4)收款清算行城市处理中心(CCPC)的处理。CCPC收到NPC发来的业务包,核验全国押无误后,加编地方押转发收款清算行。

(5)商业银行收款清算行接收贷记业务的处理。银行行内业务处理系统与前置机直连的,前置机收到人行城市处理中心发来的业务包,逐包确认并核地方押无误后,发送至行内系统拆包并立即进行账务处理。其会计分录为:

借:待清算支付款项
　　贷:××存款——收款人户

银行行内业务处理系统与前置机间连的,前置机收到CCPC发来的业务包后,逐包确认并核验地方押无误后拆包,银行将业务明细转存磁介质或使用人民银行规定格式的来账清单或统一印制的来账凭证打印支付信息,送行内系统进行相应账务处理。

2. 普通借记业务的核算处理手续

收款人收到支票可以先申请支票资金圈存,预先从出票人账户上圈存支票金额,以保证支票的及时足额支付。

收款行发起借记业务分两步进行:第一步,发起借记业务的处理,只有信息传递,不产生会计分录;第二步,借记业务回执的账务处理,产生会计分录。具体分别介绍如下。

(1)发起借记业务的处理。

①商业银行收款清算行发起借记业务的处理。

业务受理:客户前来办理财政授权支付、国库资金借记划拨、财政直接支付等异地或同城每笔金额在规定起点以下的跨系统借记支付业务,支票圈存业务。

业务审核:柜员受理客户委托,办理发出业务前要根据支付结算业务的规定对原始结算凭证进行审核。是否按要求计收手续费。

往账录入、确认：普通借记业务录入交易、确认交易。

收款清算行行内业务处理系统与前置机直连的，根据客户提交的普通借记凭证（或信息），确定每笔业务的借记回执信息最长返回时间 N 日（应在报文中记载 N，借记回执信息返回基准时间≤N≤5，按相同的 N 和付款清算行组包后发送前置机。前置机对包的格式、业务权限进行检查，并对包的笔数和金额总分核对后，逐包登记借记业务登记簿并加编地方押后发送人行的 CCPC。

收款清算行行内业务处理系统与前置机间连的，根据客户提交的普通借记凭证（或信息），由业务操作员手工录入、复核，或从磁介质导入业务，前置机对提交的业务按相同的 N 和付款清算行组包，逐包登记借记业务登记簿并加编地方押后发送 CCPC。

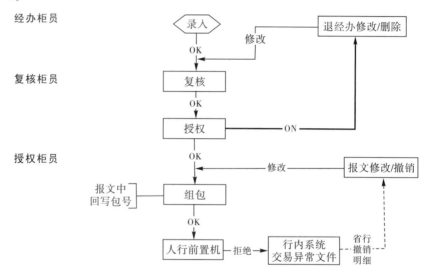

图 5-4 普通借记业务处理流程图

借记业务信息在人民银行依次经过：收款清算行城市处理中心、NPC、付款清算行城市处理中心、转发至付款清算行。各节点的处理比照贷记业务，不再详细叙述。

②商业银行付款清算行接收借记业务的处理。付款清算行行内业务处理系统与前置机直连的，前置机收到 CCPC 发来的业务包，逐包确认并核验地方押无误后，登记借记业务登记簿并发送至行内业务处理系统拆包和处理。

付款清算行行内业务处理系统与前置机间连的，前置机收到 CCPC 发来的业务包，逐包确认并核验地方押无误后，登记借记业务登记簿并进行拆包。付款清算行将业务明细转存磁介质或使用中国人民银行规定格式的来账清单或统一印制的来账凭证打印支付信息，送行内系统进行相应处理。

(2)借记业务回执的处理。

①商业银行付款清算行扣款、发送回执的处理。付款清算行收到借记业务后,立即检查协议,执行扣款。付款人当日账户足够支付的进行账务处理;付款人账户不足支付的,于次日直至借记回执信息最长时间的 T＋N 日(T 为轧差节点的转发日期)内执行扣款并作账务处理。付款清算行扣款成功时进行账务处理,其会计分录为:

借:××存款——付款人户
　　贷:待清算支付款项

付款清算行对原包业务全部扣款成功的应立即返回借记业务回执包;到期日原包业务无论扣款是否成功,应返回借记业务回执包。

付款清算行行内业务处理系统与前置机直连的,将借记业务回执包发送前置机,包中附扣款成功和扣款失败的业务明细。前置机对包的格式、业务权限进行检查,将回执包与原包核对无误后,加编地方押发送 CCPC。付款清算行行内业务处理系统与前置机间连的,行内系统按上述规定执行扣款后,由业务操作员手工录入、复核,或从磁介质导入原包业务的借记回执,前置机对提交的借记回执组包并与原包核对无误后,加编地方押后发送 CCPC。

信息依次经过:付款清算行所在城市处理中心、国家处理中心、收款清算行所在城市处理中心转发收款清算行。

②商业银行收款清算行的处理。收款清算行行内业务处理系统与前置机直连的,前置机收到 CCPC 发来的借记业务回执包,逐包确认并核地方押无误后销记登记簿,发送至行内业务处理系统拆包并立即进行账务处理,会计分录为:

借:待清算支付款项
　　贷:××存款——收款人户

收款清算行行内业务处理系统与前置机间连的,前置机收到 CCPC 发来的借记业务回执包,逐包确认并核地方押无误后,销记登记簿并进行拆包,银行将业务明细转存磁介质或使用中国人民银行规定格式的来账清单或统一印制的来账凭证打印支付信息,送行内系统进行相应账务处理。

(3)按交换场次进行差额资金清算的处理。

①付款清算行收到已清算通知时进行账务处理,会计分录为:

借:待清算支付款项
　　贷:存放中央银行准备金

②收款清算行收到已清算通知时进行账务处理,会计分录为:

借:存放中央银行准备金
　　贷:待清算支付款项

思考与练习

一、思考题

1. 什么是行内往来的贷报业务和借报业务?分别举例说明。
2. 简述行内往来支付系统资金汇划与清算的业务处理流程。
3. 大、小额支付系统的参与者有哪些,简述其含义。
4. 什么是清算账户?
5. 网上支付跨行清算系统处理的支付业务种类有哪些?

二、业务分录题

2022年8月8日,中国工商银行合肥市长江路支行(间接参与者)(以下简称"本行")发生下列支付结算与资金清算业务,经审核无误,办理相关手续,请逐笔作出会计分录。

1. 中国建设银行武汉分行(直接参与者)开户单位宏达商城向合肥工行开户单位红星家具厂发起的一笔委托收款业务,金额为200 000元,本日到期,合肥工行长江路支行办理按期划款手续,发起贷记业务,通过行内系统将支付信息发往管辖行工行合肥分行(直接参与者),合肥分行通过大额支付系统向中国建设银行武汉分行办理划款。要求:作出合肥工行长江路支行、合肥分行以及建行武汉分行的会计分录。

(提示:本题中合肥工作长江路支行为发起经办行,合肥分行为发起清算行,建行武汉分行为收报清算行,集中核算。)

2. 收到开户单位新桥机场签发的一份转账支票,金额为80 000元,支付中国农业银行重庆分行(直接参与者)开户单位新华集团货款,通过行内系统将支付信息发往中国工商银行合肥分行(直接参与者),合肥分行通过小额支付系统向中国农业银行重庆分行(直接参与者)发起贷记业务。均收到了小额支付系统发来的已清算通知。要求:作出中国工商银行合肥长江路支行、合肥分行以及中国农业银行重庆分行的会计分录。

(提示:本题中工行合肥长江路支行为发起行,合肥分行为付款清算行,农行重庆分行为收款清算行,集中核算。)

第六章
贷款与贴现业务的核算

学习目标

1. 熟悉商业银行贷款的种类及风险防范方式。
2. 掌握贷款发放和收回的会计核算。
3. 掌握商业汇票贴现的核算和贴现汇票到期收回贴现款的会计核算。

第一节 概 述

一、贷款的概念

贷款是指经批准可以经营贷款业务的商业银行对借款人提供的并按约定的利率和期限还本付息的货币资金。贷款是银行将资金直接贷给债务人所形成的债权。广义的贷款指贷款、贴现、透支等贷出资金的总称。

贷款是商业银行最主要的资产,不仅是银行最主要的资金运用,也是商业银行取得收入的重要来源。商业银行通过发放贷款,将一定数量的资金进行循环使用,充分发挥资金的使用效能,满足社会再生产过程中对资金的需求,促进国民经济的发展。

商业银行发放贷款应遵循资金使用的安全性、流动性和盈利性原则。

二、贷款的种类

(一)按客户类型不同可划分为个人贷款和单位贷款

个人贷款是指银行向个人发放的用于个人消费等用途的贷款,具体分为个人消费贷款、个人住房贷款和个人经营贷等。其中,个人消费贷款包括个人质押贷款、个人汽车消费贷款、个人综合消费贷款、个人小额短期信用贷款等,个人助学贷款(包括国家助学贷款和一般商业性助学贷款)也可以看作个人消费贷款的一种。单位贷款是指银行向企事业单位及机关团体等组织发放的贷款。其中,单位贷款中主要为公司贷款,公司贷款具体分为流动资金贷款、固定资金贷款、贸易融资、住房信贷和综合授信等信贷品种。

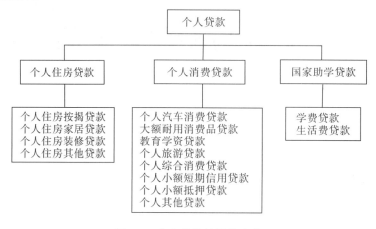

图 6-1　个人贷款的具体内容

(二)按贷款期限不同可划分为短期贷款、中期贷款和长期贷款

短期贷款期限在一年(含)以下;中期贷款期限在一年以上五年(含)以下;长期贷款期限在五年以上。

(三)按贷款的保障形式不同可划分为信用贷款、担保贷款和票据贴现

信用贷款又称为无担保贷款,是指商业银行发放的、无须任何担保、完全凭贷款申请人的信用发放的贷款。这类贷款风险较大,银行通常要收取较高的利息。担保贷款是指以一定的财产或信用作为还款保证的贷款。按照担保的不同形式,可以分为保证贷款、抵押贷款和质押贷款。

票据贴现是票据融资业务,商业银行给予未到期商业汇票的持票人的短期资金融通,是持票人向银行贴付一定利息所做的票据转让行为。

(四)按贷款的性质和资金用途不同可分为固定资产贷款、流动资金贷款和消费贷款

固定资产贷款是指借款人取得贷款资金主要用于固定资产项目的建设、购置、更新和改造及其相应配套设施等用途;流动资金贷款是指贷款资金用于日常流动资金周转;消费贷款是指贷款资金用于客户消费使用。

(五)按照贷款资金来源的不同,分为自营贷款、委托贷款和特定贷款

自营贷款是指商业银行自主发放的贷款,贷款本息由商业银行收回,贷款的风险由商业银行承担,它是商业银行贷款的主要部分。委托贷款是指由委托人提供资金,由受托人根据委托人指定的贷款对象、用途、金额、期限和利率,代为发放、监督使用并协助委托人收回的贷款。在办理委托贷款业务的过程中,贷款人只收取手续费,并且不承担贷款的风险,不得给委托人垫付资金。特定贷款是指经国务院批准并对贷款可能造成的损失采取相应补救措施后责成国有商业银行发放的贷款。特定贷款具有政策性贷款的性质,但又不属于政策性贷款,如扶贫救灾贷款。

(六)按利息收取时间的不同可分为先收利息和后收利息

先收利息是指在贷款发放时收取利息的贷款方式,如贴现贷款,在放款时先扣收利息,再按息后贷款额放款。后收利息是指在贷款本金使用一段时间后,按照贷款合同的约定分期或一次性收取本金、利息的贷款方式。

(七)按贷款质量和风险程度的不同可分为正常类贷款、关注类贷款、次级类贷款、可疑类贷款和损失类贷款

正常类贷款是指借款人能够履行合同,有充分把握按时、足额偿还本息的贷款。关注类贷款是指尽管借款人目前有能力偿还本息,但存在一些可能对偿还产生不利影响因素的贷款。次级类贷款是指借款人的还款能力出现了明显问题,依靠其正常经营收入已无法保证足额偿还本息的贷款。可疑类贷款是指借款人无法足额偿还本息,即使执行抵押或担保也会造成一定损失的贷款。损失类贷款是指在采取所有可能的措施和一切必要的法律程序后,本息仍无法收回或只能收回极少部分的贷款。

此处贷款的五级分类也是金融监管要求,其中后三类即次级类贷款、可疑类贷款和损失类贷款为不良贷款。

三、贷款业务核算规则

(一)应计贷款和非应计贷款分别核算

贷款符合下列条件之一的需转列非应计贷款进行核算:本金逾期超过90天;应收未收利息逾期超过90天;贷款虽然未到期或逾期未超过90天但生产经营已经停止、项目已经停建。当应计贷款转为非应计贷款时,应将应收利息及对应利息收入予以冲销,分别转入催收贷款利息和待转贷款利息收入核算,同时将计提的应计收利息与利息收入对冲。从应计贷款转为非应计贷款后,结计的利息不再确认为当期利息收入。在收到该笔贷款的还款时,应依次归还本金和催收贷款利息。

(二)表内利息计算发生较大变化

根据权责发生制,目前多数银行业务核算系统自动按日匡计贷款应收利息,即自

贷款发放之日起,每日日终,系统自动按日匡息,并在确认利息收入的同时进行价税分离,确认增值税的销项税额。较之过去按季计提应收利息,确认利息收入,在时间上由每季缩短至每日。实际上,除了贷款按日计息,存款也是按日匡息计算利息支出,所有计息业务全部按日匡息,据此测算银行每日利润,实现精细化管理。

(三)贷款损失准备计提标准与方法,注意监管与财政规定的差异

总行定期汇总各类信贷资产的减值损失金额,据以计算期末信贷资产专项准备金应保有额。

总行应根据期初及期末应保有的信贷资产专项准备金额和当期信贷资产减值损失的变化情况,计算当期应予补提(减提)的信贷资产专项准备金。当期计提(补提、减提)的贷款损失准备计入当期损益。已计提贷款减值准备的贷款,在其分类提高后,应将已计提的减值准备转回,增加当期损益。

(四)贷款本息核销与转回的处理

核销贷款本金时,应抵减已计提的减值准备;有客观证据表明贷款价值已恢复,原确认的贷款减值准备应当予以转回,计入当期损益,但转回后的账面价值不应超过假定不计提减值准备情况下该金融资产在转回日的摊余成本。已核销的贷款仍保留追索权,即账销案存,本金及利息在表外进行核算。

对于批准核销的表内应收利息,已纳入损益核算的,无论其本金或利息是否逾期,均做冲减利息收入处理。

(五)本外币处理方法相同,仅币种不同

人民币资产计提减值准备时以人民币计提,外币资产计提减值准备时按原币种计提核算。

四、贷款科目的设置

商业银行办理贷款业务时,主要应设置"短期贷款""中长期贷款""利息收入""应收利息""贷款损失准备""资产减值损失"和"抵债资产"等科目进行核算。

(一)"短期贷款"和"中长期贷款"科目

这两个科目为资产类科目,核算商业银行按规定发放的各种贷款,可按贷款担保方式、借款客户等设置二级科目,具体运用在贷款业务核算中加以介绍。

商业银行按规定发放的具有贷款性质的银团贷款、贸易融资、协议透支、信用卡透支、转贷款以及垫款等,也在贷款类科目中进行核算,商业银行在业务处理中一般

单独设置"银团贷款""贸易融资""协议透支""信用卡透支""转贷款""垫款"等一级科目进行核算。

贷款类科目期末余额在借方,反映商业银行按规定发放、尚未收回的贷款。

(二)"利息收入"科目

"利息收入"科目为损益类科目,核算商业银行收到或确认的利息收入,包括发放的各类贷款和贴现的利息收入,可按业务类别进行明细核算。期末,应将该科目余额转入"本年利润"科目,结转后该科目无余额。

(三)"应收利息"科目

"应收利息"科目为资产类科目,核算商业银行按期计提的贷款应收利息。该科目可按贷款种类、借款人进行二级、三级明细核算。

计提应收利息时,借记本科目,贷记"利息收入"科目;实际收到时,借记"单位活期存款"等科目,贷记本科目。该科目期末余额在借方,反映商业银行尚未收回的利息。

(四)"资产减值损失"科目

"资产减值损失"科目为损益类科目,核算商业银行计提各项资产减值准备所形成的损失。该科目可按资产减值损失的项目进行明细核算。商业银行的贷款等资产发生减值的,按应减记的金额,借记本科目,贷记"贷款损失准备"等科目。

已计提减值准备的相关资产价值又得以恢复的,应在原已计提的减值准备金额内,按恢复增加的金额,借记"贷款损失准备"等科目,贷记本科目。期末,应将该科目余额转入"本年利润"科目,结转后该科目无余额。

(五)"逾期贷款"科目

"逾期贷款"科目属于资产类科目,核算商业银行未能按期收回须转入本科目的贷款。借款人不能如期归还贷款时,于到期日当天须将该贷款转入逾期贷款进行核算。本科目按贷款种类和借款人进行二级、三级明细核算。转入时,借记本科目,贷记"短期贷款"等科目;逾期贷款收回时,比照正常贷款收回的处理,借记"单位活期存款"等科目,贷记本科目。

(六)"非应计贷款"科目

"非应计贷款"科目属于资产类科目,核算商业银行贷款或利息逾期满 90 天,从而停止表内计息的贷款。转入时,借记本科目,贷记"逾期贷款"等科目;收回或核销时,借记有关科目,贷记本科目。也有的银行对于停息贷款不作结转,不设该科目。

(七)"抵债资产"科目

"抵债资产"科目核算当借款人、保证人或第三人无力以货币资金偿还债务时,商业银行通过法院裁定、协议或其他方式取得的抵债资产。本科目为资产类科目,按资产种类分类核算。取得时,借记本科目,贷记有关科目;处置时,贷记有关科目,借记本科目。

第二节 信用贷款业务的核算

信用贷款是仅凭贷款申请人的信用而发放的贷款。贷款的还款方式由借贷双方在合同中约定,对单位贷款一般采用到期一次性还本付息、利随本清的方式,或定期付息到期还本的方式。对个人贷款则根据贷款种类不同,如按揭贷款可采取等额本息还款法、等额本金还款法、滞后等额本息还款法、滞后等额本金还款法等多种还款方式。单位贷款和个人贷款分别由银行不同业务部门负责,申请单位贷款申请人须向银行的公司部提出申请,申请个人贷款申请人须向银行的零售部提交申请。

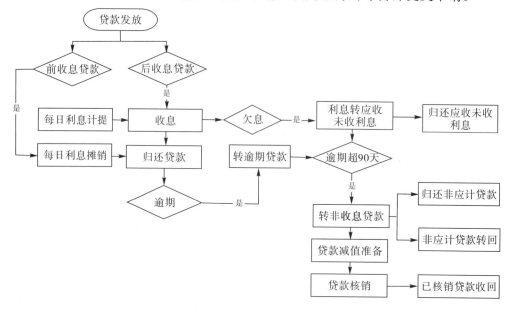

图 6-2 贷款业务处理基本流程图

一、单位信用贷款的核算

信用贷款采用逐笔核贷方式发放。商业银行在与借款人签订合同并实际发放贷款时对贷款本金予以初始确认,按实际发放贷出金额入账。借款人需要资金时逐笔向银行提出借款申请,经过银行批准后逐笔签订借款合同,逐笔立据审查,逐笔发放,约定借款期限到期还款。信用借款的特点表现为:贷款手续简便,不需要保证人或抵(质)押品;风险大、利率较高。

(一)贷款发放的核算

借款人需要借款时,首先填写"借款申请书",向银行提出申请,并向银行信贷部门提供相关资料,包括:董事会决议及公司章程;经年审合格的企业(法人)营业执照(复印件);借款人近三年经审计的财务报表及近期财务报表;贷款卡;银行要求提供的其他文件、证明等。

商业银行的信贷部门根据审贷分离的原则和特定的授权进行审批,核定客户授信额度,在授信额度内逐笔审批发放,放款时与借款人签订借款合同,约定借款的金额及用途、利率、还款期限、违约责任等条件。借款合同一般采取书面形式,由当事人双方的法定代表人或凭法定代表人的书面授权证明的经办人签章,并加盖法人公章。如果双方当事人约定合同必须公证或鉴证的,当事人必须办理公证或鉴证手续。借款申请书的格式如表 6-1 所示。

表 6-1　借款申请书

借款人		账号		已借款金额	
申请贷款金额		还款日期		借款利息(月息)	
借款用途及理由					
借款方 借款单位(章) 负责人(章) 经办人(章)		借款担保方 担保单位(章) 负责人(章)		贷款方 贷款银行(章) 经办人(章)	
银行审核意见:					
上列贷款按银行核定金额,双方商定如下合同,共同遵守。 1. 贷款方应按核定的贷款金额、用途,保证按计划提供贷款;否则,应按规定付给借款方违约金。 2. 借款单位保证按规定的用途使用贷款,未经贷款方的同意,不得挪作他用。如转移贷款用途,贷款方有权进行处罚,采用收取罚息、提前收回贷款、停止发放新的贷款等信用制裁措施。 3. 上列借款,借款方应保证按期归还。如需延期使用,借款方最迟在贷款到期前 3 天提出延期使用申请,经贷款方同意办理延期手续。贷款方未同意延期或未办理延期手续的逾期贷款,按政策规定加收 20%～50%的罚息。 4. 贷款到期一个月后,如借款方未按期归还贷款本息,由担保单位负责为借款方偿还本息和逾期罚息。 5. 本合同一式三份,借款方、贷款方、借款担保方各持一份。					

银行信贷部门与借款人签订借款合同后,当借款单位需要用款时,应填制一式五联的借款凭证,送信贷部门审批,其格式如表 6-2 所示。借款凭证的第一联为借方凭证;第二联为贷方凭证;第三联为回单,代收账通知;第四联为放款记录;第五联为到

期卡。经信贷部门审查同意后,在借款凭证上加注贷款编号、贷款种类、贷款期限、贷款利率、银行核定贷款金额等项目,连同申请书经信贷部门审批盖章后送会计部门凭以办理放款手续。

表 6-2 借款凭证

××银行(贷款)借款凭证(申请书代付出凭证)

单位编号:　　　　　　　　　　年　月　日　　　　　　　　　　银行编号:

收款单位	名称		借款单位	名称									
	往来户账号			放款户账号									
	开户银行			开户银行									
借款期限		利率		起息日									
借款申请金额		人民币(大写)			千	百	十	万	千	百	十	元	角	分
借款原因及用途		银行核定金额			千	百	十	万	千	百	十	元	角	分
银行审批 负责人 信贷部门主管 信贷员		期限		计划还款日期				计划还款金额					
兹根据你行贷款办法规定,申请办理上述借款,请核定贷给。 此致 银行 (借款 单位预留往来户印鉴)				会计分录:借									
				对方科目:贷									
				会计　　　复核　　　记账									

会计部门收到借款凭证后应认真审查以下内容:凭证各栏内容填写是否准确完整;大小写金额是否一致;印章是否齐全,与预留印鉴是否一致;印鉴与借款单位的名称是否一致;是否有信贷部门和相关人员的审批意见。审核无误后进行贷款发放,打印贷转存凭证,第一联贷转存凭证作记账凭证,第二联交业务部门留存,第三联作借款人回单,第四联作收款人收账通知,为借款单位开立贷款分户账,并将存款转入借款单位存款账户。会计分录如下:

借:短期(或中长期)贷款——××单位贷款户

贷:单位活期存款——××单位存款户

【例 6-1】 A银行20××年1月10日接到开户单位甲公司借款申请,经信贷部门1月20日核定,同意贷给该客户期限为6个月、利率为7.5%,本金600 000元,按月结息。会计部门于20××年1月20日根据借款凭证编制贷款发放的会计分录。

解析:20××年1月20日贷款发放的会计分录为:

借:短期贷款——甲公司户　　　　　　　　　　　　　600 000

贷:单位活期存款——甲公司户　　　　　　　　　　　　　600 000

(二)贷款到期收回的核算

贷款到期后,借款人应按照合同的约定及时足额归还贷款本息。银行会计部门应经常查看贷款借据的到期情况,在贷款快要到期时,与信贷部门联系,通常提前3天通知借款单位准备还款资金,以便到期时按期还款。商业银行收回贷款的情况主要有以下两种。

1. 贷款到期时借款单位主动归还贷款

借款到期,借款人主动归还贷款时,填写一式四联还款凭证(见表6-3)并签发转账支票送借款银行,办理还款手续。银行收到还款凭证后,与保管的贷款卡片核对,查看借款人账户中是否有足够的金额还款,审核无误后,计算利息,以还款凭证一、二联作转账借贷方传票,办理转账。其会计分录如下:

借:单位活期存款——××单位户
贷:短期(或中长期)贷款——××单位户
　　利息收入或应收利息
　　应交税费——应交增值税(销项税额)

表6-3 还款凭证
××银行(贷款)还款凭证(借方凭证)
年　月　日　　　　　　　　　　　　　　　　　合同编号:

借款单位	名称		付款单位	名称									
	放款户账号			往来户账号									
	开户银行			开户银行									
还款日期	年月日		还款次序	第次还款									
偿还金额	人民币(大写)				千	百	十	万	千	百	十	元	角	分
还款内容													
由我单位往来划转归还上述借款			会计分录:借										
			对方科目:贷										
(借款单位预留往来账户印鉴) (银行主动收贷时免盖)			会计　　复核　　记账										

转账后,还款凭证第三联交信贷部门,第四联退回借款人,原保管的借款凭证第五联加盖"注销"戳记后交借款人。

2. 贷款到期时由银行主动扣收

若贷款到期后借款单位未能主动归还贷款,且其存款账户中的存款余额又足够还款,则会计部门可及时与信贷部门联系,征得同意后,由信贷部门填制"贷款收回通知单",加盖信贷部门业务公章交会计部门。会计部门凭以编制一式四联的"还款凭证"扣收贷款,会计处理视同借款人主动归还贷款。

(三)贷款利息的计算与核算

银行发放的各种贷款,除国家有特殊规定和财政补贴外,均应按规定计收利息。日终,系统按照合同约定利率,对贷款利息进行计提,并进行价税分离计算利息收入应交纳增值税销项税额。结息日或还款日,实际收到贷款利息时,冲销计提账户。

1. 贷款利息的计算方法

贷款利息计算也分为定期结息和逐笔结息两种方法,与存款利息计算方法相同,这里不再赘述。

2. 计提应收利息及按季收取利息的处理

(1)按日匡息的处理。目前,多数银行业务核算系统自动按日匡计每一笔贷款的应收利息,自贷款发放之日起,每日日终银行业务系统自动按日匡息,并在确认利息收入的同时进行价税分离,确认增值税的销项税额,计算过程如下:

每日应收利息＝本金×1(日数)×日利率

这是含税利息,或者叫价税分离前的利息,金融机构一般纳税人的增值税税率为6%,价税分离计算公式为:

增值税销项税额＝含税利息÷(1＋6%)×6%

价税分离后的银行利息收入＝含税利息÷(1＋6%)

或者＝含税利息－销项税额

每日匡息的会计分录为:

借:应收利息
　　贷:利息收入——××贷款利息收入
　　　　应交税费——应交增值税(销项税额)

(2)按季计提应收利息的处理。在银行采取按日匡息做法之前,我国银行均按季计息,结息日为每季末月 20 日,利息次日入账。目前,如果银行业务系统没有按日匡息功能,则仍然按季计息,计提应收利息,会计分录同上。

【例 6-2】 接例 6-1,A 银行按日计提甲公司短期贷款应计利息。

解析: 日应收利息及其应计提增值税销项税额为:

日应收利息＝600 000×1×7.5%÷360＝125 元

增值税销项税额＝125÷(1＋6%)×6%＝7.08 元

价税分离后的银行利息收入＝含税利息÷(1＋6%)(或者＝含税利息－销项税额)
　　　　　　　　　　　　　＝117.92 元

会计分录为:

借:应收利息		125
贷:利息收入		117.92
应交税费—应交增值税(销项税额)		7.08

(3)贷款利息的收取。银行可与借款人在借款合同中约定:贷款利息定期收取或到期利随本清。定期收取可约定按季或按月收取利息,也可约定在贷款到期时一次收取本金和利息,即利随本清两种。收到利息时,会计分录为:

借:单位活期存款——借款单位户
贷:应收利息——应收××借款人利息

【例6-3】 接例6-1、6-2,2月20日,A银行收到甲公司按期(月)支付的贷款利息。

解析:利息计算如下:

2月20日利息 $=600\,000\times1\times7.5\%\div12=3\,750$ 元

会计分录为:

借:单位活期存款——甲单位户	3 750
贷:应收利息——甲单位户	3 750

(四)贷款展期的处理

由于客观情况发生变化,借款单位预计到款到期时无法偿还贷款本息的,可以提前向商业银行申请展期。申请展期时,短期贷款必须于到期日10日以前,中长期贷款必须于到期日一个月以前,由借款单位向银行提出贷款展期的书面申请,写明展期的原因,"借款展期申请书"一式三联,银行信贷部门审批后,在展期申请书上签注意见或签章,第一联留存备查,将第二、三联送交银行会计部门。每一笔贷款只能展期一次。展期期限规定如下:短期贷款展期不得超过原贷款的期限,中期贷款展期不得超过原贷款期限的一半,长期贷款展期最长不得超过三年。

贷款展期不需要进行账务处理,会计部门收到贷款展期申请书后,应核对借款人信息和原贷款信息是否准确,信贷部门是否批准、有无签章;审查展期时间是否符合规定。审核无误后,在贷款分户账及借据上批注展期期限,同时将一联贷款展期申请书加盖业务公章后交借款单位收执,另一联展期申请书作原借附件,按展期后的还款日期排列。

展期贷款到期后收回的处理与正常到期收回的处理相同。银行信贷部门审核未通过展期申请的贷款,借款人须按原还款计划还款。

(五)逾期贷款的核算处理

借款人不能如期归还贷款的,应将该贷款转入逾期贷款处理。目前,一般由银行业务核算系统于贷款到期日日终自动将该贷款转为逾期贷款,利息也随之转为逾期贷款利息,从逾期之日起至还款日止(算头不算尾,还款日不算),除按规定利率计息外,还应按实际逾期天数和中国人民银行规定的罚息率计收罚息,目前在原约定的贷

款利率上加收 50%。

本金转逾期时,会计分录为:

  借:逾期贷款——借款人户
   贷:短期贷款(或中长期贷款)——借款人户

利息转逾期时,会计分录为:

  借:应收利息——应收单位逾期贷款利息户
   贷:应收利息——应收单位正常贷款利息户

利息是否结转,由各行总行规定。

如果系统没有自动结转,则由银行会计部门根据原借据,分别编制特种转账借方传票和特种转账贷方传票办理转账,会计分录同上,转账后,将另一联特种转账借、贷方传票作收、支款通知,加盖转讫章和经办人员章后交借款单位。同时,在原借据上批注"×年×月×日转入逾期贷款"的字样后,另行保管,待借款单位存款账户有款支付时,一次或分次扣收。

也有银行为避免虚增贷款收回数字,直接在原贷款账户用红字本方记账,冲减原贷款账户,产生同在借方一红一蓝笔记账的特殊会计分录为:

  借:逾期贷款——原借款人户
  借:短期贷款(或中长期贷款)——借款人户(红字)

(六)非应计贷款的核算处理

贷款本金或利息逾期满 90 天的,视为"非应计贷款"或称"表内停息贷款",停止表内计息,转为表外计息。贷款由正常类或关注类转为不良贷款。

1. 非应计贷款的结转

各家银行结转非应计贷款的做法不同,大体有以下两种做法。

(1)第一种做法:设置"非应计贷款"科目,结转非应计贷款本金,同时,将利息从表内转销,转入表外的处理。

当本金从应计贷款转为非应计贷款时,会计分录为:

  借:非应计贷款——原借款单位户
   贷:逾期贷款——原借款单位户
    或,××贷款——原借款单位户

表内利息的转销:账务中心根据信贷部门的停息通知,停止表内计息,转为表外计息,即将已入账但尚未收取的利息收入和应收利息予以冲销。会计分录为:

  借:利息收入
   应交税费—应交增值税(销项税额)
   贷:应收利息

表外利息转入:已计提未收回的应收利息应在表外进行登记。会计分录为:

收:应收未收表外利息——原借款单位户

停息后发生的应计利息,也应纳入表外核算,会计分录同上。

(2)第二种做法:贷款成为非应计贷款时,贷款本金不进行账务处理,仍保留在"逾期贷款"账户中;自贷款到期日起停止表内计息,对表内应收未收利息全额计提坏账准备。会计分录为:

借:资产减值损失——坏账减值损失
　　贷:其他资产减值准备——坏账准备

同时,自表内停息日开始,该贷款转作表外计息,并于贷款结息日进行表外结计处理,其会计分录为:

收:应收未收表外利息——原借款单位户

2. 非应计贷款的还款处理

已计入非应计贷款后又发生还款的,应先还本后收息。具体操作为:根据客户提交的还款凭证或业务部门提交的书面扣款通知,进行还款操作,先冲销非应计贷款本金,再确认催收利息收入。

(1)收到表内停息贷款本金时,按实际收到的金额作会计分录为:

借:单位活期存款——借款人户
　　贷:非应计贷款——借款人户
　　或:逾期贷款——借款人户

(2)向借款人收回利息时,确认销项税额,并销记表外利息,会计分录为:

借:单位活期存款——借款人户
　　贷:利息收入
　　　　应交税费——应交增值税(销项税额)
　　付:应收未收表外利息

采取上述非应计贷款结转的第二种做法的银行,在收回表内利息的同时,应转回对应的坏账准备,会计分录为:

借:其他资产减值准备——坏账准备
　　贷:资产减值损失——坏账减值损失

二、个人消费贷款业务的核算

(一)个人贷款的概念和分类

个人贷款是指以自然人为借款人的贷款。个人贷款主要分为个人消费贷款(包括个人购买住房、购买汽车、住房装修、旅游、教育、购买大件耐用消费品及其他生活消费用途的贷款)和个人经营贷款。商业银行设置"个人××贷款"科目核算各种类型的自然人贷款,该科目为资产类科目,余额在借方,表示已发放未收回的贷款。向个人发放各类贷款时,借记该科目,贷记有关科目;收回贷款时,贷记该科目,借记有关科目。

(二)个人住房贷款

个人住房贷款是指贷款人向借款人发放的用于购买、建造和大修各类型住房的贷款。贷款人发放个人住房贷款时,借款人必须提供担保,如果借款人到期不能偿还贷款本息,则贷款人有权依法处理其抵押物。

个人住房贷款有三种,分别是个人住房商业性贷款、住房公积金贷款和个人住房组合贷款。个人住房商业性贷款是银行用信贷资金发放的贷款,为个人住房按揭贷款。住房公积金贷款的资金来自职工缴存的住房公积金存款,因此,这类贷款只贷给那些住房公积金缴存人,但有余额上的限制。个人住房组合贷款是上述两种贷款的组合。

银行办理住房贷款通常采用两种分期还本付息方式:一是等额本息还款法,贷款期限每月以相等的数额偿还贷款本息;二是等额本金还款法,每月等额偿还贷款本金,贷款利息随本金逐月递减。

1. 商业性住房贷款

商业性个人住房贷款是银行用其信贷资金向在城镇购买、建造或大修各类型住房的自然人所发放的自营性贷款。它是指自然人在购买自住房时,以其所购买的产权住房(或银行认可的其他担保方式)为抵押,作为偿还贷款的保证而向银行申请的商业性住房贷款。

2. 住房公积金贷款

住房公积金贷款是指由各地住房公积金管理中心运用职工及其所在单位所缴纳的住房公积金,委托商业银行向缴存住房公积金的在职职工和在职期间缴存住房公积金的离退休职工发放的房屋抵押贷款。

住房公积金是指国家机关、国有企业、城镇集体企业、外商投资企业、城镇私营企业及其他城镇企业、事业单位及其在职职工缴存的长期住房储金。职工缴存的住房公积金和职工所在单位为职工缴存的住房公积金,是职工按照规定储存起来的专项用于住房消费支出的个人储金,属于职工个人所有。职工离职退休时本息余额一次付偿,退还给职工本人。

个人住房公积金贷款期限在1年以内(含1年)的实行合同利率,遇法定利率调整,不分段计息;贷款期限在1年以上的,遇法定利率调整,于次年1月1日开始,按相应利率档次执行新的利率规定。

个人住房贷款的计息方式和还款方式,由借贷双方协商确定,可在合同期内按月、按季、按年调整,也可采用固定利率的确定方式。

(三)个人贷款的核算

个人贷款的核算同样分为贷款发放、计息和收回三个环节。

向自然人发放各类贷款时,会计分录为:

借:个人贷款——个人消费贷款——××借款人
　　贷:有关科目(根据贷款用途选用账户)

贷款利息按照合同规定的计息方法计算记入"利息收入",并作价税分离。

贷款收回时,会计分录为:

借:活期储蓄存款等科目(按还款方式选用账户)
　　贷:个人贷款——××贷款——××借款人
　　　　利息收入或应收利息(至还款日尚未收回的利息)

三、贷款损失准备的核算

(一)概念的差异

为提高商业银行的风险抵御和防范能力,按照谨慎性原则,各商业银行应对各项贷款的账面价值进行定期检查,计提贷款损失准备,以保障商业银行持续、稳健经营。

关于银行贷款损失准备计提的法规有央行的《贷款损失准备计提指引》、财政部的《金融企业会计制度》(2002年)、财政部的《金融企业准备金管理办法》(2012年7月1日)、银保监会的《商业银行资本充足率管理办法》等,以上法规角度不同,概念的内涵不同,差异较大。

准备金又称"拨备",银保监会规定了以下几个监管比例,以考核银行拨备计提是否充分,风险是否全覆盖。

1. 拨备覆盖率

拨备覆盖率是指金融企业计提的贷款损失准备与不良贷款余额之比,必须达到150%以上。

2. 贷款拨备率

贷款拨备率是指金融企业计提的贷款损失准备与各项贷款余额之比,也称拨贷比,应不低于2.5%。

3. 拨备充足率

贷款减值准备(拨备)充足率是指金融企业实际计提的准备与应提准备之比,不应低于100%。应计提的准备按监管标准测算,该指标评价贷款损失准备是否计提充分。

(二)贷款损失准备的计提范围

根据《金融企业会计制度》的规定,贷款损失准备的计提范围为银行承担风险和损失的资产,具体包括贷款(含抵押、质押、保证等贷款)、银行卡透支、贴现、银行承兑汇票垫款、信用证垫款、担保垫款、进出口押汇、拆出资金等。

财政标准:金融企业承担风险和损失的资产应计提准备金。具体包括:发放贷款和垫款、可供出售类金融资产、持有至到期投资、长期股权投资、存放同业、拆出资金、抵债资产、其他应收款项等。

对由金融企业转贷并承担对外还款责任的国外贷款,包括国际金融组织贷款、外国买方信贷、外国政府贷款、日本国际协力银行不附条件贷款和外国政府混合贷款等资产,应当计提准备金。

金融企业不承担风险的委托贷款、购买的国债等资产,不计提准备金。

(三)贷款损失准备的计提种类与比例

《贷款损失准备计提指引》等监管规定:贷款损失准备包括一般准备金、专项准备金和特种准备金。银保监会规定贷款损失准备只包括专项准备和特种准备。

财政部《金融企业准备金管理办法》规定:金融企业计提的准备金包括资产减值准备和一般准备。资产减值准备是指金融企业对债权、股权等金融资产(不包括以公允价值计量并且其变动计入当期损益的金融资产)进行合理估计和判断,对其预计未来现金流量现值低于账面价值部分计提的,计入金融企业成本的,用于弥补资产损失的准备金。一般准备是指金融企业运用动态拨备原理,采用内部模型法或标准法计算风险资产的潜在风险估计值后,扣减已计提的资产减值准备,从净利润中计提的、用于部分弥补尚未识别的可能性损失的准备金。

监管指标和财政部制定的会计标准存在一定差异,实务中需要加以区别对待。

1. 一般准备

监管规定:一般准备是根据全部贷款余额的一定比例计提的、用于弥补尚未识别的可能性损失的准备,一般由商业银行总行根据期末贷款余额按季计提。一般准备年末余额应不低于年末贷款余额的1.5%,实行差额计提。

财政规定:金融企业应当在资产负债表日对各项资产进行检查,分析判断资产是否发生减值,并根据谨慎性原则,计提资产减值准备。对发放贷款和垫款,至少应当按季进行分析,采取单项或组合的方式进行减值测试,一般准备余额原则上不得低于风险资产期末余额的1.5%。信贷资产根据金融监管部门的有关规定进行风险分类,标准风险系数为:正常类1.5%,关注类3%,次级类30%,可疑类60%,损失类100%,按照风险系数折算银行资产潜在风险估计值,与已提贷款减值准备轧差计提。

2. 专项准备

监管规定：对专项准备的计提，在贷款进行风险分类后，按每笔贷款的损失程度按季计提，不同风险类别的贷款计提比例不同。银行可参照以下比例按季计提专项准备：对于关注类贷款，计提比例为2%；对于次级类贷款，计提比例为25%；对于可疑类贷款，计提比例为50%；对于损失类贷款，计提比例为100%。其中，次级和可疑类贷款的损失准备，计提比例可以上下浮动20%。

财政规定：根据2017年3月31日财政部颁布的新修订的《企业会计准则第22号——金融工具确认和计量》的准则，银行专项准备金按"三阶段"减值模型计提的用于弥补专项损失的准备。

对于专项准备，银行基于信贷业务信用风险自初始确认后是否已显著增加，将各笔贷款业务划分为三个风险阶段，按"三阶段"减值模型确认计量。在进行阶段划分时，除了要考虑五级风险分类、预期天数，还要考虑客户评级及下降幅度、预警影响等。

第一阶段：贷款的信用风险自初始确认时并未显著增加或具有较低信用风险的，应按模型确认该贷款未来12个月预期信用损失的金额计量其损失准备。

第二阶段：贷款的信用风险自初始确认时显著增加，但尚无客观减值证据的，应按模型确认该贷款整个存续期预期信用损失的金额计量其损失准备；

第三阶段，该贷款已发生信用减值，即为不良贷款，应按模型确认该贷款整个存续期预期信用损失的金额计量其损失准备。

3. 特种准备

监管规定，特种准备是指针对某一国家、地区、行业或某一类贷款风险计提的准备。计提比例根据特殊风险情况、风险损失概率和历史经验等确定，按季计提。财政没有该类准备，因而没有专项准备的规定。

贷款损失准备由银行总行统一计提。外国银行在中华人民共和国境内设立的分行可由其总行统一计提一般准备，专项准备、特种准备由分行分别计提。

上市银行执行2006年2月15日发布的新会计准则后，需要根据未来现金流量贴现与账面余额对比提取贷款损失准备。

(四)计提准备金的核算

1. 会计科目的设置

(1)设置"一般准备"科目。"一般准备"科目核算银行按规定计提的一般准备金。该科目是所有者权益类科目，余额在贷方，反映银行已提一般准备。计提一般准备时，借记"利润分配"等科目，贷记本科目；核销和转出时，借记本科目，贷记"非应计贷款"等有关科目。

(2)设置"贷款损失准备"科目。"贷款损失准备"科目核算商业银行各类风险资产按规定计提的风险准备,按贷款风险准备的类别下设"特种准备"和"××贷款专项准备"(按贷款种类)两类二级科目进行明细核算。该科目是资产类科目的备抵科目,其分户账余额反映在贷方,填列会计报表时余额在借方用"—"表示。

计提准备时,借记"资产减值损失"或"其他营业支出"等科目,贷记本科目;核销和转出时,借记本科目,贷记"非应计贷款"等有关科目。

2. 计提的核算

(1)计提一般准备金。季末实行差额计提。具体方法是:本期提取数=应提数-已提数。其中:

应提数=计提范围内的贷款等资产账户的期末余额合计×规定的计提比例(或者按照减值测试结果计算应提取贷款损失准备金额)

已提数=一般准备账户现有余额

当应提数大于已提数时,差额为正,即为本期应计提一般准备金。金融企业的一般准备是作为税后利润分配项目提取的,会计分录为:

借:利润分配——提取一般准备金
  贷:一般准备

如果应提数小于已提数,则应按照差额冲减一般准备金,会计分录与补提时相反。

(2)计提专项准备金和特种准备金。商业银行在季末进行差额计提。计算本期专项准备金或特种准备金的应提数为:本期应提数=各类风险资产科目余额合计数×计提比例。

与已提数(即专项准备科目总账本期期末余额)进行比较,计算公式为:

本期应补提数或转回数=本期应提数-已提数

如果应提数大于已提数,差额就为当期应补提的准备金,专项准备和特种准备列入成本,会计分录为:

借:资产减值损失
  贷:贷款损失准备——专项准备金(或特种准备金)

如果应有余额小于账户已有余额,则应按照差额冲减准备金,会计分录与补提时相反。

(五)核销损失类贷款的核算

1. 核销贷款的认定条件

按照《贷款通则》的规定,可以予以核销的贷款是指:

(1)借款人和担保人依法宣告破产,进行清偿后,未能还清的贷款;

(2)借款人死亡或者依照《中华人民共和国民法通则》的规定,宣告失踪或宣告死亡,以其财产或者遗产清偿后,未能还清的贷款;

(3)借款人遭遇重大自然灾害或意外事故,损失巨大且不能获得保险补偿,确定无力偿还的部分或全部贷款,或者以保险清偿后,未能还清的贷款;

(4)贷款人依法处置贷款抵押物、质物,所得价款不足以补偿抵押、质押贷款的部分;

(5)经国务院专案批准核销的贷款。

2. 核销贷款的处理

贷款核销由总行集中审批,再统一下划减值准备及核销清单到各经办行。经办行启动贷款核销交易,冲销非应计贷款本金转销催收利息;保留追索权的已核销贷款,本金、催收利息余额进行表外登记。会计分录为:

借:贷款损失准备——专项准备
　　贷:非应计贷款等贷款科目——借款人户
借:待转贷款利息收入
　　贷:××催收贷款利息

同时,进行表外登记:

收:核销债权本金
收:核销债权利息

对于已经核销的贷款,商业银行应贯彻"账销实存"的原则,保留对贷款的追索权。

3. 已核销贷款又收回的处理

对于已经核销的贷款,如果以后又收回时,则各经办行应先将原核销贷款本金转回,并相应增加贷款损失准备,上划总行,再办理贷款还款。对于收到的款项,按照已核销贷款本金、表内应收利息、表外应收利息依次顺序冲回,同时转回贷款损失准备。

先转回贷款损失准备,会计分录为:

借:非应计贷款——借款人户
　　贷:贷款损失准备——专项准备金

然后,再作收回贷款的处理,根据收回的形式借记相关科目,贷方先收回本金、再收回利息。

(1)已核销贷款收到后先偿还本金,会计分录为:

借:单位活期存款——借款人户
　　贷:非应计贷款——借款单位户

同时,登记表外明细账:

付:核销债权本金

(2)如果还款金额大于本金,则再将转入表外登记的利息转回并归还利息,会计分录为:

借:催收贷款利息
　　贷:待转贷款利息收入
借:相关科目
　　贷:催收贷款利息
借:待转贷款利息收入
　　贷:待转贷款利息收入收回
　　　　应交税费——应交增值税(销项税额)

同时,登记表外明细账:
付:核销债权利息

第三节　担保贷款与抵债资产的核算

担保是为预防债务的不履行所事前采取的确保债权实现的手段。担保贷款是指商业银行在发放贷款时,依照《中华人民共和国民法典》(以下简称《民法典》)的规定,落实担保方式,以保证人或抵(质)押物作为还款保障而发放的贷款。依据担保方式的不同,银行担保贷款分为保证贷款、抵押贷款和质押贷款三种。

银行贷款大多需要设定担保,落实担保措施,避免敞口风险。担保贷款发生违约,银行可要求保证人承担保证责任,或处置抵押品、质押物,以所得价款优先受偿,收回贷款本息。

一、保证贷款

(一)概念

保证贷款是指按《民法典》的规定,以第三人承诺在借款人不能偿还贷款时,按照约定承担一般保证责任或连带责任而发放的贷款。保证贷款的当事人除了借款人、贷款人(银行),还有第三方作为保证人。

借款人申请保证贷款,应提交借款申请书和银行要求的其他相关资料,同时还应向银行提供保证人情况及保证人同意保证的有关证明文件。

银行信贷部门要认真审核保证人的资格是否符合法律规定,审核保证人有无代为偿还贷款能力。审核同意贷款的,银行与借款人(被担保人)签订借款合同,与保证人签订保证合同,办理放款手续。

(二)保证合同

银行与保证人应当以书面形式订立保证合同。保证合同可以是单独订立的书面合同,也可以是主债权债务合同中的保证条款。第三人单方以书面形式向债权人作出保证,债权人接收且未提出异议的,保证合同成立。

保证合同的内容一般包括被保证的主债权的种类、数额,债务人履行债务的期限,保证的方式、范围和期间等条款。

保证合同是主债权债务合同的从合同。主债权债务合同无效的,保证合同无效,但是法律另有规定的除外。

(三)保证期间

债权人与保证人可以约定保证期间,但是约定的保证期间早于主债务履行期限或者与主债务履行期限同时届满的,视为没有约定;没有约定或者约定不明确的,保证期间为主债务履行期限届满之日起六个月。

(四)保证方式

保证方式包括一般保证和连带责任保证。当事人在保证合同中对保证方式没有约定或者约定不明确的,按照一般保证承担保证责任。当事人在保证合同中约定,债务人不能履行债务时,由保证人承担保证责任的,为一般保证。当事人在保证合同中约定保证人和债务人对债务承担连带责任的,为连带责任保证。

一般保证人享有先诉抗辩权,即一般保证的保证人在主合同纠纷未经审判或者仲裁,并就债务人财产依法强制执行仍不能履行债务前,有权拒绝向债权人承担保证责任,但是有下列情形之一的除外:债务人下落不明,且无财产可供执行;人民法院已经受理债务人破产案件;债权人有证据证明债务人的财产不足以履行全部债务或者丧失履行债务能力;保证人书面表示放弃本款规定的权利。

连带责任保证的债务人不履行到期债务或者发生当事人约定的情形时,债权人可以请求债务人履行债务,也可以请求保证人在其保证范围内承担保证责任。

(五)保证责任的解除

保证贷款到期,如果借款人按期还本付息,则借款合同权利义务终止,保证合同也随之终止。

银行保证贷款一般设定为连带责任保证,借款人到期未偿还银行本金和利息时,银行有权要求保证人代偿。连带责任保证的债权人未在保证期间请求保证人承担保证责任的,保证人不再承担保证责任。

一般保证的债权人未在保证期间对债务人提起诉讼或者申请仲裁的,保证人不再承担保证责任。

保证贷款发放与收回的核算手续与信用贷款相同。

二、抵押贷款

抵押权是为担保债务的履行,债务人或者第三人不转移财产的占有,将该财产抵押给债权人的,债务人不履行到期债务或者发生当事人约定的实现抵押权的情形,债权人有权就该财产优先受偿。这里的债务人或者第三人为抵押人,银行作为贷款的债权人为抵押权人,提供担保的财产为抵押财产。

抵押贷款是按照《中华人民共和国民法典》规定,以不转移对抵押物的占有、将该抵押物作为债权的担保而发放的贷款。借款人到期不能归还贷款本息时,银行有权依法处置贷款抵押物,并从所得价款收入中优先收回贷款本息,或以该抵押物折价充抵贷款本息。抵押贷款一般采取逐笔核贷的贷款核算方式。

(一)抵押物的规定

1. 可以设定抵押的财产

《民法典》第三百九十五条规定,债务人或者第三人有权处分的下列财产可以抵押:建筑物和其他土地附着物;建设用地使用权;海域使用权;生产设备、原材料、半成品、产品;正在建造的建筑物、船舶、航空器;交通运输工具;法律、行政法规未禁止抵押的其他财产。

抵押人可以将前款所列财产一并抵押。

企业、个体工商户、农业生产经营者可以将现有的以及将有的生产设备、原材料、半成品、产品抵押,债务人不履行到期债务或者发生当事人约定的实现抵押权的情形,债权人有权就抵押财产确定时的动产优先受偿。

以建筑物抵押的,该建筑物占用范围内的建设用地使用权一并抵押。以建设用地使用权抵押的,该土地上的建筑物一并抵押。抵押人未依据前款规定一并抵押的,未抵押的财产视为一并抵押。

乡镇、村企业的建设用地使用权不得单独抵押。以乡镇、村企业的厂房等建筑物抵押的,其占用范围内的建设用地使用权一并抵押。

2. 不得抵押的财产

《民法典》第三百九十九条规定,下列财产不得抵押:土地所有权;宅基地、自留地、自留山等集体所有土地的使用权,但是法律规定可以抵押的除外;学校、幼儿园、医疗机构等为公益目的成立的非营利法人的教育设施、医疗卫生设施和其他公益设施;所有权、使用权不明或者有争议的财产;依法被查封、扣押、监管的财产;法律、行政法规规定不得抵押的其他财产。

(二)抵押合同

设立抵押权,当事人应当采用书面形式订立抵押合同。

1. 抵押合同的内容

抵押合同一般包括下列条款:
(1)被担保债权的种类和数额;
(2)债务人履行债务的期限;
(3)抵押财产的名称、数量等情况;
(4)担保的范围。

抵押权人在债务履行期限届满前,与抵押人约定债务人不履行到期债务时抵押财产归债权人所有的,只能依法就抵押财产优先受偿。

2. 抵押权的设立

以《民法典》第三百九十五条第一款第一项至第三项规定的财产或者第五项规定的正在建造的建筑物抵押的,应当办理抵押登记。抵押权自登记时设立。

以动产抵押的,抵押权自抵押合同生效时设立;未经登记,不得对抗善意第三人。

(三)抵押率的控制

通常,抵押贷款的放款金额不是按抵押物价值金额全额发放,而是按抵押物价值金额的一定比例贷放,这个比例即为抵押率。

$$抵押率 = 1 - \frac{抵押物预计贬值额}{抵押物价值} \times 100\%$$

商业银行在办理抵押贷款时,抵押率一般控制在70%以下;对于一些科技含量高、更新速度快的机器设备,抵押率更低,一般控制在50%以下。每笔贷款的抵押率的高低要根据具体情况确定,要考虑贷款风险、借款人的信用和抵押物的性质而定。实际贷款额度的计算公式为:

贷款额度=抵押物现值×抵押率

商业银行收到借款申请后要对贷款人的资格、贷款目的和抵押物进行审查。

(四)抵押贷款的核算

抵押贷款的核算除多出抵押权落实措施和抵押物的表外核算外,贷款发放、收回、利息计算、结转逾期的会计核算与信用贷款相同,这里不再赘述。

1. 抵押权资料审核与设立

抵押贷款由借款人向银行提出申请,并向银行提交抵押贷款申请书,写明借款用途、金额、还款日期、抵押物名称、数量、价值、存放地点等有关事项,同时提交有权处分人同意抵押的证明或保证人同意保证的有关证明文件。

抵押贷款经银行信贷部门审查同意后,银行与借款人签订借款合同,与抵押人签订抵押合同,并将抵押物或抵押物产权证明移交银行,由商业银行提交相关部门进行抵押登记。对于贷款合同及有关资料,如果银行认为有必要公证,则应由公证机关对其真实性、合法性进行公证。

2. 登记表外科目

商业银行信贷部门办妥抵押登记,取得他项权证后,应签发抵(质)押物代保管凭证一式两联,一联交借款人,另一联由银行留存。

同时登记表外科目,其会计分录为:

收入:代保管有价值品——××户

发放贷款时,信贷部门应填制一式五联借款凭证,借款人签字,审批同意后,与抵押权有关单证一并送给银行账务中心,经办会计凭贷款发放通知办理贷款的发放手续。

会计部门收到借款凭证,审核无误后进行贷款发放的账务处理,与信用贷款发放的会计分录相同:

借:短期贷款或中长期贷款——借款人贷款户

贷:单位活期存款——借款人存款户

抵押贷款收回、利息的核算也与信用贷款相同,不再赘述。

贷款本息收回后,将抵押物及有关单据退回借款人,信贷部门应及时到有关部门解除抵押登记。同时注销表外科目:

付:代保管有价值品——××户

(五)抵押权的实现(处置抵押物)

贷款逾期超过规定的期限,银行须依法处置抵(质)押物,实现抵押权,收回贷款本息。《民法典》规定如下。

1.债务人不履行到期债务或者发生当事人约定的实现抵押权的情形,抵押权人可以与抵押人协议以抵押财产折价或者以拍卖、变卖该抵押财产所得的价款优先受偿。协议损害其他债权人利益的,其他债权人可以请求人民法院撤销该协议。

2.抵押权人与抵押人未就抵押权实现方式达成协议的,抵押权人可以请求人民法院拍卖、变卖抵押财产。抵押财产折价或者变卖的,应当参照市场价格。

3.抵押财产折价或者拍卖、变卖后,其价款超过债权数额的部分归抵押人所有,不足部分由债务人清偿。

4.同一财产向两个以上债权人抵押的,拍卖、变卖抵押财产所得的价款依照下列规定清偿：

(1)抵押权已经登记的,按照登记的时间先后确定清偿顺序；

(2)抵押权已经登记的先于未登记的受偿；

(3)抵押权未登记的,按照债权比例清偿。

其他可以登记的担保物权,清偿顺序参照适用前款规定。

5.同一财产既设立抵押权又设立质权的,拍卖、变卖该财产所得的价款按照登记、交付的时间先后确定清偿顺序。

6.动产抵押担保的主债权是抵押物的价款,标的物交付后十日内办理抵押登记的,该抵押权人优先于抵押物买受人的其他担保物权人受偿,但是留置权人除外。

7.建设用地使用权抵押后,该土地上新增的建筑物不属于抵押财产。该建设用地使用权实现抵押权时,应当将该土地上新增的建筑物与建设用地使用权一并处分。但是,新增建筑物所得的价款,抵押权人无权优先受偿。

8.以集体所有土地的使用权依法抵押的,实现抵押权后,未经法定程序,不得改变土地所有权的性质和土地用途。

9.抵押权人应当在主债权诉讼时效期间行使抵押权,未行使的,人民法院不予保护。

三、质押贷款

质押是为担保债务的履行,债务人或者第三人将其动产或有处分权的权利凭证出质给债权人占有的,债务人不履行到期债务或者发生当事人约定的实现质权的情形,债权人有权就该动产优先受偿。在质押关系中,债务人或第三人为出质人,债权人(银行)为质权人,移交的动产为质押物(简称"质物")。

质押贷款是指按《民法典》规定,以借款人或第三人的动产或权利凭证作为质物而发放的贷款。质押包括动产质押和权利质押两种。

质押贷款的发放必须以质物为基础。质物可以是出质人的动产,也可以是出质人的权利。银行与出质人应以书面形式订立质押合同,质押合同自质物移交质权人占有时生效。

(一)动产质押

动产质押是指债务人或第三人将其动产移交债权人占有,将其动产作为债权的担保。法律、行政法规禁止转让的动产不得出质。

1. 质权的设立

当事人应当采用书面形式订立质押合同。质押合同一般包括下列条款：

(1)被担保债权的种类和数额；

(2)债务人履行债务的期限;

(3)质押财产的名称、数量等情况;

(4)担保的范围;

(5)质押财产交付的时间、方式。

质权人在债务履行期限届满前,与出质人约定债务人不履行到期债务时质押财产归债权人所有的,只能依法就质押财产优先受偿。

质权自出质人交付质押财产时设立。出质人与质权人可以协议设立最高额质权。

2. 质权人的权利与义务

质权人有权收取质押财产的孳息,但是合同另有约定的除外。孳息应当先充抵收取孳息的费用。

质权人在质权存续期间,未经出质人同意,擅自使用、处分质押财产,造成出质人损害的,应当承担赔偿责任。质权人负有妥善保管质押财产的义务;因保管不善致使质押财产毁损、灭失的,应当承担赔偿责任。

债务人履行债务或者出质人提前清偿所担保的债权的,质权人应当返还质押财产。

质权人的行为可能使质押财产毁损、灭失的,出质人可以请求质权人将质押财产提存,或者请求提前清偿债务并返还质押财产。

3. 质权实现

债务人不履行到期债务或者发生当事人约定的实现质权的情形,质权人可以与出质人协议以质押财产折价,也可以就拍卖、变卖质押财产所得的价款优先受偿。质押财产折价或者变卖的,应当参照市场价格。

质押财产折价或者拍卖、变卖后,其价款超过债权数额的部分归出质人所有,不足部分由债务人清偿。

(二)权利质押

1. 债务人或者第三人有权处分的下列权利可以出质

(1)汇票、本票、支票;

(2)债券、存款单;

(3)仓单、提单;

(4)可以转让的基金份额、股权;

(5)可以转让的注册商标专用权、专利权、著作权等知识产权中的财产权;

(6)现有的以及将有的应收账款;

(7)法律、行政法规规定可以出质的其他财产权利。

2. 质权的设立

(1)以汇票、本票、支票、债券、存款单、仓单、提单出质的,质权自权利凭证交付质权人时设立;没有权利凭证的,质权自办理出质登记时设立。法律另有规定的,依照其规定。

(2)汇票、本票、支票、债券、存款单、仓单、提单的兑现日期或者提货日期先于主债权到期的,质权人可以兑现或者提货,并与出质人协议将兑现的价款或者提取的货物提前清偿债务或者提存。

(3)以基金份额、股权出质的,质权自办理出质登记时设立。

基金份额、股权出质后,不得转让,但是出质人与质权人协商同意的除外。出质人转让基金份额、股权所得的价款,应当向质权人提前清偿债务或者提存。

(4)以注册商标专用权、专利权、著作权等知识产权中的财产权出质的,质权自办理出质登记时设立。

知识产权中的财产权出质后,出质人不得转让或者许可他人使用,但是出质人与质权人协商同意的除外。出质人转让或者许可他人使用出质的知识产权中的财产权所得的价款,应当向质权人提前清偿债务或者提存。

(5)以应收账款出质的,质权自办理出质登记时设立。应收账款出质后,不得转让,但是出质人与质权人协商同意的除外。出质人转让应收账款所得的价款,应当向质权人提前清偿债务或者提存。

(6)权利质权除适用上述规定外,也适用动产质押的有关规定。

(三)质押与抵押的区别

1. 抵(质)押物内容不同

抵押贷款中的抵押物可以是不动产或者动产,但没有权利抵押,即权利不能作为抵押物。

质押贷款根据质物不同可以分为动产质押和权利质押。债务人或第三人将其动产移交债权人占有或将某项权利出质,并以该动产或权利作为债权的担保。

2. 抵(质)押物的转移

质押贷款涉及质物的转移,银行必须占有质物,而出质人(借款人)保留财产所有权。而抵押贷款则不转移抵押物的占有。

关于质押贷款的具体核算,可以比照抵押贷款的核算进行。

四、抵债资产的核算

(一)基本规定

抵债资产是指银行依法行使债权或担保物权而受偿于债务人、担保人或第三人的实物资产或财产权利。抵债资产的取得日为抵债协议生效日。

1.抵债资产应满足下列条件,并于取得日进行确认,抵债资产的取得日为抵债协议生效日。与该资产有关的经济利益很可能流入;抵债资产的成本能够可靠地计量。

2.抵债资产计量应按公允价值入账。

3.抵债资产入账时,应按照先本后息顺序依次抵偿贷款本金、贷款表内利息、贷款表外利息,已计提的贷款减值准备、坏账准备应作相应转回。

按照抵债金额与对应贷款本息余额的关系划分,以物抵债可分为抵偿全部贷款和抵偿部分贷款。抵债金额大于或等于对应贷款本息余额时为抵偿全部贷款,小于对应贷款本息余额时为抵偿部分贷款。

4.抵债资产取得日为所抵偿债权的停息日。

5.抵债资产持有期间不计提折旧或摊销。预计可收回金额低于账面价值的,应计提抵债资产减值准备。

6.抵债资产处置时,抵债资产处置损益应为实际取得的处置收入与抵债资产净值、变现税费等,差额为正值时,应计入营业外收入;差额为负值时,应计入营业外支出。

7.处置抵债资产应当按照公开、透明的原则,聘请资产评估机构评估作价。一般采用公开拍卖的方式进行处置。采用其他方式的,应当引入竞争机制,选择抵债资产买受人。

8.贷款冲销前,先补提上次计息日至本次还款日之间的利息及罚息,然后再结息、抵销贷款等。

(二)抵债资产的核算

抵债资产的核算具体包括:抵债资产的取得、抵债资产冲减贷款本息、抵债资产的保管损益、抵债资产跌价准备计提、抵债资产处置变现、抵债资产转自用、抵债资产盘亏和损毁等。此处主要介绍依法取得抵债资产后冲减贷款本息、抵债资产处置变现和抵债资产转自用的核算。

1.抵债资产入账的处理

抵债资产按公允价值入账,会计分录为:

借:抵债资产(公允价值)
　　贷:逾期贷款——借款人户(抵偿的贷款本金)
　　　　应收利息——应收表内利息(抵偿的贷款表内利息)
　　　　利息收入——应收表外利息(抵偿的贷款表外利息)
　　　　应交税费(取得抵债资产应承担的税费)
　　　　其他应收款项等(抵债协议约定纳入抵债的相关税费)

同时,销记表外登记的应收未收利息:

付:应收未收利息——借款人户

2. 抵债资产保管期间取得收入、发生支出的处理

抵债资产未处置前取得租金等收入或支出时,分别列作营业外收入、营业外支出科目进行核算。会计分录为:

借:现金等
　　贷:营业外收入
借:营业外支出
　　贷:现金等

3. 抵债资产减值准备的处理

会计部门收到信贷部门或法律保全部门提交的抵债资产减值测试报告,按差额计提减值准备。会计分录为:

借:资产减值损失——抵债资产减值损失
　　贷:资产减值准备——抵债资产减值准备

4. 抵债资产转为银行自用资产的处理

会计分录为:

借:固定资产
　　资产减值准备——抵债资产减值准备
　　贷:抵债资产

5. 抵债资产变现的处理

会计分录为:

借:存放中央银行准备金等科目(实际收到的处置变现金额)
　　资产减值准备——抵债资产减值准备(持有期间已计提的跌价准备)
　　或营业外支出(抵债资产处置损失)
　　贷:抵债资产(账面余额)
　　　　应交税费(应支付的相关税费)
　　　　或营业外收入(抵债处置收益)

第四节　贴现业务的核算

一、票据贴现的概述

(一)票据贴现的概念、种类与条件

1. 票据贴现的概念

票据贴现是商业汇票的持票人在票据到期前,为融通资金,向银行贴付利息而将票据权利转让给银行的票据行为,是持票人向银行融通资金的一种方式。贴现是银

行买入票据的行为,在银行的贴现业务中,持票人是贴现申请人、也叫贴出人,贴现银行是贴入人。

我国自2021年开始停止使用纸质商业汇票,一律通过电子商业汇票系统办理,商业汇票的出票、承兑、背书、贴现、到期提示付款等所有票据行为全部从企业网银或银行柜台进入电子商业汇票系统办理。

2. 票据贴现的种类

(1)贴现根据商业汇票种类,分为商业承兑汇票贴现和银行承兑汇票贴现。

商业汇票按照承兑人不同,分为商业承兑汇票(简称商票)和银行承兑汇票(简称银票),贴现也随之分为两种。

(2)贴现按照交易方式,分为买断式贴现和回购式贴现两种。

买断式贴现是指贴出人将票据权利转让给贴入人,不约定日后赎回的交易方式。回购式贴现是指贴出人将票据权利转让给贴入人,约定日后赎回的交易方式。两者区别如表6-4所示。

表6-4 买断式贴现与回购式贴现的区别

区别	买断式贴现	回购式贴现
是否约定赎回	不约定赎回	约定赎回(申请人到期回购)
到期还款人不同	票据的承兑人	贴现的申请人
贴现期限计算不同	自办理贴现之日起至票据到期日止(算头不算尾)。	自办理贴现之日起至票据回购开放日的前一天。

3. 票据贴现的条件

向银行申请贴现的商业汇票持票人,必须具备下列条件:

(1)为企业法人和其他经济组织,并依法从事经营活动;

(2)与出票人或其前手之间具有真实的商品交易关系;

(3)在申请贴现的金融机构开立存款账户。

(二)贴现与贷款的异同

贴现实质上是票据转让行为,商业银行通过买入票据而向持票人融出资金的一种方式,贴现与贷款都是银行放款的业务,两者既有共同点又有不同点。

两者的共同点:它们都是银行的资产业务,都占用借款人的授信额度,银行都要收取利息。

两者的不同点在于以下几方面。

一是融资基础(也即放款对象)不同。贷款以借款人或担保人的信誉、还款能力为基础,或者以抵押品和质押物为融资基础,而贴现贷款是以商业汇票为基础。简而言之,贴现放款对象为商业汇票,贷款放款对象为借款人。

二是法律规范和行为方式不同。贷款受《民法典》中的合同法律制度规范,行为方式依据"有偿性"原则;贴现受《票据法》等规范,行为方式依据"给付对价"原则。

三是还款人不同。贷款的第一还款人是借款人,保证人和担保物是债权的保障;贴现的还款人根据贴现方式不同,买断式贴现由票据的承兑人还款,赎回式贴现由贴现申请人还款。票据上所有的背书人,对票据到期付款均负有连带付款责任。

四是利息收取时间不同。银行贷款是后收息业务,在贷款发放后按季或按月或到期时向借款人收取利息;而贴现为先收息业务,在办理贴现放款时直接扣收利息。

五是银行资产的流动性不同。贴现资产可以通过再贴现和转贴现提前收回本金;贷款只有依据借款合同到期收回本息、或定期收取贷款利息。转贴现是指贴现银行为了取得资金,将未到期的已贴现商业汇票再以贴现方式向另一金融机构转让的票据行为,一般是商业银行间相互拆借资金,也是金融机构间融通资金的一种方式。再贴现是指中央银行通过买进商业银行持有的已贴现但尚未到期的商业汇票,向商业银行提供融资支持的行为。

六是放款期限不同。一般贷款分为短期贷款和中长期贷款。而贴现期限以票据的期限为基础计算的,我国纸质商业汇票期限最长不超过 6 个月,电子商业汇票期限最长不超过 1 年,因而贴现是一种短期融资行为。

(三)票据贴现设置的会计科目

设置"贴现"科目核算商业银行办理商业票据的贴现放款及到期收回的业务。"贴现"为资产类科目,商业银行办理贴现放款时,按贴现票面金额,借记本科目,贷记有关科目;贴现票据到期收回时,借记有关科目,贷记本科目。该科目按贴现票据种类设"商业承兑汇票买断式贴现""商业承兑汇票回购式贴现""银行承兑汇票买断式贴现"和"银行承兑汇票回购式贴现"四个二级科目进行明细核算。

商业银行买入的外币票据,也通过该科目核算。也有银行设置"贴现及买入票据"等科目进行核算,核算内容和用法与"贴现"科目相同。

二、贴现办理的核算处理手续

持票人申请贴现时,须提交贴现申请书,经其背书的未到期的商业汇票,持票人与出票人或其前手之间的增值税发票和交易合同复印件。持票企业提供票据原件由银行代为查询,确定票据的真实性;银行信贷部门或票据部门审查同意办理后,贴现申请人填制一式五联的贴现凭证(见表 6-5),贴现申请人应在第一联上加盖预留印鉴,信贷部门在汇票第一联上签注"同意"字样,加盖名章后交会计部门。

表 6-5　贴现凭证

贴现凭证(代申请书)　①														
填写日期　年　月　日										第　　　号				
贴现汇票	种类		号码			申请人	全称							
	发票日	年　月　日					账号							
	到期日	年　月　日					开户银行							
汇票承兑人（或银行）					账号			开户银行						
汇票金额（即贴现金额）		人民币（大写）			千	百	十	万	千	百	十	元	角	分
贴现率每月	‰	贴现利息	十	万	千	百	十	元	角	分	实付贴现金额	千百十万千百十元角分		
兹根据《银行结算办法》的规定，附送承兑汇票申请贴现，请审批。 此致 （贴现银行） 申请人盖章					银行审批	负责人＿＿＿信贷员＿＿＿				会计分录： （借） 对方科目：（贷） 复核＿＿＿记账＿＿＿				

会计部门收到汇票和贴现凭证后,不仅要审查商业汇票是否真实、内容填写是否完整,还应审查贴现凭证与商业汇票是否相符。审核无误后的处理如下。

1. 计算贴现利息和实付贴现金额

含税贴现利息＝贴现金额（票面金额）×贴现期限×贴现率

实付贴现金额＝贴现金额－含税贴现利息

不含税贴现利息＝含税贴现利息÷（1＋6％）＝含税贴现利息－销项税额

应交增值税（销项税额）＝含税贴现利息÷（1＋6％）×6％

说明：

(1)我国贴现金额为票据面额。国外票据多为附带利息的票据,其贴现金额则为票面面额加票面利息。

(2)贴现期限的计算。买断式贴现期限从贴现日到票据到期日止,算头不算尾,票据承兑人在外地的,另加 3 天邮程天数。回购式贴现期限自办理贴现之日起至票据回购开放日的前一天,回购式贴现须约定回购开放日和截止日。申请人在回购开放期内回购的,回购时需补收回购开放日至赎回日前一天的利息。

(3)贴现率是在再贴现率基础上加点,不超过同期贷款利率（含浮动）。

注意期限和贴现率单位保持一致,即期限为天,则贴现率应为日贴现率,期限为月,则用月贴现率。

(4)利息收入需进行税价分离。每日递延确认利息收入。

(5)关于增值税。票据贴现业务取得的利息及利息性质的收入,按照贷款服务缴纳增值税;转贴收入,不计销项税。金融机构之间开展的转贴现业务免征增值税。

2. 贴现放款的会计分录

计算完毕后,将结果填入贴现凭证中的"贴现利息"和"实付贴现金额"栏内,以贴现凭证的一、二、三联作为转账借方和贷方传票办理转账。会计分录为:

　　借:贴现——商业承兑汇票或银行承兑汇票买断式或回购式贴现(贴现金额)
　　　贷:单位活期存款——贴现申请人户(实付贴现金额)
　　　　递延利息收入——递延买断式贴现收入或递延回购式贴现收入(不含税贴现利息)
　　　　应交税费——应交增值税(销项税额)

转账后,第四联加盖银行业务公章后连同有关单证退还贴现申请人,第五联及汇票按照到期日顺序专夹保管。

银行按日匡息,贴现受益期内,根据不含税金额,每日对贴现递延利息收入逐笔按直线法按日摊销确认当期收入。会计分录为:

　　借:递延利息收入——递延买断式贴现收入或递延回购式贴现收入
　　　贷:利息收入——贴现利息收入

【例 6-4】 2022 年 4 月 20 日,合肥工行开户单位电器厂提交一份银行承兑汇票申请办理买断式贴现业务。该汇票签发日期为 2022 年 1 月 22 日,票面金额为 1 000 000 元,到期日为当年 7 月 22 日,贴现率为年 3.0%,承兑银行为南京银行总行营业部。合肥工行审查同意办理买断式贴现,计算贴现利息并作出贴现放款的会计分录。

解析: 题干中的日期包括票据签发日(1 月 22 日)、贴现办理日(4 月 20 日)、票据到期日(7 月 22 日),贴现日期应该自贴现办理日(4 月 20 日)至票据到期日(7 月 22 日),算头不算尾,算至到期前一天 7 月 21 日。另承兑人在外地,天数另加 3 天。贴现期限为 3 个月零 5 天,按日历天数全部换算为天数为 96 天,计算如下:

贴现利息 = 1 000 000 × 96 × 3% ÷ 360 = 8 000(元);

实付贴现金额 = 1 000 000 − 8 000 = 992 000(元);

不含税贴现利息 = 8 000 ÷ (1 + 6%) = 7 547.17(元);

应交增值税(销项税额) = 8 000 ÷ (1 + 6%) × 6% = 452.83(元)。

贴现放款的会计分录为:

　　借:贴现——银行承兑汇票买断式贴现　　　　　　1 000 000
　　　贷:单位活期存款——电器厂　　　　　　　　　　992 000
　　　　递延利息收入——递延买断式贴现收入　　　　7 547.17
　　　　应交税费——应交增值税(销项税额)　　　　　452.83

日终,银行业务系统自动将当天的递延确认为收入,会计分录为:

　　借:递延利息收入——递延买断式贴现收入　　　　　81.15
　　　贷:利息收入——贴现利息收入　　　　　　　　　81.15

三、贴现到期收回的核算处理手续

纸质商业汇票到期托收的处理：对于同城的商业汇票，在到期日向承兑人开户行办理委托收款；对于异地的商业汇票，应匡算邮程，提前填制委托收款凭证，连同商业汇票寄交承兑人开户银行，向承兑人收取票款。

电子商业汇票提示付款的处理：到期前，贴现银行在电子商业汇票系统中发出提示付款请求。

赎回式贴现到期收款是向贴现申请人托收或提示付款，买断式贴现到期收款是向票据的承兑人托收或提示付款。

(一)商业承兑汇票贴现收回的核算

1. 商票回购式贴现到期收款的处理

贴现银行直接向在本行开户的贴现申请人收回贴现款项，会计分录为：

借：单位活期存款——贴现申请人户
贷：贴现——商业承兑汇票回购式贴现

2. 商票买断式贴现到期收款的处理

(1)承兑人开户行按期付款或无款支付的处理。如果承兑人账户有足够资金，则承兑人开户行收到委托收款凭证和汇票后，于票据到期日将票款从承兑人账户划转至贴现银行。会计分录为：

借：单位活期存款——承兑人户
贷：待清算支付款项等往来类科目

如果承兑人账户存款余额不足，承兑人开户行则作无款支付，退回有关单证等。

(2)贴现银行收到划款或退回单证的处理。

①贴现银行收到划回的票款时，其会计分录为：

借：待清算支付款项等往来类科目
贷：贴现——商业承兑汇票买断式贴现

【例6-5】 合肥工行贴现的一笔商业承兑汇票买断式贴现本日到期，向票据异地承兑人南京新百商城办理贴现到期提示付款手续，贴现金额为800 000万元，当日从小额支付系统收到承兑人开户银行划回票款。请作出贴现收回的会计分录。

解析：贴现收回的会计分录为：

借：待清算支付款项　　　　　　　　　　　　　　　　800 000
贷：贴现——商业承兑汇票买断式贴现　　　　　　　800 000

②如果贴现行收到无款支付退回的有关凭证，则应对已贴现的商业汇票向原贴

现申请人行使追索权,收回贴现款。会计分录为:

　　借:单位活期存款——贴现申请人户
　　　贷:贴现——商业承兑汇票买断式贴现

如果贴现申请人账户资金不足,则不足部分转为逾期贷款处理,会计分录为:

　　借:单位活期存款——贴现申请人户
　　　逾期贷款——贴现申请人户
　　　贷:贴现——商业承兑汇票买断式贴现

【例6-6】 20××年7月8日,招商银行北京分行一笔商业承兑汇票买断式贴现,金额为2 000 000元,到期提示付款,收到承兑人开户行寄来未付款通知书及退回的托收凭证、商票,向贴现申请人新风公司行使追索权,从其账户收取票款,但新风公司账户只有1 600 000元,不足部分作逾期贷款处理。要求编制该业务会计分录。

解析:此种情况属于承兑人无款支付,向贴现申请人追索的情况,但贴现申请人账户资金不足,不足部分做逾期贷款加收罚息处理,会计分录为:

　　借:单位活期存款——新风公司户　　　　　　　　　1 600 000
　　　逾期贷款——新风公司户　　　　　　　　　　　　400 000
　　　贷:贴现——商业承兑汇票买断式贴现　　　　　　　2 000 000

(二)银行承兑汇票贴现到期收回的核算

银行承兑汇票是由承兑银行兑付,承兑银行在汇票到期日从承兑申请人账户中扣收汇票款专户存储,随时准备支付票款。待收到托收凭证或提示付款请求后,再将款项解付给贴现银行。承兑银行收款时,即使出票人账户资金不足,也由承兑银行承担兑付责任。银行承兑汇票到期收回的会计处理如下。

1. 银票回购式贴现到期收款的处理

贴现银行直接向在本行开户的贴现申请人收回贴现款项,会计分录为:

　　借:单位活期存款——贴现申请人户
　　　贷:贴现——商业承兑汇票回购式贴现

2. 银票买断式贴现到期收款的处理

(1)承兑银行到期收款备付及划款的会计处理,会计分录如下,具体处理手续详见第四章支付结算电子商业汇票相关处理。

收款备付的会计分录为:

　　借:单位活期存款——承兑申请人户
　　　保证金存款——承兑申请人户
　　　贷:应解汇款——承兑申请人户

划款的会计分录为：

　　借：应解汇款——承兑申请人户
　　　贷：待清算支付款项等往来类科目

(2)贴现银行收到划款的处理。贴现银行收到划回的票款，即收回贴现款，办理转账，其会计分录为：

　　借：待清算支付款项等往来类科目
　　　贷：贴现——银行承兑汇票买断式贴现

【例6-7】 合肥工行贴现的一笔银行承兑汇票买断式贴现本日到期，向承兑银行南京银行总行营业部办理贴现到期提示付款手续，贴现金额为1 000 000万元，当日从小额支付系统收到承兑银行划回票款。请作出贴现收回的会计分录。

解析： 贴现收回的会计分录为：

　　借：待清算支付款项　　　　　　　　　　　　　1 000 000
　　　贷：贴现——银行承兑汇票买断式贴现　　　　　1 000 000

商业汇票贴现贷款核算中产生的逾期贷款或垫款，后续收回的核算与一般贷款类似，不再赘述。

思考与练习

一、思考题

1. 商业银行贷款有哪些种类？
2. 什么是贷款的展期？商业银行对同意展期的贷款应做何处理？
3. 可以进行贴现的票据有哪些？如何计算实付贴现额？
4. 担保贷款按照贷款的不同形式可以分为哪几种？
5. 贷款损失准备可以分为哪几种？如何提取？
6. 简述银行贴现的种类有哪些？

二、选择题

1. 按贷款期限分，中期贷款是指(　　)。
　　A. 1年以上，5年以内，不含5年　　B. 1年以上，5年以内，含5年
　　C. 5年以内，含5年　　　　　　　　D. 3年以上的贷款

2. 仅凭借款人信用而发放的贷款是(　　)。
　　A. 信用贷款　　B. 保证贷款　　C. 抵押贷款　　D. 质押贷款

3. 在贷款五级分类中，属于不良贷款的是(　　)。
　　A. 正常类贷款　　B. 关注类贷款　　C. 次级类贷款　　D. 可疑类贷款
　　E. 损失类贷款

4. 下列会计科目中,属于"贷款"科目的备抵科目是（　　）。

　　A. 中长期贷款　　B. 贷款损失准备　　C. 资产减值损失　　D. 抵债资产

5. 银行下列资产项目中,不需计提损失准备的是（　　）。

　　A. 拆出资金　　B. 抵押贷款　　C. 银行卡透支　　D. 委托贷款

6. 根据监管要求,银行拨备覆盖率应该达到（　　）以上。

　　A. 100%　　B. 150%　　C. 2.5%　　D. 1%

7. 下列可以办理贴现的票据是（　　）。

　　A. 银行本票　　B. 银行汇票　　C. 商业汇票　　D. 支票

8. 商业汇票的持票人A公司持未到期商票向银行申请贴现,双方约定:在票据到期前5天为赎回开放日,该贴现为（　　）。

　　A. 买断式贴现　　B. 回购式贴现　　C. 转贴现　　D. 再贴现

9. 抵押贷款逾期1个月,仍不能归还本息,银行可以按合同规定处置抵押物,下列处置方式中法律明文禁止的是（　　）。

　　A. 合同约定,贷款到期不还,则将抵押物的所有权直接转移给银行

　　B. 折价　　C. 拍卖　　D. 变卖

10. 贷款展期期限应按规定掌握,下面说法正确的是（　　）。

　　A. 短期贷款不得超过原贷款期限的一半

　　B. 中期贷款不得超过原贷款期限

　　C. 长期贷款展期不得超过3年

　　D. 长期贷款展期不得超过5年

三、判断题

1. 权利不但可以抵押,还可以质押。

2. 银行按期对风险资产计提损失准备金,包括自营贷款和受托贷款。

3. 商业汇票贴现是商业银行的资产业务,贴现银行必须是贴现申请人的开户银行。

4. 商业银行对委托贷款不计提贷款损失准备。

5. 抵押贷款和质押贷款的重要区别在于是否转移抵押物的占有。

四、业务分录题

1. 某商业银行发生以下贷款业务,请逐笔编制会计分录。

(1)华能公司在组织材料采购中,因采购资金不足,向银行申请短期信用贷款,本金30万元,期限3个月,信贷部门审批同意发放,年利率为4.5%,编制贷款发放的会计分录。

(2)上述贷款到期,华能公司按期如数归还,并支付利息,增值税税率为6%,作出收回贷款的会计分录。

(3)绿为工厂抵押贷款 111 000 元已逾期 1 个月,结欠贷款利息 1 800 元,今将其抵押的小汽车一辆出售,收入现金 115 000 元;超过贷款本息部分退还抵押人。请编制处置抵押物受偿的会计分录。

(4)淞沪工厂有一笔 1 年期信用贷款,本金 900 000 元,已逾期超过 90 天,经查证该企业已破产清算完毕,尚有 500 000 元确定无法收回,该企业已经注销,报经总行审批,同意将上述 5 000 000 元予以核销。请编制核销损失贷款的会计分录。

(5)向 B 公司发放的一笔短期贷款,本金 50 万,期限 6 个月,利率 5%,本日到期。该公司无力偿还,转为逾期贷款,加收 50% 的罚息,逾期一个月后收回贷款本息。请计算利息并作出结转逾期和收回逾期贷款本息的会计分录。

2.20××年 3 月 10 日,开户单位和风公司持商业承兑汇票到招商银行北京分行申请买断式贴现,该商业承兑汇票于 20××年 3 月 5 日签发并承兑,期限为 4 个月,票面金额为 100 万元,贴现利率为 4.5%。付款人开户行在异地。要求:编制招商银行北京分行办理贴现放款的会计分录和每日递延确认利息收入的会计分录。

第七章 金融机构往来业务的核算

学习目标

1. 了解金融机构往来的定义,再贷款的种类,再贴现的种类,同城票据交换与同业拆借的定义,转贴现的定义与种类。

2. 理解向中央银行缴存存款的核算,同城票据交换的基本原理,存放同业款项及同业存放款项的核算。

3. 掌握向中央银行存取现金、向中央银行借款及办理再贴现的核算。

4. 掌握同业拆借的核算,了解商业银行证券回购业务。

金融机构往来包括银行系统内部往来、中央银行与商业银行之间的往来、各商业银行之间的往来、中央银行与非银行金融机构之间的往来、商业银行与非银行金融机构之间的往来、各非银行金融机构之间的往来等,范围较广。本章仅介绍中央银行与商业银行之间以及各商业银行之间,由于资金的调拨与缴存、款项的汇划与结算、资金的融通与拆借等原因引起的资金账务往来。

金融机构资金往来业务既有资产业务,如存放央行、存放同业、拆放同业等,又有负债业务,如同业存放、同业拆入等,具体如图 7-1 所示。发生资金往来的双方对同一经济往来事项的核算结果要及时核对,确保双方账务一致。资金往来业务应按权责发生制原则计提利息。

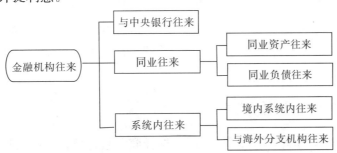

图 7-1 金融机构往来业务概况图

第一节 中央银行往来业务的核算

商业银行与中央银行往来业务主要有备付金存款、缴存存款准备金、向中央银行借款、再贴现等,此外,通过大小额支付办理票据交换与资金清算也与中央银行发生往来,这部分内容已在支付系统里详细介绍,这里不再赘述。

一、会计科目的设置

(一)"存放中央银行准备金"科目或"存放中央银行款项"科目

该科目用于核算商业银行存放中央银行的超额准备金和按规定缴存的法定准备金(统称准备金)存款情况。其中,商业银行的超额准备金是指在中央银行存入的超过法定准备金的那部分款项,又称为"备付金存款"。存入准备金、解缴现金、跨系统汇入资金及清算汇划资金借差时,借记本科目,贷记有关科目;减少准备金、支取现金、跨系统汇出资金及清算汇划资金贷差时,借记有关科目,贷记本科目。该科目下设"备付金"和"法定存款准备金"两个账户进行明细核算。该科目属于资产类科目,余额在借方。

当前按照会计准则规定,商业银行应设置"存放中央银行款项"科目,核算商业银行存放中央银行准备金情况。但是,也有一些银行继续沿用传统的"存放中央银行准备金"科目,而不设"存放中央银行款项"科目,这是我国 20 世纪 90 年代末存款准备金制度改革的成果。在准备金制度改革前,我国商业银行在中央银行分别设置"存放中央银行款项"科目核算超额准备,设置"缴存中央银行一般性存款准备金"科目核算法定存款准备金,当时准备金制度改革的内容之一便是将这两个存款科目合二为一,合并为"存放中央银行准备金"科目,来核算超额储备和法定存款准备金两项内容。

值得一提的是,目前有些银行设置的"存放中央银行款项"科目与存款准备金制度改革前的同名科目在核算内容上是不同的,但是与"存放中央银行准备金"科目在核算内容和记账方向上则是完全一致的,商业银行在两个科目中选择设置其一即可。

本教材全部使用"存放中央银行准备金"科目加以介绍。

中央银行对应设置"××银行准备金存款"科目,该科目为中央银行负债类科目,按各法人银行设置一级科目进行核算,如"工商银行准备金存款""农业银行准备金存款""建设银行准备金存款"等。

(二)"缴存中央银行财政性存款"科目

"缴存中央银行财政性存款"科目用于核算商业银行根据各财政性存款余额按规定缴存中央银行财政性存款情况。商业银行向中央银行缴存或调增财政性存款时,借记本科目,贷记"存放中央银行款项"或"存放中央银行准备金"科目;调减财政性存款时,借记"存放中央银行款项"或"存放中央银行准备金"科目,贷记本科目。本科目属于资产类科目,期末余额在借方。

(三)"向中央银行借款"科目

"向中央银行借款"科目核算商业银行向中央银行借款情况。该科目属于负债类科目,按借款种类进行明细核算。商业银行取得借款时,借记"存放中央银行准备金"科目,贷记本科目;归还借款的会计分录相反。

(四)"金融机构往来收入"科目

"金融机构往来收入"科目核算商业银行与中央银行往来或商业银行同业往来业务中发生的利息收入,属于税收优惠中免征增值税项目。该科目属于损益中的收入类科目,期末结转至本年利润后应无余额。

(五)"金融机构往来支出"科目

"金融机构往来支出"科目核算商业银行与中央银行往来或商业银行同业往来业务中发生的利息支出。该科目属于损益中的支出类科目,期末结转至本年利润后应无余额。

需要说明的是,商业银行持贴现票据向中央银行再贴现时,在"向中央银行借款"下设二级科目"再贴现"进行核算,并按贴现类别和贴现金融机构进行明细核算。商业银行再贴现时,应按实际收到的金额,借记"存放中央银行款项"等科目,按贴现票据的票面金额,贷记"向中央银行借款——再贴现"科目。贴现票据到期时,应按贴现票据的票面金额,借记"向中央银行借款——再贴现"科目。

二、备付金存款业务的核算

根据货币发行制度的规定,商业银行需核定各行处业务库必须保留的现金限额,并报开户中央银行发行库备案。我国将商业银行的金库称为"业务库",中央银行的金库称为"发行库"。当业务库现金超过规定的库存限额时,需缴存中央银行发行库;当库存现金不足限额时,签发现金支票到中央银行发行库提取现金。这便是我国的货币回笼与货币投放。

(一)向中央银行缴存现金的核算

商业银行向中央银行缴存现金时,填制现金缴款单一式两联,连同现金一并送交中央银行发行库。中央银行经点收无误后,在现金缴款单上加盖现金收讫章和经办员名章一联退回给商业银行。商业银行根据中央银行退回的现金缴款单回单,使用

相关交易进行处理,打印记账凭证,现金缴款单回单联作记账凭证附件。商业银行的会计分录为:

借:存放中央银行准备金——备付金存款
　　贷:现金

(二)向中央银行支取现金的核算

商业银行向中央银行支取现金时,签发现金支票送交中央银行,中央银行审核后办理取款手续。商业银行取回现金后,使用相关交易进行处理,打印记账凭证,现金支票存根作记账凭证附件。商业银行的会计分录为:

借:现金
　　贷:存放中央银行准备金——备付金存款

三、缴存存款准备金的核算

缴存存款准备金是指商业银行将吸收存款按照资金性质,分为财政性存款和一般性存款,分别加总后按规定的比例上缴中央银行。

(一)缴存的基本方法

一般性存款准备金由总行统一向人民银行缴存,商业银行已实现了上下级行间一般性存款准备金的缴存由总账系统根据缴存范围内的科目余额自动计算应缴存或调整金额,系统自动分别通过上下级行的"下级行缴存存款准备金""缴存上级行一般性存款准备金"科目进行账务处理并计付利息。

财政性存款准备金由各级经办行根据当地人行要求向人民银行缴存。缴存时借记"缴存中央银行财政性存款",贷记"存放中央银行准备金存款"。

缴存存款的基本方法如图7-2所示。

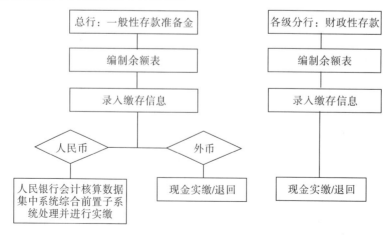

图7-2　缴存存款的基本方法

(二)缴存的具体做法

1. 缴存范围和比例

财政性存款的缴存范围包括金融机构代办的中央预算收入、地方财政金库存款和代理发行国债款项等。财政性存款是商业银行代中央银行吸收的存款,属于中央银行的信贷资金来源,应全额即100%缴存。

一般性存款的缴存范围包括商业银行吸收的活期或定期的企业存款、储蓄存款、农村存款、部队存款(特种存款)、机关团体存款等,加计各科目合计数后按法定存款准备金率计算缴存。

实务中,由中央银行根据各法人银行设置的存款类会计科目,核定缴存财政性存款和一般存款准备金的会计科目范围。

法定存款准备金是中央银行的货币政策工具之一,法定存款准备金率由中央银行规定,并根据放松或紧缩银根的需要进行调整,以吞吐市场货币供应量。目前,我国针对不同类型银行,制定差别存款准备金率,实行差别化的准备金管理制度。

2. 缴存时间

城市分支行(包括所属部、处)每旬调整一次,于旬后5日内办理,县支行及其以下处所每月调整一次,于月后8日内办理。

3. 具体做法

(1)为简化手续,在调整期内,调增或调减数不足10万元者,可并入下次调整。
(2)应划缴的金额计至千位,千元以下四舍五入。
(3)因备付金账户与一般准备金账户合并,故无须单独进行账务处理。
(4)如发生欠缴,按每日万分之六的比例处以罚款。

(三)缴存中央银行财政性存款的核算

1. 初次缴存财政性存款的核算

商业银行营业机构开业后,第一次向中央银行缴存财政性存款时,应根据有关科目余额,填制缴存财政性存款科目余额表(见表7-1)一式两份,并按规定比例计算出应缴存金额,填制缴存(或调整)财政性存款划拨凭证(见表7-2)一式四联,向中央银行申请缴存。待收到中央银行回单后使用相关交易进行记账,打印记账凭证,中央银行退回的回单作记账凭证附件,退回的一份缴存财政性存款科目余额表专夹保管。初次缴存的会计分录为:

借:缴存中央银行财政性存款
　　贷:存放中央银行准备金

表 7-1 缴存财政性存款科目余额表

科目代号	余额(位数)	科目代号	余额(位数)
合计			

表 7-2 缴存(或调整)财政性存款划拨凭证(贷方凭证)
年 月 日

总字第　　号
字第　　号

收受银行	名称	中国人民银行××支行	缴存银行	名称	××银行××市支行
	账户	××××		账户	××××
存款类别				缴存比例	应缴存款金额
财政性存款				100%	
1. 合计					
2. 已缴存金额					
3. 本次应补缴金额(1−2)					
4. 本次应退回金额(2−1)					
上列缴存金额或应补缴和应退回金额,已按规定办理划转。			备注:	会计分录: 科目(贷) 对方科目(借) 会计　　复核　　记账	

2. 调整缴存财政性存款的核算

按旬差额计算调整额:

应缴数＝旬末财政性存款类科目余额合计×100%

已缴数＝调整前"缴存中央银行财政性存款"账户余额

本期调整数＝应缴数−已缴数

按旬调整时,若应缴金额大于已缴数,则应按差额调增补缴;若应缴数小于已缴数,则按差额调减退回。

调增补缴的会计分录为:

　　借:缴存中央银行财政性存款
　　　　贷:存放中央银行准备金

调减退回的会计分录相反。

【例 7-1】 中国银行上海分行 9 月 20 日财政性存款科目余额为 77 921 000 元,经查,该行 9 月 20 日在中央银行的缴存财政性存款科目余额为 85 467 000 元。

解析: 本旬应调整金额＝77 921 000×100％－85 467 000＝－7 546 000(元)

本旬应调减退回的财政性存款为 7 546 000 元,其会计分录为:

借:存放中央银行准备金　　　　　　　　　　　　7 546 000
　贷:缴存中央银行财政性存款　　　　　　　　　　　　7 546 000

3. 欠缴财政性存款的核算

商业银行调增补缴财政性存款时,若其准备金存款账户余额不足,则必须在规定的时间内及时筹集资金,办理调整缴存存款的手续,如果在规定的期限不能调入资金,其不足部分即为欠缴。

商业银行发生欠缴时,也应填制缴存财政性存款科目余额表,对本次能实缴的金额按前述调增补缴的手续办理。对欠缴金额,应及时调入资金进行补缴。实缴部分和欠缴部分要分开填制凭证。中央银行对欠缴商业银行调入资金后应一次性全额收回,不予分次扣收,同时对欠缴金额按欠缴天数和每天万分之六的比例扣收罚款,欠缴天数从最后调整日起算至欠款收回日止。

商业银行收到中央银行转来的扣收罚款的特种转账凭证,办理支付罚款转账的会计分录为:

借:营业外支出——罚款支出
　贷:存放中央银行准备金

补缴财政性存款的会计处理与调整缴存的会计处理相同。

(四)缴存法定存款准备金的处理

除执行上述(二)基本做法规定外,缴存法定存款准备金还需执行以下规定。

1. 分别计算本外币存款准备金

根据商业银行吸收的一般性人民币存款和外币存款,分别计算本外币存款准备金。

2. 按统一法人进行控制,按旬调整

由各商业银行总行统一存入人民银行总行,按旬调整控制"存放中央银行准备金"科目余额,开始要求是该科目日间不得透支,日终科目余额达到法定存款准备金率要求。

目前进一步改革,要求变为人民币存款准备金的考核基数由考核期末一般存款时点数调整为考核期内一般存款日终余额的算术平均值。即按旬调整时,人民币一般性存款准备金按旬内日均数控制"存放中央银行准备金"科目余额,外币一般性存款准备金按照月末时点余额计算控制。

3. 商业银行系统内上下级行之间也需要计算缴存存款准备金

由总账业务系统根据缴存范围内的科目余额自动计算应缴存或调整金额并进行账务处理。

4. 商业银行日终不足法定存准率的处理

商业银行日终"存放中央银行准备金"余额应大于或等于上旬末一般存款余额乘以法定存款准备金率,如果不足则为欠缴,则中央银行按每日万分之六的比例处以罚息。

5. 缴存法定存款准备金无须单独进行核算

由于商业银行总行的法定存款准备金与超额存款准备金同存放于中央银行的准备金存款账户,商业银行总行旬末只要确保准备金存款账户余额高于旬末应缴存的法定存款准备金金额即可,而不必单独进行账务处理。

四、向中央银行借款的核算

商业银行在经营过程中资金头寸不足时,可以向中央银行借款。商业银行的向中央银行借款业务,则是中央银行的再贷款业务。再贷款是中央银行重要的货币政策工具之一,中央银行通过对商业银行发放或收回再贷款,既可以支持商业银行的业务发展,又可以吞吐市场货币供应量,达到金融宏观调控的目的。商业银行设置"向中央银行借款"负债科目进行核算,中央银行对应设置"再贷款"资产科目进行核算。

(一)央行再贷款的种类

中央银行再贷款的种类有以下三种。

1. 年度性贷款

年度性贷款是指商业银行因经济合理增长,引起年度性信贷资金不足,而向中央银行申请的贷款,贷款期限一般为1年,最长不超过2年。

2. 季节性贷款

季节性贷款是指商业银行因存款季节性下降、贷款季节性上升或信贷资金先支后收等原因引起暂时资金不足,而向中央银行申请的贷款,贷款期限一般为2个月,最长不超过4个月。

3. 日拆性贷款

日拆性贷款是指商业银行因汇划款项未达和清算资金不足等原因发生临时性资金短缺,而向中央银行申请的贷款,贷款期限一般为7~10天,最长不超过20天。

商业银行向中央银行申请再贷款,根据央行再贷款管理权限,可由中国人民银行总行、分行发放,中央银行分行只能发放短期再贷款,最长不超过3个月。

(二)向中央银行借款的核算

1. 取得再贷款时的处理

商业银行向中央银行申请再贷款时,应提交再贷款申请书,经中央银行批准后,填制借款凭证提交中央银行。待收到中央银行退回的借款凭证回单及收账通知后,使用相关交易进行记账,打印记账凭证,中央银行退回的借款凭证回单及收账通知作记账凭证附件。商业银行的会计分录为:

借:存放中央银行准备金
　　贷:向中央银行借款——××借款

2. 按日匡息、按季结息的处理

商业银行业务系统按日匡息,会计分录为:

借:金融机构往来支出——向中央银行借款利息
　　贷:应付利息——××行

知识拓展

中央银行对借款一般按季结息,每季收到中央银行的利息回单时,使用相关交易记账,打印记账凭证,利息回单作记账凭证附件。商业银行的会计分录为:

借:应付利息——××行
　　贷:存放中央银行准备金

(三)归还再贷款的核算

借款到期时,商业银行应填制转账支票或当地央行规定的转账凭证,提交中央银行主动办理借款归还手续。

商业银行收到中央银行退回的借款凭证和还款证明后,使用相关交易记账,打印记账凭证,中央银行退回的借款凭证、还款证明和转账支票存根等作记账凭证附件。会计分录为:

借:向中央银行借款——××借款
　　应付利息——××行
　　贷:存放中央银行准备金

知识拓展

借款到期,商业银行未主动办理还款手续时,而其存款账户有足够的资金,中央银行可以在征得商业银行同意后,填制特种转账凭证收回贷款;若商业银行存款账户余额不足,则中央银行应于到期日将贷款转入逾期贷款户,并按规定计收逾期贷款罚息。

五、向中央银行办理再贴现业务的核算

商业银行因办理贴现取得的票据,贴付一定的利息后转让给中央银行的融资行

为,称为"再贴现"。再贴现是中央银行重要的货币政策工具之一,中央银行通过适时调整再贴现总量及利率,调节货币供应量,达到实施金融宏观调控的目的。

中央银行再贴现业务,理论上也有买断式再贴现和回购式再贴现两种,实践中,央行一般只办理回购式再贴现,下面介绍回购式再贴现业务处理手续。

(一)会计科目设置

央行设置"再贴现"科目核算再贴现业务情况。

商业银行可以在"向中央银行借款"科目下设置"再贴现"二级科目进行核算,也可以在"卖出回购票据"科目下设置"再贴现"二级科目核算,由各法人银行具体规定。

"卖出回购票据"科目核算银行卖出票据、到期回购情况。该科目下设"再贴现"二级科目,核算银行持已贴现尚未到期的票据向中央银行办理再贴现,到期回购的业务情况。卖出票据取得资金时,借记"存放中央银行准备金"等科目,贷记本科目;约定回购日回购时,借记本科目,贷记有关科目。该科目是负债类科目,余额在贷方。

(二)卖出票据(即办理再贴现,取得资金时)的核算

商业银行向中央银行申请再贴现时,中央银行同意商业银行的回购式再贴现申请后,双方签订回购合同,约定票据回购日,票据回购日不得为法定节假日,不得超过汇票到期日前7天。再贴现的金额以再贴现的票据到期值为准,扣除再贴现利息后,将其差额作为实付再贴现额支付给申请再贴现的商业银行。

再贴现利息的计算方法与贴现利息计算方法相同。因为再贴现票据要在到期日之前进行回购,所以再贴现天数为再贴现日至票据回购日,算头不算尾。

1. 商业银行办理再贴现,取得资金

会计分录为:

借:存放中央银行准备金　　　　　　　　　　(实收再贴现金额)
　　递延支出——再贴现利息支出　　　　　　(再贴现利息)
　贷:卖出回购票据或向中央银行借款——再贴现　(按商业汇票面值)

说明:分录中的括号内为入账金额提示。

2. 表外科目登记

付:持有的有价证券

3. 递延支出由系统按日进行摊销

会计分录为:

借:金融机构往来支出——央行往来
　贷:递延支出——再贴现利息支出

知识拓展

(三)回购票据时的核算

根据合同约定的回购日,商业银行主动向中央银行送交转账支票及进账单回购再贴现的商业汇票,或由中央银行主动从再贴现商业银行的准备金存款账户划收票款,并将再贴现的商业汇票交还商业银行。

1. 商业银行回购再贴现票据

会计分录为:

借:卖出回购票据或向中央银行借款——再贴现
　　贷:存放中央银行准备金

2. 表外科目登记

收:持有的有价证券

在中央银行划收票款时,若商业银行准备金余额不足,则不足部分作为逾期贷款处理。

知识拓展

商业银行在回购再贴现票据后,作为收款人向付款人办理托收,这部分处理在第六章"贴现业务的核算"中已经阐述。

六、同城票据交换的核算

同城票据交换是同城或同一票据交换区内各商业银行将相互代收、代付的票据,每日定时定点集中相互交换,并轧差清算资金的方式。它主要处理实物票据不能截留的跨行支票、本票、银行汇票、汇兑凭证、进账单以及跨行代收、代付的其他纸质凭证。

随着我国电子支付的发展,票据交换已被小额支付系统全面取代,纸质票据截留,物理的同城票据交换所作为电子票据交换的补充存续了一段时间,现已陆续停止办理业务,退出市场。虽然票据交换的技术手段发生了变化,但是票据交换的基本概念和做法与之前类似,为便于理解,这里对以往的做法作为资料介绍详见二维码。

第二节　同业往来业务的核算

同业往来又称为"商业银行跨系统往来",是指不同法人商业银行之间由于办理汇划款项、相互融通资金和代理货币结算等业务所引起的资金往来。它主要包括同业间存放、同业拆借、证券回购业务及跨系统转贴现、跨系统汇划款项结算等业务。其中,跨系统汇划款项的核算已在第五章阐述。

需要说明的是,商业银行同业往来业务引起的资金转移,无论是系统内还是跨系统转移,均通过中央银行进行资金划转与清算。

一、会计科目的设置

(一)"存放同业"科目

"存放同业"科目属于资产类科目,核算商业银行存放于境内、境外商业银行和非银行金融机构的款项。商业银行增加在同业的存款时,借记本科目,贷记"存放中央银行准备金"等科目;减少在同业的存款时,借记"存放中央银行准备金"等科目,贷记本科目。本科目余额在借方,按存放款项和存放的金融机构进行明细核算。

(二)"同业存款"科目

"同业存款"科目属于负债类科目,核算商业银行吸收的境内、境外金融机构的存款。同业增加在商业银行的存款时,借记"存放中央银行准备金"等科目,贷记本科目;同业减少在商业银行的存款时,借记本科目,贷记"存放中央银行准备金"等科目。本科目余额在贷方,可按存款的金融机构进行明细核算。

(三)"拆放同业"科目或"拆出资金"科目

该科目核算本行向境内、境外金融机构拆放资金情况。拆出资金时,借记本科目,贷记"存放中央银行准备金"等科目;收回资金时,借记有关科目,贷记本科目。本科目属于资产类科目,余额在借方,反映已拆出未收回的资金。本科目可按拆入的金融机构进行明细核算。

(四)"同业拆入"科目或"拆入资金"科目

该科目核算金融机构从境内、境外金融机构拆入资金情况。拆入资金时,借记"存放中央银行准备金"等科目,贷记本科目;归还时,借记本科目,贷记"存放中央银行准备金"等科目。该科目属于负债类科目,余额在贷方。本科目可按拆出的金融机构进行明细核算。

(五)"买入返售金融资产"或"买入返售证券"科目

该科目核算和反映金融企业买入其他金融机构持有的票据、债券等金融资产,协议到期返售给原金融资产持有人的情况。买入时,借记本科目,贷记"存放中央银行准备金"等科目;返售时,借记"存放中央银行准备金"等科目,贷记本科目。本科目属于资产类科目,余额在借方。本科目为一级科目,按买入返售金融资产的类别设置二级科目,如"买入返售票据""买入返售债权性资产"等,再按票据种类和融资方进行明细核算。

(六)"卖出回购金融资产"或"卖出回购证券"科目

该科目核算金融企业卖出票据等金融资产,根据协议到期回购情况。卖出票据等金融资产时,借记"存放中央银行准备金"等科目,贷记本科目;到期回购时,借记本科目,贷记"存放中央银行准备金"等科目。本科目属于负债类科目,余额在贷方。该科目可以按照卖出回购金融资产的类别和融资方进行明细核算。

二、同业存放业务的核算

同业间存放业务包括存放同业款项和同业存放款项两种情况。它是指商业银行之间因办理跨系统资金结算、理财投资或其他资金往来等业务需要而互相存放在境内、境外其他银行和非银行金融机构的款项,"存放境外同业"业务将在第八章外汇业务中介绍。

(一)存款时的处理

1. 存出行的处理

商业银行存出款项,在资金划拨后进行账务处理。其会计分录编制如下:

借:存放同业——存放××行××款项
　　贷:存放中央银行准备金

2. 存入行的处理

收到他行存入本行款项时,存入行编制会计分录如下:

借:存放中央银行准备金
　　贷:同业存款——××行××款项

(二)每日匡计利息或按季计提利息的处理

1. 存出行按日匡计利息收入

当前多数银行业务系统均自动按日匡息,如业务系统无按日匡息功能,则按季计息,会计分录如下:

借:应收利息——××行
　　贷:金融机构往来收入——存放同业利息收入

活期存款按季结息,结息日的次日进行利息转存,分录如下:

借:存放中央银行准备金
　　贷:应收利息——××行

2. 存入行按日匡计利息支出

按日或按季计提应付利息,会计分录如下:

借:金融机构往来支出——同业存款利息支出
　　贷:应付利息——××行

活期存款于结息日次日利息转存的分录如下:

借:应付利息——××行
　　贷:存放中央银行准备金

(三)同业定期存款到期支取的处理

1. 存出行办理到期支取本息的处理手续

在收到划回的本金和利息时进行账务处理,其会计分录为:

借:存放中央银行准备金
　　贷:存放同业——存放××行××款项
　　　　应收利息——××行

2. 存入行到期支付本息的处理手续

会计分录如下:

借:同业存款——××行
　　应付利息——××行
　　贷:存放中央银行准备金

三、同业拆借业务的核算

(一)同业拆借业务的相关规定

国内的同业拆借是指经中国人民银行批准进入全国银行间同业拆借市场(以下简称"同业拆借市场")的金融机构之间,通过全国统一的同业拆借网络进行的无担保资金融通行为。同业拆借是在金融机构之间进行的短期资金融通,同业拆借是货币市场业务,货币市场是我国金融市场的重要组成部分。

为进一步发展货币市场、规范同业拆借交易、防范同业拆借风险、维护同业拆借各方当事人的合法权益,参与各方须严格遵守《同业拆借管理办法》(2007年8月6日起施行)等法律、法规的规定,具体内容如下。

1. 中国人民银行依法对同业拆借市场进行监督管理。金融机构进入同业拆借市场必须经中国人民银行批准,从事同业拆借交易接受中国人民银行的监督和检查。

2. 同业拆借交易应遵循公平自愿、诚信自律、风险自担的原则。

3.同业拆借交易必须在全国统一的同业拆借网络中进行。同业拆借交易以询价方式进行,自主谈判、逐笔成交、逐笔订立交易合同,利率由交易双方自行商定。

4.同业拆借的资金清算可以在同一银行以转账方式进行;涉及不同银行的,应直接或委托开户银行通过中国人民银行大额实时支付系统办理。任何同业拆借清算均不得使用现金支付。

5.金融机构应当将同业拆借风险管理纳入本机构风险管理的总体框架之中,并根据同业拆借业务的特点,建立健全同业拆借风险管理制度并妥善保存其所有的同业拆借交易资料。

6.商业银行同业拆借的拆入资金用途应符合《中华人民共和国商业银行法》的有关规定。

7.各金融机构同业拆借的期限在符合中国人民银行相关规定的前提下,由交易双方自行商定,拆出方拆出资金的最长期限不得超过对手方由被规定的拆入资金最长期限。中国人民银行可以根据市场发展和管理的需要调整金融机构的拆借资金最长期限。

8.同业拆借到期后不得展期。

9.中国人民银行对金融机构同业拆借实行限额管理,拆借限额由中国人民银行及其分支机构核定。中国人民银行可以根据市场发展和管理的需要调整金融机构的同业拆借资金限额。

10.进入同业拆借市场的金融机构承担向同业拆借市场披露信息的义务。金融机构的董事长或法定代表人应当保证所披露的信息真实、准确、完整、及时。

11.中国人民银行依法对同业拆借交易实施非现场监管和现场检查,并对同业拆借市场的行业自律组织进行指导和监督。

12.金融机构违反同业拆借市场有关规定的,由中国人民银行或者其地市中心支行以上分支机构实施处罚。

13.金融机构进行外汇同业拆借由中国人民银行另行规定。

(二)同业拆借业务的核算

知识拓展

同业拆借的资金清算直接或委托开户银行通过中央银行大额支付系统办理,全额清算资金。即由拆出方或拆入方在规定时间主动发送单笔汇划业务支付指令通过大额支付系统办理资金汇划和清算。支付系统赋予同业拆借业务特定报文和标识,每天营业终了向同业拆借中心下载拆借和归还资金支付信息。

1.拆出时的核算

(1)拆出行的处理。拆借双方签订合同后,拆出行主动发送银行间同业拆借支付

报文,通过大额支付系统办理资金汇划。拆出行拆出资金的会计分录为:

借:拆放同业——××行
贷:存放中央银行准备金

(2)中央银行的处理。大额支付国家处理中心收到同业拆借支付报文后,逐笔确认无误,提交支付系统的清算账户管理系统,由清算账户管理系统代理中央银行进行账务处理。清算账户管理系统代理拆出行开户的中央银行进行账务处理的会计分录为:

借:××银行准备金存款——××拆出行
贷:大额支付往来——××拆出行开户央行

清算账户管理系统代理拆入行开户的中央银行进行账务处理的会计分录为:

借:大额支付往来——××拆入行开户央行
贷:××银行准备金存款——××拆入行

(3)拆入行的核算。拆入行收到大额支付系统传来资金入账信息,办理入账的会计分录为:

借:存放中央银行准备金
贷:同业拆入——××行

2. 拆借利息的处理

拆借双方按日计提利息,并确认金融机构往来支出和金融机构往来收入。

(1)拆入行计提应付利息的会计分录为:

借:金融机构往来支出——拆入资金
贷:应付利息——××行

(2)拆出行计提应收利息的会计分录为:

借:应收利息——××行
贷:金融机构往来收入——拆出资金

3. 到期还款的处理

(1)拆入行到期还款的处理。拆借资金到期,拆入行主动发送银行间同业拆借支付报文,通过大额支付系统办理拆借资金本息的划转,收到借记通知后进行账务处理,会计分录为:

借:同业拆入——××行　　　　　　　　　(拆入资金的本金)
　　应付利息——××行　　　　　　　　　(已计提未支付的利息)
　　金融机构往来支出——拆入资金利息　　(未计提的利息)
贷:存放中央银行准备金　　　　　　　　　(实际归还的金额)

(2)中央银行办理拆借资金归还的处理。国家处理中心收到同业拆借支付报文后,逐笔确认无误,提交支付系统的清算账户管理系统,由清算账户管理系统代理中央银行进行账务处理,会计分录与1(2)相反。

清算账户管理系统代理拆入行开户的中央银行进行账务处理的会计分录为：

借：××银行准备金存款——××拆入行　　　（实际还款金额）

贷：大额支付往来——××拆入行开户央行

清算账户管理系统代理拆出行开户的中央银行进行账务处理的会计分录为：

借：大额支付往来——××拆出行开户央行

贷：××银行准备金存款——××拆出行　　　（实际还款金额）

(3)拆出行收到还款的处理。拆出行收到系统拆借资金收账通知，办理入账的会计分录为：

借：存放中央银行准备金　　　　　　　　　（实际收到的金额）

贷：拆放同业——××行　　　　　　　　　（拆出资金的本金）

应收利息——××行　　　　　　　　（已计提未收到的利息）

金融机构往来收入——拆出资金　　　（未计提的利息）

【例 7-2】 20××年5月9日，中国建设银行合肥市分行因临时性资金周转需要，从中国银行上海分行拆入资金 10 000 000 元，通过大额支付系统清算资金，双方约定拆借期限为1个月，拆借利率为5.4%。中国建设银行合肥市分行到期归还拆借资金本息。编制拆借双方银行在拆借成交及到期归还时的会计分录。

解析：

(1)5月9日，拆借资金成交时，各行的账务处理如下。

①拆出行中国银行上海分行拆出资金的会计分录为：

借：拆放同业——中国建设银行合肥市分行　　　10 000 000

贷：存放中央银行准备金　　　　　　　　　　　10 000 000

②拆入行中国建设银行合肥市分行拆入资金的会计分录为：

借：存放中央银行准备金——准备金存款　　　　10 000 000

贷：同业拆入——中国银行上海分行　　　　　　10 000 000

(2)5月31日，拆出行和拆入行按月计提利息的账务处理如下。

①中国银行上海分行的会计分录为：

应提利息 = 10 000 000 × 23 × 5.4% ÷ 360 = 34 500(元)

借：应收利息——中国建设银行合肥市分行　　　34 500

贷：金融机构往来收入——拆出资金利息　　　　34 500

②中国建设银行合肥市分行的会计分录为：

借：金融机构往来支出——拆入资金利息　　　　34 500

贷：应付利息——中国银行上海分行　　　　　　34 500

(3)6月9日，拆借资金到期还款时，各行的会计分录如下。

①拆入行中国建设银行合肥市分行的会计处理，6月应提未提利息计算如下。

利息＝10 000 000×8×5.4%÷360＝12 000(元)

列作6月份金融机构往来支出10 500元(45 000－34 500)，会计分录为：

借：同业拆入——中国银行上海分行　　　　　　　　10 000 000
　　应付利息——中国银行上海分行　　　　　　　　　　34 500
　　金融机构往来支出——同业拆借利息支出　　　　　　12 000
　贷：存放中央银行准备金　　　　　　　　　　　　10 046 500

②拆出行中国工商银行上海分行收款的会计分录为：

借：存放中央银行准备金　　　　　　　　　　　　10 046 500
　贷：拆出资金——中国建设银行合肥市分行　　　　10 000 000
　　　应收利息——中国建设银行合肥市分行　　　　　　34 500
　　　金融机构往来收入——同业拆借利息支出　　　　　12 000

五、同业证券回购业务的核算

同业证券回购是指证券持有人(正回购方)根据证券回购合同或协议，按一定的价格将证券卖给购买方(逆回购方)，交易双方约定在未来到期日，正回购方再以约定价格从逆回购方处买回相等数量的同种证券。其中，正回购方即资金融入方，为证券转让方，卖出证券；逆回购方即资金融出方，为证券受让方，买入证券。证券回购业务是商行短期融资的方式。

(一)成交时的处理

在回购的首期结算日，正回购方将证券所有权转让给逆回购方，并约定在到期结算日，逆回购方必须按约定价格将相等数量、同种证券返售给正回购方。站在正回购方的角度，证券回购业务即为卖出回购证券业务，使用"卖出回购金融资产"(负债类)科目进行核算。对于逆回购方来说，证券回购业务即为买入返售证券业务，使用"买入返售金融资产"(资产类)科目进行核算。

同业证券回购业务成交时，证券持有人和证券购买方按照合同交割证券，进行会计处理。

证券持有人(正回购方)卖出证券、融入资金的会计分录为：

借：存放中央银行准备金
　贷：卖出回购金融资产

证券购买方(逆回购方)买入证券、融出资金的会计分录为：

借：买入返售金融资产
　贷：存放中央银行准备金

持续期内，双方银行计提利息处理与其他同业业务按日匡息做法一致，这里略。

(二)到期时的处理

证券到期返售(回购)时,证券持有人和证券购买方按照实际收到的款项作如下会计处理。

证券卖出方(正回购方)回购证券、支付本息的会计分录为:

借:卖出回购金融资产
借:金融机构往来支出
　　贷:存放中央银行准备金

证券购买方(逆回购方)返售证券、收回资金的会计分录为:

借:存放中央银行准备金
　　贷:买入返售金融资产
　　贷:金融机构往来收入

六、转贴现业务的核算

转贴现是指贴现银行将已办理贴现的尚未到期的银行承兑汇票或经总行批准办理贴现的商业承兑汇票,转让给其上一级行的票据行为以及总行与其他商业银行总行之间、分行与其他商业银行分行之间相互转让票据的行为。转贴现是商业银行之间相互融通资金的一种方式。

转贴现分为转出转贴现和转入转贴现两种。

(一)转出转贴现业务处理

商业银行将贴现买入的未到期商业汇票向其他银行进行转贴现,为转出转贴现。

1. 卖断式转出转贴现

商业银行将买断式贴现买入的未到期商业汇票向其他银行进行转贴现。账务中心经办会计收到信贷部门提交的转贴现审批材料及指令,审查有权人签字及相关要素后,打印会计凭证,一联交信贷管理部门,一联作记账凭证进行账务处理。同时,摊销原办理贴现后尚未确认的递延贴现利息收入,对转出的票据进行表外登记。会计分录如下。

(1)借:存放中央银行准备金
　　　　金融机构往来支出——转贴现利息支出
　　　贷:贴现——银行承兑汇票或商业承兑汇票

(2)付出:持有的有价证券——商业承兑汇票或银行承兑汇票

(3)借:递延利息收入——递延买断票据贴现利息收入(未摊销利息)
　　　贷:利息收入——票据贴现利息收入(未摊销利息)

【例 7-3】 交通银行某支行于 20××年 4 月 12 日持已贴现买入(买断式)银行承兑汇票向同城的工商银行申请卖断式转贴现,汇票的面额为 2 000 000 元,7 月 5 日到期,转贴现率为 2.97%。在"递延贴现利息收入"的贷方有尚未确认的利息收入为 1650,请编制该支行在 4 月 12 日办理转贴现的会计处理。

解析:计算转贴现利息及实付转贴现额:

转贴现利息 = 2 000 000 × 84 × 2.97% ÷ 360 = 13 860(元);

实付转贴现额 = 2 000 000 − 13 860 = 1 986 140(元)。

编制会计分录如下:

  借:存放中央银行准备金   1 986 140

    金融机构往来支出——转贴现利息支出   13 860

   贷:贴现——银行承兑汇票   2 000 000

持有的实物票据或电子票据转出须登记表外科目如下:

  付出:持有的有价证券——银行承兑汇票   2 000 000

递延收益摊销的会计分录为:

  借:递延利息收入——递延买断票据贴现利息收入   1 650

   贷:利息收入——票据贴现利息收入   1 650

2. 回购式转出转贴现

该业务包括卖出票据收到资金、递延支出摊销、到期回购这些环节,其会计分录与再贴现的会计分录基本相同,参见本章第一节再贴现业务核算。

(二)转入转贴现业务处理

站在转入行的角度,卖断式和回购式转贴现,对应地称为"买断式"和"返售式转贴现",会计处理如下。

1. 买断式转入转贴现

(1)转贴现放款。会计分录为:

  借:贴现——转入银行承兑汇票贴现等

   贷:存放中央银行准备金

     递延利息收入——递延买断贴现利息收入

   收:持有的有价证券——银行承兑汇票等

(2)递延收入摊销。递延收入系统按日进行摊销,会计分录为:

  借:递延利息收入——递延买断票据贴现利息收入

   贷:金融机构往来收入——转入买断票据利息收入

(3)到期收款的处理。转贴现的汇票到期,作为持票人向付款人开户行办理委托

第七章　金融机构往来业务的核算

收款(电子商业汇票则办理提示付款),收到划回款项时分录为:

借:存放中央银行准备金

贷:贴现——转入银行承兑汇票贴现等

2. 买入返售式转贴现

(1)买入票据。会计分录为:

借:买入返售票据——买入银行承兑汇票等

贷:存放中央银行准备金

递延利息收入——递延回购贴现利息收入

收:持有的有价证券——银行承兑汇票等

(2)递延收入摊销。递延收入系统按日进行摊销,会计分录为:

借:递延收入——递延回购贴现利息收入

贷:金融机构往来收入——买入返售票据利息收入

(3)返售到期日处理。收到对方行划来款项,进行账务处理,会计分录为:

借:存放中央银行准备金

贷:买入返售票据——买入银行承兑汇票等

思考与练习

一、思考题

1. 金融机构往来主要有哪些业务?
2. 再贷款有哪些种类?
3. 简述再贴现和转贴现。
4. 什么是同城票据交换?简述同城票据交换的基本原理。
5. 什么是同业拆借?同业拆借办理中的注意事项?
6. 简述商业银行向中央银行缴存法定存款准备金的制度设计?

二、单项选择题

1. 财政性存款缴存比例为( )。

　　A. 10%　　　　B. 12.5%　　　　C. 50%　　　　D. 100%

2. 商业银行用来核算与中央银行间往来的会计科目有( )。

　　A. 向中央银行借款　　　　　　B. 存放中央银行准备金

　　C. 贴现　　　　　　　　　　　D. 缴存中央银行财政性存款

3. "同业存放"科目属于( )科目。

　　A. 资产类　　　　　　　　　　B. 负债类

　　C. 资产负债共同类　　　　　　D. 权益类

4. 下列属于资产类的会计科目有(　　)。
　　A. 存放中央银行准备金　　　　B. 向中央银行借款
　　C. 存放同业　　　　　　　　　D. 拆放同业
　　E、卖出回购票据　　　　　　　F、买入返售票据
5. 下列属于负债类的会计科目有(　　)。
　　A. 存放中央银行准备金　　　　B. 向中央银行借款
　　C. 同业存放　　　　　　　　　D. 同业拆入
　　E、卖出回购票据　　　　　　　F、买入返售票据
6. 商业银行同业拆入资金可以用于(　　)。
　　A. 弥补信贷收支缺口　　　　　B. 扩大信贷规模
　　C. 投资债券　　　　　　　　　D. 弥补清算头寸缺口

三、业务处理题

1. 农业银行某支行将超过库存限额的现金 600 万元，送存当地人民银行，作出农行的会计分录。

2. 20××年 5 月 3 日，某省工商银行向当地人民银行申请季节性再贷款 25 000 000 元，期限为 2 个月，年利率为 3%，人民银行审查后同意办理。7 月 3 日到期日，工行主动办理贷款本息还款手续，要求计算利息并作出再贷款发放、收回时工行的会计分录。

3. 中国建设银行某市支行于 20××年 3 月 12 日持已贴现尚未到期的银行承兑汇票向工行申请卖断式转出转贴现，汇票面额为 10 000 000 元，6 月 5 日到期，再贴现率为年 1.5%，在"递延贴现利息收入"的贷方有尚未确认的利息收入为 825，请编制建行在 3 月 12 日办理再贴现的会计分录。

4. 6 月 5 日，中国工商银行某省分行营业部与该省的农行营业部达成同业拆借协议，工行向农行拆出资金 6 000 000 元，拆借期限为 7 天，拆借年利率为 3.6%。要求：根据上述资料，编制双方银行拆出和拆入时的会计分录。

第八章 外汇业务的核算

学习目标

1. 掌握外汇的基础概念、外汇业务的核算原理和核算方法。
2. 掌握外汇结汇、售汇、套汇业务的会计核算方法，了解各类业务的区别与联系。
3. 熟悉外汇存款、贷款、票据融资的业务场景，掌握对应的会计核算方法。
4. 了解常用的外汇结算方式及对应的会计核算方法。

第一节 概 述

一、外汇的概念与分类

(一)外汇的概念

外汇(Foreign Exchange)是国际汇兑的简称，是指以外币表示的，可以用作国际清偿、国际结算的支付手段和资产。《中华人民共和国外汇管理条例》(以下简称《外汇管理条例》)规定的外汇是指下列以外币表示的可以用作国际清偿的支付手段和资产：

(1)外币现钞，包括纸币、铸币；
(2)外币支付凭证或者支付工具，包括票据、银行存款凭证、银行卡等；
(3)外币有价证券，包括债券、股票等；
(4)特别提款权；
(5)其他外汇资产。

上述定义标明外汇的三个基本特征：一是以外国货币表示；二是可用于国际清偿；三是支付手段和资产。目前，全世界有 45 个国家和地区的货币是可自由兑换货币,可用于国际清偿,最常用的是美元、英镑、欧元、日元、港元、加拿大元、澳元等。在进行外汇业务核算时,会计凭证、会计账簿、会计报表均应按照规定表明货币的国际通用符号。表8-1列示了国际常用货币的货币符号、货币单位及辅币进位规则。

表8-1 常用货币的货币符号、货币单位及辅币进位规则

货币名称	货币符号(ISO简写)	货币单位和辅币进位
美元	US＄(USD)	1元=100分
英镑	£(GBP)	1镑=100便士
欧元	(EUR)	1欧元=100分
港元	HK＄(HKD)	1元=100分
日元	J¥(JPY)	1元=100钱
新加坡元	S＄(SGD)	1元=100分
加拿大元	CAN＄(CAD)	1元=100分
澳大利亚元	A＄(AUD)	1元=100分
俄罗斯卢布	RUB(SUR)	1卢布=100戈比
澳门元	PAT(MOP)	1元=100分

(二)外汇的分类

1. 按照我国国际收支平衡表的内容,分为经常项目外汇和资本与金融项目外汇

经常项目是指货物、服务、收益及经常转移等交易项目。经常项目外汇收支包括贸易收支、劳务收支和单方面转移等。资本与金融项目是指资本转移、非生产或非金融资产的交易,以及其他引起国家对外资产和负债水平发生变化的所有交易项目。国家对资本与金融项目实行批准和登记制度,该项目包括直接投资、各类贷款、证券投资等。国家对经常性国际支付和转移不予限制。

2. 按照外汇的来源和用途,可以分为贸易外汇和非贸易外汇

贸易外汇是指一国进出口贸易所收、付的外汇及其从属费用外汇,如货款、运输费、保险费、佣金、广告费等。非贸易外汇是指进出口贸易以外收支的外汇,如劳务外汇、侨汇和捐赠外汇等。

3. 按外汇的交割期限,可分为即期外汇和远期外汇

即期外汇是指外汇买卖成交后,在当日或在两个营业日内办理交割的外汇。远期外汇是指买卖双方不需即时交割,而仅仅签订一纸买卖合同,预定将来在某一时间(在两个营业日以后)进行交割的外汇。远期外汇的交割期限从1个月到1年不等,通常是3~6个月。

4. 按照外汇的形态,可分为现钞和现汇

现钞和现汇是外汇的两种不同形式。现汇是指从国外银行汇到国内的外币存款

以及外币汇票、本票、旅行支票等银行可以通过电子划转直接入账的国际结算凭证。现钞指的是外币钞票,包括纸币、铸币。在进行跨境贸易、投资等国际结算时,现汇的安全性、便捷性和规模性较现钞具有明显优点。现钞多用于零星小额支付。中华人民共和国境内禁止外币流通,并不得以外币计价结算,但国家另有规定的除外。境内外币流通的除外情况指保税区、外汇保险、免税商店等。

二、汇率的概念和种类

(一)汇率的概念与标价方法

如果将外汇当作一种商品,那么换汇实际上就是买卖外汇的过程。用人民币购买某国外币的价格就是人民币对该国外币的汇率。人民币汇率实行以市场供求为基础的、有管理的浮动汇率制度。

汇率是各国货币之间相互交换时换算的比率,即一国货币单位用另一国货币单位所表示的价格。这种价格联系着不同国家的货币,使人们对各国货币能够直接进行比较。汇率又称为"兑换率、外币行市、外汇行情、外汇牌价",或简称"牌价"或"汇价"。

两种货币折算时,首先要确定以哪一种货币作为标准,这被称为"汇率的标价方法"。外汇买卖不同于一般的商品买卖,一般商品的价格是用货币表示的,但不能反过来用商品表示货币的价格。外汇买卖是货币购买货币,因此,汇率就具有双向表示的特点。在本国货币与外国货币之间,既可以用本国货币表示外国货币的价格,也可以用外国货币表示本国货币的价格,这取决于一国采用的不同标价方法。目前,国际上使用的外汇标价方法有两种:直接标价法和间接标价法。

直接标价法又称为"应付标价法",是指以一定单位的外国货币为标准折算为若干单位本国货币的表示方法。它一般表示为1个单位或100个单位的外国货币能够折合多少本国货币,如1USD=120.8JPY。大部分国家都用直接标价法,我国人民币汇率也采用直接标价法。

按市场惯例,外汇汇率的标价通常由五位有效数字组成,从右边向左边数过去,第一位称为"X个点",它是构成汇率变动的最小单位,第二位称为"X十个点",以此类推。在直接标价法下,外汇汇率的数值升降和本国货币的价值变化成反比例关系:汇率下降,本国货币升值;汇率上升,本国货币贬值。例如,某金融界消息:人民币兑美元中间价报6.7222,较上一交易日中间价6.7135下调87点,即指当1美元兑换6.7135元人民币变为6.7222元人民币时,表明人民币汇率上升,人民币贬值;再如,当1美元兑换6.7222元人民币变为6.7055元人民币时,表明人民币汇率数值下跌,人民币升值。

间接标价法又称为"应收标价法",是指以一定单位的本国货币为标准折算为若干单位外国货币的表示方法。它一般表示为1个单位或100个单位的本国货币能够折合多少外国货币。从1978年9月1日开始,纽约外汇市场改用间接标价法,以储备美元为标准公布美元与其他货币之间的汇价,但是,对英镑仍沿用直接标价法。例如,某日纽约外汇市场报价为:1英镑=1.5017美元;1美元=1.6538瑞士法郎;1美元=108.00日元。采用间接标价法的国家和地区有美国(USD)、英国(GBP)、澳大利亚(AUD)、新西兰(NZD)、欧盟(EUR)。在间接标价法下,外汇汇率的升降和本国货币的价值变化成正比例关系:本国货币升值,汇率上升;本国货币贬值,汇率下降。

(二)汇率的种类

根据银行交易方向及外汇载体的不同,汇率可分为现汇买入价、现汇卖出价、现钞买入价、现钞卖出价和中间价;根据交割期限的不同,汇率可分为即期汇率和远期汇率。

现汇买入价(简称"汇买价")是指银行买入外汇现汇的价格;现汇卖出价(简称"汇卖价")是指银行卖出外汇现汇的价格;现钞买入价(简称"钞买价")是指银行买入外币现钞的价格;现钞卖出价(简称"钞卖价")是指银行卖出外币现钞的价格;中间价是指汇买价与汇卖价的平均价,在银行内部结算或套汇时使用。

现钞汇率与现汇汇率在理论上存在差额,因为银行买入现汇后,可以直接将买进的外汇划拨到其国外银行的账户中并开始计息;而买进外币现钞时,需库存保留一段时间,待达到一定的金额后将其运往货币发行国,变成在国外银行的外币存款即现汇后才开始计息和用于国际结算支付。在此期间,银行要承担汇率风险、资金占用利息及现钞管理费、支付包装费、运输费及保险费等。因为银行需要将这些费用转嫁给外币现钞的卖主,所以钞买价要低于汇买价。相类似,银行卖出外币现钞时,由于国内不发行外币现钞,银行需要从货币发行国运进来现钞,期间也会发生一些费用,理论上钞卖价要高于汇卖价。在银行买卖外汇的实务中,钞买价低于汇买价,而钞卖价高于或等于汇卖价。

即期汇率,也称为"现汇汇率",是指买卖双方成交后,在两个营业日之内办理外汇交割时所用的汇率。远期汇率,也称为"期汇汇率",是指买卖双方事先约定的,并在未来的一定日期进行外汇交割的汇率。

三、外汇业务的核算原理及方法

外汇业务是指银行经办的涉及外汇收支的业务。目前,国内银行办理的外汇业务主要有:外汇买卖、外汇存款、外汇贷款、国际结算、外汇借款、外汇同业拆借、外汇担保、发行或代理发行股票以外的外币有价证券、买卖或代理买卖股票以外的外币有价证券、自营及代客户外汇买卖、外汇信用卡的发行和代理国外信用卡的发行及付款,资信调查、咨询服务、见证业务以及国家外汇管理局批准的其他外汇业务。商业银行经营外汇业务必须取得外汇经营许可证,在国家外汇管理局批准的业务范围内开展,一般为可自由兑换的外汇。

(一)核算原理

我国《企业会计准则第19号——外币折算》的规定,它着重解决了记账本位币的确定、外汇交易的会计处理和外币财务报表的折算问题,具有通用性,银行外汇业务核算也应遵循。该准则的内容要点包括如下。

1. 记账本位币

记账本位币是指银行经营所处的主要经济环境中的货币。我国企业以人民币为记账本位币,也允许业务收支以人民币以外的货币为主的单位选择其中一种货币为记账本位币,但要求编报的财务会计报告应当折算为人民币。企业选择的记账本位币一经确定,不得改变,除非与确定记账本位币相关的经营所处的主要经济环境发生了重大变化。

记账本位币以外的货币被称为"外币"。相对于人民币,外汇业务使用外币进行交易,但是会计信息的确认、计量和披露却采用记账本位币即人民币,外币核算的核心问题就是不同币种之间的会计确认、计量与披露如何保持一致。

2. 外汇交易

外汇交易是以外币计价或结算的交易,包括的主要内容如下。

(1)买入或卖出以外币计价的商品或劳务。这里所说的"商品"是一个泛指的概念,可以是有实物形态的存货、固定资产等,也可以是无实物形态的无形资产、债权或股权等。

(2)借入或借出外币资金。它包括企业向银行借款,银行向中国人民银行及同业借款,发行以外币计价或结算的债券等。

(3)其他以外币计价或结算的交易,如接受外币现金捐赠等。外汇交易可分为货币性项目和非货币性项目。货币性项目是银行持有的货币和将以固定或可确定金额的货币收取的资产或者偿付的负债。货币性项目分为货币性资产和货币性负债,货币性资产包括现金、银行存款、应收账款和应收票据以及准备持有至到期的债券投资等;货币性负债包括应付账款、其他应付款、短期借款、应付债券、长期借款、长期应付款等。非货币性项目是货币性项目以外的项目,如存货、长期股权投资、交易性金融资产(股票、基金)、固定资产、无形资产等。

3. 外币折算

外币折算是指将外汇交易或外币财务报表折算为记账本位币的过程。外汇交易折算的会计处理主要涉及两个环节:一是在交易日对外汇交易进行初始确认,将外币金额折算为记账本位币金额;二是在资产负债表日对相关项目进行折算,因汇率变动产生的差额应记入当期损益。

采用外汇统账制的企业,对于发生的外汇交易,应当在初始确认时,采用交易发生日的即期汇率将外币金额折算为记账本位币金额,或者采用与交易发生日即期汇率近似的汇率折算。采用外汇分账制核算的企业,在业务发生时采用原币种记账,不进行外币折算。

在会计期末或资产负债表日,对外币货币性项目(货币资金、债券、应付款等)和外币非货币性项目(存货、股权、长期预付款等)进行不同处理。对于外币货币性项目,采用资产负债表日即期汇率折算。因资产负债表日即期汇率与初始确认时或者前一资产负债表日即期汇率不同而产生的汇兑损益差额,计入当期损益,同时调增或调减外币货币性项目的记账本位币金额。而以历史成本计量的外币非货币性项目,已在交易发生日按当日即期汇率折算,资产负债表日不改变其记账本位金额。

(二)外汇业务的核算方法

外汇业务涉及人民币和多种货币,为了记录和反映人民币资金和外汇资金的收付,使人民币和外币之间、外币和外币之间的核算更合理科学,必须采用专门的核算方法。外汇业务的专门核算方法有外汇分账制和外汇统账制两种。

1. 外汇分账制

外汇分账制也称为"原币记账法",是经营外汇业务的银行对外汇与本币实行分账核算的一种记账方法,也就是直接以各种原币为记账单位,而不折算成本币进行记账的方法。该方法适用于外汇业务量较多的企业。我国商业银行经营的外汇业务币种较多、交易频繁,采用外汇分账制进行核算。外汇分账制核算方法的要点如下。

(1)外汇原币记账。外汇业务发生时以外汇原币记账,按币种分别立户。业务发生时以各种原币为记账货币填制会计凭证、登记账簿、编制每一种外汇业务会计报表,各种货币各自成立账务系统,各有一整套会计账簿和会计报表。

(2)专设"外汇买卖"科目。"外汇买卖"科目是实行外汇分账制的一个特别设置的会计科目,对于不同货币之间的账务起到联系和平衡作用,主要有:其一,在外汇与人民币账务之间起平衡作用;其二,在不同外汇之间起联系和桥梁作用,如当外汇业务涉及两种不同外汇时,通过"外汇买卖"科目进行套汇核算;其三,在同一货币现汇和现钞不同形态之间进行套汇换算。这里详细介绍外汇与人民币账务平衡的关系。

在外汇买卖业务中,银行买入外汇须向客户支付等值人民币,同样,银行卖出外汇须向客户收取等值人民币,每一笔外汇买卖业务都会同时引起银行外汇和人民币的反向、等值变化。因此,"外汇买卖"科目对每一种外汇均设置外汇户和人民币户两个分户账,银行买入外汇、支付等值人民币时,借记有关科目外汇,贷记本科目外汇户,同时,以人民币借记本科目人民币户,贷记有关科目人民币;银行卖出外汇、收取等值人民币时,借记本科目外汇户,贷记有关科目外汇,同时,借记有关科目人民币,贷记本科目人民币。"外汇买卖"科目的外汇户和人民币户两个分户账的记账方向相反,余额方向也相反,"外汇买卖"科目属于资产负债共同类科目。

"外汇买卖"科目的分户账采取多栏式账簿,是一种特定格式的账簿,如表8-2所示,它以每一种外币分别立账,并将外汇买卖金额和相应的人民币金额登记在一张账页上。

"外汇买卖"科目分户账的账页由买入、卖出、结余三栏组成。买入栏、卖出栏各设外币、牌价、人民币三项;买入时,外币反映在贷方,人民币反映在借方;卖出时,外币反映在借方,人民币反映在贷方。结余栏同时反映(贷或借)外币与(借或贷)人民币结余。

表 8-2　××商业银行"外汇买卖"科目分户账

货币:　　　　　　　　　　　　　　　　　　　　　　　　　　　　　账号:

年		摘要	买入			卖出			结余			
月	日		外币(贷)金额	牌价	人民币(借)金额	外币(借)金额	牌价	人民币(贷)金额	借或贷	外币金额	借或贷	人民币金额

"外汇买卖"科目总账,按各外币和人民币分别设置。总账设借、贷、余额三栏,每日根据科目当日发生额及上日余额填写。

日终"外汇买卖"科目处理后,若科目各原币余额反映在贷方,则表示该种外汇买卖买入多于卖出,即有结余,亦称"多头";反之,若科目各原币余额反映在借方,表示该种外汇卖出多于买入,即是缺余,亦称"空头"。按外汇余额与总行进行清算交割。在资产负债表日对外汇买卖的损益进行确认计量,通过"汇兑损益"科目核算。

需要说明的是,对于外汇业务必须专设的科目,各法人银行设置的科目名称各有不同,如有的银行设置"货币兑换"科目,有的银行设置"外汇结售"科目等,但是该类科目的使用范围和用记账方向与上述"外汇买卖"科目基本一致,具体以各法人银行总行规定为准。

(3)现汇与记账外汇分账核算。同一种货币,由于其清算方式不同,可分为现汇和记账外汇。现汇清算是指进出口双方通过办理国际业务的银行,以可兑换货币,逐笔通过两国银行间往来账户进行的清算,所用的外汇叫"现汇"。记账外汇也称"双边外汇",是国际贸易协定国双方根据支付协定,贸易双方各以本国政府名义分别在对方国家指定的银行开立记账清算账户,在一定时间内办理清算。它在清算前不能自由流通,不能自由兑换成其他货币,也不能转让给第三国使用,从而可以节省自由外汇的使用。因为它只是记载在双方银行账户上,所以叫"记账外汇"。

(4)年终并表。年终结算时,编制本外币合并报表,并以人民币统一反映经营状况和财务成果。年终决算时,各种分账货币应按货币种类分别编制决算表,再根据各货币决算表,按总行规定的年终决算牌价分别折成人民币后,编制"汇总人民币决算表"。实行外汇分账制,各种不同货币分设账务报表,能完整反映各类外币资金的变化情况,有利于外汇资金的运用和管理。

2. 外汇统账制

外汇统账制也称为"本位币记账法"或"单一货币制",是在外汇业务发生时,按照一定汇率将全部外汇折算成本币进行账务处理的方法。该方法适用于外汇业务量较少的企业,我国有外汇业务的实体企业一般采用外汇统账制进行会计核算。

采用外汇统账制核算的企业发生外币业务时,应当将有关外币金额折合为记账本位币记账,并账外备查登记外币金额和折算汇率。除另有规定外,所有与外币业务有关的账户,应当采用业务发生时的汇率,或业务发生当期期初的汇率折合。

四、我国金融机构外汇业务核算与管理的主要特点

外汇业务经营的业务涉及面广、内容复杂,在业务处理时,既要严格遵守国内的有关规章制度,又要适应国际惯例。我国金融机构外汇业务核算形成了自己的特点。

第一,采用外汇分账制进行核算。我国商业银行对于外汇业务采用外汇分账制进行会计核算。

第二,银行的会计科目为本、外币共同科目,特别说明的除外。

第三,实行本外币一体化处理。外币存贷款业务的计息方法与本币相同,但以外币原币种收取或支付利息。各项应税收入应按照权责发生制原则,按日匡计利息或按季计息,如利息收入、手续费收入等,在确认收入的同时进行销项税额的价税分离处理,外汇应交增值税应按当日汇率,办理自营结售汇,将外币销项税额转为人民币销项税额。

第四,兼用单、复式凭证。外汇会计的一个特点即以单式凭证为主,同时兼用复式凭证。使用单式凭证,对每一笔业务所涉及的会计科目均按各个科目分别编制传票,各经办不同科目的人员可以同时办理审核、收付、记账编制科目日结单等手续,不但使凭证传递迅速、方便,而且便于综合整理和装订保管。我国银行由于业务量大、分工细,在经营外汇业务过程中,原则上都采用单式凭证进行核算。但对反映某些"或有资产""或有负债"经济业务有固定对应关系的会计科目,为了确切反映权责关

系同时发生、同时解除,使用复式凭证进行核算。

第五,银行外汇资金敞口头寸由总行集中管理。目前,为避免外汇资金汇率等风险,国内多数商业银行对外汇业务实行集中管理外汇敞口头寸的做法,由总行或一级分行统一向外汇交易市场(中国外汇交易中心)吞吐外汇。具体做法是:每日营业终了,一级分行按币种汇总轧差,进行外汇平仓处理,与总行进行交割清算,按外汇买卖外汇户余额全额上划至总行,人民币户余额也随之上划至总行或上级行清算。

第二节 结售汇业务的核算

一、结汇、售汇的概念

结售汇业务是指银行为客户或因自身经营活动需求办理的人民币与外汇之间兑换的业务,包括即期结售汇业务和人民币与外汇衍生产品业务。即期结售汇业务是指在交易订立日之后两个工作日内完成清算,且清算价格为交易订立日当日汇价的结售汇交易。人民币与外汇衍生产品业务是指远期结售汇、人民币与外汇期货、人民币与外汇掉期、人民币与外汇期权等业务及其组合,这里只介绍即期结售汇业务。

银行办理结售汇业务时,应当按照"了解业务、了解客户、尽职审查"的原则对相关凭证或商业单据进行审核。国家外汇管理局有明确规定的,从其规定。

按照外汇买卖不同,将外汇买卖划外汇兑换也叫外汇买卖,它是指按照一定的汇率买入一种外币同时折付等值本币,或者按照一定汇率卖出一种外币折收等值本币的业务活动。外汇买卖有自营外汇买卖和代客外汇买卖两种,分为结汇、售汇和套汇。

随着社会经济的飞速发展,我国实现了贸易项目外汇的可自由兑换,取消了经常项目外汇收入强制结汇的历史,结售汇政策有了较大变化,从强制结汇、自愿结汇发展到限额结汇阶段,允许有外汇业务的企业在限额内自行保留外汇存款。

根据国家外汇管理政策规定,对境内个人客户结售汇实行年度总额管理。目前,个人结汇、售汇业务年度总额分别为等值 5 万(含)美元。确需超过年度结售汇总额的个人,须提供有效真实需求凭证。

二、结汇业务的核算

结汇是指外汇收入所有者将其外汇收入出售给外汇指定银行,外汇指定银行按一定汇率支付等值本币的行为。我国《外汇管理条例》规定:经常项目的外汇收入可以按照国家有关规定,保留或者卖给经营结售汇业务的金融机构;资本项目外汇收入保留或者卖给经营结售汇业务的金融机构,应当经外汇管理机关批准,但国家规定无须批准的除外。据此,凡境内企事业单位、机关和社会团体以及外商投资企业的外汇收入,属于规定结汇范围的,应按商业银行挂牌汇率结售给银行;有外汇收入的境内居民、来华外国人、港澳台胞,自愿结汇的,可将其外汇收入按银行挂牌汇率结售给商业银行。

商业银行办理结汇业务,银行买入外汇(含外钞),支付人民币。根据买入外汇金额,按现汇或现钞买入价(即汇买价或钞买价)折算人民币金额,并填制外汇买卖科目传票。会计分录为:

借:单位活期存款或现金等科目(外币)
　　贷:外汇买卖(外币)
借:外汇买卖(人民币)汇买价或钞买价
　　贷:单位活期存款或现金等科目(人民币)

【例8-1】 客户张山本日来银行办理结汇,将其手中2 000英镑现钞换成人民币现金,假定银行当日牌价:英镑钞买价为1GBP=8.3531CNY,钞卖价为1GBP=8.4585CNY,编制甲银行该笔业务的会计分录。

解析:该业务是客户卖外汇收到人民币,银行买入外汇现钞,按钞买价付出人民币,会计分录为:

借:现金　　　　　　　　　　　　　　　　　　　　　　GBP2 000
　　贷:外汇买卖　　　　　　　　　　　　　　　　　　　GBP2 000
借:外汇买卖(钞买价)　　　　　　　　　　　　　　　　CNY16 706.20
　　贷:现金　　　　　　　　　　　　　　　　　　　　　CNY16 706.20

【例8-2】 A贸易公司产品出口美国,在境外取得外汇收入10 000美元,到银行办理结汇手续,当日汇买价1USD=6.4550CNY,钞买价1USD=6.2538CNY,银行予以办理,收到境外账户行入账通知,编制会计分录。

解析:银行办理外汇业务流程如下。①由总行或分行选择境外分支机构或所在国当地的银行作为账户行或代理行。代理行无须开立存款账户,只起通知或传递凭证作用,账户行则须开立外汇账户,境内银行对外收付外汇可通过该账户办理。②银行结汇收到的外汇资金直接入账境外的账户行。③境外账户行收款后通知境内结汇行。结汇银行折算人民币金额给企业入账。本笔业务收到现汇,按汇买价折算,业务会计分录为:

借:存放境外同业——××银行　　　　　　　　　　　USD10 000
　　贷:外汇买卖　　　　　　　　　　　　　　　　　　USD10 000
借:外汇买卖(汇买价)　　　　　　　　　　　　　　　CNY64 550
　　贷:单位活期存款——A贸易公司　　　　　　　　　CNY64 550

【例 8-3】 中国工商银行收到境外账户行发来贷记报单一份,内容为甲物流公司某信用证项下的欧元 EUR20 万货款收妥。中国工商银行随即按外汇管理规定与甲物流公司结汇,当日挂牌价为欧元汇买价 EUR100＝CNY739。请编制银行相关的会计分录。

解析: 中国工商银行办理结汇的会计分录为:

借:存放境外同业款项　　　　　　　　　　　　　EUR200 000
　贷:外汇买卖　　　　　　　　　　　　　　　　EUR200 000
借:外汇买卖　　　　　　　　　　　　　　　　　CNY1 478 000
　贷:单位活期存款——甲公司户　　　　　　　　CNY1 478 000

三、售汇业务的核算

售汇,从客户角度称为"购汇",是指境内居民、企事业单位、机关和社会团体的正常对外支付外汇,持相关有效凭证,到外汇指定银行办理购汇手续,由外汇指定银行收取人民币,付给等值外汇的业务。《外汇管理条例》规定:经常项目外汇支出和资本项目外汇支出,应当按照国务院外汇管理部门关于付汇与购汇的管理规定,凭有效单证以自由外汇支付或者向经营结汇、售汇业务的金融机构购汇支付。国家规定应当经外汇管理机关批准的,须在外汇支付前办理批准手续。

商业银行办理售汇业务,收进人民币,卖出外汇(含外钞)。卖出外汇时,根据卖出外币金额,按外汇卖出价(即汇卖价、钞卖价)折算人民币金额,并填制外汇买卖科目传票。会计分录为:

借:单位活期存款或现金(人民币)
　贷:外汇买卖(人民币)(汇卖价或钞卖价)
借:外汇买卖(外币)
　贷:单位活期存款或现金等科目(外币)

【例 8-4】 客户张成本日来银行购汇,购买 GBP 1 000 现钞,当日银行外汇牌价,汇卖价 1GBP＝8.8530CNY,钞卖价 1GBP＝8.9550CNY,予以办理,从其活期储蓄存款账户收取等值人民币。

解析: 个人符合规定可自由购汇,银行卖出外汇现钞,按钞卖价收取等值人民币,会计分录为:

借:活期储蓄存款——张成　　　　　　　　　　　CNY8 955
　贷:外汇买卖(钞卖价)　　　　　　　　　　　　CNY8 955
借:外汇买卖　　　　　　　　　　　　　　　　　GBP1 000
　贷:现金　　　　　　　　　　　　　　　　　　GBP1 000

【例 8-5】 2020 年 6 月 5 日,中阳铁矿石进口企业持进口许可证,向银行申请购汇,购买 AUD10 000 汇往澳大利亚,假定当天澳大利亚元汇卖价为 100AUD=495CNY。请编制相关的会计分录。

解析:客户购汇即银行售汇业务,客户付出等值人民币,按汇卖价折算,会计分录为:

借:单位活期存款——中阳铁矿石进口企业　　　　　CNY49 500
　贷:外汇买卖(汇卖价)　　　　　　　　　　　　　CNY49 500
借:外汇买卖(汇卖价)　　　　　　　　　　　　　　AUD10 000
　贷:汇出汇款(或存放境外同业)　　　　　　　　　 AUD10 000

【例 8-6】 A 公司向甲银行申请购汇,用其在该行的活期人民币存款,购买 GBP5 000,存入其在该行开立的英镑现汇账户,当日英镑汇卖价为 1GBP=8.4639CNY。请编制甲银行的会计分录。

解析:客户购汇即银行售汇业务,客户付出等值人民币,按汇卖价折算,会计分录为:

借:单位活期存款——A 公司　　　　　　　　　　　CNY42 319.50
　贷:外汇买卖　　　　　　　　　　　　　　　　　CNY42 319.50
借:外汇买卖　　　　　　　　　　　　　　　　　　GBP5 000
　贷:单位活期存款——A 公司　　　　　　　　　　　GBP5 000

四、套汇业务的核算

套汇是指银行根据客户的要求,将一种外汇兑换成另一种外汇的外汇买卖业务。由于商业银行没有挂出两种不同外币之间的直接比价,对于一般套汇业务,应通过人民币进行折算,可以理解为先开展一笔结汇业务,再开展一笔售汇业务。对于具有资金投机交易性质的大额套汇,为便于分析套汇业务的实际盈亏,可以经过套汇专户直接套汇(不经过人民币折算)。

银行办理的套汇业务有两种类型:一类是同一货币之间现钞和现汇的互换,如钞转汇、汇转钞;另一类是不同币别的外汇套汇,如欧元兑换日元。

(一)两种货币之间通过人民币套汇

商业银行为客户办理两种货币之间的套汇业务时,应先将买入外币的金额按该外币的买入价(钞买价或汇买价)折算成人民币金额,再将该人民币金额按卖出外币的卖出价折算为卖出外币的套汇金额,并填制外汇买卖套汇传票。商业银行进行的是"汇买汇卖"业务,其会计分录为:

借:××科目(买入外币金额)
　　贷:外汇买卖(买入外币金额)
借:外汇买卖(人民币金额,买入外币金额×买入价)
　　贷:外汇买卖(人民币金额)
借:外汇买卖(卖出外币金额,人民币金额÷卖出价)
　　贷:××科目(卖出外币金额)

【例8-7】 A公司为支付加拿大某出口商货款,要求甲银行将其美元现汇账户存款USD20 000兑换成加拿大元对外付汇。当日美元汇买价为1USD=6.8350CNY,加拿大元汇卖价为1CAD=5.1545CNY。请编制甲银行的相关会计分录。

解析:甲银行该笔业务为"汇买汇卖"业务,即银行买进美元,卖出加拿大元。计算过程和编制的会计分录如下。

第一步,按汇买价将美元折算成人民币:USD20 000×6.835 0=CNY127 000。

第二步,按汇卖价将人民币折算成加拿大元:CNY127 000÷5.1 545=CAD24 638.67。

甲银行编制的会计分录为:

借:单位活期存款——A公司户	USD20 000
贷:外汇买卖	USD20 000
借:外汇买卖(汇卖价)	CNY127 000
贷:外汇买卖	CNY127 000
借:外汇买卖(汇买价)	CAD24 638.67
贷:汇出汇款或单位活期存款——A公司户	CAD24 638.67

(二)同种货币钞汇之间套汇

同种货币钞汇之间的套汇包括钞转汇和汇转钞。由于同一种外币体现在汇率上,其现钞和现汇价值有所差异,也须按套汇方法处理。

商业银行为客户办理同种货币钞兑汇即"钞买汇卖"业务时,应先将买入的外币现钞金额按该外币的钞买价折算成人民币金额,再将该人民币金额按该外币的汇卖价折算为卖出的该外币的现汇金额,并填制外汇买卖套汇传票。

商业银行为客户办理同种货币汇兑钞即"汇买钞卖"业务时,应先将买入的外币现汇金额按该外币的汇买价折算成人民币金额,再将该人民币金额按该外币的钞卖价折算为卖出的该外币的现钞金额,并填制外汇买卖套汇传票。

同种货币钞汇之间的套汇业务,可比照上述两种货币之间的套汇业务进行会计处理。

【例8-8】 在华从事教育工作的新加坡教师Lisa因回国休假,到甲银行要求从其在该行新加坡元现汇账户中支取 SGD2 000 兑换成现钞携带出境。当日新加坡元钞卖价为 1SGD=5.1528CNY,汇买价为 1HKD=5.1486CNY。请编制甲银行的相关会计分录。

解析：甲银行本笔业务为"汇买钞卖"业务,即银行买进 SGD2 000 现汇,卖出新加坡现钞,计算过程和编制的会计分录如下。

第一步,按汇买价将新加坡元现汇折算成人民币：

HKD2 000×5.1486=CNY10 297.20

第二步,按钞卖价将人民币折算成新加坡元现钞：

CNY10 297.20÷5.1528=SGD199 837

甲银行编制的会计分录为：

  借：活期储蓄存款——Lisa   SGD2 000
   贷：外汇买卖   SGD2 000
  借：外汇买卖   CNY10 297.20
   贷：外汇买卖   CNY10 297.20
  借：外汇买卖   SGD1 998.37
   贷：现金   SGD1 998.37

说明：实践中也有的银行在现汇账户支取同币种现钞时,不进行折算,按 1:1 支付。

(三)两种货币直接套汇

对具有资金投机交易性质的大额套汇,为便于分析套汇业务的实际盈亏,可以不通过人民币而直接设置套汇专户用原币记账；待年终决算时,再将各原币户余额按决算日牌价折成人民币,填制外汇买卖科目传票,转入各原币"外汇买卖"账户,结平套汇专户,发生的人民币差额记入"汇兑损益"。

【例 8-9】 某投资公司向 B 银行卖出 100 万欧元买入美元直接套汇,当日的欧元兑换美元的汇率为 EUR100=USD125。年终决算时,B 银行须办理外汇平盘,并对损益进行评价。年终决算时的欧元汇率为 EUR100=CNY950,美元的汇率为 USD100=CNY750。请编制相应的会计分录。

解析：B 银行年终决算时,100 万欧元折算人民币为 950 万元,125 万美元折算人民币为 937.5 万元,由此得出因汇率波动产生盈利 12.5(950－937.5)万元。

B 银行办理套汇业务时编制的会计分录为：

  借：单位活期存款——某投资公司   EUR1 000 000
   贷：外汇买卖——即期汇率   EUR1 000 000
  借：外汇买卖——即期汇率   USD1 250 000
   贷：单位活期存——某投资公司   USD1 250 000

B银行年终决算时的会计分录为：
  借：外汇买卖——决算牌价/欧元   CNY125 000
    贷：汇兑损益   CNY125 000

五、结售汇头寸平补交易的核算

我国对商业银行的结售汇综合头寸实行限额管理。结售汇综合头寸是指商业银行持有的因人民币与外币间交易形成的外汇头寸，包括由银行办理符合外汇管理规定的对客户结售汇业务、自身结售汇业务和参与银行间外汇市场交易而形成的外汇头寸。结售汇综合头寸限额由国家外汇管理局根据国际收支状况和商业银行外汇业务经营情况，按商业银行法人统一核定，并按日考核和监管。商业银行应按日管理全行头寸，使每个交易日结束时的头寸保持在核定限额内。对于临时超过限额的（即超过头寸上限或低于头寸下限），商业银行应在下一个交易日结束前，由总行通过银行间外汇市场进行结售汇头寸平补。商业银行分支行通过系统内往来与总行进行结售汇头寸平补。

平补，即平盘补仓交易，是指商业银行根据国家外汇管理局对结售汇综合头寸限额管理的规定和自身对结售汇头寸风险管理的需要，在境内银行间外汇市场进行的外汇/人民币买卖交易。

商业银行购入外汇，平补结售汇头寸时，会计分录为：
  借：存放中央银行准备金（或其他科目）（外币）
    贷：外汇买卖（外币）
  借：外汇买卖（人民币）
    贷：存放中央银行准备金（或其他科目）（人民币）
商业银行卖出外汇，平补结售汇头寸时，会计分录为：
  借：存放中央银行准备金（或其他科目）（人民币）
    贷：外汇买卖（人民币）
  借：外汇买卖（外币）
    贷：存放中央银行准备金（或其他科目）（外币）

【例 8-10】 2019年8月26日，甲银行持有的美元外汇头寸为3.02亿美元，超过国家外汇管理局核定的3亿美元限额。8月27日，甲银行通过银行间外汇市场卖出800万美元，当日美元外汇卖价为USD100＝CNY720。请编制甲银行的会计分录。

解析： 甲银行办理上述业务时，会计分录为：
  借：存放中央银行准备金   CNY57 600 000
    贷：外汇买卖   CNY57 600 000
  借：外汇买卖   USD8 000 000
    贷：存放中央银行准备金   USD8 000 000

第三节 外汇存款业务的核算

一、外汇存款的概念及分类

外汇存款是指单位或个人将其所有的外汇资金（包括国外汇入汇款、外币、外币票据等），以外国货币为计量单位存放在商业银行，便于以后随时或按约定期限支取的存款。外汇存款的币种有美元、英镑、欧元、日元、港元、瑞士法郎、加拿大元、澳大利亚元和新加坡元等。其他可自由兑换外币，可按存入日的外汇牌价兑换成上述货币后存入。

外汇存款有以下多种分类方式。

按存款对象分为单位外汇存款和个人外汇存款。

按账户管理要求分为甲种、乙种和丙种外汇存款。其中，单位外汇存款为甲种外汇存款，外籍人员、侨胞、留学生等个人外汇存款为乙种外汇存款，境内居民外汇存款为丙种外汇存款。

按存取方式分为活期存款、定期存款和通知存款。

按存入资金形态分为现钞存款和现汇存款。其中，现钞存款是指存款人将从境外携入或持有的可自由兑换外币现钞存放在银行形成的存款；现汇存款是指存款人将从境外汇入的外汇或携入的外币票据存入银行形成的存款。对于不能立即付款的外币票据，须经银行办理托收，收妥后方可入账。

根据管理和核算的要求，本章节按照存款对象对外汇存款进行划分，分别介绍单位外汇存款、个人外汇存款的具体分类和会计核算。

（一）单位外汇存款

单位外汇存款，又称"甲种外汇存款"，是指我国境内的机关、团体、企事业单位、外国驻华机构及境外的中资企业、团体等存放在商业银行的各项外汇资金。单位在银行只能开立外币现汇账户，不能开立现钞账户。因此，单位外汇存款均为现汇存款。

外币存款按照存款数额的大小分为外币小额存款和外币大额存款。外币小额存款是指金额在 300 万美元以下或等值其他外币的存款，按期限一般可分为活期、7 天通知、定期存款类。定期存款记名式存单，包括 1 个月、3 个月、6 个月、1 年和 2 年 5 个档次。外币小额存款执行固定利率。

外币大额存款是指金额在 300 万美元（含）以上或等值其他外币的存款。按期限一般分为活期、通知、定期存款类。通知存款为记名式存单，包括 1 天通知和 7 天通知 2 个档次；定期存款包括 7 天、1 个月、3 个月、6 个月、1 年和 2 年 6 个档次。

(二)个人外汇存款

个人外汇存款,也称为"外币储蓄存款",是指商业银行吸收自然人的外汇资金而形成的存款。个人既可以在银行开立现汇账户存入现汇,也可以开立现钞账户存入外币现钞。根据管理和核算的不同要求,个人外汇存款可以采用不同的标准进行分类。

1. 按存款对象分为乙种外汇存款和丙种外汇存款

乙种外汇存款的存款对象是居住在国外或我国港澳台地区的外国人、外籍华人、华侨、港澳台同胞和短期来华人员,以及居住在中国境内的外国人。其外汇的使用可以汇往中国境内外,可兑换人民币,在存款人出境时,根据存款人的要求,可支取外钞或直接汇出。丙种外汇存款的存款对象是中国境内的居民,包括归侨、侨眷和港澳台同胞的亲属。该种存款汇往境外的金额较大时,须经国家外汇管理部门批准后方可汇出。

2. 按存入资金形态分为现汇存款和现钞存款

现汇户可直接支取汇出,现钞户须经钞买汇卖处理方可支取汇出;现钞户可直接支取现钞。

3. 按存取方式分为活期储蓄存款、定期储蓄存款、定活两便储蓄存款和个人通知存款

外币活期储蓄存款的起存金额,乙种存款为不低于人民币100元的等值外币,丙种存款为不低于人民币20元的等值外币;外币定期储蓄存款的起存金额,乙种存款为不低于人民币500元的等值外币,丙种存款为不低于人民币50元的等值外币;定活两便储蓄存款的起存金额为不低于人民币50元的等值外币;个人七天通知存款的起存金额为不低于人民币5万元的等值外币。外币活期储蓄存款为存折户;外币定期储蓄存款为记名式存单,整存整取,存期分为1个月、3个月、半年、1年和2年5个档次。

二、单位外汇活期存款业务的核算

单位外汇存款账户按功能分为外汇专用账户和外汇结算账户;按账户资金性质分为经常项目账户和资本项目账户。企业开立外汇账户,应向外管局申请,经批准后可在银行开立外汇账户,按账户规定的用途使用。

单位申请开立外汇存款开户时,由开户单位填写开户申请书,携带相关开户资料及证件至银行网点柜台办理。提交的材料包括:营业执照或社团登记证或国家授权管理部门批准成立文件;国家授权管理部门颁发的涉外业务经营许可文件或备案表或登记证等,如无上述资料的,营业执照须有涉外业务经营范围;法定代表人或负责人身份证件,法定代表人或负责人授权书及其身份证件以及被授权人的身份证件(如需);国际收支申报单位基本情况表;外汇管理局或银行要求提供的其他资料等。

单位开立外汇存款账户后,即办理存入、支取、外汇结算等业务,下面介绍外汇存入、支取、计息各个业务环节的会计核算。

(一)单位外汇存款存入的核算

单位存入外汇存款时,银行按照以下不同情形分别进行账务处理。

1. 境外汇入汇款存入

会计分录为:

借:汇入汇款或有关科目(外币)

贷:单位活期存款或单位定期存款——××单位(外币)

单位外汇定期存款到期时,银行按规定计付利息,单位可将款项汇往国外、港澳地区或用于支付其他款项。单位定期存款支取,一律通过转账处理,不得支取现金。会计分录为:

借:单位定期存款——××单位(外币)

利息支出(外币)

贷:单位活期存款(外币)

2. 外币现钞存入现汇账户,银行进行"钞买汇卖"转换

会计分录为:

借:现金(外币)

贷:外汇买卖(外币)

借:外汇买卖(人民币)

贷:外汇买卖(人民币)

借:外汇买卖(外币)

贷:单位活期存款——××单位(外币)

【例8-11】 大豆进口商A公司要求甲银行将美元现钞10 000元,存入其在该银行开立的美元现汇账户,当日美元钞买价为USD100=CNY642.68,汇卖价为USD100=CNY676.50。请编制甲银行的相关会计分录。

解析:甲银行的计算过程如下:

第一步,将美元现钞折算成人民币,USD10 000×6.4268=CNY64 268;

第二步,将人民币折算成美元现汇,CNY64 268÷6.765=USD9 500.07。

甲银行编制的会计分录为:

借:现金　　　　　　　　　　　　　　　　　USD10 000

贷:外汇买卖　　　　　　　　　　　　　　　USD10 000

借:外汇买卖   CNY64 268
    贷:外汇买卖   CNY64 268
借:外汇买卖   USD9 500.07
    贷:单位活期存款——A公司户   USD9 500.07

3. 以不同货币存入

将A种外币存入B种外币账户,按前述两种货币之间的套汇业务处理,会计分录略。

(二)单位外汇存款支取的核算

1. 支取外币现钞

活期外汇存款的支取,存折户须凭存折和支取凭条,支票户填具支票,加盖预留印鉴送交银行。定期存款的支取,应将定期存单(或定期存款证实书)提交银行,经银行审核无误后予以办理支取手续。

(1)支取同币种外币现钞时,该业务须经过非常严格的限制审批手续,方可办理。办理时可按套汇业务中的同种货币"汇买钞卖"业务处理或1∶1支付。会计分录略。

(2)支取不同币种外币现钞时,按前述两种货币之间的"汇买钞卖"套汇业务处理。会计分录略。

2. 以汇出现汇方式支取

以汇出现汇方式支取时,商业银行应根据有关结算凭证办理支取手续。

(1)汇出同币种现汇时,会计分录为:

借:单位活期存款(或其他科目)——××户(外币)
    贷:汇出汇款(或其他科目)(外币)

另收汇费,原则上收取人民币,也可以是等值外币。会计分录为:

借:单位活期存款(人民币或外币)
    贷:手续费及佣金收入——汇款手续费收入(人民币或外币)
        应交税费——应交增值税(销项税额)(人民币或外币)

(2)汇出不同币种现汇时,按前述两种货币之间的套汇业务处理。会计分录略。

(三)单位外汇存款计息的核算

除了国库款项和属于财政预算拨款性质的经费预算外汇活期存款不计利息,其他性质的单位外汇存款均应计付利息。计息方法同本币一致,但要外汇原币计息。

1. 单位活期外汇存款计息

活期外汇存款分支票户和存折户两种,结息日为每季末月20日。活期外汇存款

利率按结息日挂牌公告的活期外汇存款利率计息,结息日次日利息转存以原币入账。会计分录为:

  借:利息支出(外币)
   贷:单位活期存款——××户(外币)

2. 单位定期外汇存款计息

定期外汇存款到期支取本金与利息。单位定期外汇存款未到期一般不能提前支取。若银行同意客户提前支取,利息以活期外汇存款利率计算。存款期间利率如有变动,在原定存期内仍以原利率计算利息,提前支取或逾期支取部分按活期外汇存款利率计付利息。按日匡息或按季(系统未升级银行)预提利息时,会计分录为:

  借:利息支出(外币)
   贷:应付利息(外币)

存款到期支取时,实际支付利息时,会计分录为:

  借:单位定期存款——××单位(外币)
   应付利息(外币)
   贷:单位活期存款——××单位(或其他科目)(外币)

【例 8-12】 文华贸易公司于20××年4月10日汇入30万澳元,定期3个月,年利率为1.31‰,7月10日到期。该公司于同年8月12日到银行支取该笔定期存款,支取日活期存款利率为0.24‰。请计算该笔定期存款应支付的利息,并编制存入、计息及支取的会计分录。

解析: (1)存入时,会计分录为:

  借:汇入汇款   AUD300 000
   贷:单位定期存款——文华贸易公司 AUD300 000

(2)6月20日,该笔定期存款应计提利息为:

300 000×72×1.31‰÷360＝786(澳元)

银行按日匡计利息或按季预提利息时,会计分录为:

  借:利息支出   AUD786
   贷:应付利息   AUD786

(2)6月20日—7月10日,文华贸易公司的澳元定期存款利息为:

300 000×19×1.31‰÷360＝207.42(澳元)

20××年7月10日至8月12日,文华贸易公司澳元活期存款利息为:

300 000×0.24‰÷360×33＝66(港元)

银行未计提的利息为:

207.42＋66＝273.42(港元)

8月12日,文华贸易公司支取存款时,银行的会计分录为:
　　借:单位定期存款——文华贸易公司　　　　　AUD300 000
　　　　应付利息　　　　　　　　　　　　　　AUD786
　　　　利息支出　　　　　　　　　　　　　　AUD273.42
　　　贷:单位活期存款——文华贸易公司　　　　　AUD301 059.42

三、个人外汇存款业务的核算

个人客户申请开立定期或活期外币存款账户时,应填写"外币存款开户申请书"或"存款凭条",写明户名、地址、存款种类、金额等信息,连同外汇票据或现钞一并交存银行。银行需审核申请书、外币票据或清点现钞,并按规定审查开户人的有关证明材料如护照、身份证等,经核对无误后办理开立手续。个人可以开立现汇户或现钞户。

(一)个人外汇活期存款业务的核算

1. 存入的处理

按照存入货币币种是否相同,个人外汇活期存款的处理包括以下两种情况。

(1)以相同币种现钞或现汇存入时,会计分录为:
　　借:现金(或存放境外同业)(外币)
　　　贷:活期储蓄存款——××户(外币)

(2)以不同币种现钞或现汇存入时,按套汇处理,会计分录略。

2. 支取的处理

从外汇储蓄户支取现汇或同种货币现钞时,均按1:1支付。但支取等值1万美元以上同种现钞时,需向国家外汇管理局申请,经批准后办理,并另收取一定比例的手续费。

(1)支取外币现钞时,会计分录为:
　　借:活期储蓄存款——××户(外币)
　　　贷:现金(外币)
　　　　　手续费及佣金收入——手续费收入(外币)

(2)支取并汇出外汇时,会计分录为:
　　借:活期储蓄存款——××户(外币)
　　　贷:汇出汇款(或存放境外同业)(外币)

(二)个人外汇定期存款业务的核算

存款人存入定期存款时,由银行发给记名式存单或存折,会计分录为:

借:现金(外币)
　　贷:定期储蓄存款——××户(外币)

存款到期后,可转外汇活期存款户,也可支取现金,会计分录为:

借:定期储蓄存款——××户(外币)
　　利息支出(外币)
　　贷:现金(或活期储蓄存款)(外币)

(三)利息计算的处理

1. 个人外汇活期存款的利息计算

按季结息,每季末月 20 日为结息日。采用积数计息法,以结息日挂牌活期存款利率计付利息。结息日次日利息转存的会计分录为:

借:利息支出(外币)
　　贷:活期储蓄存款——××户(外币)

2. 个人外汇定期存款的利息计算

个人定期存款到期取本付息,如遇利率调整,仍按存入日利率计算利息;到期续存,按续存日利率计息。根据规定,个人外币活期、定期存款利息须以原币支付。

【例 8-13】 客户王玲于某年 10 月 10 日将其收到的汇入汇款英镑 50 万存入其在中国银行新开立的港元现汇存款账户。10 月 10 日美元汇买价为 USD100＝CNY910.50,港元汇卖价 HKD100＝CNY88.41。10 月 13 日将该笔港元存款全部支取汇至国外,收到境外账户行借记通知,港元存款活期利率为 0.01%。请编制商业银行的相关会计分录。

解析:(1)银行进行"汇买汇卖"将英镑汇款转存为港元时,会计分录为:

借:汇入汇款　　　　　　　　　　　　　　GBP500 000
　　贷:外汇买卖　　　　　　　　　　　　GBP500 000
借:外汇买卖——汇买价　　　　　　　　　CNY4 552 500
　　贷:外汇买卖——汇卖价　　　　　　　CNY4 552 500
借:外汇买卖　　　　　　　　　　　　　　HKD5 149 304.38
　　贷:活期储蓄存款——王玲户　　　　　HKD5 149 304.38

(2)提取并汇出存款时,会计分录为:

存款利息为 5 149 304.38×3×0.01%÷360＝4.29(HKD)

借:活期储蓄存款——王玲户　　　　　　　HKD5 149 304.38
　　利息支出　　　　　　　　　　　　　　HKD4.29
　　贷:存放境外同业　　　　　　　　　　HKD5 149 308.67

第四节 外汇贷款与贸易融资业务的核算

一、概念

(一)外汇贷款

外汇贷款是银行运用吸收的外汇存款和从国外吸收进来的外汇资金而发放的以外币为计量单位的贷款,是银行外汇资金的重要运用途径。目前,我国银行发放的外汇贷款种类较多,可按不同标准进行分类。

按外汇贷款期限不同划分,可分为短期外汇贷款(期限小于等于1年)和中长期外汇贷款(期限大于1年)。

按外汇贷款的利率形式不同划分,可分为浮动利率贷款和固定利率贷款。

按贷款的发放条件不同划分,可分为信用贷款、保证贷款和抵(质)押贷款等。

按外汇贷款资金来源的不同划分,可分为现汇贷款、"三贷"贷款(买方信贷、政府贷款和混合贷款)、银团贷款、转贷款等。

(二)国际贸易融资

国际贸易融资是指银行在国际贸易过程中,银行对进口商或出口商提供的贸易融资放款业务。国际贸易融资方式较多,如打包放款、进口押汇、出口押汇、出口贴现、福费廷等业务。贸易融资是企业从银行获得融资的重要方式。

本章主要介绍现汇贷款、买方贷款、银团贷款、外汇转贷款、打包放款、进口押汇、出口押汇、福费廷业务以及票据贴现等业务的核算处理手续。

二、现汇贷款业务的核算

现汇贷款即自由外汇贷款,是指银行以自行筹集的外汇资金发放的贷款。目前,办理现汇贷款的种类主要有短期外汇浮动利率贷款、短期外汇优惠利率贷款、特优贷款、贴息贷款、外商投资企业贷款等。外汇贷款的原则是借什么货币还什么货币,以原币偿还并计收原币利息。货币种类由借款人选择,汇率风险由借款人承担。贷款的币种有美元、英镑、港币、欧元和日元等多种货币。贷款期限根据业务需要有1个月、3个月、半年、1年、2年和3年共6个档次。

外汇贷款的会计核算涉及贷款的发放、计息和收回等环节,这里以商业银行发放的短期现汇贷款为例,介绍现汇贷款的具体核算方法。

(一)贷款发放的核算

借款单位申请现汇贷款时,应填具借款申请书。银行审查同意后,与借款单位订立借款合同,并开立外汇贷款专户。

借款单位根据借款合同在核定的借款额度内,一次或分次使用借款时,应逐笔订立借据,填具借款凭证。银行审核借款凭证有关内容与借款合同规定相符后,根据不同情况进行账务处理。

1. 直接转入借款单位的外汇存款账户

会计分录为:

借:短期贷款——××单位(外币)
　　贷:单位活期存款——××单位(外币)

2. 直接使用贷款对外付汇,不产生派生存款

会计分录为:

借:短期贷款——××单位(外币)
　　贷:存放境外同业(外币)

若借款单位以非贷款外币对外付汇,则需按前述两种货币之间的套汇业务进行处理。会计分录略。

(二)外汇贷款计息的核算

现汇贷款的利率可以根据合同规定采用浮动利率、固定利率或优惠利率。对短期外汇贷款的利息,一般实行浮动利率,即在浮动期内,利率固定不变,不受市场变动的影响,当浮动期到期后按浮动利率计息。浮动利率贷款的利率是参照伦敦银行同业拆放利率(LIBOR)来确定的。浮动档次有1个月浮动、3个月浮动和6个月浮动3个档次;现汇贷款的计息天数按公历的实际天数,算头不算尾。具体有以下几种情况。

1. 按日匡计利息或按季计提应收利息的核算

我国大部分银行对本外币业务采取相同的处理方法,按权责发生制原则,按日匡息或按季计提应收利息,并在确认收入的同时进行销项税价税分离。计提时,会计分录为:

借:应收利息——短期现汇贷款应收利息(外币)
　　贷:利息收入——短期现汇贷款利息收入(外币)
　　　　应交税费——应交增值税(销项税额)(外币)

对于外汇业务销项税额须于日终办理自营结售汇,转为人民币销项税额,下文涉及外汇收入的处理与此相同,不再赘述,会计分录为:

借：应交税费——应交增值税(销项税额)(外币)
　　贷：外汇买卖(外币)
借：外汇买卖(汇买价)(人民币)
　　贷：应交税费——应交增值税(销项税额)(人民币)

2. 按季收取利息的核算

合同约定现汇贷款按季收取利息的,结息日(每季末月 20 日)次日入账,将本计息期间内所有应收利息向借款单位计收原币,会计分录为：

借：单位活期存款——借款单位户(外币)
　　贷：应收利息——短期现汇贷款应收利息(外币)

3. 按季利息转为贷款本金的核算

合同约定按季结息、利息转作本金、到期收取的会计分录为：

借：短期贷款——借款单位户(外币)
　　贷：应收利息——外汇贷款应收利息(外币)

(三)贷款收回的核算

借款单位使用现汇贷款,必须按期偿还,也可以提前偿还或分批偿还。借款单位可用自有外汇偿还、取得的外汇收入偿还或以人民币资金购汇归还本息。银行收回贷款时,按季计息的应将最后一个结息日至还款日尚未计提的利息与本金一并收回。

1. 借款单位用自有外汇偿还贷款本息

会计分录为：

借：单位活期存款——借款单位户(外币)
　　贷：短期贷款——借款单位户(外币)
　　　　应收利息——外汇贷款应收利息(外币)

2. 借款单位经批准用人民币购汇偿还贷款本息

其会计分录为：

借：单位活期存款——借款单位户(人民币)
　　贷：外汇买卖——汇卖价(人民币)
借：外汇买卖——汇卖价(外币)
　　贷：短期贷款——借款单位户(外币)
　　　　应收利息——外汇贷款应收利息(外币)

3. 借款单位使用非原贷款外币存款偿还

要进行套汇处理,会计分录为：

借：单位活期存款——借款单位户(还款外币)
　　贷：外汇买卖——汇买价(还款外币)

借:外汇买卖——汇买价(人民币)
　　贷:外汇买卖——汇卖价(人民币)
借:外汇买卖(贷款外币)
　　贷:短期贷款——借款单位户(贷款外币)
　　　　应收利息——外汇贷款应收利息(贷款外币)

(四)贷款逾期、停息的处理

贷款发生逾期、停息(非应计贷款,停止表内计息)、贷款表内结转至表外等业务处理,与人民币贷款处理方法相同,参见第六章贷款业务核算,这里不再赘述。

【例8-14】 进口企业A公司于某年6月3日向开户银行申请60万美元贷款,期限为6个月,银行同意后将贷款转入该企业开立的外汇活期存款账户。该笔贷款采用3个月浮动利率,利息按季结息并转入贷款本金。12月3日贷款到期,该企业使用自有外汇偿还贷款本息。该笔贷款期间,美元贷款年利率变动情况如下:6月3日为5.35%,6月17日变为5.25%,7月8日变为5.5%,9月3日变为5.68%,10月5日变为9.5%,计算利息并编制银行在各个阶段的会计分录。

解析: 该笔贷款期间为6月3日至12月3日;3个月浮动一次利率,即6月3日至9月2日采用5.35%利率,9月3日至12月3日采用5.68%利率。按季结息,结息日分别是6月20日、9月20日。

(1)6月3日,发放贷款的会计分录为:

借:短期贷款——A公司　　　　　　　　　　　USD600 000
　　贷:单位活期存款——A公司　　　　　　　　USD600 000

(2)6月20日结息日的处理。计息期间为6月3日至6月20日共18天,利率为5.35%,利息的计算为:

利息=USD600 000×18×5.35%÷360=USD1 605
应缴销项税额=1 605÷(1+6%)×6%=USD90.85
价税分离后的利息=1 605-90.85=USD1 514.15

结息日次日(6月21日)的账务处理如下。

①应收利息实行价税分离,会计分录为:

借:应收利息——短期现汇贷款应收利息　　　　USD1 605
　　贷:利息收入——短期现汇贷款利息收入　　　USD1 514.15
　　　　应交税费——应交增值税(销项税额)　　USD90.85

②日终将外币应缴销项税转换为人民币销项税,当日汇买价为1USD=6.7250CNY

借:应交税费——应交增值税(销项税额)　　　　USD90.85
　　贷:外汇买卖　　　　　　　　　　　　　　　USD90.85

　　　　借:外汇买卖(汇买价)　　　　　　　　　　　　　　CNY610.97
　　　　　　贷:应交税费——应交增值税(销项税额)　　　　　CNY610.97
　③贷款利息转为贷款本金,会计分录为:
　　　　借:短期贷款——A公司户　　　　　　　　　　　　USD1 605
　　　　　　贷:应收利息——短期现汇贷款应收利息　　　　　USD1 605
　记账后,贷款本金增加到USD601 605(USD600 000+USD1 605)。

(3)9月20日结息日的处理。计算6月21日至9月20日的利息,按照3个月浮动利率,该笔贷款6月21日至9月2日期间采用第一段利率5.35%,9月3日至9月20日采用第二段利率5.68%,计算本季应收利息为:

利息=USD601 605×74×5.35%÷360+USD61 605×18×5.68%÷360
　　=6 615.98+1 708.56=USD8 324.54

应缴增值税(销项税额)=8 324.54÷(1+6%)×6%=USD471.2

价税分离后的利息=8 324.54-471.2=USD7 853.34

应收利息入账的会计分录为:
　　　　借:应收利息——短期现汇贷款应收利息　　　　　　USD8 324.54
　　　　　　贷:利息收入——短期现汇贷款利息收入　　　　　USD7 853.34
　　　　　　　　应交税费——应交增值税(销项税额)　　　　USD471.20

外币应交增值税销项税额转为人民币销项税分录同前。

利息转作本金的会计分录:
　　　　借:短期贷款——A公司户　　　　　　　　　　　　USD8 324.54
　　　　　　贷:应收利息——短期现汇贷款应收利息　　　　　USD8 324.54

记账后,贷款本金增至USD609 929.54(USD600 000+USD1 605+USD8 324.54)。

(4)12月3日,贷款到期收回本息。9月21日至12月2日共73天,适用利率为5.68%,因未到结息日,故未计提应收利息,补收利息收入为:

利息=609 929.54×73×5.68%÷360=USD7 025.03

应交增值税(销项税额)=7 025.03÷(1+6%)×6%=USD397.64

价税分离后的利息=7 025.03-397.64=USD6 627.39

收回贷款本息时,会计分录为:
　　　　借:单位活期存款——A公司户　　　　　　　　　　USD616 954.57
　　　　　　贷:短期贷款——A公司户　　　　　　　　　　USD609 929.54
　　　　　　　　利息收入——短期现汇贷款利息收入　　　　USD6 627.39
　　　　　　　　应交税费——应交增值税(销项税额)　　　　USD397.64

外币应交增值税销项税额转为人民币销项税分录同前,略。

三、买方信贷外汇贷款业务的核算

(一)买方信贷外汇贷款的概念

买方信贷是由出口国银行直接向进口商或进口国银行提供的贷款,用以向出口国购买技术和设备以及支付有关费用。买方信贷分为出口买方信贷和进口买方信贷,一般期限较长(最长可达10年),利率较低。

目前,我同银行办理的主要是进口买方信贷,即进口国银行从出口国银行取得并按需要转贷给国内进口单位使用的信贷。进口买方信贷是我国利用外资的重要形式。买方信贷外汇贷款必须经过出口国政府批准,签订贸易合同和贷款合同,用于购买或支付出口国的货物、技术或劳务。贷款金额一般不得超过贸易合同金额的85%,其余部分由进商以现汇支付定金,支付定金后才能使用贷款。贷款分期按等分金额每半年还本付息一次。

(二)买方信贷外汇贷款的科目设置

买方信贷项下向国外银行的借入款,由各银行总行集中开户,并由总行负责偿还借入的本息。各分行对使用贷款的单位发放买方信贷外汇贷款,由有关分行开户,并由分行负责按期收回贷款的本息。其核算主要使用以下科目。

1."买方信贷外汇贷款"科目

"买方信贷外汇贷款"科目用于核算出口国银行向进口商或进口国银行提供的长期外汇贷款的发放和收回。该科目属于资产类科目,借方反映贷款的发放,贷方反映贷款的到期偿还,余额反映在借方,表明贷款尚未到期偿还。

2."借入买方信贷款"科目

"借入买方信贷款"科目用于核算进口方银行或进口商获得买方信贷后借入款项的数额及到期偿还的情况,它是与"买方信贷外汇贷款"相对应的科目。该科目属于负债类科目,贷方反映借入款项的情况,借方反映借入款项到期归还情况,余额在贷方,反映借入但尚未归还的款项。

3."买方信贷用款限额"表外科目

"买方信贷用款限额"是获得买方信贷的总行专用科目,当获得买方信贷用款限额时,本科目反映在收方;当实际提取贷款时,本科目反映在付方。

(三)买方信贷外汇贷款的核算

1.对外签订信贷协议

买方信贷总协议由商业银行总行统一对外谈判签订,分协议可由总行对外谈判签订,也可由总行授权分行谈判签订。签订分协议后,经出口国银行批准的贷款限额,进口国银行总行应通过"买方信贷用款限额"表外科目进行核算,并登记"买方信贷用款限额登记簿"。会计分录为:

  收:买方信贷用款限额(外币)

 使用贷款时,按使用金额逐笔转销表外科目。会计分录为:

  付:买方信贷用款限额(外币)

2. 进口单位支付定金的核算

 买方信贷外汇贷款的贷款金额一般不得超过贸易合同金额的85%,其余15%由进口单位以现汇支付定金,支付定金后才能使用贷款。贷款应分期按等分金额每半年还本付息一次。进口单位可以直接用现汇支付定金,也可以以人民币购汇或向银行申请现汇贷款支付定金。

 (1)进口单位直接用外汇现汇支付定金,会计分录为:

  借:单位活期存款——××进口单位(外币)

   贷:存放境外同业(外币)

 若进口单位用以支付定金的现汇为非贷款外币时,需进行套汇处理。会计分录略。

 (2)进口单位以人民币购汇支付定金,会计分录为:

  借:单位活期存款——××进口单位(人民币)

   贷:外汇买卖——汇卖价(人民币)

  借:外汇买卖(外币)

   贷:存放境外同业(外币)

 (3)进口单位向银行申请现汇贷款支付定金,会计分录为:

  借:短期贷款——××进口单位(外币)

   贷:存放境外同业(外币)

3. 进口单位使用贷款的核算

 买方信贷项下的进口支付方式,一般使用信用证,商业银行接到国外银行寄来信用证项下有关单据,经审核无误,对外办理支付。进口单位需向银行取得买方信贷外汇贷款,到期时进口单位偿还贷款本息。

 (1)进口单位在总行营业部开户时,由总行直接发放买方信贷外汇贷款。总行会计分录为:

  借:买方信贷外汇贷款——××进口单位(外币)

   贷:借入买方信贷款——××国外银行(外币)

 同时,转销表外买方信贷用款限额,会计分录为:

  付:买方信贷用款限额(外币)

(2)进口单位在异地分行开户时,由分行发放买方信贷外汇贷款,并通过行内系统发送报文划收总行。分行会计分录为:

借:买方信贷外汇贷款——××进口单位(外币)
　　贷:上存系统内款项——上存总行备付金(外币)

总行收到异地分行上划报文后,会计分录为:

借:系统内款项存放——××分行备付金(外币)
　　贷:借入买方信贷款——××国外银行(外币)

付:买方信贷用款限额(外币)

4. 计提利息的核算

资产负债表日,商业银行总行计提利息支出时,会计分录为:

借:利息支出——买方信贷利息支出(外币)
　　贷:应付利息——买方信贷应付利息(外币)

资产负债表日,发放买方信贷外汇贷款的银行(商业银行总行或分行)计提利息收入时,会计分录为:

借:应收利息——买方信贷应收利息(外币)
　　贷:利息收入——买方信贷利息收入(外币)

5. 偿还贷款本息的核算

买方信贷外汇贷款在资金来源端,商业银行总行是债务人,买方信贷项下借入国外同业的贷款,由其统一偿还本息;在资金运用端,进口单位向商业银行取得买方信贷外汇贷款,则商业银行总行是债权人,对国内进口单位发放的贷款应按期收回本息。

(1)对外偿还贷款本息。商业银行总行对买方信贷项下借入国外同业的贷款,应按协议规定计算利息,并补提上一计提日至偿还日的利息后,办理偿付贷款本息手续。补提利息的会计分录与资产负债表日计提利息的会计分录相同。商业银行总行对外偿还贷款本息的会计分录为:

借:借入买方信贷款——××国外银行(外币)
　　应付利息——买方信贷应付利息(外币)
　　贷:存放境外同业(外币)

(2)对内收回贷款本息。若进口单位向商业银行取得了买方信贷外汇贷款,则商业银行应按借款合同的规定计算利息,并补提上一计提日至收回贷款本息日的利息后,办理收回贷款本息手续。补提利息的会计分录与资产负债表日计提利息的会计分录相同。商业银行对内收回贷款本息,区分不同情况进行处理。

①进口单位直接以现汇偿还时,会计分录为:

借:单位活期存款——××进口单位(外币)

贷:买方信贷外汇贷款——××进口单位(外币)
　　　　　应收利息——买方信贷应收利息(外币)
②进口单位以人民币购汇偿还时,会计分录为:
　　　借:单位活期存款——××进口单位(人民币)
　　　　　贷:外汇买卖(人民币)
　　　借:外汇买卖(外币)
　　　　　贷:买方信贷外汇贷款——××进口单位(外币)
　　　　　　　应收利息——买方信贷应收利息(外币)
　　如借款单位不能按期归还贷款本息,则应于到期日将贷款本息转入"短期外汇贷款"明细科目核算,并按短期外汇贷款利率计息。

【例 8 15】 A通信公司需要从国外进口一批电子元器件,金额为100万欧元,特向汇丰银行申请买方信贷外汇贷款,期限为2个月,假定年利率为5.4%。A通信公司开户银行工商银行与汇丰银行签订总协议后,A通信公司预付15%的现汇定金并汇款。贷款到期后,汇丰银行如期收回本息。请编制工商银行在该业务各个阶段的会计分录。

解析:(1)A通信公司支付定金,会计分录为:

　　借:单位活期存款——A通信公司户　　　　　　EUR150 000
　　　　贷:存放境外同业　　　　　　　　　　　　　EUR150 000

(2)工商银行取得借款,会计分录为:

　　借:存放境外同业　　　　　　　　　　　　　　EUR850 000
　　　　贷:借入买方信贷款——汇丰银行　　　　　　EUR850 000
　　收:买方信贷用款限额　　　　　　　　　　　　EUR850 000

(3)工商银行发放贷款,会计分录为:

　　借:短期贷款——A通信公司户　　　　　　　　EUR850 000
　　　　贷:单位活期存款——A通信公司户　　　　　EUR850 000
　　付:买方信贷用款限额　　　　　　　　　　　　EUR850 000

(4)贷款到期。计算利息收入为:

EUR850 000×5.4%÷12×2=EUR7 650

A通信公司偿还贷款本息时,会计分录为:

　　借:单位活期存款——A通信公司户　　　　　　EUR857 650
　　　　贷:短期贷款——A通信公司户　　　　　　　EUR850 000
　　　　　　利息收入——买方信贷外汇贷款利息收入户　EUR7 650

(5)工商银行将款项偿还汇丰银行,会计分录为:

　　借:借入买方信贷款　　　　　　　　　　　　　EUR850 000
　　　　利息支出——借入买方信贷利息支出　　　　　EUR7 650
　　　　贷:存放境外同业　　　　　　　　　　　　　EUR857 650

四、外汇银团贷款业务的核算

(一)外汇银团贷款的概念

外汇银团贷款是指由获准经营外汇贷款业务的两家或两家以上银行和非银行金融机构,基于相同贷款条件,依据同一贷款协议,按照商定的时间和比例,通过代理行向借款人提供的本外币贷款或授信业务。外汇银团贷款按资金投向地区的不同,分为境内外汇银团贷款和境外外汇银团贷款两种。其中,境外银团贷款一般结合出口买方信贷方式,其会计核算可参照相关章节内容。这里的银团贷款核算主要是指境内外汇银团贷款方式。

参与外汇银团贷款的银行或金融机构,按其权利与责任的不同,分为牵头行、代理行和参加行三种。

牵头行是指经借款人同意,负责发起组织银团、分销银团贷款份额的银行,是银团贷款的组织者或安排者,原则上由借款人的主要贷款行和基本账户行担任,其所占银团贷款的份额一般最大。

代理行是指银团贷款协议签订后,按相关贷款条件确定的金额和进度,归集参加行资金向借款人提供贷款,并根据协议约定对银团贷款资金进行管理的银行。代理行可以由牵头行担任,也可由银团贷款成员行协商确定。

参加行也叫"成员行",是指接受牵头行邀请,按照协议规定的承贷份额参团向借款人提供贷款的银行。通常情况下,牵头行、代理行同时也是参加行。

借款单位申请国外银团贷款,应取得外汇局的批准文件,经银行审查符合贷款条件后,借款单位与贷款银行签订银团贷款协议及其附件。这种贷款往往需要政府或其他官方机构出面担保。

(二)相关会计科目的设置

1."银团贷款"科目

"银团贷款"科目属于资产类科目,核算银行作为银团贷款代理行按银团贷款协议发放的贷款,并按借款单位分别设立账户进行明细核算。

2."银团贷款出资额"科目

"银团贷款出资额"科目属于资产类科目,核算银行作为参与行根据银团贷款协议在银团贷款中的出资额,并按银团贷款各参加行分别设立账户进行明细核算。

为简化核算,对于银团贷款的费用和利息收支使用"利息收入——银团贷款利息收入"科目进行核算。银团贷款应分别按以下不同情况进行核算:银行作为牵头行和代理行,参加一部分贷款;银行只作为代理行,不参加贷款;银行只作为参加行,参加一部分贷款。

3. "银团贷款资金"科目

"银团贷款资金"科目属于负债类科目,核算代理行收到成员行提供的资金额,收到资金记贷方,转贷记借方。

(三)本行作为参加行的核算

本行作为外汇银团贷款成员行或非代理行性质的牵头行,须按照银团贷款协议,在规定的划款时间将承诺的贷款金额划转到代理行,并在规定的时间接收代理行划回贷款本息。此类银团贷款按照期限长短,分别在"短期外汇贷款"和"长期外汇贷款"科目核算。

1. 收取有关费用的核算

参加行或牵头行如果收到代理行划来的银团贷款项下有关费用后,会计分录为:

借:存放境内同业款项(或存放同业款项)(外币)
　　贷:手续费及佣金收入——手续费收入(外币)

2. 划款的核算

成员行或牵头行在规定时间,将规定金额贷款资金划入代理行账户,会计分录为:

借:银团贷款出资额(外币)
　　贷:存放境内同业款项(或存放同业款项)(外币)

3. 划收利息的核算

成员行或牵头行在规定结息日对贷款户进行结息,会计分录为:

借:应收利息——借款人户(外币)
　　贷:利息收入——外汇贷款利息收入(外币)

成员行或牵头行收到代理行转来的贷款利息后,会计分录为:

借:存放境内同业款项(外币)
　　贷:应收利息——借款人户(外币)

4. 贷款到期收回贷款本金的核算

成员行或牵头行收到代理行划转来的贷款本金后,会计分录为:

借:存放境内同业款项(或存放同业款项)(外币)
　　贷:银团贷款出资额(外币)

5. 逾期或催收贷款的核算

如果贷款发生逾期或转为催收贷款,则其本金和利息的核算方法与一般现汇贷款的逾期或非应计贷款的核算相同。

(四)本行作为代理行的核算

本行作为银团贷款代理行,既有自身参与银团贷款协议发放的贷款,又有作为代理行集中其他成员行贷款资金发放的代理银团贷款。前者本行承担贷款风险,并作为现汇贷款管理;后者本行不承担贷款风险,但要建立专户进行管理,并按协议规定发放贷款和收回协议下的全部本息。

1. 归集资金

代理行在收到各成员行贷款资金后,通知信贷部门进行后续贷款发放的处理,会计分录为:

借:存放境内同业款项(或存放同业款项)(外币)
贷:银团贷款资金——××行户(外币)

2. 发放贷款

代理行根据信贷部门的放款指令,与借款借据、银团贷款协议以及贷款审批资料核对无误后,按期将应发放的贷款转入借款人账户。会计分录为:

借:银团贷款——借款人户(其他成员行参加的份额)(外币)
　　短期贷款/中长期贷款(本行参加的份额)(外币)
贷:单位活期存款——借款人户(外币)

3. 收取有关费用并按比例分配给各参加行

代理行根据银团贷款协议中规定的费用收取比率向借款人收取银团贷款项下有关费用,会计分录为:

借:单位活期存款——借款人户(外币)
贷:手续费及佣金收入——手续费收入(本行应收取部分)(外币)
　　其他应付款——参加行户(其他成员行应收取部分)(外币)

代理行根据银团贷款协议中约定的费用分配比例,将代收的银团贷款有关费用划给有关成员行指定账户,会计分录为:

借:其他应付款(外币)
贷:存放中央银行准备金(外币)

4. 利息的核算

在规定结息日,代理行首先按照贷款合同的规定,对本行发放的贷款部分计收利息,其会计核算与"现汇贷款利息的核算"相同。

同时,代理行对本行代理发放的银团贷款计算出应收利息,在与各成员行利息清单通知核对一致后,扣收客户存款,并按行别划转到各成员行指定账户。会计分录为:

借:单位活期存款——借款人户(外币)
贷:存放中央银行准备金(外币)

5. 收回贷款的核算

借款人按合同规定归还贷款本金时,会计分录为:

借:单位活期存款——借款人户(外币)
　贷:短期贷款(或中长期贷款)——借款人(本行贷款部分)(外币)
　　银团贷款——借款人(成员行贷款部分)(外币)

同时,代理行将各成员行的贷款本金划拨到各成员行指定账户后,会计分录为:

借:银团贷款资金——参加行户(外币)
　贷:存放同业款项(外币)

6. 借款人不能按期归还银团贷款

借款人如因特殊情况只能归还部分银团贷款,则代理行应按照协议规定,根据成员行的贷款份额按比例分别划归各成员行。对借款人未能按期归还的贷款,代理行只需按规定将本行参与的部分转入逾期贷款和催收贷款(包括呆滞贷款和呆账贷款),对代理的银团贷款不必转入逾期贷款和催收贷款。

对借款人不能按期归还的贷款利息,代理行应按规定将本行应收的利息转入应收贷款利息或逾期贷款利息,并按规定计收罚息。对其他成员行应收的利息不作处理。

五、外汇转贷款业务的核算

(一)外汇转贷款的概念及分类

外汇转贷款是指本国银行利用从境外银行或其他金融机构借入的外汇借款而发放的贷款。外汇借款转贷款包括境外商业借款转贷款、境外发债转贷款、国际金融组织借款转贷款、买方信贷借款转贷款、外国政府借款转贷款和国家外汇储备借款转贷款。

其中,境外商业借款是在国际金融市场上向外国银行借入货币资金。境外发债是指银行在境外发行外币债券所筹集的资金。国家外汇储备借款是指银行向国家外汇管理局借入的外汇储备资金。而国际金融组织借款是指世界银行、亚洲开发银行、国际货币基金组织等国际金融组织向银行提供的贷款。

(二)相关会计科目的设置

1. "转贷款"科目

"转贷款"科目用于核算银行根据协议转贷外国政府或国际金融组织贷款等款项。该科目按转贷款种类及借款单位进行明细核算。银行发放转贷款时,应按发放贷款的本金,借记本科目(本金),按实际支付的款项,贷记"单位活期存款"等科目;收回贷款时,银行应按实际收到的金额,借记"单位活期存款"等科目,贷记本科目。本科目属于资产类科目,期末借方余额,反映银行发放的转贷款。

2."转贷款资金"科目

"转贷款资金"科目用于核算银行根据协议发放转贷款而融入的款项,如转贷外国政府贷款资金、转贷国际金融组织贷款资金等。收到转贷款资金时,按实际收到的款项,借记"存放境外同业"等科目,按转贷款的本金,贷记本科目(本金);到期归还转贷资金时,按实际归还的款项,借记本科目,贷记"存放境外同业"等科目,按其差额,借记或贷记"利息支出"科目。本科目属于负债类科目,期末贷方余额,反映银行尚未归还的转贷款资金。

(三)会计的核算处理

外汇转贷款业务涉及境外提款、下拨转贷款资金、回收利息、贷款到期还本等环节。具体会计账务处理过程如下。

1. 银行从境外提款

会计分录为:

借:存放境外同业(外币)

贷:转贷款资金(外币)

2. 银行下拨转贷资金

(1)若借款人在总行开户,则会计分录为:

借:转贷款资金(外币)

贷:单位活期存款——××户(外币)

(2)若借款人在分行开户,则涉及行内不同级次银行的处理。其中,总行会计分录为:

借:待清算辖内往来——往账户(外币)

贷:系统内存放款项——某分行户(外币)

分行收到总行划拨资金的借记报单后,会计分录为:

借:存放系统内款项——总行户(外币)

贷:待清算辖内往来——来账户(外币)

分行发放贷款时,会计分录为:

借:转贷款资金(外币)

贷:单位活期存款——借款人存款户(外币)

3. 利息的核算

外汇转贷款一般一年两次付息,到期一次还本或分次还本。每期付息日和还本日,分行信贷部门同时监控还本付息情况,负责催收。

(1)分行对客户计息时,会计分录为:
　　借:应收利息(外币)
　　　贷:利息收入(外币)
(2)总行向分行计收利息时,会计分录为:
　　借:系统存放款项——某分行户(外币)
　　　贷:利息收入(系统内往来利息)(外币)
(3)分行接到总行计收利息通知时,会计分录为:
　　借:利息支出(系统内往来利息支出)(外币)
　　　贷:存放系统内款项(外币)
(4)总行对外付息时,会计分录为:
　　借:利息支出——国外借款利息支出(外币)
　　　贷:存放境外同业(外币)

4. 贷款到期还本的处理

(1)分行收到客户还本时,会计分录为:
　　借:单位活期存款——××借款户(外币)
　　　贷:转贷款资金(外币)
(2)分行上划本金时,会计分录为:
　　借:待清算辖内往来(外币)
　　　贷:存放系统内款项(外币)
(3)总行扣收贷款本金时,会计分录为:
　　借:系统内存放款项——某分行户(外币)
　　　贷:待清算辖内往来(外币)
(4)总行对外还本时,会计分录为:
　　借:转贷款资金(外币)
　　　贷:存放境外同业(外币)

六、国际贸易融资业务的核算

设置"国际贸易融资"一级科目,核算和放映银行在国际贸易过程中办理的各项融资业务,该科目为资产类科目,按各融资方式设置二级科目进行核算。

(一)押汇业务的核算

押汇是商业银行凭进出口商提供的进出口货物单据向其提供的短期资金融通。押汇实质上是一种短期贷款,按照申请单位的不同,押汇可分为进口押汇和出口押汇。

1. 进口押汇

进口押汇分为信用证项下进口押汇和进口代收项下进口押汇,是指商业银行在进口信用证或进口代收项下,接受包括货运单据在内的全套进口单据作为抵押,为进口商对外垫付进口款项的短期融资业务。

商业银行收到有关单据后,根据进口商的押汇申请,先行为进口商垫款对外支付。进口商在规定的时间内付款赎单,商业银行收回垫款本息,释放单据;或进口商出具信托收据借出货运单提货,以出售进口货物后所得货款归还商业银行垫款本息。商业银行在进口押汇各个环节的会计处理如下。

(1)承做进口押汇。进口商申请进口押汇时,需填制进口押汇申请书,并提供信托收据、贸易合同和其他有关资料。商业银行审核同意后,办理进口押汇对外付款手续。会计分录为:

借:国际贸易融资——进口押汇——××进口商(外币)
 贷:存放境外同业(外币)

(2)计提进口押汇利息。

计算公式为:进口押汇利息＝押汇金额×押汇天数×年利率÷360。

资产负债表日,计提进口押汇利息收入的会计分录为:

借:应收利息——押汇应收利息(外币)
 贷:利息收入——押汇利息收入(外币)
  应交税费——应交增值税(销项税额)

(3)收回押汇本息。进口商向银行赎取单据时,银行应计算自进口押汇日起至进口商赎单还款日止的利息,并补提上一计提日至收回押汇本息日的利息后,办理收回押汇本息手续。

商业银行收回押汇本息的会计分录为:

借:单位活期存款——××进口商(外币)
 贷:国际贸易融资——进口押汇——××进口商(外币)
  应收利息——押汇应收利息(外币)

2. 出口押汇

出口押汇分为信用证项下出口押汇和托收项下出口押汇,是指出口商发运货物后,将全套出口单据提交商业银行,由银行买入单据并按票面金额扣除从出口押汇日起至预计收汇日的利息及有关手续费,将净额预先付给出口商,然后凭全套出口单据向进口商收回垫款本息的短期融资业务。

(1)承做出口押汇。出口商申请出口押汇时,需填制出口押汇申请书,并与商业银行签订出口押汇总质权书,明确双方的权利和义务。商业银行审核同意后,计算从出口押汇日起至预计收汇日止的利息,办理出口押汇手续。押汇天数为预计收回天数,近洋含中国港澳地区、韩国、日本、新加坡等一般为15天,远洋的国家和地区一般为20天。

计算公式为:出口押汇利息＝押汇金额×预计押汇天数×年利率÷360。

①支付原币时,会计分录为:

借:国际贸易融资——出口押汇——××出口商(本金)(外币)
　贷:利息收入——押汇利息收入(外币)
　　手续费及佣金收入——出口押汇手续费收入(外币)
　　单位活期存款——××出口商(外币)

②结汇后支付人民币时,会计分录为:

借:国际贸易融资——出口押汇——××出口商(本金)(外币)
　贷:利息收入——押汇利息收入(外币)
　　手续费及佣金收入——出口押汇手续费收入(外币)
　　外汇买卖(外币)
借:外汇买卖(人民币)
　贷:单位活期存款——××出口商(人民币)

(2)收回押汇本息。商业银行收到国外联行或账户行发来的已收妥货款的报文时,办理收回押汇本息手续。会计分录为:

借:存放境外同业(外币)
　贷:国际贸易融资——出口押汇——××出口商(外币)

【例8-16】 2019年7月15日,中国工商银行深圳分行收到南海进出口公司的出口押汇申请书及即期信用证项下全套单据,金额为GBP200 000。经审核材料无误,工商银行深圳分行同意做出口押汇,押汇天数为20天。当日,工商银行深圳分行按2.5%的利率扣收押汇利息和GBP200手续费后,将余额折合为人民币存入该公司人民币存款账户。假设实际押汇天数与预计押汇天数相同,当日英镑汇买价为GBP100＝CNY863.50。请编制工商银行深圳分行的相关会计分录。

解析: (1)2019年7月15日,承做出口押汇。

计算出口押汇利息为:GBP200 000×20×2.5%÷360＝GBP277.78。

会计分录为:

借:国际贸易融资——出口押汇——南海进出口公司(本金)　GBP200 000
　贷:利息收入——押汇利息收入　　　　　　　　　　　　　　GBP277.78
　　手续费及佣金收入——出口押汇手续费收入　　　　　　　　GBP200
　　外汇买卖　　　　　　　　　　　　　　　　　　　　　　　GBP199 522.22
借:外汇买卖　　　　　　　　　　　　　　　　　　　　　　　CNY1 722 874.37
　贷:单位活期存款——南海进出口公司　　　　　　　　　　　　CNY1 722 874.37

(2)2019 年 8 月 4 日,收回押汇本息。会计分录为:

  借:存放境外同业   GBP200 000
  贷:国际贸易融资——出口押汇——南海进出口公司(本金) GBP200 000

(二)打包放款业务的核算

打包放款(Packing Loan)是指商业银行以出口商提交的国外银行开立的信用证正本联为凭证,向出口商提供的一种装船前短期融资。打包贷款属于出口信用证项下的本币流动资金贷款,主要用于出口商购买或生产信用证项下出口商品,或支付装船等相关从属费用。打包放款在境内使用,发放人民币款项,以便企业备货。

与出口押汇相比,打包贷款属于交单前融资,存在出口商违约风险。发放打包贷款时,商业银行应对出口商的资信、贷款偿还能力及出口商品的备货情况认真审查,对信用证项下因货物未能出口而不能偿还的风险,须在借款合同中订立保证归还贷款的条款。

商业银行发放的打包贷款金额不得超过信用证总金额的等值本币;期限为自放款之日起至信用证项下货款收妥或办理出口押汇日止,一般为 3~6 个月,原则上不超过信用证有效期后 1 个月;利率按照本币同档次流动资金贷款利率执行。

1. 打包贷款的发放

出口商申请打包贷款时,需填制打包贷款申请书,连同贸易合同及国外银行开来的信用证正本等有关文件提交商业银行。商业银行审核同意后,与出口商签订打包贷款合同,根据信用证外币金额的一定比例和贷款发放日外汇买入价折合人民币确定发放的打包贷款金额,办理打包贷款发放手续。会计分录为:

  借:国际贸易融资——打包贷款——××出口商(人民币)
   贷:单位活期存款——××出口商(人民币)

2. 计提打包贷款利息

按日匡计打包贷款利息,在确认收入的同时实行价税分离,确认应交增值税的销项税额,会计分录为:

  借:应收利息——打包贷款应收利息(人民币)
   贷:利息收入——打包贷款利息收入(人民币)
    应交税费——应交增值税(销项税额)(人民币)

3. 收回打包贷款本息

在正常情况下,出口商应以信用证项下出口收汇款作为打包贷款的第一还款来源,也可直接以自有外汇偿还,或转作信用证项下出口押汇还款。

收回打包贷款本息时,商业银行应按规定计算利息,并补提上一计提日至收回打包贷款本息日的利息后,办理收回打包贷款本息手续。补提利息的会计分录与资负债表日计提利息的会计分录相同。商业银行收回打包贷款本息，区分不同情况进行处理。

(1)以信用证项下出口收汇款还款时，会计分录为：

借：存放境外同业（外币）
　　贷：外汇买卖（外币）
借：外汇买卖（人民币）
　　贷：国际贸易融资——打包贷款——××出口商（人民币）
　　　　应收利息——打包贷款应收利息（人民币）
　　　　单位活期存款——××出口商（人民币，还款后剩余金额）

(2)直接以自有外汇存款偿还时，会计分录为：

借：单位活期存款——××出口商（人民币）
　　贷：国际贸易融资——打包贷款——××出口商（人民币）
　　　　应收利息——打包贷款应收利息（人民币）

(3)转作信用证项下出口押汇还款时，会计分录为：

借：国际贸易融资——出口押汇——××出口商（外币）
　　贷：外汇买卖（外币）
借：外汇买卖（人民币）
　　贷：国际贸易融资——打包贷款——××出口商（人民币）
　　　　应收利息——打包贷款应收利息（人民币）
　　　　单位活期存款——××出口商（人民币，还款后剩余金额）

(三)福费廷业务的核算

1. 福费廷业务种类

福费廷业务是指银行从出口商或国内贸易卖方处，无追索权地买入因商品、服务或资产交易产生的未到期债权。通常，该债权已由金融机构承兑/承付/保付。福费廷业务按先收息方式下的贷款进行会计处理。

银行福费廷业务可接受的债权形式一般包括：信用证、汇票、本票、有付款保函/备用信用证担保的债权、投保出口信用险的债权、IFC（国际金融公司）等国际组织担保的债权及其他可接受的债权工具。福费廷业务可具体细分如下。

(1)远期信用证项下福费廷。它是指在远期议付、远期承兑或延期付款信用证项下，无追索权买入经开证行承兑/承付的远期应收款项。

(2)即期信用证项下福费廷。它是指在即期议付信用证项下，银行以定议付行或信用证为自由议付，在严格审单、确保单证一致情况下，应客户要求买断开证行应付款项。

(3)D/A银行保付项下福费廷。它是指在承兑交单(D/A)项下，我行应客户要求无追索权买入经银行保付的已承兑商业汇票。

(4)国内信用证项下福费廷。它是指在国内延期付款信用证和可议付延期付款信用证项下，我行在收到开证行真实、有效的到期付款确认后，从客户处无追索权买入未到期债权。

(5)信保项下福费廷(无追索权融信达)。它是指银行对已投保出口信用保险的出口贸易，凭客户提供的单据、投保出口信用保险的有关凭证、赔款转让协议等，向客户提供的无追索权买入未到期债权的业务。

(6)IFC等国际组织担保项下福费廷。指银行作为 IFC、ADB、EBRD、IDB 四家国际组织全球贸易融资项目协议参与方(保兑行身份)，凭国际组织担保，无追索权买入客户持有的未到期债权。

2. 福费廷业务的会计处理

福费廷业务为先收息贷款业务，在"国际贸易融资"或"国内贸易融资"一级科目下设置"福费廷"二级科目，核算和反映银行办理的福费廷业务，银行办理该项业务时，借记本科目，贷记有关科目。收回时，借记有关科目，贷记本科目，该科目为资产类科目，按业务申请人进行明细核算。

(1)办理时的会计分录为：

借：国际贸易融资——国际福费廷

或国内贸易融资——国内福费廷

贷：递延收入——递延国际业务收入

单位活期存款——申请人户

(2)按日匡息或按季计息的处理以及价税分离的处理同前，略。

(3)福费廷业务到期，收回相关票据或债权款项时，会计分录为：

借：存放中央银行准备金等科目

贷：国际贸易融资——国际福费廷

或国内贸易融资——国内福费廷

(4)到期如果没有收回相关票据或债权款项时，该笔福费廷业务转为逾期贷款，会计分录为：

借：逾期贷款——××单位

贷：国际贸易融资——国际福费廷

或国内贸易融资——国内福费廷

(四)外汇票据贴现业务的核算

外汇票据贴现业务与国内票据贴现业务会计核算基本相同，业务涉及票据贴现的处理、票据到期的回收等环节。外汇票据贴现以回购式贴现为主。参见第六章贷款与贴现业务核算的相关内容。这里不再赘述。

第五节 国际结算业务的核算

一、国际外汇结算的概念和分类

国际外汇结算业务是指不同国家(地区)的企业之间进行贸易进出口业务,通过银行办理货币收支,结清商品交易所引起的债权、债务关系的行为。外汇结算分为国际贸易结算和国际非贸易结算。

国际贸易结算是指通过外汇的收付对国际商品交易所引起的债权债务进行了结和清算的业务。国际贸易结算主要有信用证、托收和汇款三种结算方式。

国际非贸易结算是指通过外汇的收付对国际商品交易以外的经济、文化和政治交往活动,如劳务输出、国际旅游、技术转让、侨民汇款、出国留学及捐赠等发生的债权债务进行了结和清算的业务。国际非贸易结算主要有非贸易汇款、非贸易信用证、旅行支票、非贸易票据的买入与托收、信用卡等结算方式。

本章节重点介绍国际贸易结算中的信用证业务、托收业务、国际汇兑和外币旅行支票业务。

二、信用证业务的核算

(一)信用证的概念及处理流程

信用证(L/C)是开证银行根据申请人(进口商)的要求向受益人(出口商)开立的一定金额、在一定期限内凭议付行寄来规定的单据付款或承兑汇票的书面承诺,是银行有条件保证付款的凭证。信用证结算方式对出口商而言收汇更有保障,对进口商而言,由于货款的支付是以取得符合信用证规定的单据为条件,避免了预付货款所需承担的风险,在很大程度上解决了出口商和进口商双方在付款和交货问题上的矛盾,从而大大拓展了贸易的范围,促进了国际贸易的发展。

信用证是当前国际贸易中使用最为广泛的结算方式,包括申请、开证、通知、交单、垫付、寄单、偿付、通知付款和付款赎单等环节。

1. 进口商申请开证

进出口双方签订贸易合同(订明采用信用证结算方式)后,进口商向银行申请开立信用证。

2. 开证行开出信用证

银行审核同意后向受益人(出口商)开出信用证,并将信用证发送受益人所在地银行(通知行)。

3. 通知行通知信用证

通知行收到并核对无误后,将信用证通知或转递给受益人。

4. 受益人发货交单

受益人(出口商)接受信用证后,按规定装货,取得运输单据并备齐信用证所要求的其他单据,开出汇票,连同信用证正本等一并送交当地银行(议付行)。

5. 议付行审单付款

议付行审查单证无误后,付款买入受益人提交的单据。

6. 议付行寄单索汇

议付行将汇票和有关单据寄交开证行(或开证行指定的付款行),索取货款。

7. 开证行偿付款项

开证行(或开证行指定的付款行)审核单据无误后,即向议付行偿付款项。

8. 开证行通知付款

开证行通知进口商向银行付款赎单。

9. 进口商付款赎单提货

进口商付清款项赎回单据后,凭运输单据提货。

信用证结算作为国际贸易的结算方式,可以分为进口信用证业务和出口信用证业务。从外汇收付的角度来说,进口信用证结算是付汇,出口信用证结算是收汇。

(二)进口信用证业务的核算

进口信用证业务是指商业银行根据国内进口商的开证申请,向国外出口商开立信用证,凭国外银行寄来的信用证中规定的单据,按照信用证条款规定对国外出口商付款,并向国内进口商办理扣款的业务。进口信用证业务主要包括开立信用证、修改信用证和审单付款三个环节。

1. 开立信用证

进口商与国外出口商签订采用信用证结算方式的贸易合同后,填具开证申请书,连同贸易合同及有关批文、证明一并交商业银行申请开立信用证。银行审查同意后,根据申请人的资信情况收取开证保证金。会计分录为:

借:单位活期存款——××申请人(外币或人民币)
  贷:存入保证金——信用证保证金——××申请人(外币或人民币)

开证行以电信方式向通知行发送信用证信息,开立信用证后,并向申请人收取开证手续费。会计分录为:

借:单位活期存款——××申请人(人民币或等值外币)
  贷:手续费及佣金收入——信用证开证手续费收入(人民币或等值外币)

信用证的签发意味着开证行对外承担了第一性付款责任,在开证时需登记表外

科目。商业银行对表外科目可视情况采用单式(收、付)或复式(借、贷)记账,若采用单式(收、付)记账,则会计分录为:

收:开出信用证(外币)

若采用复式(借、贷)记账,则会计分录为:

借:应收开出信用证款项(外币)

贷:应付开出信用证款项(外币)

"应收开出信用证款项"和"应付开出信用证款项"互为对转科目,开证行接受开证申请人申请对外签发信用证后,通过这两个科目核算。其中,"应收开出信用证款项"为或有资产表外科目,反映开证行对开证申请人拥有的收取信用证款项的权利;"应付开出信用证款项"为或有负债表外科目,反映开证行对受益人承担了保证付款的责任。本节对表外科目采用复式记账法进行核算。

2. 修改信用证

进口商如需修改信用证,则应向银行提出申请。银行审查同意后,应及时将修改后的条款通知国外联行或代理行,转送出口商。如国外出口商要求修改原信用证,则经进口商同意后,也可进行修改。修改信用证增加或减少的金额,应进行"应收开出信用证款项"和"应付开出信用证款项"表外核算,并相应补收或退回开证保证金。同时,修改信用证时,还应按规定收取修改手续费。

3. 审单付款

开证行收到国外议付行寄来的信用证项下单据,与信用证条款进行核对,并通知进口商。经审单无误,办理付款或承兑,并对进口商办理扣款。若进口商以现汇付款,则会计分录为:

借:单位活期存款——××申请人(外币)

　　存入保证金——信用证保证金——××申请人(外币)

贷:存放境外同业(外币)

借:应付开出信用证款项(外币)

贷:应收开出信用证款项(外币)

若进口商以人民币购汇付款,则会计分录为:

借:单位活期存款——××申请人(人民币)

　　存入保证金——信用证保证金——××申请人(人民币)

贷:外汇买卖(人民币)

借:外汇买卖(外币)

贷:存放境外同业(外币)

借:应付开出信用证款项(外币)

贷:应收开出信用证款项(外币)

【例8-17】 大华国际贸易公司从欧洲进口一批体育设施,委托中国建设银行广东分行于2019年6月5日开出即期信用证,金额为欧元200 000。银行收取开证手续费人民币2 500。信用证由法国巴黎银行通知付款。7月12日,建设银行广东分行收到巴黎银行寄来单据,金额共计EUR201 000,其中,货款为EUR201 000,其他费用为EUR1 000,随即通知大华国际贸易公司。7月15日,大华国际贸易公司确认付款,建设银行广东分行当即从该公司人民币账户办理售汇付款,当日欧元汇卖价为EUR100=CNY760。请编制中国建设银行广东分行相关的会计分录。

解析:(1)6月5日开出信用证,会计分录为:

借:应收开出信用证款项　　　　　　　　　　　　EUR200 000
　　贷:应付开出信用证款项　　　　　　　　　　　EUR200 000

收取开证手续费,会计分录为:

借:单位活期存款——大华国际贸易公司　　　　　CNY2 500
　　贷:手续费及佣金收入——信用证开证手续费收入　CNY2 500

(2)7月15日承兑汇票到期付款,会计分录为:

大华国际贸易公司应付人民币金额EUR201 000×7.6=CNY1 527 600

借:单位活期存款——大华国际贸易公司　　　　　CNY1 527 600
　　贷:外汇买卖　　　　　　　　　　　　　　　　CNY1 527 600
借:外汇买卖　　　　　　　　　　　　　　　　　EUR 201 000
　　贷:存放境外同业——法国巴黎银行　　　　　　EUR201 000
借:应付开出信用证款项　　　　　　　　　　　　EUR200 000
　　贷:应收开出信用证款项　　　　　　　　　　　EUR200 000

(三)出口信用证业务的核算

出口信用证业务是指出口商根据国外进口商通过国外银行开来的信用证,按照其条款规定,将出口单据送交商业银行办理审单议付,商业银行在向国外银行收取外汇后,对出口商办理结汇的业务。出口信用证业务主要包括受证与通知、审单议付、收汇与结汇三个环节。

1. 受证与通知

商业银行(通知行)收到国外银行开来的信用证,应对开证银行的信用、进口商的偿还能力、保险条款等进行审查,并明确表示信用证能否接受与如何修改。经审查有关内容无误后,对表外科目进行记载。会计分录为:

收:国外开来保证凭信

以后若收到开证行的信用证修改通知书,要求修改金额,或信用证受益人因故申请将信用证金额的一部分或全部转往其他行时,则除按规定办理信用证修改和通知或转让手续外,其增减金额还应在表外科目"国外开来保证凭信"中核算。

2. 审单议付

商业银行(议付行)收到出口商提交办理议付的信用证和全套单据,按信用证条款认真审核,保证单证一致、单单一致。审核无误后,填制出口寄单议付通知书向国外银行寄单索汇。会计分录为:

　　借:应收信用证出口款项(外币)
　　　贷:代收信用证出口款项(外币)
　　付:国外开来保证凭信(外币)

同时,按议付单据金额向受益人收取议付手续费,会计分录为:

　　借:单位活期存款——××受益人(人民币或等值外币)
　　　贷:手续费及佣金收入——信用证议付手续费收入(人民币或等值外币)

3. 收汇与结汇

出口结汇是指银行在收妥出口货款外汇后,按当日挂牌汇率买入外汇,并折算相应的人民币支付给出口单位。

当商业银行(议付行)收到国外账户行已将票款收入商业银行账户的通知("已贷记")时,需区分不同情况进行处理。

(1)以原币转入出口商现汇账户时,会计分录为:

　　借:存放境外同业(外币)
　　　贷:手续费及佣金收入(外币)
　　　　 单位活期存款——××出口商(外币)
　　借:代收信用证出口款项(外币)
　　　贷:应收信用证出口款项(外币)

(2)通过结汇转入出口商人民币账户时,会计分录为:

　　借:存放境外同业(外币)
　　　贷:手续费及佣金收入(外币)
外汇买卖(外币)
　　借:外汇买卖(人民币)
　　　贷:单位活期存款——××出口商(人民币)
　　借:代收信用证出口款项(外币)
　　　贷:应收信用证出口款项(外币)

【例 8-18】 中国银行上海分行于某年度 9 月 2 日接到中国银行伦敦分行开来单到开证行付款的即期信用证一份,向上海兴隆儿童玩具有限公司购买一批儿童玩具,金额为 250 000 英镑。经核实后,上海分行立即将信用证通知兴隆玩具公司,并收取通知费人民币 300 元。10 月 8 日,兴隆玩具公司交来全套出口单据向中国银行上海分行办理议付。上海分行经审核单证相符,向中国银行伦敦分行寄单索汇,并按规定向兴隆玩具公司收取议付费人民币 2 000 元。10 月 20 日中国银行上海分行收到中国银行伦敦分行划来的款项,货款及银行费用共计 250 300 英镑,当天对兴隆公司办理人民币结汇,当日英镑汇买价为 GBP100=CNY976。请编制中国工商银行北京分行的相关会计分录。

解析: (1) 9 月 2 日收到并通知信用证,会计分录为:

收:国外开来保证凭信　　　　　　　　　　　　　　GBP250 000
借:单位活期存款——兴隆玩具公司　　　　　　　　CNY300
　贷:手续费及佣金收入——信用证通知手续费收入　CNY300

(2) 10 月 8 日审单议付,会计分录为:

借:应收信用证出口款项　　　　　　　　　　　　　GBP250 000
　贷:代收信用证出口款项　　　　　　　　　　　　GBP250 000
付:国外开来保证凭信　　　　　　　　　　　　　　GBP250 000
借:单位活期存款——兴隆玩具公司　　　　　　　　CNY2 000
　贷:手续费及佣金收入——信用证议付手续费收入　CNY2 000

(3) 10 月 20 日收妥结汇,会计分录为:

借:存放境外同业——中国银行伦敦分行　　　　　　GBP250 300
　贷:手续费及佣金收入　　　　　　　　　　　　　GBP300
　　外汇买卖　　　　　　　　　　　　　　　　　　GBP250 000
借:外汇买卖　　　　　　　　　　　　　　　　　　CNY2 440 000
　贷:单位活期存款——兴隆玩具公司　　　　　　　CNY2 440 000
借:代收信用证出口款项　　　　　　　　　　　　　GBP250 000
　贷:应收信用证出口款项　　　　　　　　　　　　GBP250 000

三、托收业务的核算

(一)托收业务的概念及分类

托收是指由债权人或收款人签发汇票或提供索汇凭据,委托银行通过其国外联行或代理行向付款人收取款项的一种结算方式。托收结算没有银行信用作担保,属于商业信用。无论是托收行还是代收行,都只按照委托人的指示办理业务,并不承担付款责任,也不过问单据本身的真伪。与信用证结算方式相比,托收结算手续简单,费用低廉;与除销方式相比,进口商只有承兑或付款后才能提货,特别是付款交单方式使出口商承担的风险较小;与预付货款方式相比,进口商采用托收结算较为安全。

托收按托收人不同可分为进口代收和出口托收两种情况。托收还可根据汇票是否附有成套货运单据分为光票托收和跟单托收两种方式,进出口业务托收一般都采用跟单托收方式。跟单托收按其货运单据和付款的交付是否同时进行,又分为付款交单和承兑交单两种交单方式。下面分别介绍进口代收和出口托收的会计处理。

(二)进口代收业务的核算

进口代收是指国外出口商根据贸易合同规定不必开立信用证,于货物发运后,通过国外银行寄送的全套单据和汇票后,委托国内银行代向进口商收取款项的结算方式。双方银行对进出口商均为委托代收,不承担付款责任。进口代收结算的处理主要包括收到进口代收单据和对外付款两个环节。

1. 收到国外寄来代收单据

国内银行收到国外委托行寄来的进口代收单据,代收行核对无误后,填制"进口代收单据通知书",附汇票和单据送交进口单位。同时,通过或有资产、或有负债科目明确权责关系,会计分录为:

借:应收进口代收款项(外币)
　　贷:应付进口代收款项(外币)

2. 进口单位确认付款

进口单位经审核进口单据同意承付,向银行提交承付确认书,办理对外付款。如远期汇票经进口单位承兑后,将以承兑汇票于到期日通知国外委托行,待到期日即付款,代收行即按有关规定办理付汇,会计分录为:

借:单位活期存款——进口单位(人民币)
　　贷:外汇买卖——汇卖价(人民币)
借:外汇买卖(外币)
　　贷:存放境外同业(外币)

同时,核销表外或有资产、或有负债科目,会计分录为:

借:应付进口代收款项(外币)
　　贷:应收进口代收款项(外币)

如果进口单位用现汇支付,则直接用外币支付。代收行应收的手续费,若由出口商承担,则可直接在货款中扣收;若由进口单位承担,则由代收行另行计收。如果进口单位不同意承付,应提出拒付理由,连同单据退回代收银行,由其转告国外委托行;如果进口单位提出部分拒付,则在征得国外委托行的同意后,按实际付款金额办理付款手续。

【例8-19】 西安某装备有限公司从美国进口一批航空铝材,某年5月10日该航空装备公司开户行中国工商银行西安分行接到美国花旗银行寄来的托收委托书及进口代收单据,采用付款交单方式,金额为USD500 000,经审核无误后,通知航空装备公司付款赎单。该航空装备公司于5月15日确认付款,中国工商银行西安分行当天为该航空装备公司办理售汇付款手续,并根据托收委托书的规定向该航空装备公司收取进口代收手续费CNY2 000,当日美元,汇卖价为USD100＝CNY687。请编制中国工商银行西安分行的相关会计分录。

解析: (1)5月10日收到进口代收单据,会计分录为:

借:应收进口代收款项　　　　　　　　　　　　USD500 000
　贷:应付进口代收款项　　　　　　　　　　　　USD500 000

(2)5月15日办理售汇付款,会计分录为:

借:单位活期存款——装备公司　　　　　　　　CNY3 437 000
　贷:手续费及佣金收入——进口代收手续费收入　CNY2 000
　　　外汇买卖 CNY3 435 000

借:外汇买卖　　　　　　　　　　　　　　　　USD500 000
　贷:存放境外同业——美国花旗银行　　　　　　USD500 000
借:应付进口代收款项　　　　　　　　　　　　USD500 000
　贷:应收进口代收款项　　　　　　　　　　　　USD500 000

(三)出口托收业务的核算

出口托收是出口单位根据买卖双方签订的贸易合同规定办理托收时,将全套出口单据和汇票交给开户银行,并由其委托国外银行向国外进口商收取款项的结算方式。出口托收的业务处理主要包括托收交单和托收结汇两个主要环节。

1. 托收交单

出口商根据贸易合同备妥单据填具"托收申请书",交银行要求办理托收。在托收申请书上应由申请人注明收款方式、交单条件和其他有关收款事项。银行审单后,填制"出口托收委托书",注明货款收妥后的处理办法,连同有关单据寄交境外代收行委托收款。

银行在寄出托收委托书及有关单据后,为表示代表物权的单据已经寄出,但货款尚未收妥时,应通过"出口托收款项"表外科目核算。发出托收时,会计分录为:

借:应收出口托收款项(外币)
　贷:代收出口托收款项(外币)

发出托收时,按规定向出口单位计收托收手续费和邮费,会计分录为:

借:单位活期存款——出口单位户(人民币)
　贷:手续费收入(人民币)
　　　营业费用——邮电费

2. 托收结汇

出口托收款项,一律实行托收结汇。托收行收到国外银行的划收报单或授权通知书后,对出口单位办理结汇手续。

首先,核销"出口托收款项"表外科目,会计分录为:

借:代收出口托收款项

贷:应收出口托收款项(外币)

若以原币入账时,会计分录为:

借:存放境外同业(外币)

贷:单位活期存款——出口单位户(外币)

若以人民币办理结汇时,通过"外汇买卖"科目,会计分录为:

借:存放境外同业(外币)

贷:外汇买卖(外币)

借:外汇买卖(人民币)

贷:单位活期存款——出口单位户(人民币)

出口托收若超过了正常托收期限仍未收妥款项,应及时联系催收。

四、国际汇兑业务的核算

国际汇兑业务是商业银行利用汇票和其他信用工具,通过联行或同业相互间款项的划拨代替现金的运送,使处在不同国家或地区的债权人和债务人了结其相互间债款的方法。国际汇兑的种类,按照使用结算工具分为电汇、信汇和票汇等,按照汇兑结算程序分为汇出汇款和汇入汇款。

(一)汇出汇款业务的核算

向国外汇出汇款业务是指我国外汇银行为汇出行,接受汇款人的委托,以电、信、票汇等方式,通过国外联行或国外代理行,将款项汇往国外给收款人,并按规定向汇款人收取汇款手续费及邮电费的业务。汇出汇款时,会计分录为:

借:单位活期存款××单位(人民币)

贷:外汇买卖——汇卖价(人民币)

手续费及佣金收入——手续费收入(人民币)

其他应收款——邮电费(人民币)

借:外汇买卖(外币)

贷:汇出汇款(外币)

如客户以原币汇出,则不通过"外汇买卖"科目核算。

汇出行收到国外汇入行解付汇款的通知,会计分录为:

  借:汇出汇款

   贷:存放境外同业

【例 8-20】 客户通过建设银行向香港某账户汇出 HKD30 000,按当日牌价 HKD1 000＝CNY876,客户交付人民币 26 280 元,另支付手续费 100 元,邮电费 30 元。请编制相应的会计分录。

解析: 建设银行编制的会计分录为:

借:现金	CNY26 410
贷:外汇买卖——汇卖价	CNY26 280
手续费及佣金收入——手续费收入	CNY100
其他应收款——邮电费	CNY30
借:外汇买卖	HKD30 000
贷:汇出汇款	HKD30 000

(二)国外汇入汇款业务的核算

国外汇入汇款业务是指我国外汇银行作为汇入行,接受我国港澳地区或国外银行的委托,代为解付电、信、票汇等方式的汇款。国外汇入汇款以"先收妥头寸,后解付"为原则。汇入时会计分录为:

  借:存放境外同业(外币)

   贷:汇入汇款(外币)

国外汇入汇款解付时,会计分录为:

  借:汇入汇款(外币)

   贷:单位活期存款——收款人户(外币)

五、外币旅行支票业务的核算

外币旅行支票是指境内银行代售的、由境外银行或专门金融机构印制、以发行机构作为最终付款人、以可自由兑换货币作为计价结算货币、有固定面额的票据。其作用是专供旅客购买和支付旅途费用,它与一般银行汇票、支票的不同之处在于旅行支票没有指定的付款地点和银行,一般也不受日期限制,能在全世界通用。目前,全球通行的旅行支票品种有运通(AMERICANEXPRESS)、VISA.MASTERCARD 以及通济隆(THOMASCOCK)。旅行支票也有不同票面,以美元支票为例,分为 20 元、50 元、100 元、500 元、1000 元。

(一)领回旅行支票的核算

因为旅行支票可以替代现金使用,所以应妥善保管。银行收到旅行支票时,应视同现金入库保管,并登记"重要空白凭证"表外科目,按委托行、货币面额设立分户明细账。会计分录为:

收:有价证券——旅行支票(外币)

(二)代售旅行支票的核算

客户来银行购买旅行支票,应填写一式五联旅行支票购买协议书。根据购买人的付款方式,若为支付相同币种的,则按票面金额×(1+1‰手续费率)收取款项;若为支付不同币种的,则按票面金额×(1+1‰手续费率)×相应汇率,计算出应收金额。出售旅行支票的账务处理如下。

1. 以经国家外汇管理局批准的审批件办理人民币购买旅行支票

会计分录为:

借:现金(或个人存款)(人民币)
　　贷:外汇买卖——非贸易外汇结售(人民币)
借:外汇买卖——非贸易外汇结售(外币)
　　贷:手续费及佣金收入——手续费收入(代售旅支收入)(外币)
　　　　代理业务资金——旅行支票公司(外币)
付:有价证券——旅行支票(外币)

2. 以同币种外币现汇购买

会计分录为:

借:现金(或个人存款)(外币)
　　贷:手续费及佣金收入——手续费收入(代售旅支收入)(外币)
　　　　代理业务资金——旅行支票公司(外币)
付:重要空白凭证——旅行支票(外币)

3. 以不同外币现汇购买

会计分录为:

借:现金(或个人存款)(支付外币)
　　贷:外汇买卖(支付外币)
借:外汇买卖——汇买价(人民币)
　　贷:外汇买卖——汇卖价(人民币)
借:外汇买卖(票面外币)
　　贷:手续费及佣金收入——手续费收入(代售旅支收入)(外币)
　　　　代理业务资金——旅行支票公司(外币)

(三)划缴代售旅行支票款的处理

划缴代售旅行支票款时,会计分录为:

借:代理业务资金——旅行支票公司(票面外币)
  贷:存放境外同业(票面外币)
付:有价证券——旅行支票(票面外币)

(四)兑付旅行支票的核算

持票人若需要向银行办理旅行支票的兑现,应将旅行支票及本人有效证件提交柜员办理,并填写外币兑换水单。银行按旅行支票面额的一定比例扣收手续费,并计算出应付款项,根据持票人的兑付款方式进行会计处理。

兑付旅行支票通过"买入外币票据"科目核算,收到旅行支票时,借记本科目,贷记"单位活期存款"(或"现金")、"手续费收入"等科目;卖出票据收到票据款项时,借记"存放境外同业款项"等科目,贷记本科目。

1. 兑付人民币

会计分录为:

借:买入外币票据(票面币种)
  贷:手续费及佣金收入——手续费收入(代售旅支收入)(票面币种)
    外汇买卖——非贸易结售汇(票面币种)
借:外汇买卖——非贸易结售汇(人民币)
  贷:现金(或单位活期存款)(人民币)

2. 兑付原币

会计分录为:

借:买入外币票据(票面币种)
  贷:手续费及佣金收入——手续费收入(代售旅支收入)(票面币种)
    现金(或单位活期存款)(票面币种)

3. 兑付另一种外币

需进行套汇,会计分录为:

借:买入外币票据(票面币种)
  贷:手续费及佣金收入——手续费收入(代售旅支收入)(票面币种)
    外汇买卖(票面币种)
借:外汇买卖——汇买价(人民币)
  贷:外汇买卖——汇卖价(人民币)
借:外汇买卖(兑付币种)
  贷:现金(或单位活期存款)(兑付币种)

4. 旅行支票公司划来款项

会计分录为：

借：存放境外同业(票面币种)

贷：买入外币票据(票面币种)

思考与练习

一、思考题

1. 简述外汇的概念，常见的外汇资产有哪些？
2. 比较外汇统账制和分账制的异同。
3. 简述外汇存款的种类及相关会计处理方法。
4. 简述信用证结算业务的主要分类、业务流程及该业务的优缺点。
5. 简述外汇存款的种类及其包括的内容。
6. 简要介绍外汇贷款业务的概念及常用分类。
7. 请简述国际外汇结算业务的含义及常用分类。
8. 介绍买方信贷外汇贷款业务的内涵及主要业务流程
9. 什么是银行结售汇头寸平补交易？简述其主要会计处理。
10. 简述外汇托收业务的概念和主要分类。

二、选择题

1. 根据贸易合同的规定，在货物发运后，出口商委托银行向国外进口商收取货款为(　　)业务。

    A. 进口托收　　B. 进口代收　　C. 出口代收　　D. 出口托收

2. 以下不属于外汇分账制的内容是(　　)？

    A. 人民币和外币分账核算

    B. 记账外汇与现汇分账

    C. 买入或卖出外汇时使用"外汇买卖"科目核算

    D. 记账汇率与账面汇率分账

3. 下列贸易结算方式中，目前我国进出口贸易以(　　)为主？

    A. 期货交易　　B. 现汇结算　　C. 记账结算　　D. 远期汇票

4. 我国银行外汇业务所采用的专门核算方法是(　　)。

    A. 外汇分账制　　B. 外汇统账制　　C. 两者兼用　　D. 以上都不是

5. 汇出国外汇款的方式不包括(　　)。

    A. 电汇　　B. 信汇　　C. 票汇　　D. 旅行信用证

6. 在国际金融市场上,可以自由买卖、自由兑换的外汇是(　　)。
 　A. 期汇　　　　B. 现汇　　　　C. 票汇　　　　D. 记账外汇

7. 下列哪项业务不属于我国商业银行的联行外汇业务?(　　)
 　A. 全国联行外汇往来　　　　B. 港澳地区及国外联行往来
 　C. 国外代理行往来　　　　　D. 分行辖内往来

8. 接受汇款人委托,汇出款项的银行称为(　　)。
 　A. 汇出行　　　B. 汇入行　　　C. 提入行　　　D. 提出行

9. 我国商业银行的外汇存、贷款的利息,以(　　)币种。
 　A. 人民币　　　　　　　　　B. 原币
 　C. 当日结汇价折算人民币　　D. 美元

10. 按照我国外汇管理条例规定,外汇资产不包括(　　)。
 　A. 外国货币　　B. 外币有价证券　C. 外币支付凭证　D. 记账本位币

三、业务分录题

1. 张华要求从其港元现汇存款账户中支取人民币现金 20 000 元,中国工商银行某支行办理付款手续,假定当日港元汇买价为 HKD100＝CNY85.45。请写出银行开展该笔业务的会计分录。

2. 某年 5 月 18 日,信创国际商贸公司向开户银行中国银行某支行申请 100 万美元贷款,期限半年,贷款直接转入其外汇活期存款账户,11 月 18 日贷款到期后从该存款账户偿还本息。该笔贷款采用 1 个月浮动利率,利息按季结计并转入贷款本金。美元 1 个月浮动利率如下:4 月 8 日为 2.235%,5 月 15 日变为 2.355%,6 月 20 日变为 2.152%,8 月 2 日变为 2.581%,10 月 25 日变为 2.387%,12 月 9 日变为 2.435%。请写出银行对该笔外汇贷款业务的账务处理。

3. 兴业银行上海分行于某年 4 月 1 日吸收一笔丙种外币定期存款(港汇户)金额为 6 万元港币,期限一年,存入日一年期利率为 0.7%。

(1)当年 11 月 4 日提前支取 5 万元港币,余下本息存入丙种港币活期存款,支取日港币活期存款年利率为 0.2%。

(2)第二年 2 月 1 日提前支取,要求将本息汇往我国香港地区,支取日港币活期存款年利率为 0.2%。

(3)第二年 4 月 10 日支取全部本息,以港币现金支付,支取日活期存款年利率为 0.2%。

要求:分别计算以上各笔业务的应付利息并编制支取的会计分录。

4. 某年 3 月 12 日,四海纺织厂向中国银行杭州分行申请开立不可撤销即期信用证,金额为 USD3 000 000,向美国 MTG 公司进口机械设备。中国银行杭州分行从四海纺织厂的美元现汇账户收取开证金额 20% 的保证金后,向美国 MTG 公司开出信用证,规定支付方式为"国外审单主动借记付款",同时收取开证手续费 USD3 000。信用证开出后委托美国花旗银行通知出口商 MTG 公司。4 月 18 日,美国花旗银行议付单据后,加收银行费用 USD2 700,向中国银行杭州分行索汇。4 月 25 日,中国银行杭州分行收到美国花旗银行寄来的全套单据,即从四海纺织厂美元现汇账户办理扣款,并扣收垫款利息 USD1 800,同时退还开证保证金。要求:编制中国银行杭州分行在上述信用证业务中的会计分录。

5. 某年 9 月 3 日,招商银行广州分行接到英国汇丰银行寄来的托收委托书及进口代收单据,系本行开户单位广州通达电子音像公司从伦敦进口一批电子元器件,采用付款交单方式,金额为 EUR500 000。招商银行广州分行审核无误后,通知通达电子音像公司付款赎单。通达电子音像公司于 9 月 8 日确认付款,招商银行广州分行当天为该公司办理售汇付款手续,并收取进口代收手续费 CNY2 600,当日澳大利亚元汇卖价为 EUR100=CNY782.350。要求:编制招商银行广州分行在上述业务中的会计分录。

第九章
商业银行财务管理与核算

> **学习目标**
>
> 1. 了解商业银行财务管理的内容。
> 2. 掌握商业银行固定资产的会计核算方法。
> 3. 了解所有者权益的概念、来源及构成。
> 4. 掌握商业银行收入、成本费用的内容和会计核算,了解银行营改增的做法。
> 5. 掌握商业银行利润的组成和会计核算,熟悉利润分配的核算方法。

第一节 概 述

一、商业银行财务管理的内涵

商业银行财务是指商业银行在经营货币信用业务过程中各项业务收支和经营成果的综合表现,它贯穿于商业银行经营过程中的资金运行、成本耗费、财务成果及分配等各项活动中。与一般实体企业不同,商业银行主要经营管理货币资金、办理信用业务,诸如吸收存款、发放贷款、支付结算等,商业银行的正常运营需要具备一定的货币和物质条件,在运营过程中也会产生各种成本费用和收益,而这些资金运动产生的各项收支便构成了商业银行财务活动的内容。

财务管理是根据外部经营环境和自身业务发展的需要,对经营过程中的财务活动进行组织、监督和控制,从而实现一系列管理目标。商业银行财务管理则是对货币信用业务经营过程进行有计划的调节和控制,并处理各种财务关系,它贯穿于银行业务活动的全过程,是商业银行经营管理的综合反映。其内容包括资本金管理、资产管理、负债管理、财务收支管理、利润管理、财务计划和财务分析等。

二、商业银行财务管理的作用

(一)反映准确真实信息,提供宏观调控依据

银行通过对资金运营和财务收支进行会计核算,能够反映出各类资金的结构变化和不同部门的经营效果;通过开展财务分析,可以对未来的财务活动及其结果作出合理预测。由于商业银行机构的特殊性,其财务核算也能够为社会提供社会资金融通总量等宏观经济信息,有利于企业作出经营决策和调整发展方向,同时为国家对不同行业的管理和宏观调控提供可靠的依据。

(二)监督控制资金运营,提高银行经营效益

财务管理是银行提高经营收益的一种重要手段,在业务经营过程中对各类信贷资金的运营进行监督和管理,增加高收益产品的投入,减少低价值业务的成本资源消耗,不断降低负债成本和资产风险,通过强化资金营运管理,达到提高银行经营效益的目的。同时,银行通过财务管理可以对自身财产进行有效管控,充分发挥资产的效能,并对各项费用支出进行控制,更好地实施发展计划,完成各项经营目标。

(三)优化资源配置,确保银行均衡稳步发展

财务管理能够帮助银行科学精准地管理资金:一方面,银行通过行内业务系统的升级,能够精确匡算每日的各项财务收支指标,及时发现和分析问题,并提出相应的改进措施,优化银行资源配置,最终实现发展目标;另一方面,银行通过利润分配和再分配,平衡各方面的利益关系,缩小不同部门和区域的差异,逐步调整完善银行的财务规划和投融资结构,确保银行均衡稳步发展。

三、商业银行财务管理的目标任务

商业银行财务管理的目标任务是通过各项财务收支的核算、分析、控制和考核等工作,依法合理筹集资金,充分利用各种资源,提升银行经济效益。财务管理目标决定了财务运行的基本方向,具体来说,主要表现在以下几个方面。

第一,以效益为中心,提高盈利能力。商业银行是盈利性金融机构,其经营的目标是实现利润最大化,利润的多少反映出银行的竞争力,也决定了银行的生存和发展。因此,提升盈利能力是银行财务管理的首要任务,银行通过财务管理合理筹集资金,满足业务发展需要,不断提升资金运用效果,提高银行经营效益。

第二,实施财务监督,保证银行经营合法合规进行。商业银行财务管理具有财务监督职能,银行通过财务管理逐步健全自我约束机制,以确保资金运营和各项业务开

展都在法律法规约束的范围内进行。银行通过财务管理及时发现并解决经营过程中出现的问题,逐步优化业务操作和经营管理流程,并通过修订完善财务管理制度,规范财务行为,强化经营约束。

第三,合理分配利润,正确处理各方利益关系。银行财务管理具有财务分配的职能,其经营过程中的资金活动以及所产生的经济关系,都需通过财务分配的手段进行处理,经营成果如何分配关系到银行的均衡发展。银行通过财务管理合理分配利润,逐步健全内部激励机制,平衡好各方经济关系,从而激发员工工作积极性和创造性,实现自身生产力的提升,达到更高的发展目标。

第四,核算反映银行经营状况,确保经营决策的质量和实现经营目标。商业银行财务管理的基本职能就是核算反映、监督控制,银行通过各项财务指标的计算和分析,对经营活动及其成果进行监控,并据此作出经营预测,拟定发展战略,以确保经营决策的正确性,实现自身经营目标。

本章重点讲解固定资产与无形资产、所有权益、收入、成本费用、利润和利润分配的相关内容和会计核算,是财务核算的内容,由银行的财务部负责。银行的财务核算与银行业务核算工作分属两个部门,财务核算由财务部负责,业务核算由会计运营部负责。

第二节 固定资产与无形资产的核算

一、固定资产与无形资产概述

(一)固定资产概述

1. 固定资产的内涵

固定资产是指使用寿命超过一个会计年度,为生产商品、提供劳务、出租或经营管理而持有的有形资产,比如房屋、机器、机械、运输工具等。

从上面的定义可以看出,银行持有固定资产是以生产商品、提供劳务、出租或经营管理为目的,而不是为了对外出售。同时,固定资产的使用期限较长,通常能在一年以上的时间里为银行创造经济利益。固定资产在确认时,还应满足以下条件:与该资产有关的经济利益可能流入银行,且该资产的成本能够可靠地计量。不满足以上规定条件的其他工具和器具,作为低值易耗品进行核算。

2. 固定资产的分类

银行固定资产种类繁多,根据不同的管理需要和核算要求,可以对固定资产进行以下不同的分类。

(1)按照经济用途分类,固定资产可以划分为生产经营用固定资产和非生产经营用固定资产。其中,生产经营用固定资产是指直接参与银行经营活动的各种固定资产,包括银行经营所需的房屋、机器、设备、器具等;非生产经营用固定资产是指不直接服务于银行经营过程的各类固定资产,包括职工宿舍、设备和其他属于固定资产的用具等。

(2)按照使用情况分类,固定资产可以划分为使用中的固定资产、未使用的固定资产、租出的固定资产、不需用的固定资产和封存的固定资产等类型。其中,使用中的固定资产是指正在银行经营过程中使用的固定资产;未使用的固定资产是指因新增、进行改建等原因还未使用或停止使用的固定资产;租出的固定资产是指出租给其他单位的固定资产;不需用的固定资产是指与银行的经营活动无关而不需要的固定资产;封存的固定资产是指根据有关管理部门规定而封存不能投入使用的固定资产。

(3)按照所有权分类,银行固定资产可以划分为自有固定资产和租入固定资产两类。其中,自有固定资产是指所有权属于银行的固定资产;租入固定资产是指银行以融资租赁方式租入的固定资产,根据实质重于形式原则,该类资产在租赁期内视同银行自有固定资产进行管理。

(二)无形资产概述

1. 无形资产的内涵及分类

(1)无形资产的内涵。无形资产是相对于有形固定资产的概念,它是指银行拥有或控制的没有实物形态的可辨认非货币性资产。无形资产通常具有以下特征:没有实物形态,具有可辨认性,不具有流动性,属于非货币性资产,在创造经济利益方面具有较大的不确定性等。

银行的无形资产通常包括专利权、非专利技术、著作权、土地使用权、商誉等。其中,专利权属于知识产权的一种,是指国家相关部门根据发明人或设计人的申请,依法授予其制造、出售和使用某一产品或技术的排他性权利。非专利技术是指不为外界所知的、在生产活动中已采用了的、不享有法律保护的各种技术和经验。著作权又称为"版权",是指对创造文学、科学和艺术作品的作者,依法保证其制作和发行等专有权利。土地使用权是指国家准许某些企业或经营者在契约期限内依法对土地享有开发、利用、经营的权利。商誉是指银行在多年经营的过程中,由于资金实力强、企业管理水平高、经济效益好等因素而在社会上形成了较高的信誉,它是能够在未来期间为银行经营带来超额利润的潜在经济价值。

(2)无形资产的分类。根据不同的分类标准可将无形资产划分为不同类型,具体分类方式如下。

一是按照获取方式的不同来划分,分为外部获取无形资产和内部自创无形资产。外部获取无形资产是指通过外购、非货币性资产交换、投资者投入、接受捐赠等方式获取的无形资产;内部自创无形资产是指企业自行研究与开发获取的无形资产。

二是按照有无法定期限来划分,分为有限期无形资产和无限期无形资产。有限期无形资产是指法律规定了其有效期限,如土地使用权、著作权等;无限期无形资产是指法律未规定其有效期限,如非专利技术、商誉等。

三是按照是否受法律保护来划分,分为法定无形资产和收益无形资产。法定无形资产是指法律规定银行具有该无形资产的独占权,如专利权、商标权等;收益无形资产是指能给银行带来经济利益,且可以转让,但不依靠法律维持其独占权,如非专利技术等。

四是按照能否与企业分离来划分,分为可分离无形资产和不可分离无形资产。可分离无形资产是指该无形资产能够与银行分开,单独转让给其他单位,如专利权、非专利技术等;不可分离无形资产是指不能与银行分离、无法单独转让的无形资产,如商誉等。

2. 无形资产的计价

银行的无形资产应当按照获取时的实际成本计价。具体而言,若是投资者投入的无形资产,则按照第三方评估机构确认的价值计算,或者以投资合同和协议约定的价值作为实际成本;若为银行购入的无形资产,则按实际支付的价格计价。若为接受捐赠的无形资产,则按所附单据票证计价,无单据票证的按照同类无形资产的市场价格计价;若为银行自行开发研制且取得法律认可的无形资产,则按照开发研制过程中发生的注册费、聘请律师费等实际支出进行计价,并根据相关规定,把开发研制过程中发生的各种费用分别计入企业成本或无形资产成本。

3. 无形资产的摊销方法

无形资产能够在较长的期限内给银行带来收益,银行应当从获取无形资产之日起开始对其进行摊销。无形资产摊销通常使用直线法,即在预计使用年限内分期平均摊销,摊销公式如下:

每期摊销金额=无形资产实际成本÷摊销期限

对于摊销期限的确定主要分为以下几种情况:其一,如果法律规定了有效使用期限,合同也规定了受益年限,则摊销期应为两者中年限的较短者;其二,如果法律规定了有效使用期限,合同没有规定受益年限,则摊销期应按照法律规定的有效年限确定;其三,如果法律没有规定有效使用期限,合同规定了受益年限,则摊销期以合同规定的受益年限为准;其四,如果合同没有规定受益年限,法律也没有规定有效年限的,则摊销期一般不应超过 10 年。

二、固定资产的核算

(一)固定资产增加的核算

银行获取固定资产时,应按获取时的实际成本入账。其中,成本包括购买时的价格、运输费、包装费、装卸费和相关税费等。通常情况下,银行获取固定资产的方式主要有外购、自行建造、投资者投入、融资租入、接受捐赠、盘盈和无偿调入等,下面将对上述各种情况的会计核算进行具体介绍。

1. 购入固定资产

在银行财务核算过程中,设置"本行经费存款"科目反映财务经费情况,当银行发生购入固定资产等相关经费支出时,使用该科目进行核算。银行购入的固定资产分为不需安装和需要安装两种情况,其会计核算存在略微差异。具体而言,当银行购入不需安装的固定资产时,可直接按照实际支付的购买价格和相关费用进行计价,作为固定资产成本,会计分录为:

借:固定资产
　　贷:本行经费存款

【例 9-1】 中国建设银行某支行于 2022 年 11 月 2 日购入一台不需要安装即可投入使用的设备,购买设备的发票上注明设备价款为 40 000 元,增值税税额为 5 200 元(假定不允许抵扣),购买设备时另外支付运输费 400 元,包装费 350 元。要求:编制银行购买固定资产的会计分录。

解析: 银行购买固定资产的实际成本包括购置价款、增值税、运输费和包装费,共计 40 000+5 200+400+350=45 950(元),该固定资产不需要安装即可投入使用。因此,购买该固定资产的会计分录为:

借:固定资产　　　　　　　　　　　　　　　　　　　45 950
　　贷:本行经费存款　　　　　　　　　　　　　　　　45 950

当银行购入需要安装的固定资产时,应把购入固定资产时的实际价格和安装调试费用等作为固定资产的成本,先通过"在建工程"科目核算,当固定资产安装完毕投入使用时,再从"在建工程"科目转入"固定资产"科目核算,具体处理流程如下。

当购入固定资产时,按照实际支付的价格、运输费、装卸费和相关税费等进行核算,会计分录为:

借:在建工程
　　贷:本行经费存款

当支付安装、调试等费用时,会计分录为:

借:在建工程
　　贷:本行经费存款

当固定资产安装完毕,可以投入使用时,会计分录为:

借:固定资产

贷:在建工程

【例 9-2】 中国建设银行某支行于 2022 年 12 月 1 日购入一台需要安装的设备,购买设备的发票上注明设备价款为 100 000 元,增值税税额为 13 000 元(假定不允许抵扣),购买设备时另外支付运输费 8 000 元,安装费 20 000 元。要求:编制银行购买固定资产的会计分录。

解析: 银行购买的固定资产需要安装后才能投入使用,购买时的实际成本包括设备价款、增值税和运输费,合计 100 000＋13 000＋8 000＝121 000(元),因此,购入固定资产时的会计分录为:

借:在建工程	121 000
贷:本行经费存款	121 000

支付安装费用时的会计分录为:

借:在建工程	20 000
贷:本行经费存款	20 000

固定资产设备安装调试完毕后投入使用,最终确定的固定资产成本合计 121 000＋20 000＝141 000(元),会计分录为:

借:固定资产	141 000
贷:在建工程	141 000

2. 自行建造固定资产

银行自行建造的固定资产,应当按照建造该资产达到预定使用状态前所发生的必要支出,作为固定资产的实际成本入账。在自建时,应先使用"在建工程"科目进行核算,待固定资产自建完毕可投入使用时,再从"在建科目"转为"固定资产"科目,具体的核算流程如下。

当固定资产在建造阶段时发生各项开支,会计分录为:

借:在建工程

贷:本行经费存款

　　工程物资

　　应付职工薪酬

　　应付账款等

当固定资产工程达到预定可使用状态,验收后交付使用时,会计分录为:

借:固定资产

贷:在建工程

3. 投资者投入固定资产

银行接受固定资产投资，一般按照合同或协议确认的价值加上应支付的相关税费作为固定资产的入账价值。按照确认的价值在其注册资本中所占的份额，确认为实收资本或股本，若两者存在差额，则按照确认的价值与实收资本或股本的差额，确认为资本公积。按照应当支付的费用，确认为本行经费存款或应交税费。会计分录为：

借：固定资产
　贷：实收资本（或股本）
　　　资本公积
　　　本行经费存款
　　　应交税费

4. 融资租入固定资产

银行融资租赁固定资产时，一般会按照最低租赁付款额作为固定资产的入账价值，会计分录为：

借：固定资产——融资租入固定资产
　贷：长期应付款

当固定资产租赁期满时，银行若作价买入，核算的会计分录为：

借：固定资产
　贷：固定资产——融资租入固定资产
借：长期应付款
　贷：本行经费存款

5. 接受捐赠的固定资产

银行接受捐赠的固定资产，一般按照捐赠方所提供的凭据上标明的金额加上相关税费作为入账价值。若捐赠方没有提供相关凭据，则按照同类固定资产市场的市场价格估计其价值，然后加上相关税费进行入账。会计分录为：

借：固定资产
　贷：资本公积

6. 盘盈的固定资产

银行应当定期对固定资产进行盘点，对于盘盈、盘亏或毁损的固定资产，应当查明原因，并写出书面报告向相关管理机构上报批准。盘盈的固定资产在计价时，通常按照同类资产市场的市场价格，减去该项固定资产估计价值损耗后的余额进行入账。盘盈的固定资产，计入银行当期的营业外收入，会计分录为：

借：固定资产
　贷：营业外收入

(二)固定资产折旧的核算

1. 固定资产折旧概述

固定资产折旧是指在固定资产的使用寿命内,按照确定的方法对应计折旧额进行系统分摊。商业银行应当根据固定资产的性质和使用情况,合理确定其使用寿命和预计净残值。若银行已对固定资产计提减值准备,则应当扣除已计提减值准备的累计金额。固定资产的使用寿命等信息确定后,不能随意变更。

银行在计算固定资产折旧时,通常需要考虑影响固定资产计提折旧的影响因素,包括固定资产的原价、预计净残值、固定资产减值准备、固定资产的使用寿命等。除了已提足折旧仍在继续使用的固定资产、单独计价作为固定资产入账的土地等特殊情况,商业银行应当对所有固定资产计提折旧,包括房屋和建筑物、各种设备、以经营租赁方式租出的固定资产等。固定资产提足折旧以后,不论是否继续使用,均不再计提折旧;提前报废的固定资产,也不再补提折旧。

2. 固定资产折旧方法

银行应当根据不同固定资产的性质,合理地选择固定资产折旧方法,折旧方法一经确定,不能随意变更,如要变更的,应当在财务会计报表附注中予以说明。常见的固定资产折旧方法主要包括年限平均法、工作量法、年数总和法、双倍余额递减法等。下面将对各种方法分别进行介绍。

(1)年限平均法。该方法又被称为"直线法",它是指将固定资产的可折旧金额平均分摊到预计使用年限内的一种方法。该方法假定固定资产可折旧金额根据使用年限均匀损耗。其计算公式如下:

年折旧率=(1-预计净残值率)/预计使用年限×100%

月折旧率=年折旧率/12

月折旧额=固定资产原值×月折旧率

(2)工作量法。该方法是根据某项固定资产完成的工作量来计算折旧的一种方法,适用于损耗程度与完成工作量成正比关系的固定资产,或在使用年限内不是均衡消耗的固定资产。其计算公式如下:

单位工作量折旧额=(固定资产原值-预计净残值)/预计总工作量

月折旧额=当月工作量×单位工作量折旧额

(3)年数总和法。该方法是一种加速折旧方法,它是指将固定资产的原值减去预计净残值后的净额,乘以一个逐年递减的分数来计算每年折旧额的一种方法。其中,这个逐年递减的分数即为年折旧率,分子是固定资产尚可使用的年限,分母是固定资产预计使用年限总和。其计算公式如下:

年折旧率＝尚可使用年限/预计使年限总和×100％

月折旧率＝年折旧率/12

月折旧额＝(固定资产原值－预计净残值)×月折旧率

(4)双倍余额递减法。该方法也是一种加速折旧方法,它是指不考虑固定资产的预计净残值,按照每期期初固定资产原值减去累计折旧后得到的账面净值和双倍的直线法折旧率计算固定资产折旧的一种方法。其计算公式如下：

年折旧率＝2/预计使用年限×100％

月折旧率＝年折旧率/12

月折旧额＝每月月初固定资产账面净值×月折旧率

3. 固定资产折旧的账务处理

银行的固定资产一般按月计提折旧,使用"累计折旧"科目进行核算,并将计提的折旧纳入当期损益。计提固定资产折旧的会计分录为：

借:业务及管理费
　　贷:累计折旧

【例9-3】 中国建设银行有一间厂房,该厂房的原价为400万元,预计可使用年限为30年,预计报废时的净残值率为2％,假定按照年限平均法计提折旧,请计算该厂房的月折旧额大小,并编制计提折旧的会计分录。

解析:根据年限平均法计提折旧,将该厂房的应计折旧额均衡地分摊到预计使用年限内。该厂房的月折旧额计算如下：

年折旧率＝(1－预计净残值率)/预计使用年限×100％
　　　　＝(1－2％)/30×100％＝3.27％

月折旧率＝年折旧率/12＝3.27％/12＝0.27％

月折旧额＝固定资产原值×月折旧率＝4 000 000×0.27％＝10 800(元)

银行每月计提折旧的会计分录为：

借:业务及管理费　　　　　　　　　　　　　　　　10 800
　　贷:累计折旧　　　　　　　　　　　　　　　　　10 800

(三)固定资产减少的核算

固定资产的减少是指由于盘亏、出售、报废、损毁等原因转出固定资产。下面将重点从盘亏固定资产和固定资产清理两个方面介绍商业银行的会计核算。

1. 固定资产盘亏

银行盘亏的固定资产,在减去保险公司或过失人应付的赔偿和残料价值之后,应当计入当期营业外支出。在报经批准之前,会计分录为：

借：待处理财产损溢(账面价值)
　　累计折旧(已计提折旧)
　　固定资产减值准备(已计提的减值准备)
　贷：固定资产(账面原价)

报经批准后，银行处理的会计分录为：
借：营业外支出
　贷：待处理财产损溢

2. 固定资产清理

由于出售、报废或损毁等原因而发生的固定资产清理损益，应当计入银行当期的营业外收支。不同情形的会计处理如下。

(1)转入固定资产清理时，会计分录为：
借：固定资产清理(固定资产账面价值)
　　累计折旧(已计提折旧)
　　固定资产减值准备(已计提的减值准备)
　贷：固定资产(固定资产原值)

(2)发生清理费用和应交税费时，会计分录为：
借：固定资产清理
　贷：现金(或银行存款)
　　　应交税费

(3)收到固定资产的出售价款或残料变价收入时，会计分录为：
借：现金(或银行存款)
　贷：固定资产清理

(4)应收由保险公司或过失人赔偿的损失时，会计分录为：
借：其他应收款
　贷：固定资产清理

(5)收到保险公司或过失人赔偿款时，会计分录为：
借：现金(或银行存款)
　贷：其他应付款

(6)固定资产清理后获得净收益或净损失，若为净收益，则会计分录为：
借：固定资产清理
　贷：营业外收入——处置固定资产净收益

若为净损失，则会计分录为：
借：营业外支出——处理固定资产净损失
　贷：固定资产清理

(四)固定资产减值的核算

银行应当在期末或每年年末对固定资产进行检查,当发生固定资产减值时,须按规定计提固定资产减值准备。比如,长期闲置不用的资产、由于技术更新被替换的资产等,其可收回金额低于账面价值,银行应当将固定资产的账面价值减记至可收回金额,将该部分差额确认为减值损失,计入当期损益。需要注意的是,由于固定资产减值后,价值回升的机会很小,且为了防止人为的资产重估增值,固定资产减值一经确认,在以后的会计期间不得转回。

银行计提固定资产减值准备时,会计分录为:

  借:资产减值损失——计提的固定资产减值准备
   贷:固定资产减值准备

三、无形资产的核算

(一)无形资产增加的核算

银行获取无形资产主要通过购入、其他单位投资转入、接受捐赠、自行开发等渠道。当银行购入无形资产时,应按照实际成本确认无形资产的价值,编制相关记账凭证,登记会计账簿,会计分录为:

  借:无形资产
   贷:本行经费存款(或现金)

当银行接受其他单位投资转入的无形资产时,应当按照评估确认的价值入账,会计分录为:

  借:无形资产
   贷:实收资本(或股本)

(二)无形资产摊销的核算

商业银行应当在获取无形资产时分析判断其使用寿命,对于使用寿命有限的无形资产,应当自取得之日起,在预计使用寿命内按月进行分期摊销;对于使用寿命不确定的无形资产不应摊销。无形资产的摊销额一般计入银行的当期损益,无形资产摊销年限一经确定,不能随意变更。摊销时的会计分录为:

  借:业务及管理费——无形资产摊销
   贷:待摊费用

【例 9-4】 中国建设银行购买了一项特许权,成本为 450 万元,合同规定受益年限为 10 年。假定采用直线法摊销,请计算银行每月的摊销额,并编制银行进行无形资产摊销的会计分录。

解析: 采用直线法摊销,每月摊销额为:

每月摊销金额=无形资产实际成本÷总摊销月数=4 500 000÷10÷12=37 500(元)

每月摊销时,该商业银行编制的会计分录为:

借:业务及管理费——无形资产摊销　　　　　　　　　37 500
　　贷:待摊费用　　　　　　　　　　　　　　　　　　37 500

(三)无形资产减值的核算

其他新技术的产生等原因,导致银行的无形资产创造经济利益的能力下降,或致使该无形资产的市场价格出现大幅下跌,从而使其可收回的金额低于账面价值,发生减值情况。银行应当将该类无形资产的账面价值减记至可回收金额,该部分差额确认为减值损失,计入当期损益。同样,无形资产减值损失一经确认,在以后的会计期间不得转回。

对于无形资产减值准备的计提,银行采用"无形资产减值准备"科目,该科目属于资产类科目。期末,银行应按照无形资产的账面价值高于其可收回金额的差值,编制记账凭证。会计分录为:

借:资产减值损失——计提的无形资产减值准备
　　贷:无形资产减值准备

(四)无形资产出售的核算

商业银行的无形资产可依法对外出售转让,向外出售无形资产时,按照实际取得的转让收入进行记账。会计分录为:

借:现金　　　　　　　　　　　　(实际取得的转让收入)
　　无形资产减值准备　　　　　　　(已计提的减值准备)
　　待摊销费用　　　　　　　　　　(已计提的摊销额)
　　营业外支出——处置非流动资产损失
　　贷:无形资产　　　　　　　　　　(账面余额)
　　　　现金　　　　　　　　　　　　(支付的相关费用)
　　　　应交税费　　　　　　　　　　(应交的相关税金)
　　　　营业外收入——处置非流动资产利得

第三节 所有者权益的核算

一、所有者权益概述

(一)所有者权益的内涵和构成

所有者权益也称"股东权益",是商业银行资产扣除负债后由所有者享有的剩余权益,它是商业银行所有者对商业银行净资产的要求权。所有者权益是商业银行筹集资金的主要来源之一,它反映了银行业的产权关系。

根据其来源的不同,所有者权益主要包括实收资本(或股本)、资本公积、盈余公积、一般准备和未分配利润五个部分,其中,盈余公积、一般准备和未分配利润统称为"留存收益"。

1. 实收资本(或股本)

实收资本是指投资者按照合同协议的约定实际投入商业银行,并按其所占份额形成法定资本的部分。它是所有者初始投入的资产,包括国家投资、其他单位投资、外商投资和社会个人投资等。对于股份制商业银行,实收资本表现为实际发行的股票面值,因而被称为"股本";对于非股份制商业银行,投资者投入的资本被称为"实收资本"。在银行经营期间,投资者投入的资本一般无须偿还,可以长期周转使用。

2. 资本公积

资本公积是指投资者投入商业银行的资本超过其在注册资本(实收资本或股本)中所占份额的部分,以及直接计入所有者权益的利得和损失等。它是因为资本(或股本)溢价、接受捐赠或法定财产重估增值等而形成的,不同于投资人实际投入的资本,是来自银行业所有者超额的投入,可供银行业无偿地无限期运用。

商业银行的资本公积主要包括资本(或股本)溢价、接受现金捐赠、接受非现金资产捐赠的准备、股权投资准备、关联交易差价、外币资本折算差额和其他资本公积等内容。经股东大会决议,资本公积可以用于转增资本,但不得用于弥补亏损。

3. 留存收益

留存收益是指商业银行通过经营活动而形成的资本,它是商业银行历年经营所实现的净收益的积累。投资者投入原始资金后,商业银行在持续经营的过程中实现盈利,按相关规定缴纳所得税后所得的净利润,一部分给投资者,一部分可以弥补以前年度的亏损,一部分留存银行作为银行自身的积累。这部分留存银行的资金即为"留存收益",其属性与资本金相似,属于所有者权益。留存收益主要包括盈余公积、一般准备和未分配利润。

盈余公积是指商业银行按照规定从税后净利润中提取的，可用于弥补亏损、转增资本和分配股利的累积资金，一般包括法定盈余公积和任意盈余公积。其中，法定盈余公积是指商业银行按照规定的比例从净利润中提取的盈余公积。根据我国相关法律法规的要求，商业银行当年的税后净利润在弥补以前年度亏损后，必须按照10%的比例提取法定盈余公积金。如果法定盈余公积的累计余额已超过注册资本的50%，则可以不再计提。任意盈余公积是指经股东大会或类似机构批准，按照规定的比例从税后净利润中提取的盈余公积。任意盈余公积的提取比例可以根据实际需要，由商业银行自行确定。

一般准备是指商业银行的净利润在弥补亏损和计提盈余公积之后，按照风险资产的一定比例计提的、用于弥补尚未识别的可能性损失的准备金。我国相关法律法规明确规定，商业银行需要承担风险和损失的资产，比如发放贷款和垫款、存放同业、拆出资金、长期股权投资、可供出售类金融资产、抵债资产、其他应收款项等，均应计提准备金；而对于银行不承担风险的委托贷款、购买的国债等资产，则不需计提准备金。一般准备的计提比例由商业银行综合考虑其所面临的风险状况进行确定，原则上一般准备余额不低于风险资产期末余额的1.5%。商业银行提取的一般准备可以用于弥补经营亏损，但不得用于分红和转增资本。

未分配利润是指商业银行当年实现的利润在缴纳所得税、按规定进行利润分配之后所形成的，留待以后年度分派的待分配利润，是净利润中尚未确定用途、归所有者所有的资金。它属于所有者权益的组成部分，是银行留待以后年度进行分配的历年结存的利润，与所有者权益的其他构成部分相比，商业银行对于未分配利润的使用具有较大的自主权。

(二)会计科目的设置

1."实收资本"科目或"股本"科目

"实收资本"科目属于所有者权益类科目，用来核算商业银行实际收到投资者投入的资本，若为股份制商业银行，则应设置"股本"科目。银行收到投资者投入的资本时，应当按照投入资本计价要求确定的金额，借记"存放中央银行准备金""无形资产"等科目，贷记本科目和"资本公积"科目；若银行按规定以资本公积、盈余公积转增资本时，则借记"资本公积""盈余公积"等科目，贷记本科目。为详细反映各投资者投入资本的情况，本科目按照投资者不同进行明细核算。该科目的期末余额在贷方，反映商业银行的实收资本或股本总额。

2."资本公积"科目

"资本公积"科目属于所有者权益类科目，用来核算商业银行收到投资者出资额超过其在注册资本或股本中所占份额的部分，以及直接计入所有者权益的利得和损失。当银行收到投资者投入的资金时,借记"存放中央银行款项""固定资产"等科目,贷记"实收资本"科目,并按其差价或溢价部分,贷记本科目(资本溢价或股本溢价)。该科目按照资本公积形成的不同类别进行明细核算,下设的明细科目包括"资本(股本)溢价""股权投资准备""外币资本折算差额""其他资本公积"等。该科目的期末余额在贷方,反映商业银行的资本公积总额。

3."盈余公积"科目

"盈余公积"科目属于所有者权益类科目,用来核算商业银行从净利润中提取的盈余公积。当银行提取盈余公积时,借记"利润分配——提取法定盈余公积"等科目,贷记本科目。该科目按照盈余公积的种类进行明细核算,下设的明细科目包括"法定盈余公积""任意盈余公积""储备基金"等。该科目的期末余额在贷方,反映商业银行提取的盈余公积结余金额。

4."一般准备"科目

"一般准备"科目属于所有者权益类科目,用来核算商业银行按规定从净利润中提取的一般准备。银行在提取一般准备时,借记"利润分配——提取一般准备",贷记本科目。该科目的期末余额在贷方,反映商业银行提取的一般准备结余金额。

5."利润分配"科目

"利润分配"科目属于所有者权益类科目,所有者权益中的未分配利润通过"利润分配"科目下的明细科目"未分配利润"进行核算。该科目下设的明细科目还包括"提取法定盈余公积""提取任意盈余公积""提取一般准备""应付现金股利或利润""转作股本的利润"等。

二、实收资本的核算

(一)实收资本(或股本)增加的核算

商业银行实收资本的增加可以通过投资者投入资本、资本公积和盈余公积转增资本、留存收益增资等多种渠道,下文将对上述几种情况的会计核算进行分别介绍。

1. 实收资本(或股本)投入的核算

(1)接受现金资产投资的核算。商业银行收到投资者投入的资本金,在核定投入的资本总额后,应当以投资者在注册资本中所占份额确认实收资本。若实际收到的金额超过投资者在注册资本中所占的份额,则其差额部分确认为资本公积。会计分录为:

借:现金(或单位活期存款、存放中央银行准备金等)
　贷:实收资本(或股本)
　　　资本公积——资本溢价

【例 9-5】 某商业银行于 2022 年 11 月 20 日收到中央银行拨入的投资资金 60 万元,要求编制相应的会计分录。

解析: 商业银行收到中央银行投入的资本时,会计分录为:

借:存放中央银行准备金　　　　　　　　　　　　　600 000
　　贷:实收资本——国家投资　　　　　　　　　　　　600 000

【例 9-6】 某股份制商业银行发行普通股 10 000 000 股,每股的面值为 1 元,每股发行价格为 3 元,股票发行成功后获得股款共计 30 000 000 元,假定不考虑发行过程中的税费等因素。要求:编制商业银行的相关会计分录。

解析: 商业银行发行股票集资,共发行 10 000 000 股股票,每股面值为 1 元,计算对应的股本价值为 10 000 000 元,股本溢价的部分为 30 000 000-10 000 000=20 000 000 元。因此,银行编制的会计分录为:

借:存放中央银行款项　　　　　　　　　　　　　30 000 000
　　贷:股本　　　　　　　　　　　　　　　　　　　10 000 000
　　　　资本公积——股本溢价　　　　　　　　　　　20 000 000

(2)接受非现金资产投资的核算。当商业银行收到投资者投入的非现金资产时(如实物投入、无形资产投入等),应当根据投资合同约定或市场公允价值对非现金资产的价值进行确认,并按照投资者在注册资本中所占份额确认实收资本,差额部分确认为资本公积。会计分录为:

借:固定资产(或无形资产等)
　　贷:实收资本(或股本)
　　　　资本公积——资本溢价

【例 9-7】 某商业银行于 2022 年 12 月 12 日收到国家投入的房屋一栋,房屋价值评估为 450 万元。请编制相应的会计分录。

解析: 银行收到国家投入的非现金资产时,会计分录为:

借:固定资产　　　　　　　　　　　　　　　　　4 500 000
　　贷:实收资本——国家投资　　　　　　　　　　　4 500 000

【例 9-8】 某商业银行在股份制改革过程中,甲企业和乙企业作为发起人,约定向该银行投入资本。假定该商业银行的注册资本为 900 亿元,甲企业和乙企业的出资比例分别为 51% 和 49%。其中,甲企业投资的形式包括固定资产和货币资金两种形式,并且投资合同中约定其投入的固定资产价值为 55 亿元;乙企业全部以货币资金投入。要求:编制该商业银行收到资本投入的会计分录。

解析: 该商业银行的注册资本为 900 亿元,其中,甲企业的出资比例为 51%,出资总金额为 900×51%=459 亿元,包括固定资产 55 亿元,货币资金 404 亿元;乙企业的出资比例为49%,出资金额为900×49%=441亿元,全部为货币资金。

该股份制商业银行收到资本投入时,会计分录为:

借:存放中央银行准备金　　　　　　　　　　　　84 500 000 000
　　固定资产　　　　　　　　　　　　　　　　　　5 500 000 000
　贷:股本——甲企业　　　　　　　　　　　　　　45 900 000 000
　　　　——乙企业　　　　　　　　　　　　　　　44 100 000 000

2. 资本公积、盈余公积转增资本的核算

根据国家相关规定,商业银行的资本公积和盈余公积均可转增资本。经股东大会或类似机构决议,商业银行用资本公积或盈余公积转增资本时,应当按照原所有者持股比例增加各所有者的股权,会计分录为:

借:资本公积
　　盈余公积
　贷:实收资本(或股本)

【例9-9】 某商业银行按照规定,将资本公积600 000元、盈余公积150 000元转增资本。请编制商业银行相关会计分录。

解析:资本公积、盈余公积转增资本的会计分录为:

借:资本公积　　　　　　　　　　　　　　　　　　600 000
　　盈余公积　　　　　　　　　　　　　　　　　　150 000
　贷:实收资本　　　　　　　　　　　　　　　　　　750 000

3. 留存收益增资的核算

股份制商业银行发放股票股利时,应当按照股东大会批准的利润方案将应分配的股票股利办理增资手续后,再按其折股的方式进行处理。如果按照股票的面值进行折股的,则不涉及股票溢价问题,处理的会计分录为:

借:利润分配——转作股本的股利
　贷:股本

如果按照股票的市场价格进行折股,则股东大会批准的分配股票股利的金额与折股的股票面值之间可能存在差额,可将该差额作为资本公积处理。会计分录为:

借:利润分配——转作股本的股利
　贷:股本
　　资本公积——股本溢价

(二)实收资本(或股本)减少的核算

1. 按法定程序报经批准减少注册资本

商业银行按照法定程序报经批准减少注册资本,应当在办理相关手续后,确认实收资本(或股本)的减少。处理的会计分录为：

借：实收资本(或股本)
　　贷：现金(或存放中央银行款项)

2. 股份制银行采用回购本银行股票的方式减资

股份制商业银行采用回购本银行股票方式进行减资的，应当按照注销股票面值总额减少股本。根据支付股票价款的大小可分为以下两种情况。

第一，当购回股票时支付的价款超过股票面值时，超过的部分应依次减少银行的资本公积和留存收益，其账务处理的会计分录为：

借：股本
　　资本公积
　　盈余公积
　　利润分配——未分配利润
　　贷：存放中央银行准备金

第二，当银行购回股票支付的金额小于股票面值总额时，差额部分作为资本公积处理，具体的会计分录为：

借：股本
　　贷：存放中央银行准备金
　　　　资本公积

三、资本公积的核算

投资者向商业银行投入的资金总额超出其在注册资本中所占份额的部分，股份制银行发生的股本溢价，银行资产重估确认的价值与账面价值的差额，以及银行接受捐赠的财产等，均应计入资本公积。资本公积可以转增资本，但不能用于弥补亏损。

(一)资本(或股本)溢价的核算

对于非股份制商业银行，投资者投入的资本应按照实际收到的出资额入账，实际支付的出资额大于其注册资本的差额部分计入资本公积，作为资本溢价。会计分录为：

借：存放中央银行准备金(或固定资产等)(实际收到的金额)
　　贷：实收资本(在注册资本中所占份额)
　　　　资本公积——资本溢价(二者之差)

对于股份制商业银行，发行股票的价格大于股票面值所形成的差额即为股本溢价。银行发行股票筹集资本时，应当按照股票面值与股份总数的乘积作为投入资本。当股票溢价发行时，商业银行发行股票取得的收入超出股票面值的溢价部分作为股

本溢价,通过"资本公积"科目核算。具体的会计分录为:

借:存放中央银行准备金(实际收到的金额)
贷:股本(股票面值与核定股份总额的乘积)
　　资本公积——股本溢价(二者之差)

【例 9-10】 某股份制商业银行发行股票,普通股 50 000 股,每股股票的票面价值为 10 元,以每股 12 元的价格溢价发行,新股全部被认购。要求:编制该银行溢价发行股票的会计分录。

解析: 银行以每股 12 元的价格发行普通股 50 000 股,共获取资金 50 000×12＝600 000 元;因为每股票面价值为 10 元,所以股本为 50 000×10＝500 000 元;两者形成的差额 600 000－500 000＝100 000 元即为股本溢价。

银行溢价发行股票的会计分录为:

借:存放中央银行准备金　　　　　　　　　　　　　　600 000
贷:股本　　　　　　　　　　　　　　　　　　　　500 000
　　资本公积——股本溢价　　　　　　　　　　　100 000

(二)法定财产重估增值的核算

法定财产重估增值是指经法定的资产评估机构评估,商业银行财产评估确认的价值大于该资产的原账面价值。根据历史成本计价的原则,商业银行的资产应以历史成本入账,其市场价格的变动并不在账面上反映出来,但如果商业银行发生资产产权变动、股份制改革等相关事宜,那必须对其资产价值进行重新评估。若出现法定财产重估增值的情况,则评估价值大于原账面价值的差额,应当计入资本公积。会计分录为:

借:固定资产
贷:资本公积——资产重估增值

(三)接受资产捐赠的核算

捐赠人向银行捐赠资产,也是一种对商业银行投入资金的行为,但由于捐赠人并不是商业银行的所有者,所捐赠的资产并不形成商业银行的实收资本。银行接受捐赠的资产价值属于所有者权益,在会计核算时应记入"资本公积"账户。

当商业银行接受现金资产捐赠时,会计分录为:

借:现金(或存放中央银行款项)
贷:资本公积——接受现金捐赠

【例 9-11】 某商业银行于 2022 年 11 月 1 日收到捐赠人的现金捐赠 1 500 000

元。请编制商业银行的会计分录。

解析:商业银行接受现金资产捐赠的会计分录为:

借:现金 1 500 000
贷:资本公积——接受现金捐赠 1 500 000

当商业银行接受非现金资产捐赠时,银行应按照捐赠资产确定的价值入账,会计分录为:

借:固定资产(确定的价值)
贷:递延所得税负债(未来应交所得税)
资本公积——接受非现金资产捐赠准备(确定的价值减去未来应交所得税)

在处置接受捐赠的非现金资产时,按照转入资本公积的金额入账,会计分录为:

借:资本公积——接受非现金资产捐赠准备
贷:资本公积——其他资本公积

四、留存收益的核算

商业银行的留存收益包括盈余公积、一般准备和未分配利润三部分内容,下文将分别对这三部分的会计核算进行介绍。

(一)盈余公积的核算

盈余公积的会计核算主要包含盈余公积的提取和使用,根据国家相关政策规定,盈余公积可以用于弥补亏损、转增资本、分配股利、派送新股和分配现金股利等。

1. 提取盈余公积

商业银行按照规定从税后利润中提取盈余公积时,借记"利润分配"科目,贷记"盈余公积科目",具体会计分录为:

借:利润分配——提取法定盈余公积
　　　　——提取任意盈余公积
贷:盈余公积——法定盈余公积
　　　　——任意盈余公积

【例 9-12】 某商业银行本年度实现净利润为 4 000 万元,年初未分配利润为 0,经股东大会批准,按照当年净利润的 10% 提取法定盈余公积,假定不考虑其他因素。请编制商业银行提取公积金的会计分录。

解析:商业银行应当提取的法定盈余公积金为 4 000×10%=400 万元,应编制的会计分录为:

借:利润分配——提取法定盈余公积 4 000 000
贷:盈余公积——法定盈余公积 4 000 000

2. 盈余公积补亏

商业银行经股东大会或类似机构决议，可以使用盈余公积弥补经营亏损，此时的会计分录为：

借：盈余公积——法定盈余公积
　　　　　　——任意盈余公积
　　贷：利润分配——盈余公积补亏

【例9-13】 经股东大会决议，某商业银行拟用以前年度提取的法定盈余公积弥补当年的经营亏损，弥补亏损的总金额为500 000元，假定不考虑其他因素。请编制该商业银行的会计分录。

解析：商业银行使用法定盈余公积弥补亏损的会计分录为：

借：盈余公积——法定盈余公积　　　　　　　　500 000
　　贷：利润分配——盈余公积补亏　　　　　　　　500 000

3. 盈余公积分配股利或转增资本

商业银行若有未弥补的亏损，应当先用盈余公积弥补亏损，弥补亏损之后仍有结余的，可按照要求用结余部分分配股利。用盈余公积分配股票股利或转增资本时，银行处理的会计分录为：

借：盈余公积
　　贷：实收资本（或股本）

【例9-14】 某商业银行因扩大经营规模需要，经股东大会批准，将该银行的盈余公积500 000元转增股本，假定不考虑其他因素。要求：编制该商业银行的会计分录。

解析：商业银行盈余公积转增资本的会计分录为：

借：盈余公积　　　　　　　　　　　　　　　　500 000
　　贷：股本　　　　　　　　　　　　　　　　　　500 000

4. 盈余公积派送新股

经股东大会决议，股份制商业银行可用盈余公积派送新股，会计分录为：

借：盈余公积　　　　　　　　（派送新股计算的金额）
　　贷：股本　　　　　　　　（股票面值与派送新股总数的乘积）
　　　　资本公积——股本溢价　（派送金额与新股面值总额的差额）

5. 盈余公积分配现金股利

经股东大会或类似机构决议，股份制商业银行可以使用盈余公积分配现金股利或利润，具体会计分录为：

借：盈余公积
　　贷：应付股利

(二)一般准备的核算

商业银行为了实现稳健经营,避免出现因贷款损失准备不足对其资本产生过度侵蚀而设立一般准备金。一般准备是银行按照规定从净利润中提取,它是所有者权益的组成部分,用于弥补尚未识别的风险和损失。

1. 一般准备的提取

商业银行按照规定从税后净利润中提取一般准备金时,会计分录为:

借:利润分配——提取一般准备
　　贷:一般准备

【例 9-15】 某商业银行当年风险资产的余额为 2 000 000 元,假定要求银行按照 1.5% 的比例提取一般准备金。请编制商业银行的会计分录。

解析: 商业银行提取一般准备金额为 $2\,000\,000 \times 1.5\% = 30\,000$ 元。提取一般准备的会计分录为:

借:利润分配——提取一般准备　　　　　　　　　　30 000
　　贷:一般准备　　　　　　　　　　　　　　　　　　30 000

2. 一般准备弥补亏损

按照我国相关规定,商业银行提取的一般准备金只能用于弥补损失,不能用于分红或转增资本。商业银行使用一般准备弥补损失时,会计分录为:

借:一般准备
　　贷:非应计贷款等科目

【例 9-16】 某商业银行经研究决定,将使用一般准备金弥补本年度的一笔损失贷款,弥补的金额为 150 000 元。请编制商业银行的会计分录。

解析: 商业银行使用一般准备弥补损失的会计分录为:

借:一般准备　　　　　　　　　　　　　　　　　　150 000
　　贷:非应计贷款——××借款人　　　　　　　　　　150 000

(三)未分配利润的核算

商业银行的未分配利润是指尚未指定用途、留待以后年度使用的利润,它属于银行的所有者权益。本年度未分配利润的数额等于年初的未分配利润,加上本年度实现的净利润,减去提取的盈余公积、一般准备和分出利润后的余额。银行的未分配利润通过"利润分配"科目下设置的"未分配利润"这一明细科目进行会计核算。

年度终了时,商业银行应当将本年度所实现的全部利润从"本年利润"账户的借方转入"利润分配——未分配利润"账户的贷方,具体会计分录为:

借：本年利润
　　贷：利润分配——未分配利润

如果本年度出现经营亏损，则会计分录相反。同时，应将"利润分配"下设置的其他明细科目，比如"应付利润""应交所得税""提取盈余公积"等，将其余额从账户贷方转入"利润分配——未分配利润"账户的借方，具体会计分录为：

借：利润分配——未分配利润
　　贷：利润分配——其他明细科目

通过上述结转，"利润分配"下设置的明细账户，除了"未分配利润"，其他明细科目均不再有余额。"利润分配——未分配利润"账户的余额如果在借方，则表现为历年尚未弥补的亏损；余额如果在贷方，则表现为历年积累的未分配利润。

第四节　收入和成本费用的核算

一、收入和成本费用概述

(一)收入概述

1. 收入的概念和特征

收入是指银行在日常活动中形成的、会导致所有者权益增加的、与所有者投入资本无关的经济利益的总流入。所谓的日常活动是指商业银行为了达到经营目标而从事的经常性活动以及与之相关的活动，比如商业银行的贷款业务、票据贴现业务等。需要注意的是，商业银行的收入不包括为第三方或客户代收的款项。

根据收入的定义，我们可以将其特征概括为以下几个方面。其一，收入是从银行的日常活动中形成，而不是从偶发的交易或事项中形成的。其二，收入最终会表现为所有者权益的增加，经济利益流入银行并确认为收入，可能表现为银行资产的增加，或者表现为负债的减少，但无论是哪一种情况，根据会计恒等式"资产＝负债＋所有者权益"，最终都会使银行的所有者权益增加。其三，收入不包括所有者向银行投入资本导致的经济利益流入，也不包括为第三方或客户代收的款项。比如，商业银行办理委托贷款业务时向借款单位收取的利息，应当归委托单位所有，而不是银行的利息收入。其四，收入必须能够以货币计量。收入是商业银行的六大会计要素之一，必须能够使用统一的货币计量单位衡量其价值，只有如此才能准确地确认和计量，最终披露和报告正确的会计信息和相应的经营成果。

2. 收入的分类

根据不同的分类标准，可以将收入划分成不同的类型，常见的分类方式如下。

（1）按照日常活动在银行所处的地位不同，银行收入可以划分为主营业务收入、中间业务收入和其他业务收入。其中，主营业务收入是指银行为了实现其经营目标而从事的日常活动中的主要项目产生的经济利益流入，比如银行办理贷款、贴现等业务收取的利息收入；中间业务收入是指银行中间业务带来的收入，主要有结算业务的手续费收入等；其他业务收入是指银行所从事的除主营业务以外的其他日常活动产生的经济利益流入，比如出租固定资产、出租无形资产等产生的收入等。

（2）按照收入所反映的经济内容不同，银行收入可以划分为利息收入、手续费及佣金收入、金融机构往来收入、投资收益、汇兑收益、其他业务收入等。

3. 收入的确认和计量

收入的确认是指对收入的入账时间和入账金额的确认。通常情况下，收入的确认有两种方法。一种方法是权责发生制，它是指在确认收入时，不以是否实际收到款项为标准，而是根据营业过程是否已经完成或实现，若经营过程已完成并且按照合同协议约定，则该项经营过程所应收取的报酬可确认为银行当期的收入。另一种方法是收付实现制，它是指在确认收入时，以是否实际收到款项为标准：如果银行收到客户支付的款项，则直接以实际收到的金额入账，确认为当期的收入；如果银行当期应当收到款项但并未实际收到，则这部分金额不能确认为当期的收入。

商业银行收入的确认通常坚持权责发生制原则，同时在确认收入时必须满足确认的标准和条件。银行在将某项经济事项确认为收入时，必须满足可定义性、可计量性、相关性、可靠性等多重标准。具体而言，银行一般收入的确定必须满足以下条件。

第一，与交易相关的经济利益很可能流入商业银行。经济利益是指直接或间接流入银行的现金或现金等价物。银行应当根据合同协议、以往经验等综合信息，判断与交易相关的经济利益是否能够流入银行，只有当经济利益能够流入时，银行才能确认为收入；如果与交易相关的经济利益不能够流入或流入银行的可能性不大，银行就不应当将与该交易相关的经济利益确认为收入。

第二，收入的金额能够可靠地计量。这是商业银行确认收入的基本前提，只有收入的金额能够可靠地计量时，银行才能够对其进行确认；如果收入不能可靠地计量，就不能够对其进行确认。同时，银行收入的确认必须符合配比原则，即为了赚取收入而发生的费用也能够可靠地计量，否则同样不能将其确认为收入。

特别地，对于银行发放贷款所获取的利息收入，在确认时还可能存在特殊情况。具体而言，银行发放的贷款一般情况下应当按期计提利息并确认收入，但对于非应计贷款则要特殊处理：对于贷款到期（含展期）90天后仍然没有收回的，应计利息应停止计入当期利息收入，需单独纳入表外核算；对于已计提的贷款应收利息，若贷款到期超过90天（含）仍未收回，或已计提的应收利息逾期90天（含）仍未收回的，则银行应当冲减原本已经计入当期损益的利息收入，并将其转到表外进行核算。对于上述非应计贷款中停止计提或冲减的应计利息,银行应当在实际收到款项时再确认为利息收入。

对于收入的计量,从理论上来说,银行应当将业务经营所获取的金额进行贴现,但因为收入的期限不长,且贴现率较小,对于相关会计信息的影响较为有限,所以在实务工作中,银行通常忽略贴现折扣的部分,直接把所获取的收入以收到的价格直接入账。

(二)成本和费用概述

1. 成本和费用的概念及特征

费用是与收入相对应而存在的概念,它是指银行日常经营活动所发生、会导致所有者权益减少、与向所有者分配利润无关的经济利益的总流出。成本是指银行为提供服务而发生的各种耗费。

成本和费用是两个并行的概念,两者之间既有联系又有区别。成本是对象化了的费用,它与一定的业务相关联,是指开展一定业务所发生的耗费;而费用则是对经济资源的耗费,与一定的会计期间相联系,与发生哪项业务无关。

商业银行开展业务必然会发生相应的成本和费用支出,比如吸收存款需要向客户支付利息,需要向职工和管理人员支付薪酬,提供金融服务需要耗费一定的物品等,这些耗费以货币价值形式表现出来,就构成了银行的成本和费用。银行的成本反映的是其为了正常经营而必须耗费的货币支出,因此,只有与其业务经营活动有关的各项支出才能计入成本,与业务经营活动无关的支出不能计入成本。

根据上述定义,我们可以将费用的特征概括为以下几个方面。其一,费用是在银行日常经营活动中产生的,而不是从偶发的交易或事项中产生的。这里的日常活动是指银行为了实现其经营目标而从事的所有活动,比如银行的存款业务等。其二,费用既可能表现为银行资产的减少,也可能表现为银行负债的增加,或者两者兼而有之。其三,费用不包括银行为第三方或客户垫付的款项。其四,费用是因经营活动而引起的银行所有者权益的减少。通常情况下,银行资金的流出会减少其所有者权益,但并非所有的资金流出都构成银行的费用,比如,银行向投资者分配股利,虽然减少了银行的所有者权益,但它并不是经营活动所引起的,而是属于利润分配,不应作为银行的费用。

2. 营业成本和费用的组成

银行的营业成本是指在业务经营活动过程中发生的与业务经营有关的支出,主要包括利息支出、金融机构往来支出、手续费及佣金支出、汇兑损失、其他业务成本等。

银行的营业费用是指银行在业务经营及管理工作中发生的各种耗费,主要包括业务招待费、邮电费、广告费、职工福利费、差旅费、印刷费、水电费、固定资产折旧、无形资产摊销等。

3. 费用的确认和计量

费用即是对经济资源的耗费,但并非所有的耗费都属于费用。银行在确认费用时,必须遵守权责发生制原则、划分收益性支出与资本性支出和配比原则等。

(1)划分收益性支出与资本性支出原则。商业银行在进行成本核算时,必须明确区别某项支出所属的会计期间或会计年度,如果某项支出的收益仅涉及一个会计年度,则该项支出应当作为收益性支出,在该会计期间内确认为费用;如果某项支出的收益涉及几个会计年度,则该项支出应当作为资本性支出,不能仅确认为一个会计年度的费用。划分收益性支出与资本性支出的原则,为费用的确认提供了时间上的界限,为各期费用的准确计量提供了保证。

(2)权责发生制原则。与收入确认的所遵循的原则相类似,对于银行费用的确认也应当遵从权责发生制原则。该原则规定了费用确认的具体入账时间,即费用的确认不应当以是否实际支付为标准,而应当遵循以下标准:凡是当期已经发生或应当分担的费用,不论款项是否实际支付,都应作为当期的费用;凡是不属于当期的费用,即使款项实际在当期支付,也不应作为当期的费用。

(3)配比原则。配比是指费用支出与经济效益的配比,配比原则是指为了取得当期收入所发生的费用,应当确认为当期的费用。即如果某项收入已经实现,则应当在确认收入的同时对相关的成本费用予以确认;如果收入要到未来期间才能实现,则与该收入相关的费用应当递延分配到未来的实际受益期间。对于费用的确认要根据费用与收入的相关程度,具体耗费的增加要从相应的收入中进行扣减,不能任意预提和摊销。

对于费用的计量,一般是通过所使用或所耗费的经济资源,或发生的业务所耗用劳动的价值来衡量,常见的计量标准有历史成本、现行成本和变现价值。对于银行来说,收入通常是以现行价格来计量,从配比的原则出发,银行在计量费用时往往直接按照实际现行成本入账。

目前,会计准则已不再单列划分收益性支出与资本性支出原则和配比原则,认为权责发生制包含了这两个原则。

二、收入的核算

(一)营业收入的核算

根据收入的内容和管理要求,商业银行需要设置不同的专用科目进行会计核算。常见的科目有"利息收入""金融机构往来收入""手续费及佣金收入""汇兑收益""其他业务收入""投资收益"等。其中,依据金融机构营改增的要求,银行的利息收入、手续费收入等在收到或确认时须同时确认应交增值税的销项税,银行一般纳税人增值税率为6%,而金融机构往来收入则属于税收优惠减免项目,无须缴纳销项税。下面将重点介绍商业银行主要业务收入的核算和期末结转的会计处理。

1. 利息收入的核算

利息收入是指银行通过发放各项贷款、办理票据贴现等业务所取得的利息收入。银行通常使用"利息收入"科目进行会计核算,该科目属于损益类科目,按照业务类别进行明细核算。银行利息收入的核算涉及多种情况,包括实际收到当期利息、计提应收利息、应收利息超过规定期限转至表外、收回已核销贷款的利息,以及利息收入的期末结转等。

对于银行实际收到当期利息、计提应收利息、应收利息超过规定期限转至表外核算、收回已核销贷款的利息等内容在第六章贷款业务已经作了详细介绍,在此不再赘述。

在会计期末,银行的利息收入需结转为利润,结转到"本年利润"的贷方,会计分录为:

借:利息收入——××利息收入户

贷:本年利润

2. 金融机构往来收入的核算

金融机构往来收入是指商业银行在经营过程中,与其他金融机构(包括中央银行、其他商业银行和非银行金融机构等)之间发生资金往来业务所取得的利息收入、存贷款利差收入、管理费收入等。银行通常使用"金融机构往来收入"这一科目进行会计核算,该科目属于损益类科目,按照不同的往来金融机构进行明细核算。

(1)存放中央银行款项利息收入。商业银行存放在中央银行的各项存款所取得的利息收入,不应通过"应收利息"科目进行核算,确认收入时直接计入当期损益,银行可根据有关凭证编制借贷方记账凭证办理转账,央行按季付息,会计分录为:

借:存放中央银行准备金

贷:金融机构往来收入——存放中央银行款项利息收入

(2)存放同业款项利息收入。与存放中央银行款项利息收入相类似,商业银行由于存放同业款项所获取的利息收入,可根据有关凭证编制借贷方记账凭证办理转账,收到从支付系统划来同业存款利息收入时,会计分录为:

借:待清算支付款项或存放中央银行准备金

贷:金融机构往来收入——存放同业款项利息收入

(3)拆放同业款项利息收入。商业银行由于拆放同业或其他金融机构资金而获取的利息收入,一般在收回拆借款项时收回利息,收到支付系统划来本金和利息时业

务系统办理转账,会计分录为:

借:存放中央银行准备金
贷:拆放同业——金融机构
金融机构往来收入——拆放同业款项利息收入

(4)期末结转利润。商业银行与其他金融机构之间发生资金往来业务所取得的收入,需要在期末结转为利润,结转到"本年利润"的贷方,会计分录为:

借:金融机构往来收入——××利息收入户
贷:本年利润

3. 手续费及佣金收入的核算

手续费及佣金收入是指商业银行为客户办理各项业务,比如结算业务、担保业务、咨询业务、代理业务等,所收取的手续费。常见的手续费及佣金收入主要包括结算手续费收入、结售汇手续费收入、委托贷款手续费收入、咨询服务收入、担保收入和其他代理业务的手续费收入等。商业银行通常使用"手续费及佣金收入"这一科目进行会计核算,该科目属于损益类科目,可以按照手续费及佣金收入的不同类别进行明细核算。

(1)发生手续费及佣金收入。商业银行获取手续费及佣金收入的时间一般根据其与客户的合同协议约定,可以定期或逐笔向客户收取,收取时可以采用转账或现金等多种支付方式。通常情况下,银行的手续费及佣金收入应当在向客户提供相关服务时予以确认,并进行价税分离,会计分录为:

借:单位活期存款——××户(或现金等科目)
贷:手续费及佣金收入——××收入户
应交税费——应交增值税(销项税额)

(2)期末结转利润。在会计期末,商业银行应当将"手续费及佣金收入"科目的余额结转到"本年利润"的贷方,结转后本科目无余额。结转的会计分录为:

借:手续费及佣金收入——××收入户
贷:本年利润

4. 汇兑损益的核算

汇兑损益是指商业银行在经营外汇业务过程中因外汇兑换、外汇买卖、外汇结售、外汇投资、汇率变动等原因实现的汇兑净收益或损失。银行设置"汇兑损益"科目进行会计核算,该科目属于损益类科目,根据外汇买卖的不同币种进行明细核算。

银行发生汇兑净收益时,借记"外汇买卖"有关科目,贷记本科目;发生汇兑净损失时,借记本科目,贷记"外汇买卖"有关科目。期末,各外币账户的外币期末余额,应当按照期末汇率折算为人民币,与原"外汇买卖"人民币账户余额之间的差额,若为贷方差额则为汇兑收益,借记有关科目,贷记本科目;若为借方差额则为汇兑损失,作相反的会计分录。本科目应按外汇币种进行明细核算。期末,应将本科目的余额转入"本年利润"科目,结转后本科目应无余额。

(1)发生汇兑收益。商业银行的汇兑损益应在期末进行结算,根据买入、卖出价差和汇率变动的净收益进行确认。当银行发生汇兑净收入时,会计分录为:

借:外汇买卖(人民币)
　　贷:汇兑损益——××收益户(人民币)

(2)期末结转利润。在会计期末,商业银行应当将"汇兑损益"科目的余额转到"本年利润"科目,结转后"汇兑损益"科目无余额。在期末结转利润时,对于本币账户的汇兑损益可直接结转,会计分录为:

借:汇兑损益——××收益户(本币)
　　贷:本年利润(本币)

而对于外币账户的汇兑损益,商业银行应当先根据年终决算日换算价格进行换算,然后再作结转,会计分录为:

借:汇兑损益——××收益户(外币)
　　贷:外汇买卖——决算日汇价(外币)
借:外汇买卖——决算日汇价(本币)
　　贷:本年利润(本币)

5. 其他业务收入的核算

其他业务收入是指商业银行除主营业务活动以外的其他经营活动所实现的收入,包括租赁收入、贵金属买卖收入、无形资产转让净收入等。商业银行在核算业务收入时根据自身业务特点,区分主营业务和非主营业务收入。主营业务以外取得的营业收入通过"其他业务收入"科目进行核算,该科目属于损益类科目,通常按照其他业务收入的不同种类进行明细核算,常见的明细科目有补贴收入、租赁收入、其他服务收入等。

(1)发生其他业务收入。商业银行的其他业务收入在实际收到款项时予以确认,银行确认其他业务收入时,会计分录为:

借:单位活期存款——××户
　　贷:其他业务收入——××收入户

(2)期末结转利润。在会计期末,商业银行应当将"其他业务收入"科目的余额结转到"本年利润"的贷方,结转后"其他业务收入"科目无余额,结转的会计分录为:

借:其他业务收入——××收入户
　　贷:本年利润

6. 公允价值变动损益的核算

公允价值变动损益是指商业银行因各种资产的公允价值变动而形成的应当计入

当期损益的利得或损失。商业银行按照相关准则规定以公允价值确认和计量的资产包括投资性房地产、交易性金融资产、衍生工具等。商业银行设置"公允价值变动损益"这一科目进行会计核算,该科目属于损益类科目,通常按照交易性金融资产、交易性金融负债、投资性房地产等进行明细核算。

(1)交易性金融资产公允价值与账面价值存在差额的处理。在交易性金融资产持有期间,若资产负债表日交易性金融资产的公允价值高于其账面价值,则商业银行处理的会计分录为:

  借:交易性金融资产——公允价值变动
    贷:公允价值变动损益

若交易性金融资产的公允价值低于其账面价值,则商业银行应当根据差额作相反的会计分录。

(2)出售交易性金融资产的处理。当商业银行出售交易性金融资产时,将公允价值变动净收益确认为投资收益银行,银行处理的会计分录为:

  借:存放中央银行准备金
    公允价值变动损益
    贷:投资收益
      交易性金融资产——成本
          ——公允价值变动

(3)交易性金融负债公允价值与账面价值存在差额的处理。在交易性金融负债持有期间,若资产负债表日,交易性金融负债的公允价值高于其账面价值,则银行处理的会计分录为:

  借:公允价值变动损益
    贷:交易性金融负债

若交易性金融负债的公允价值低于其账面价值,则商业银行应当根据该差额作相反的会计分录。

(4)处置交易性金融负债的处理。当商业银行处置或者偿还交易性金融负债时,银行处理的会计分录为:

  借:交易性金融负债
    贷:存放中央银行准备金

(5)期末结转利润的处理。在会计期末,商业银行应当将"公允价值变动损益"的余额转入"本年利润"科目,结转后"公允价值变动损益"科目无余额。在期末结转利润时,若"公允价值变动损益"为贷方余额,则表示收益,将其结转至"本年利润"的贷方,会计分录为:

  借:公允价值变动损益
    贷:本年利润

若"公允价值变动损益"为借方余额,则表示损失,应当将其结转至"本年利润"的借方,作相反的会计分录。

7. 投资收益的核算

投资收益是指商业银行根据相关准则确认的长短期投资收益或损失。常见的投资收益包括商业银行从受资方收回的利润和股利、持有至到期投资和买入返售金融资产在持有期间取得的投资收益等。商业银行设置"投资收益"这一科目进行会计核算,该科目属于损益类科目,通常按照投资项目的不同进行明细核算。

商业银行向外投资而取得的利润分红、各种债券利息收入等,银行处理的会计分录为:

借:存放中央银行准备金
　　贷:投资收益——××投资收益户

在会计期末,银行应当将"投资收益"的科目余额结转至"本年利润"科目,结转后"投资收益"科目无余额。

(二)营业外收入的核算

营业外收入是指商业银行发生的与其经营业务无直接关系的各项利得收入,即营业利润以外的收益。它主要包括债务重组利得、盘盈利得、非流动资产处置利得、政府补助、捐赠利得等。商业银行设置"营业外收入"这一科目进行会计核算,该科目属于损益类科目,通常按照营业外收入项目进行明细核算。

1. 发生营业外收入

商业银行取得营业外收入应当在实际收到款项时予以确认。发生各项营业外收入时,银行根据有关凭证编制借贷方记账凭证。会计分录为:

借:固定资产清理(或现金、其他应付款等科目)
　　贷:营业外收入——××收入户

2. 期末结转利润

在会计期末,商业银行应当将"营业外收入"的科目余额转入"本年利润"科目,结转后"营业外收入"科目无余额。期末结转利润时,会计分录为:

借:营业外收入——××收入户
　　贷:本年利润

三、成本费用的核算

(一)营业支出的核算

为了全面反映和监督商业银行营业成本费用的发生情况,根据商业银行成本费用的内容,按照配比原则的基本要求,银行设置了相关的专用科目进行会计核算,主要包括"利息支出""金融机构往来支出""手续费及佣金支出""业务及管理费""其他业务支出"等科目。下面内容将针对上述支出的会计核算进行具体介绍。

1. 利息支出的核算

利息支出是商业银行因吸收各类存款等所支付给债权人的报酬。为了反映利息支出的增减变动情况,商业银行设置"利息支出"这一科目进行会计核算,该科目属于损益类科目,通常按照利息支出项目进行明细核算。"利息支出"科目下设置的明细科目主要包括活期储蓄利息支出、单位活期存款利息支出、单位定期存款利息支出、发行债券利息支出等。

商业银行利息支出的账务处理,主要包括发生利息支出、预提应付利息、实际支付已预提利息和期末结转利润等。对于商业银行发生利息支出、预提应付利息和实际支付已预提利息,第三章存款业务已作详细介绍,在此不再赘述。

对于利息支出在期末结转利润,商业银行应在会计期末将"利息支出"账户的余额,结转至"本年利润"的借方,期末结转利润时,会计分录为:

借:本年利润
　　贷:利息支出——××利息支出户

2. 金融机构往来支出的核算

金融机构往来支出是指商业银行在经营过程中,与其他金融机构(包括中央银行、其他商业银行和非银行金融机构等)之间发生资金往来业务所产生的利息支出。为了核算反映金融机构往来支出的增减变化情况,商业银行设置"金融机构往来支出"这一科目进行会计核算,该科目属于损益类科目,通常按照不同的支出项目进行明细核算。"金融机构往来支出"下设置的明细科目主要包括同业存放款项利息支出、向中央银行借款利息支出、拆入款项利息支出、其他往来利息支出等。

(1)支付金融机构往来支出的处理。商业银行定期向其他金融机构支付金融企业往来利息支出时,会计分录为:

借:金融机构往来支出——××利息支出户
　　贷:存放中央银行准备金

(2)计提应付利息和实际支付利息的处理。商业银行对于跨年度的各项借款,应当按期预提应付利息。计提应付利息时,会计分录为:

借:金融机构往来支出——××利息支出户
　　贷:应付利息

商业银行计提应付利息之后,当实际支付利息时,应当冲销"应付利息",会计分录为:

借:应付利息
　　贷:存放中央银行准备金

(3)期末结转利润的处理。在会计期末,商业银行应当将"金融机构往来支出"科目的余额结转到"本年利润"的借方,期末结转利润时,会计分录为:

借:本年利润
　　贷:金融机构往来支出——××利息支出户

3. 手续费及佣金支出的核算

手续费及佣金支出是指商业银行发生的与其经营活动相关的各项手续费、佣金等支出。它包括代办储蓄手续费支出、票据交换手续费支出、贸易融资手续费支出、其他业务手续费支出等。为了反映手续费支出的增减变化情况,商业银行设置"手续费及佣金支出"科目进行会计核算,该科目属于损益类科目,通常按照手续费的不同种类进行明细核算,"手续费及佣金支出"下设置的明细科目主要包括结算手续费支出、代办储蓄手续费支出、代办其他业务手续费支出等。

(1)发生手续费及佣金支出。商业银行的手续费支出应当按照有关规定和付费标准如实列支,不得预提。当商业银行发生与其经营活动相关的手续费及佣金等支出时,会计分录为:

借:手续费及佣金支出——××手续费及佣金支出户
　　贷:存放中央银行准备金(或存放同业款项等科目)

(2)期末结转利润。在会计期末,商业银行应当把"手续费及佣金支出"科目的余额结转到"本年利润"的借方,银行期末结转利润时,会计分录为:

借:本年利润
　　贷:手续费及佣金支出——××手续费及佣金支出户

4. 营业费用的核算

营业费用也叫"业务及管理费",是指商业银行在业务经营和管理过程中所发生的各项费用支出。它包括职工工资、劳动保护费、职工福利费、职工教育经费、工会经费、住房公积金、住房补贴、固定资产折旧、无形资产摊销、长期待摊费用摊销、水费、电费、邮递费、通信费、修理费、租赁费、印刷费、低值易耗品摊销、安全防卫费、电子设备运转费、取暖费、研究开发费、差旅费、会议费、广告费、业务宣传费、业务招待费、诉讼费、咨询费、审计费、物业管理费、董事会费、外事费、保险费、绿化费、其他营业费用等。为了核算反映业务及管理费用的增减变动情况,商业银行设置"营业费用"或"业务及管理费"科目进行会计核算,该科目属于损益类科目,按照费用的具体项目进行明细核算。

每一种费用管理要求不同,银行财务部门应严格执行财务制度,将各项费用控制在税法规定的比例限额内或上级行下达的预算指标内,分别进行账务处理。

(1)职工工资是指按国家工资制度发放给在职职工的工资、奖金、补贴和津贴,期末先计提再支付。

计提时,会计分录为:

借:营业费用——工资
　　贷:应付职工薪酬

支付时,会计分录为:

借:应付职工薪酬
　　贷:经费存款或财务往来

(2)工会经费是指按职工工资总额的2%控制的拨交给工会使用的经费。工会经费先计提后拨缴给工会,期末计提时,会计分录为:

借:营业费用——工会经费
　　贷:应付工会经费

(3)在税法规定的开支范围和比例限额内据实列支的费用,如:职工福利费是按职工工资总额14%控制的用于职工福利方面的支出;职工教育费是按职工工资总额2.5%控制的用于职工教育培训方面的经费;业务招待费是支付业务活动合理需要业务招待支出,按发生额×60%≤当年销售(营业)收入的5‰限额内据实列支(销售收入=主营业务收入+其他业务收入);等等。

在限额内直接支付的会计分录为:

借:营业费用——职工福利费、职工教育经费、业务招待费等
　　贷:经费存款或现金等科目

(4)在合理范围内直接列支的费用,如水电费、宣传费、设备运转费等,发生时,会计分录为:

借:营业费用——水费、会议费、设备运转费等
　　贷:经费存款或现金等科目

如取得增值税专用发票的支出,则会计分录为:

借:营业费用——水费、会议费、设备运转费等
　　应交税费——应交增值税(进项税额)
　　贷:经费存款或现金等科目

(5)发生转账摊销的费用。当商业银行发生转账摊销的费用时,会计分录为:

借:营业费用——固定资产折旧费、无形资产摊销费等
　　贷:累计折旧或无形资产摊销等科目

(6)期末结转利润。在会计期末,商业银行应当将"业务及管理费"科目的余额结转至"本年利润"的借方,结转后"业务及管理费"科目无余额。期末结转利润时,会计分录为:

借:本年利润
　　贷:营业费用——××费用

【例 9-17】 2022 年 9 月,中国建设银行某分行当月应发职工工资 1 000 万元,假定该分行分别按照职工工资总额的 20%、8% 和 12% 计提基本养老保险费、基本医疗保险费和住房公积金。请编制该银行计提职工薪酬及相关福利费用的会计分录。

解析:2022 年 9 月,中国建设银行某分行计提的基本养老保险费为 1 000×20%=200 万元,基本医疗保险费为 1 000×8%=80 万元,住房公积金为 1 000×12%=120 万元。该银行计提职工薪酬及福利费的会计分录为:

借:营业费用　　　　　　　　　　　　　　　　14 000 000
　　贷:应付职工薪酬——工资　　　　　　　　10 000 000
　　　　　　　　　　——基本养老保险费　　　2 000 000
　　　　　　　　　　——基本医疗保险费　　　800 000
　　　　　　　　　　——住房公积金　　　　　1 200 000

5. 其他业务支出的核算

其他业务支出是指商业银行除主营业务活动以外的其他经营活动所发生的支出,即是除利息支出、金融机构往来支出、手续费及佣金支出、业务及管理费用等以外的其他业务支出。它主要包括出租固定资产的折旧额、出租无形资产的摊销额等。商业银行通过设置"其他业务支出"这一科目来进行单独核算,以反映其他业务支出的增减变动情况。该科目属于损益类科目,通常按照其他业务成本的不同类别进行明细核算。

(1)当商业银行发生其他业务支出时,会计分录为:

借:其他业务支出——××支出户
　　贷:经费存款或现金、存放中央银行款项等科目

(2)期末结转利润。在会计期末,商业银行应当将"其他业务支出"科目的余额结转至"本年利润"的借方,结转后"其他业务支出"科目无余额。期末结转利润时,会计分录为:

借:本年利润
　　贷:其他业务支出——××支出户

(二)税金的核算

1. 增值税概述

增值税是指商业银行在经营活动过程中,根据国家税法的相关规定所缴纳的各种税收和附加费。它主要包括增值税、城市维护建设税、教育费附加、地方教育费等。

(1)增值税的税率和征收率。为了减少重复征税,为企业降低税负,促使社会形成更好的良性循环,自 2016 年 5 月 1 日起,我国对金融业全面推广"营改增",即以前缴纳营业税的应税项目改为缴纳增值税,纳税人分为一般纳税人和小规模纳税人。

纳税人提供金融服务的年应征增值税销售额超过500万元(含本数)的为一般纳税人,未超过规定标准的为小规模纳税人。并规定金融企业的增值税率设为两档:一般纳税人适用税率为6%;小规模纳税人提供金融服务,以及特定金融机构中的一般纳税人提供的可选择简易计税方法的金融服务,征收率为3%。

(2)增值税的计税方法,包括一般计税方法和简易计税方法。

①一般纳税人发生应税行为适用一般计税方法计税。一般纳税人发生财政部和国家税务总局规定的特定应税行为,可以选择适用简易计税方法计税,但一经选择,36个月内不得变更。一般计税方法的应纳税额按以下公式计算:

应纳税额=当期销项税额-当期进项税额

销项税额=[销售额÷(1+6%)]×6%

进项税=[可进项抵扣支出÷(1+适用税率)]×适用税率

纳税人的营业额为纳税人提供金融服务收取的全部价款和价外费用,财政部和国家税务总局另有规定的除外。商业银行的贷款服务,以提供贷款服务取得的全部利息及利息性质的收入为销售额。直接收费金融服务,以提供直接收费金融服务收取的手续费、佣金、酬金、管理费、服务费、经手费、开户费、过户费、结算费、转托管费等各类费用为销售额。

当期销项税额小于当期进项税额不足抵扣时,其不足部分可以结转下期继续抵扣。

②小规模纳税人发生应税行为适用简易计税方法计税。简易计税方法的应纳税额是指按照销售额和增值税征收率计算的增值税额,不得抵扣进项税额。应纳税额计算公式为:

应纳税额=销售额×征收率

简易计税方法的销售额不包括其应纳税额,纳税人采用销售额和应纳税额合并定价方法的,按照下列公式计算销售额:

销售额=含税销售额÷(1+征收率)

(3)增值税的账务处理。纳税义务发生时间为纳税人提供金融服务(不含金融商品转让)并收讫销售款项或者取得索取销售款项凭据的当天;先开具发票的,为开具发票的当天。当天确认,按月缴纳。

金融企业应在确认销售额(即利息收入等应税收入)时确认并计提增值税,这部分内容在第六章贷款利息收入核算中已作详细介绍,这里以直接收费的手续费及佣金收入为例,其会计分录为:

借:有关科目
　　贷:手续费及佣金收入
　　　　应交税费——应交增值税(销项税额)

2. 税金及附加的核算

银行营改增后,商业银行除了要按照国家规定缴纳增值税,还需设置"税金及附加"科目,核算缴纳各种附加税费。该科目属于损益类科目,核算内容包括消费税、资源税、城市维护建设税、教育费附加、房产税、土地使用税、车船使用税、印花税等。

附加税以增值税、消费税、营业税的税额作为计税依据。它包括:城建税7%,堤防税2%,教育费附加3%,地方教育发展2%。

(1)城市维护建设税。以实缴的增值税税额作为计税依据征收。现行税率为:银行、信用社地处市区的为7%,地处县镇的为5%,银行、信用社所在地不在市区、县城和集镇的为1%。计税公式为:

城市维护建设税＝应纳增值税额×适用税率

(2)教育费附加。以实缴的增值税税额作为计税依据征收,但已交纳农村教育事业费附加的银行、信用社可不再缴纳此项教育附加税,现行税率为3%。计税公式为:

教育费附加＝应纳增值税额×3%

(3)房产税。按照房产的计税余值或出租房屋的租金收入征收。现行税率为:银行、信用社自用的房产,按房产余值(即房产原值减除10%～30%后的余额)的1.2%缴纳;银行、信用社房产出租按房产租金收入的12%缴纳。微利和亏损银行、信用社,在征得当地税务机关同意后,可在一定期限内暂免交房产税。计税公式为:

自用房屋的房产税＝房产原值－[房产原值×(10%～30%)]×1.2%

出租房屋的房产税＝租金收入总额×12%

(4)土地使用税。按每平方米年税额和纳税人所在地不同分别确定纳税标准征收。根据国家规定,每平方米年税额分别为:大城市0.5～10元;中等城市0.4～8元;小城市0.3～6元;县城、建制镇、工矿区0.2～4元。具体适用税额幅度由省级人民政府确定。

(5)车船使用税。按照车船种类、使用性质、吨位等实行定额征收。

(6)印花税。它是对经济活动和经济交往中书立、领受凭证征收的一种税。征税对象为税法列举的各类经济合同、产权转移书据、营业账簿和权利许可证照等。印花税由凭证的书立人、领受人在书立、领受凭证时缴纳。印花税税目有13种。

上述税费期末计提时的会计分录为:

借:税金及附加
　　贷:应交税费——应交消费税、资源税
　　　　　　　——应交城市维护建设税、教育费附加
　　　　　　　——应交房产税、土地使用税、车船使用税、印花税

商业银行预提应缴纳的增值税金及附加后,当实际缴纳相关税费时,会计分录为:

借:应交税费——应交消费税、资源税、
　　　　——应交城市维护建设税、教育费附加
　　　　——应交房产税、土地使用税、车船使用税、印花税
　　贷:存放中央银行准备金

在会计期末,商业银行应当将"税金及附加"科目的余额结转至"本年利润"的借方。结转后该科目应无余额,结转利润的会计分录为:

借:本年利润
　　贷:税金及附加

(三)营业外支出的核算

营业外支出是指商业银行发生的与其日常经营业务无直接关联的各项经济利益的流出。它包括固定资产盘亏、处置无形资产净损失、处置固定资产净损失、债务重组损失、罚款支出、出纳短款损失、非常损失、捐赠支出、违约赔偿支出等。

为了核算反映各项营业外支出的增减变动情况,商业银行设置"营业外支出"这一科目进行会计核算,该科目属于损益类科目,通常按照不同的支出和损失种类进行明细核算。"营业外支出"科目下设置的明细科目主要包括固定资产清理损失、固定资产盘亏、出纳短款、非常损失、违约赔偿金等。

1. 发生营业外支出

当商业银行发生固定资产盘亏、非常损失、捐赠支出或违约赔偿等营业外支出时,经过一定的审批手续,根据相关凭证编制借贷方记账凭证,作相应的账务处理,会计分录为:

借:营业外支出——××户
　　贷:固定资产清理(或待处理财产损溢、现金等科目)

2. 期末结转利润

在会计期末,商业银行应当将"营业外支出"科目的余额结转到"本年利润"的借方,结转后"营业外支出"无余额。期末结转利润时,会计分录为:

借:本年利润
　　贷:营业外支出——××户

【例9-18】 假定中国建设银行某分行2022年度的营业外支出总额为80万元,会计期末全部结转至本年利润。请编制该银行的相关会计分录。

解析: 商业银行期末将营业外支出结转为本年利润的会计分录为:

借:本年利润　　　　　　　　　　　　　　　　　　　　800 000
　　贷:营业外支出　　　　　　　　　　　　　　　　　　800 000

(四)资产减值损失的核算

资产减值损失是指商业银行按照规定计提的各项资产减值准备所形成的损失。根据我国相关规定,商业银行应当定期检查各项资产,以判断资产是否存在可能发生减值的迹象,并根据谨慎性原则的要求,对存在减值迹象的资产合理计提资产减值准备。需要注意的是,商业银行应当按要求合理计提资产减值准备,但不得设立秘密准备。商业银行计提的资产减值准备金主要包括:贷款减值准备、坏账准备、长期股权投资减值准备、无形资产减值准备、固定资产减值准备、在建工程减值准备、抵债资产减值准备、持有至到期投资减值准备、可供出售金融资产减值准备等。

为了反映根据资产减值准则计提的各项资产减值准备所形成的损失,商业银行设置"资产减值损失"这一科目进行会计核算。该科目属于损益类科目,通常按照减值资产的类别进行明细核算。

1. 提取资产损失准备

商业银行根据资产减值准则确定资产发生减值的,应当根据相应的金额进行账务处理,会计分录为:

借:资产减值损失

贷:××减值准备(或坏账准备、固定资产减值准备等科目)

2. 期末结转利润

在会计期末,商业银行应当将"资产减值损失"科目余额结转至"本年利润"的借方。期末结转利润时,会计分录为:

借:本年利润

贷:资产减值损失

第五节 利润与利润分配的核算

一、利润与利润分配概述

(一)利润概述

1. 利润的概念

利润是指商业银行在一定会计期间的经营成果,包括银行收入减去费用后的净额、直接计入当期利润的利得和损失等。银行的利润大小,反映了其在一定会计期间的经营业绩和获利能力,投资者、债权人以及银行的经营管理者等可以通过银行历年的利润变化,判断银行的经济效益,并据此作出盈利预测,从而作出合理的经济决策。

2. 利润的构成

商业银行的利润按照反映内容的不同,可分为营业利润、利润总额和净利润三个组成部分。具体内容如下。

(1)营业利润。营业利润是商业银行主要的利润来源,是利润总额的重要组成部分。它是银行日常经营活动所产生的利润,是指银行营业收入减去营业支出后的净额。其中,营业收入包括利息收入、金融机构往来收入、手续费及佣金收入、汇兑损益、投资收益、公允价值变动收益和其他业务收入等;营业支出包括利息支出、税金及附加、各项期间费用、资产减值损失、其他业务成本等。

(2)利润总额。利润总额是指银行营业利润加上营业外收入,减去营业外支出后的金额。银行的营业外收入和营业外支出要分别进行核算,反映到利润表中。

(3)净利润。净利润是指银行利润总额减去所得税后的净额。其中,所得税是指银行应计入当期损益的所得税费用。

根据以上定义,商业银行利润的计算公式为:

营业利润=利息净收入+手续费及佣金净收入+汇兑收益+投资收益+公允价值变动收益+其他业务收入-业务及管理费-税金及附加-资产减值损失-其他业务成本

利润总额=营业利润+营业外收入-营业外支出

净利润=利润总额-所得税

(二)利润分配的顺序

利润分配是指商业银行按照一定的制度和政策对所实现的税后利润进行分配的过程。商业银行的利润分配通常按照有关法规和投资协议确认比例,具体分配方案由银行股东大会或类似权力机构批准通过后实施。按照《金融企业财务制度》的规定,商业银行在对其税后利润进行分配时,必须遵循如下顺序。

1. 抵补商业银行已缴纳的惩罚性支出

它包括缴纳银行被没收的财产损失、支付各项税收的滞纳金和罚款等。

2. 弥补以前年度的亏损

商业银行在五年限期内,可以使用税后利润对其以前年度的经营亏损进行弥补,除了利润分配,银行提取的法定盈余公积金和任意盈余公积也可用于弥补经营亏损。

3. 提取法定盈余公积金

商业银行一般按照本年实现净利润的10%提取法定盈余公积金,当法定盈余公积金累计达到注册资本的50%时,可以不再进行提取;法定盈余公积可用于弥补亏损和转增资本,但弥补亏损和转增资本后的剩余部分不得低于注册资本的25%。

4. 提取公益金

公益金是指商业银行在税后利润中提取给员工以及公益设施的资金,主要用于职工食堂、宿舍等福利设施建设支出。

5. 提取一般准备

商业银行应当在每年年末根据自身风险资产的总额,按照规定的比例提取一般准备金,用于弥补未来的可能性损失。

6. 向投资者分配利润

商业银行在向投资者分配利润时,一般按照支付优先股股利、支付普通股股利、转作资本(或股本)的顺序进行,若商业银行的资本充足率等监管指标未达到我国法律法规的规定标准,则不得向投资者分配利润。

(三)会计科目的设置

1."本年利润"科目

"本年利润"科目属于所有者权益类科目,主要用于核算商业银行当期实现的净利润或发生的净亏损。在会计期末,商业银行应当将各个损益类科目的余额结转至"本年利润"科目,其中,将收入类科目的余额结转到"本年利润"的贷方,将费用类科目的余额结转到"本年利润"的借方。若结转后"本年利润"为贷方余额,则表明当期银行的收入大于支出,总利润大于零;若结转后"本年利润"为借方余额,则表明当期银行的支出大于收入,总利润小于零,即本期经营亏损。同时,在年度终了时,商业银行应当将"本年利润"科目的余额转入"利润分配——未分配利润"账户,结转后本科目无余额。

2."利润分配"科目

"利润分配"科目属于所有者权益类科目,主要用于核算商业银行利润的分配(或亏损的弥补)和历年分配(或弥补)后的余额,以反映利润分配的详细情况。本科目下设置的明细科目主要包括"提取法定盈余公积""提取任意盈余公积""应付优先股股利""应付普通股股利""提取一般准备""盈余公积补亏"和"未分配利润"等。当商业银行从税后利润中提取盈余公积、一般准备时,借记本科目,贷记"盈余公积——法定盈余公积或任意盈余公积""一般准备"等科目。

二、利润的核算

商业银行一般按月度计算利润,也可按季度或年度计算利润。与此同时,银行还应当依据国家相关规定,计算相应会计期间的所得税费用,缴纳所得税。

(一)所得税费用的核算

所得税费用是指商业银行确认的应从当期利润中扣除的所得税,它是把当期的利润总额按照税法的规定予以调整后,按照适用税率计算得到的。所得税费用包括当期应交纳的所得税,以及当期递延所得税资产或递延所得税负债的调整额。商业银行设置"所得税费用"这一科目进行会计核算,该科目属于损益类科目,借方登记当期缴纳的所得税费用,在会计期末时需结转至"本年利润"的借方,结转后本科目无余额。

由于不同制度、法规对收入和费用的确认标准不同,商业银行根据税法计算的应纳税所得额与根据会计制度和会计准则核算的会计利润存在一定差异,而这种差异可以分为两类,即永久性差异和暂时性差异。对于暂时性差异,有两种不同的会计处理方法,即应付税款法和纳税影响会计法。

应付税款法是指不考虑暂时性差异对当期所得税费用的影响,直接按照应纳税所得额计算当期的所得税费用。这种方法虽然简单易行,但是并不符合收入与费用配比的原则。纳税影响会计法是指考虑暂时性差异对所得税费用的影响,按照当期的应纳税额和暂时性差异对所得税影响的合计确认为当期的所得税费用。该方法符合收入和费用的配比原则,使用该方法确认所得税费用时,暂时性差异对所得税的影响反映在利润表中的所得税费用和资产负债表中的递延税款余额中。

新会计准则要求商业银行采用纳税影响会计法核算所得税费用,即将银行因确认递延所得税资产和递延所得税负债所形成的递延所得税计入所得税费用。

商业银行在确认当期的所得税费用、递延所得税资产或递延所得税负债后,处理的会计分录为:

借:所得税费用
　　递延所得税资产
　贷:应交税费——应交所得税
　　　递延所得税负债

(二)本年利润的核算

商业银行期末结转"本年利润"余额的方法主要分为账结法和表结法。

1. 账结法

账结法是指商业银行通过"本年利润"科目核算当年实现的利润或亏损总额,银行的利润直接在"本年利润"科目中结转并反映出来的方法。

具体做法为:首先,商业银行每月月末(季末)将各损益类科目的余额转入"本年利润"科目,即把各项收入类科目的余额结转至"本年利润"的贷方,将各项费用类科目的余额结转至"本年利润"的借方;然后,计算出"本年利润"科目借贷方发生额的差额,如果"本年利润"科目的期末余额在贷方,则表明本期银行盈利,如果"本年利润"科目的期末余额在借方,则表明本期银行亏损。

商业银行结转各项收入类科目时,会计分录为:

借:利息收入

　　手续费及佣金收入

　　金融机构往来收入

　　汇兑收益

　　投资收益

　　其他业务收入

　　营业外收入

　贷:本年利润

商业银行结转各项费用类科目时,会计分录为:

借:本年利润

　贷:利息支出

　　手续费及佣金支出

　　金融机构往来支出

　　营业费用

　　汇兑损失

　　投资损失

　　其他业务支出

　　营业外支出

　　资产减值损失

　　所得税费用

在年度终了时,商业银行应当将"本年利润"科目的余额转入"利润分配——未分配利润"账户,结转后,"本年利润"科目无余额。若"本年利润"科目的余额在贷方,则银行年终结转的会计分录为:

借:本年利润

　贷:利润分配——未分配利润

若"本年利润"首先科目的余额在借方,则银行年终结转的会计分录为:

借:利润分配——未分配利润

　贷:本年利润

商业银行通过账结法核算本年利润,可以通过"本年利润"科目提供各月的利润额,记账业务程序较为完整,但采用该方法增加了银行编制结转损益分录的工作量。

2. 表结法

表结法是指商业银行在月末或季末计算所获取的利润或发生的亏损时,不通过"本年利润"账户核算,而是通过编制利润表计算并反映出来的方法。

采用表结法每月结账时，银行只需结出损益类科目的月末余额，不结转到"本年利润"科目，只有在年末结转时才使用"本年利润"科目。具体做法为：每月月末，商业银行结出各损益类科目的累计余额，根据这些余额逐项填入利润表，通过利润表计算出从年初到本月末为止的本年累计利润，然后减去上月末利润表中的本年累计利润数，即可得到本月的利润或亏损总额。

采用表结法核算本年利润，商业银行在每月度或季度编制资产负债表时，如果平时不进行利润分配，则"未分配利润"项目应填制利润表中的"利润总额"与"未分配利润"科目余额的合计数；如果平时进行利润分配，则应根据利润表中的"利润总额"与"利润分配"的差额来填制资产负债表中的"未分配利润"项目。

与账结法相似，采用表结法核算本年利润时，在年度终了，商业银行应当将"本年利润"科目余额结转至"利润分配——未分配利润"账户，结转后"本年利润"科目无余额。结转的会计分录与账结法相同，即如果商业银行盈利，本年利润为贷方余额，则年末结转的会计分录为：

  借：本年利润
    贷：利润分配——未分配利润

如果商业银行亏损，本年利润为借方余额，则年末结转的会计分录为：

  借：利润分配——未分配利润
    贷：本年利润

与账结法相比，表结法在平时直接通过利润表结转，减少了结转损益分录的工作量，不仅能够从科目余额中得出本年累计的指标数值，还不影响利润表的编制及有关损益指标的利用。

三、利润分配的核算

在年度终了时，商业银行应当首先将本年度实现的利润或亏损，从"本年利润"科目结转至"利润分配——未分配利润"科目，然后按照利润分配的规定顺序进行处理。利润分配顺序包括抵补商业银行已缴纳的惩罚性支出、弥补以前年度亏损、提取盈余公积、提取公益金、提取一般准备、向投资者分配利润等。下文将对利润分配的相关会计核算进行具体介绍。

（一）抵补商业银行已缴纳的惩罚性支出

根据我国相关规定，商业银行因违规行为所承担的各项惩罚性支出，不能计入经营成本，须在税后利润中进行列支。当商业银行使用利润抵补已缴纳的各项惩罚性支出时，会计分录为：

  借：利润分配——未分配利润
    贷：存放中央银行准备金

(二)弥补以前年度亏损

如果商业银行以前年度发生了经营亏损,则可以按照相关规定使用税前和税后利润进行弥补,弥补亏损时无须作专门的账务处理。当税后利润不足以弥补亏损时,商业银行可以使用发生亏损以前提取的盈余公积和一般准备进行弥补。

当商业银行使用盈余公积弥补经营亏损时,会计分录为:

借:盈余公积——任意盈余公积
　　　　——法定盈余公积
　贷:利润分配——盈余公积补亏

当商业银行使用一般准备弥补亏损时,会计分录为:

借:一般准备
　贷:利润分配——一般准备补亏

(三)提取盈余公积金

商业银行的税后利润在弥补以前年度亏损后还有剩余的,按 10% 比例提取盈余公积金,累计达注册资本的 50% 时可不再计提。银行从税后利润提取盈余公积时,会计分录为:

借:利润分配——提取法定盈余公积
　　　　——提取任意盈余公积
　贷:盈余公积——法定盈余公积
　　　　——任意盈余公积

(四)提取公益金

商业银行在税后利润中还需提取公益金,会计准则规定按税后利润的 5%~10% 比例计提。《中华人民共和国公司法》对公益金不作为法定计提项目,故企业可自行决定是否计提。公益金用于职工食堂、宿舍等福利设施建设的资金,提取公益金时,会计分录为:

借:利润分配——提取法定公益金
　贷:盈余公积——公益金

(五)提取一般准备

按照我国相关规定,从事存贷款业务的商业银行,在弥补了以前年度亏损、计提盈余公积和公益金之后,还应当根据自身的风险资产余额,按照中国银保监会的监管要求,即一般准备金余额不低于银行风险资产期末余额的 1.5%,从净利润中差额提

取一般准备。银行提取一般准备时,会计分录为:

借:利润分配——提取一般准备

贷:一般准备

(六)向投资者分配利润

商业银行当年实现的净利润在经过上述的利润分配之后,剩余的部分加上年初的未分配利润和其他转入,即为可以向投资者分配的利润额度。当银行计算应当支付给股东的现金股利或利润时,会计分录为:

借:利润分配——应付现金股利或利润

贷:应付股利

当商业银行实际支付应付利润时,会计分录为:

借:应付股利

贷:存放中央银行准备金(或现金等科目)

若商业银行向股东分配股票股利,则应当办理相应的增资手续,会计分录为:

借:利润分配——转作股本的股利

贷:股本

商业银行按规定进行利润分配之后,将"利润分配"下的其他明细科目余额均转入"未分配利润"明细科目,结转后"利润分配"科目下除了"未分配利润",其他明细科目均无余额。最终,若"未分配利润"科目为借方余额,则反映未弥补的亏损;若"未分配利润"科目为贷方余额,则为本年度的未分配利润,可以作为留存收益与以后年度的利润一并进行处理。

【例9-19】 某商业银行在2022年12月31日各损益类账户的余额分别为:利息收入为6 500 000元、手续费及佣金收入为700 000元、金融机构往来收入为352 000元、其他业务收入为25 000元、营业外收入为10 000元、利息支出为4 500 000元、手续费及佣金支出为55 000元、金融机构往来支出为180 000元、业务及管理费为400 000元、其他业务支出为46 900元、营业外支出为21 100元。假定该商业银行本期会计利润与应纳税所得一致,按照利润的25%缴纳所得税费用,并按照净利润的10%提取法定盈余公积金。要求:编制该银行结转本年利润、缴纳所得税费用和提取法定盈余公积的会计分录。

解析:该商业银行将收入类科目余额结转至"本年利润"的贷方,共计6 500 000+700 000+352 000+25 000+10 000=7 587 000元,将费用类科目余额结转至"本年利润"的借方,共计4 500 000+55 000+180 000+400 000+46 900+21 100=5 203 000元。因此,商业银行的"本年利润"为贷方余额7 587 000-5 203 000=2 384 000元。

商业银行应当缴纳的所得税费用为2 384 000×25%=596 000元,实现净利润为

2 384 100－596 000＝1 788 000元,提取法定盈余公积金为1 788 000×10％＝178 800 元。

该商业银行结转各项收入类科目时,会计分录为:

借:利息收入	6500 000
手续费及佣金收入	700 000
金融机构往来收入	352 000
其他业务收入	25 000
营业外收入	10 000
贷:本年利润	7 587 000

商业银行结转各项费用类科目时,会计分录为:

借:本年利润	5 203 000
贷:利息支出	4 500 000
手续费及佣金支出	55 000
金融机构往来支出	180 000
业务及管理费	400 000
其他业务支出	46 900
营业外支出	21 100

商业银行缴纳所得税费用时,会计分录为:

借:所得税费用	596 000
贷:应交税费——应交所得税	596 000
借:本年利润	596 000
贷:所得税费用	596 000

商业银行提取法定盈余公积金时,会计分录为:

借:本年利润	1 788 000
贷:利润分配——未分配利润	1 788 000
借:利润分配——提取法定盈余公积	178 800
贷:盈余公积——法定盈余公积	178 800

思考与练习

一、思考题

1. 固定资产折旧的方法有哪些?
2. 什么是无形资产? 无形资产有哪些特点?
3. 什么是盈余公积? 如何进行会计核算?
4. 商业银行的一般准备如何进行会计核算?
5. 商业银行的收入包括哪些内容? 怎么进行账务处理?

6. 商业银行的成本费用核算应该注意哪些问题?

7. 商业银行的营业收入和营业支出分别包括哪些内容?

8. 商业银行的利润由哪几部分组成?分别怎么计算?

9. 商业银行在进行利润分配时应当遵循什么顺序?

10. 商业银行结转"本年利润"期末余额的方法有哪两种?二者有什么区别?

二、选择题

1. 下列哪一项不属于商业银行的所有者权益?(　　)
   A. 实收资本　　　B. 汇兑损益　　　C. 一般准备　　　D. 盈余公积

2. 当金融企业接受现金资产投资时,会计分录为(　　)。
   A. 借记存放中央银行款项,贷记实收资本
   B. 借记实收资本,贷记存放中央银行款项
   C. 借记固定资产,贷记实收资本
   D. 借记实收资本,贷记固定资产

3. 下列选项中属于银行费用的是(　　)。
   A. 实收资本　　　B. 利息支出　　　C. 资本公积　　　D. 利息收入

4. 下列选项中,属于其他营业收入的是(　　)。
   A. 利息收入　　　　　　　　B. 手续费及佣金收入
   C. 无形资产转让收入　　　　D. 金融机构往来收入

5. 下列选项中说法错误的是(　　)。
   A. 资本公积是所有者共有的、非收益转化所形成的资本
   B. 盈余公积可用于弥补亏损、转增资本和分配股利
   C. 一般准备可用于弥补亏损、分红和转增资本
   D. 未分配利润是净利润中尚未确定用途、归所有者所有的资金

6. 商业银行对于无形资产、递延资产和其他资产按受益期摊销,执行的核算原则是(　　)。
   A. 谨慎性　　　B. 权责发生制　　　C. 历史成本　　　D. 划分两类支出

7. 按照性质分类,"利润分配"科目属于(　　)。
   A. 资产类科目　　　　　　　B. 负债类科目
   C. 损益类科目　　　　　　　D. 所有者权益类科目

8. 商业银行因固定资产清理所取得的净收益,应该结转到哪个账户进行核算?(　　)
   A. 营业外支出　　B. 营业外收入　　C. 其他营业收入　　D. 投资收益

9. 根据相关规定,当商业银行的累计法定盈余公积达到注册资本的多少比例时,可以不再提取?(　　)
   A. 20%　　　　　B. 50%　　　　　C. 10%　　　　　D. 60%

10. 按照现行的会计制度规定,盈余公积除了可以用于转增资本,还可以用于(　　)。

　　A. 增加利润　　　B. 增加营业收入　　C. 弥补亏损　　　D. 分配给股东

三、业务分录题

1. 某商业银行接受客户申请办理银行承兑汇票,收取手续费500元。请编制相应的会计分录。

2. 某商业银行收到存入中央银行款项的利息50 000元,请编制相应的会计分录。

3. 某商业银行一项固定资产的原价为120万元,预计使用年限为6年,预计报废时该固定资产的净残值为5 000元。假定该银行按照双倍余额递减法计提折旧,请计算每月的折旧额大小。

4. 某商业银行购买了一项特许权,支付金额共计500万元,协议约定该特许权的受益年限为15年。假定该银行采用直线法摊销,请计算银行每月的摊销金额,并编制相应的会计分录。

5. 某商业银行购入一项非专利技术,购买时支付的价格和有关费用一共为100万元,以银行存款支付。请编制商业银行的相关会计分录。

6. 某商业银行对部分固定资产进行报废清理,获得净收益8 000元。请编制相应的会计分录。

7. 某商业银行2022年度实现利润总额为300万元,假定需按照25%的比例缴纳所得税。根据相关规定,按照税后利润的10%提取法定盈余公积,按照税后利润的5%提取公益金。经股东大会决议通过,使用盈余公积20万元转增资本,使用公益金10万元为职工购买健身器材。请编制上述业务的会计分录。

8. 某商业银行在创立之初收到投资者的以下投入:投资者A投入现金100万元;投资者B投入现金和办公大楼,其中,投入现金150万元,经第三方评估机构评估,投入的办公大楼价值为200万元;投资者C投入土地使用权,经评估价值为90万元。请编制商业银行收到上述投资时的会计分录。

9. 2022年5月,某商业银行销售部共发生费用28万元,其中,销售人员工资薪酬为15万元,业务费为7万元,办公设备折旧费为6万元,均使用银行存款支付。请编制商业银行的相关会计分录。

10. 2022年年末,某商业银行各损益类科目的余额如下:利息收入为8 515 000元,金融机构往来收入为250 000元,手续费及佣金收入为303 500元,汇兑收益为10 000元,其他业务收入为250 000元,营业外收入为48 000元,利息支出为5 125 000元,金融机构往来支出为150 500元、手续费及佣金支出为155 000元,业务及管理费为750 000元,资产减值损失为135 000元,营业外支出为28 000元。请编制结转各损益类科目的会计分录。

第十章
年度决算与财务报告

> 学习目标

1. 掌握年度决算工作内容与工作流程。
2. 了解财务报告构成及列报要求,对商业银行的年终决算工作事项和财务报告编制的要求有完整的认识。
3. 了解商业银行财务报表项目与实体企业报表项目的差异。
4. 熟悉年度财务报告的编制方法。

第一节 年度决算

一、年度决算的意义和要求

(一)年度决算的意义

年度决算是银行会计工作的重要环节,是对银行全年的经营活动、内部管理以及操作流程进行的一次全面细致的梳理、检查与总结。《中华人民共和国会计法》规定我国的会计年度自公历 1 月 1 日起至 12 月 31 日止,12 月 31 日为年度决算日,如遇节假日不顺延。根据我国银行总分行机构设置的特点,商业银行的总行为对外报告的会计主体。银行系统内凡独立会计核算单位(总行、分行、支行)都应进行年度决算,而附属会计核算单位(分理处、营业所)则应当以总账或报表方式,由管辖行合并进行年度决算。各独立核算单位的决算报表填制完毕,应逐级汇总全辖数字上报上级行,最后由总行汇总全国各分行上报的决算报表数字,进行全行的决算。

年度决算报告是反映企业年度财务状况、经营成果和现金流量的总结性书面文件。认真做好年度会计决算编审工作,是报表使用者(投资人、债权人、各级经营机构和监管机构)掌握信息,防范和化解金融风险的有效途径。

年度决算包括决算前的准备工作和决算日的工作两部分,做好年度决算具有以下重要的意义:

通过决算,可以检查银行在各项业务活动中贯彻执行党和国家的方针、政策和金融法规情况;

通过决算,可以准确、全面、系统、完整地反映银行业务活动和财务收支结果;

通过决算,可以考核银行各项计划指标的执行情况,研究和分析全年经营结果,为编制下年度计划提供可靠的信息资料;

通过决算,可以集中审查一年来资金、费用和财产的使用情况,保证银行资产的安全与完整。

(二)办理年度决算的具体要求

1. 充分重视,加强领导

年度决算要贯彻"统一领导、分级管理"原则,自上而下逐级成立年度决算领导小组,由主管行长牵头,成立由会计运营、财务、公司零售、外汇、机构、行政、计划、科技、清算中心等业务职能部门负责人参加的年终决算领导小组,统一部署,落实职责分工,并由会计部门统一组织、实施,确保决算工作的顺利进行。

2. 全面核对会计核算资料,核实资产

按照总行决算工作的部署,银行各级分支机构要切实清查财产、核实账务,保证会计资料的真实性、准确性和完整性。

3. 统一政策,及时报送年度财务报告

银行对于会计报表的种类、术语、口径和格式等,必须做到全国范围内的统一。下级行必须在规定的时间及时编制财务报表,及时呈送给上级行,不能延误及拖后,以免影响整个银行系统的年度决算。

银行要做好决算附表、附注等有关资料的数据统计核实工作。决算报表必须做到内容完整,数字真实,计算准确,说明清楚,报表齐全,印鉴齐备,编报及时,表与表之间的勾稽关系核对一致。

二、年度决算前的准备工作

银行年度决算工作一般从 11 月初开始进行,总行颁发办理当年决算的通知,提出当年决算中应注意的事项及相应要求,各管辖分行应根据总行通知,结合辖内具体情况,做好决算各项准备工作,包括清理资金、清查账务、盘点清查财产、核实损益及其他准备工作。

(一)清理资金

1. 清理各类贷款、垫款

年度决算前,银行应对贷款账户进行全面核查,查实是否存在到期(含展期到期)未还贷款,是否按规定转入逾期贷款科目。清理银行承兑汇票、保函、信用证、信用卡、衍生产品、理财产品、代理财政支付等业务形成的垫款,在有关垫款科目与业务台账核对一致的基础上,积极落实催收措施,加速回收。对于已发生垫款,按照相关规定要求,及时、足额计提贷款损失准备或坏账准备。

2. 清理结算资金

银行应清理汇出汇款、开出本票和应解汇款款项等各类结算资金。对超过规定期限尚未销账的"汇出汇款、开出本票"等科目余额,应与申请单位联系,查明原因,按规定及时处理,确保"账、卡、簿"三相符;对"应解付单位汇款、应解付个人汇款"账户应积极联系解付,对确实无法解付且超过2个月规定期限的款项,应办理退汇手续;对挂账时间在2年以上的本外币长期未解付款项,应根据不动户管理的要求进行清理。

3. 清理久悬不动户存款

符合不动户转收入条件的,要及时转入营业外收入。银行的各项活期存款,如一年以上没有发生收支,即视为"久悬户"。银行账务处理系统对本外币活期存款长期不动户可自动转入营业外收入完成清理,对本外币长期未解付款项则需要手工执行相应的交易完成清理。后续对于长期不动户转正常及申领情况要做好合规性检查,严格审批手续,做好账户确认工作,对于频繁转入转出的,要及时查明原因,切实防范操作风险。

4. 清理暂收、暂付等过渡性资金

银行对各项临时性和过渡性账户,如暂收款项、暂付款项、待清理资产和待清理负债等应及时清理。重点核实超期限挂账,及时完成挂账款项的收回、支付工作,符合核销条件的及时予以核销。

5. 做好纳税调整和所得税清算

银行应加强增值税进项税管理,力争做到应抵尽抵,努力提升进项税抵扣比例。

银行要如实填报纳税调整项目。税法和财务制度有规定比例的支出项目,超过规定比例的部分,应按规定比例进行纳税调整。纳税调增项目包括超过国家规定的利息支出,超过计税工资标准列支的工资,多提的职工福利费、工会经费和职工教育经费,超过规定提取的呆账准备金和坏账准备金,超过规定比例的代办储蓄手续费、业务宣传费、业务招待费,超过规定的捐赠支出,各种赞助支出,违法经营的罚款和被没收的财物,各项税收的滞纳金、罚金和罚款,审计、检查上交款项,税后投资收益还原等项目。

纳税调减项目中免税国债利息收入指商业银行购买国债的利息收入扣除资金成本的净收入,在会计决算中应提供免税国债利息净收入的计算依据。不提供计算依据和免税国债利息收入汇总计算明细表的,不予免税。企业买卖国债的全部收益扣除国债利息净收入后的差价收入,不享受免税待遇。

6. 清理信托、代理业务

银行应核对代理债券、代理理财业务资金。代理债券业务由各行代理债券管理部门牵头,对代理发行、兑付的国债、金融债券、企业债券等进行全面核对,及时完成资金划拨。

(二)核对账务

1. 全面检查会计科目和账户的使用是否正确

银行应检查各项业务使用的会计科目是否正确,对于使用不正确的会计科目及时进行账务调整、销户,保证账务核算正确。同时,清理内部科目,对于总行已停止使用的内部科目与账户,余额为零且两年内无发生额的非标准账户应作销户处理,提取符合条件的非标准账户清单并由各内部账户归口管理部门进行确认后销户,确属业务办理需要保留的应说明原因。对于已转为合约账户承接的业务以及总行已发文取消但未在业务系统停用的科目、对前期遗留内部账户组织清理销户。

2. 全面核对内外账务

银行应按照对账管理办法要求,与所有开户单位进行内外对账,全面核对存、贷款账户余额,发送书面或电子的年终余额对账单,为客户提供对账服务,切实防范操作风险。

3. 全面核对往来账务

银行应全面核实各支付系统往账、来账业务、清理联行往来的未达账项,处理账务悬案,核对总账、分户账余额;逐笔清理支付清算系统查询查复账务;逐一核对同业往来账务、核对中央银行存贷款账户余额。

4. 编制试算平衡表,进行预决算

银行根据11月份总账各科目自年初累计发生额,编制试算平衡表,与11个月的月计表合计数进行核对,如有不符,应立即查明更正。

(三)清点财产

银行对库存现金、发行基金、有价单证及重要空白凭证、固定资产等,应根据有关账簿进行全面清查盘点、核实,盘盈或盘亏的财产经审批后及时处理。由各实物管理部门牵头组织实物的清查盘点。

1. 清点核对库存现金、代保管物品、担保物、贵金属、有价单证、重要空白凭证、印章、网银盾、支付密码、押品及其他重要物品,对自助设备进行查库

现金查库由分管行长负责,根据查库制度定期或突击查库,确保账款相符及现金的安全。

各级实物保管机构认真盘点实物资产,以实物碰账,确保账、实、簿相符。对于作废的重要单证,要在年底前完成销毁和账务处理;对已达到合同付款条件的代销资金,要尽快与供应商结算。

2. 清点核对房屋、车辆等固定资产

它包括固定资产、无形资产及库存物资,对房屋、车辆等固定资产,应根据固定资产账卡记录进行盘点,发现问题,应查明情况,按规定办理报损或入账,对于符合入账条件的固定资产应及时入账,确保年末固定资产等账账、账卡、账簿、账实相符。

(四)核实损益

各银行都要按照权责发生制的核算原则对财务收支进行核算,不得隐瞒、转移或截留,真实计算企业损益,完整反映企业财务成果。凡不属本年度的有关费用不得以预提、待摊的名义调节费用支出,虚增虚减利润。

1. 核实各项收入计算、价税分离计算是否正确

(1)应改按规定的核算方法计算和确认当期的营业收入。利息收入计算是否正确、是否真实。加强表内应收未收利息核算,严禁将逾期(含展期后)未满90天的贷款的应计利息纳入表外核算。严格执行应收未收利息核算年限满90天的规定。

(2)认真清收金融机构往来收入。对存放同业和拆出资金的利息,要按照规定及时收回;各项中间业务代理收入按规定范围、标准和费率严格收费,纳入损益核算,防止收入流失。

(3)加强投资收益的清收,提高投资回报。对购入的有价证券取得的利息收入,应全额纳入投资收益核算。对持有长期有价证券(含国债),应按有价证券的面值和规定的利率和期限,计算应收利息,并列入投资收益。企业应将国债利息收入在投资收益中单独列示,并提供免税国债利息收入汇总计算明细表。

(4)核查中间业务收入计量核算情况。全面检视与客户签订的仍在存续期内的协议,对合约入账情况进行检查。对于应在全行财务系统中建立合约的,确保"应建全建"。合约期限必须与服务期限一致,合约金额必须与收费金额一致,不得通过内部账户人为调节中间业务收入。

认真核查中间业务收入递延登记簿信息。对起止日期、金额等信息进行检查,对于起止日期短于30天的,必须进行逐笔核查,与客户协议不符的立即组织整改,确保合约信息真实、准确。

做好对已建立合约的后续管理。对于状态为"待结清"的合约,要逐笔分析成因,属于客户未及时交付资金的,加大追讨力度;属于已协议减免收费或退费的,及时调整或终止合约。

2. 核实各项费用开支是否正确

统筹安排成本费用支出。按照总行的成本管控政策,各省分行根据总行当年要求进行成本管控,优化费用结构,积极支持基础性战略重点业务发展,严格控制与压缩行政性费用支出。

(1)核实各项利息支出的计算是否正确,存款是否真实存在。

(2)呆账准备金是否足额计提。各项资产减值准备计提是否正确。核实呆、坏账核销是否符合呆、坏账认定条件,报批手续是否完备,严禁将不符合条件的应收利息直接冲减利息收入。

(3)严格固定资产租赁、修理费的管理,严禁以固定资产修理费的名义搞以修代建。融资租入固定资产的租赁费不得直接列入费用;对经营租赁租入的固定资产改良支出,列入递延资产,按租赁期限分期摊销;对固定资产大宗修理费应按受益期限分期摊销,不得一次列入费用;实行住房制度改革的企业,住房维修费在住房周转金中列支。

(4)严格加强工资管理。省分行根据总行下达的员工费用、工资、劳务用工费、业务管理费及控制类项目等年末控制数指标,对全年业务发展的预计情况及年度与业务挂钩的相关费用提前作好预估测算,力争全年各项费用实际支出不得超过总行下达的年末控制数。

构成工资总额的各种支出必须如实纳入工资科目核算,工资发放必须严格按照国家规定,不得在工资科目之外以各种名义乱发补贴、津贴。国家对企业统一实行计税工资办法,计税工资的月扣除最高限额按国家规定标准执行。计税工资标准经财政部超过上述限额的,需提供计税工资扣除限额的计算依据。

(5)核实是否按规定比例计提工会经费支出、职工教育经费支出、职工福利费等支出。对据实列支的费用,如手续费、招待费、会议费、差旅费、外事费、宣传费等要严格按财务制度规定计算,不得预提,在相关业务和事项实际发生后列支。

(五)其他准备

1. 合理确认预计负债和各项投资估值

(1)股权投资估值入账。商业银行总行持有的股权投资,由总行负责估值,并完成账务处理;各级分行持有的股权投资,由各级分行负责估值、完成账务处理,并将估值结果上报总行。

(2)贵金属经营租借预计负债确认。商业银行总行风险管理部统一对全行经营性贵金属租借业务预计负债计提规模进行测算,经风险负责人审批同意后,下发各级分行对业务测算依据及测算结果进行核对确认,由各级分行通过财会系统完成相关预计负债的入账操作。

(3)未决诉讼、未决仲裁预计负债确认。商业银行对于已计提的预计负债,认真核查有关情况,及时跟踪和清理,避免预计负债长期挂账。如有确凿证据表明账面价值不能真实反映当前最佳估计数的,应当按照当前最佳估计数对账面价值进行调整,确保预计负债账面价值真实准确。预计负债实行授权管理,各分支机构对于超过本机构授权范围的预计负债确认和转回事项要在规定时间前报审上级机构。

(4)表外信贷预计负债确认。授信类表外业务由总行统一计提预计负债并通知核算部门进行账务处理。

2. 公募基金、债券业务估值入账、投资估值入账

商业银行对于通过内部账户手工核算的同业中心投资、公募基金等业务,以及通过资金交易系统核算的金融市场部门公募基金投资等业务,由总行财务会计部负责对以公允价值计量的投资进行估值并入账。

3. 存量理财业务账务处理

各分支机构根据理财系统中当期保本理财支出计提金额,完成资产收益的计提,后续每日根据理财产品到期情况进行相应损益调整。产品主办行应及时完成手续费分配,并及时完成保本型代客理财产品资产负债的确认和终止确认。

三、决算日的工作

(一)及时办理当天业务,完成日结工作

如果决算日为工作日,那银行应正常对外营业,为完整反映全年经营成果和财务状况,决算日收到凭证、往来报文等应及时办理,当年账务登记完毕,不得跨年处理;及时在系统关闭前完成对同城票据交换资金、电子汇划资金以及各种往来资金的清算工作,完成当天的日结工作。

(二)提取和结付有关款项

1. 贷款减值准备由总行统一计提

2. 结转损益

会计引擎、财务资源管理系统在指定时间前将数据上传至总账系统。总账系统将各机构损益科目余额结转至对应机构本年利润科目,并将本年利润科目余额结转至未分配利润科目。在完成利润结转后,总行将小币种(即非美元外币)未分配利润通过"经营利润外汇买卖"科目划转至美元未分配利润。之后,总账将提供明细数据

给金融市场组件,由金融市场组件完成后续分行向总行的平盘处理。

3. 按照财务制度及董事会决议的利润分配预案,进行利润分配账务处理

4. 上级行临时要求的其他账务处理事项

(三)编制年度决算报表

当天在规定时间内,境内各级分行、海外分行及子公司应上报调整确认函、披露信息确认函,境内各级分行还应上报财务报表声明书。海外分行及子公司按照财务报告编制时间,与外部审计师落实具体工作安排和时间要求,并于审计报告出具后三个工作日内,将审计报告连同向外部审计师出具的财务报表声明书(如有)报送总行财务会计部。总行层面完成集团合并报表的编制工作,按时对外披露年度财务报告。

境内各级分行、海外分行及子公司应在规定时间内向总行报送决算说明,内容包括但不限于决算组织情况、报表编制情况,决算报表中不符事项的说明;对账签证以及财产清理工作中发现的账款、账实不符情况及核实原因;决算工作中存在的问题及建议等。

(四)完成新旧账务结转

1. 总账的结转

年度终了,各科目总账全部结转新账,全部采取账结的方式结转,即不编制凭证,不通过会计分录。结转时,应写新年度1月1日,在摘要栏记载"上年结转"字样。

2. 分户账的结转

结转明细分户账不填制凭证,按结转对照表结转过来的科目所属的账户余额,逐户对入下年度新账页上,并在新账页的摘要栏内注明"上年结转"字样,结转后新账名账户的余额之和,必须与总账同科目的余额相等。各分户账由于登记方法不同,结转的方法也不相同。

(1)贷款明细账的结转,除账首有关栏目和贷款余额、未计利息的日数和积数结转新账外,还要将"贷款指标累计""发放贷款累计""收回贷款累计"等一并结转;年末贷款指标结余注销的应按减除注销指标数后的指标数(与发放贷款累计数相同)结转;年终前已还清贷款的账户,不再办理结转。

(2)存款科目明细账按照余额结转。未计利息的日数和积数分别记入新账有关栏目。

(3)营业收支等损益科目余额分别转入"本年利润"科目,"本年利润"科目余额转入"利润分配"科目。年度只结转"利润分配"等权益性科目余额。

(4)应付及暂收款、应收及暂付款要按照各账户余额或账户内未销的内容,逐笔结转新账。

(5)其余各科目明细账,均按年终余额逐户结转新账。

(6)各种登记簿的结转。各种登记簿、登记卡片延续下年继续使用。

3. 系统关闭

统筹安排年终结转所涉及的内部财务系统、网上银行系统、个人贷款系统、委托性住房金融业务系统、现代化支付系统、银行卡网络系统、证券业务系统、对公信贷流程系统、贸易融资系统、外汇清算系统、资金交易后台系统、信用卡系统、手机银行系统、海外业务系统和财务资源管理系统等的关闭时间,明确相关事项要求。各级机构应按照相关系统年终结转要求,完成业务处理,在规定时间内完成系统签退。

四、决算日后的工作和事项

(一)资产负债表日后事项的概念

资产负债表日后事项,是指资产负债表日至财务报告批准报出日之间发生的有利或不利事项。财务报告批准报出日,是指董事会或类似机构批准财务报告报出的日期。

资产负债表日后事项包括资产负债表日后调整事项和资产负债表日后非调整事项。资产负债表日后调整事项,是指对资产负债表日已经存在的情况提供了新的或进一步证据的事项。资产负债表日后非调整事项,是指表明资产负债表日后发生的情况的事项。

(二)资产负债表日后调整事项

企业发生的资产负债表日后调整事项,应当调整资产负债表日的财务报表。企业发生的资产负债表日后调整事项,通常包括下列各项。

1. 资产负债表日后诉讼案件结案,法院判决证实了企业在资产负债表日已经存在现时义务,需要调整原先确认的与该诉讼案件相关的预计负债,或确认一项新负债。

2. 资产负债表日后取得确凿证据,表明某项资产在资产负债表日发生了减值或者需要调整该项资产原先确认的减值金额。

3. 资产负债表日后进一步确定了资产负债表日前购入资产的成本或售出资产的收入。

4. 资产负债表日后发现了财务报表舞弊或差错。

(三)资产负债表日后非调整事项

企业发生的资产负债表日后非调整事项,不应当调整资产负债表日的财务报表。企业发生的资产负债表日后非调整事项,通常包括下列各项。

1. 资产负债表日后发生重大诉讼、仲裁、承诺。
2. 资产负债表日后资产价格、税收政策、外汇汇率发生重大变化。
3. 资产负债表日后因自然灾害导致资产发生重大损失。
4. 资产负债表日后发行股票和债券以及其他巨额举债。
5. 资产负债表日后资本公积转增资本。
6. 资产负债表日后发生巨额亏损。
7. 资产负债表日后发生企业合并或处置子公司。

资产负债表日后,企业利润分配方案中拟分配的以及经审议批准宣告发放的股利或利润,不确认为资产负债表日的负债,但应当在附注中单独披露。

(四)向监管机构报送决算报表

1. 向人民银行和金融监管局报送年度财务报表及决算说明

各级机构按照当地人民银行和金融监管局的要求,向同级人民银行和金融监管局报送经签字盖章确认的资产负债表、利润表、财务状况变动表(试算平衡表)、决算情况说明等资料。

2. 向财政部门报送集团年度金融企业财务决算报表

境内外各级分行按要求上报总行编报年度决算所需信息;子公司的决算报表由各子公司穿透填报;总行汇总编制后向财政部门报送集团年度金融企业财务决算报表。

(五)上划未分配利润

境内各级分行及子公司,按照总行通知完成年度利润清算工作。海外分行应按我国境外机构相关管理规定,在完成外部审计并符合当地监管要求的情况下,按总行时间要求将未分配利润上划总行。

第二节　财务报告

财务会计报告是指企业按照会计准则和相关规定编制的满足对外披露要求并定期对外发布的财务报告,是反映企业某一特定日期的财务状况和某一会计期间的经营成果、现金流量等会计信息的文件。财务报告必须真实、完整、及时。

财务报表是财务报告的核心内容。财务报表是对企业财务状况、经营成果、现金流量的结构性表述,至少包括:资产负债表,利润表,现金流量表,所有者权益(或股东权益)变动表,分部报表,附注。

商业银行应依据《企业会计准则第30号——财务报表列报》等准则加以编制与披露。

一、财务会计报告的分类

(一)按财务报表编报期间的不同,分为中期财务报表和年度财务报表

会计报告分为年度、季度、月度会计报告,按公历起讫日期编制。中期财务报表包括月报、季报和半年报等。

(二)按财务报表编报主体的同,分为个别财务报表和合并财务报表

个别财务报表是由企业在自身会计核算基础上对账簿记录进行加工而编制的财务报表,主要用以反映企业自身的财务状况、经营成果和现金流量情况。合并财务报表是以母公司和子公司组成的企业集团为会计主体,根据母公司和其子公司的务报表,由母公司编制的综合反映企业集团财务状况、经营成果和现金流量的财务报表。

二、会计报表列报的基本要求

列报就是将交易和事项的数据在会计报表中加以列示和披露。

(一)列报基础

1. 恰当披露

银行应当根据实际发生的交易和事项,遵循各项具体会计准则的规定进行确认和计量,在此基础上编制会计报表。不应以在附注中披露代替对交易和事项的确认、计量,不恰当的确认和计量也不能通过充分披露相关会计政策而纠正。

如果按照各项会计准则规定披露的信息不足以让报表使用者了解特定交易或事项对企业财务状况和经营成果的影响,则企业还应当披露其他的必要信息。即采用的不恰当的会计政策不得通过在附注中披露等其他形式予以更正。

2. 持续经营为基础

企业应当以持续经营为基础,根据实际发生的交易和事项,按照《企业会计准则——基本准则》和其他各项会计准则的规定进行确认和计量,在此基础上编制财务报表。如果银行不能持续经营,那么应按破产清算的思路处理,此时要用清算时的价值来代替以历史成本为主的计量属性的选择。

企业管理层应当利用所有可获得信息来评价企业自报告期末起至少 12 个月的持续经营能力。

3. 权责发生制

除现金流量表按照收付实现制原则编制外,企业应当按照权责发生制原则编制财务报表。

(二)重要性与项目列报

1.性质或功能不同的项目应当在会计报表中单独列报,但是不具有重要性的项目除外。

2.性质或功能类似的项目一般可以合并列报,但是对其具有重要性的类别,应当按其类别在会计报表中单独列报。比如,现金、存放央行款项可以合并列报;固定资产和在建工程可以合并列报。

3.某些项目的重要性程度不足以在资产负债表、利润表、现金流量表或所有者权益变动表中单独列示,但对附注却具有重要性,则应当在附注中单独披露。

4.企业会计准则规定单独列报的项目,企业都应当予以单独列报。重要性是判断项目是否单独列报的重要标准。重要性是指在合理预期下,财务报表某项目的省略或错报会影响使用者据此作出经济决策的,该项目具有重要性。重要性应当根据企业所处的具体环境,从项目的性质和金额两方面予以判断,且对各项目重要性的判断标准一经确定,不得随意变更。

(三)列报的一致性

会计报表项目的列报应当在各个会计期间保持一致,不得随意变更,但下列情况除外:

(1)会计准则要求改变会计报表项目的列报;

(2)银行经营业务的性质发生重大变化后,变更会计报表项目的列报能够提供更可靠、更相关的会计信息。

(四)报表项目金额间的相互抵销

财务报表中的资产项目和负债项目的金额、收入项目和费用项目的金额、直接计入当期利润的利得项目和损失项目的金额不得相互抵销,但其他会计准则另有规定的除外。这是因为,如果相互抵销,所提供的信息就不完整,信息的可比性大为降低,难以在同一企业不同期间以及同一期间不同企业的会计报表之间实现相互可比,报表使用者难以据此作出判断。但会计准则另有规定的除外。下列三种情况不属于抵销,可以净额列示:

(1)一组类似交易形成的利得和损失应当以净额列示,但具有重要性的除外;

(2)资产或负债项目按扣除备抵项目后的净额列示,不属于抵销;

(3)非日常活动产生的利得和损失,以同一交易形成的收益扣减相关费用后的净额列示更能反映交易实质的,不属于抵销。

我国的报表是比较报表,即至少提供两期的数据。比如,资产负债表有年初余额和期末余额,利润表、现金流量表、所有者权益变动表都有本年数和上年数,这就是比较报表。

银行在列报当期会计报表时,至少应当提供所有列报项目上一个可比会计期间的比较数据,以及与理解当期会计报表相关的说明。其目的是向报表使用者提供对比数据,提高信息在会计期间的可比性。

(五)会计报表表首的列报要求

银行编制的会计报表应当在表首部分概括说明下列基本信息:
(1)编报企业的名称;
(2)资产负债表日或会计报表涵盖的会计期间;
(3)货币名称和金额单位;
(4)会计报表是合并会计报表的,应当予以标明。

(六)报告期间

银行至少应当按年编制会计报表。年度会计报表涵盖的期间短于一年的,比如某银行在年度中间开始设立等,应当披露年度会计报表的涵盖期间以及短于一年的原因。

三、资产负债表

资产负债表是反映单位在某一特定日期经营状况的会计报表。它是根据"资产=负债+所有者权益"这一会计等式编制而成的。资产负债表属于静态报表。

(一)资产负债表列报要求

1. 分类别列报

资产负债表列报的根本目标就是如实反映企业在资产负债表日所拥有的资源、所承担的负债以及所有者所拥有的权益。因此,资产负债表应当按照资产、负债和所有者权益(股东权益)三大类别分类列报。

2. 资产和负债按流动性列报

资产和负债应当按照流动性分别分为流动资产和非流动资产、流动负债和非流动负债列示。流动性通常按资产的变现或耗用时间长短或者负债的偿还时间长短来确定。按照会计报表列报准则的规定,资产负债表应先列报流动性强的资产或负债,再列报流动性弱的资产或负债。

3. 列报相关的合计、总计项目

资产负债表中的资产类至少应当列示流动资产和非流动资产的合计项目;负债

类至少应当列示流动负债、非流动负债的合计项目;所有者权益类应当列示所有者权益的合计项目。

(二)资产负债表的结构

商业银行资产负债表格式如表 10-1 所示。

表 10-1　资产负债表　　　　　　　　　　　　会商银 01 表

编制单位：　　　　　　　　　　　　　　年　　月　　日　　　　　　　　　　单位:元

资产	期末余额	年初余额	负债和所有者权益	期末余额	年初余额
资产： 现金及存放中央银行款项 存放同业款项 贵金属 拆出资金 交易性金融资产 衍生金融资产 买入返售金融资产 应收利息 发放贷款和垫款 金融投资 持有至到期投资 长期股权投资 投资性房地产 固定资产 无形资产 递延所得税资产 其他资产			负债： 向中央银行借款 同业及其他金融机构存放款项 拆入资金 交易性金融负债 衍生金融负债 卖出回笼金融资产款 吸收存款 应付职工薪酬 应交税费 应付利息 预计负债 应付债券 递延所得税负债 其他负债 负债合计 所有者权益 股本 其他权益工具 优先股 永续债 资本公积 其他综合收益 盈余公积 一般风险准备 未分配利润 归属于本行股东权益合计 少数股东权益 股东权益合计		
资产合计			负债和股东权益合计		

银行、证券、保险等金融企业由于在经营内容上不同于一般的工商企业,其资产和负债的构成项目也与一般工商企业有所不同,具有特殊性,但其资产负债表与一般企业结构相同,同样遵循"资产＝负债＋所有者权益"这一会计恒等式。为了把银行在特定时日所拥有的经济资源和与之相对应的银行所承担的债务及偿债以后属于所

有者的权益充分反映出来，银行商业资产负债表应当分别列示资产总计项目和负债与所有者权益之和的总计项目，并且这两者的金额应当相等。

(三)编制方法

在我国，资产负债表的"年初数"栏内各项数字，根据上年末资产负债表"期末数"栏内各项数字填列。"期末数"栏内各项数字根据会计期末各总账账户及所属明细账户的余额填列。

商业银行资产负债表各项目编制方法与工商企业资产负债表各项目编制方法相似。具体方法如下。

1. 根据总账余额直接填列

如银行业"贵金属""拆出资金""一般准备金"等项目是根据总账余额填列。

2. 根据总账余额计算填列

如银行"现金及存放中央银行款项"项目是根据"现金""存放中央银行准备金""缴存中央银行财政性存款"三个科目总账余额加总计算填列。

再如"吸收存款"项目是根据"活期存款""活期储蓄存款""定期存款""定期储蓄存款""机关团体存款""特种存款"总账余额加总计算填列。

3. 根据明细科目余额计算填列

如银行"未分配利润"项目是根据"利润分配—未分配利润"分户账余额填列。

4. 根据总账科目和明细科目余额分析计算填列

如银行"发放贷款及垫款"项目是根据"短期贷款""中长期贷款"等各类贷款及"信用卡垫款"科目余额分析计算填列。

5. 根据总账余额减去其备抵项目后的净额填列

根据报表本身的勾稽关系计算填列，如"固定资产净值"是根据"固定资产"项目减去"累计折旧"项目计算填列的。又如，"无形资产"项目根据"无形资产"科目的期末余额，减去"无形资产减值准备"与"累计摊销"备抵科目余额后的净额填列。

四、利润表

利润表是指反映企业在一定会计期间的经营成果的报表。

(一)利润表的列报

1. 利润表的结构

利润表反映了企业经营业绩的主要来源和构成。利润表的列报格式一般有单步式利润表和多步式利润表两种。

单步式利润表是将当期所有的收入列在一起,然后将所有的费用列在一起,两者相减得出当期净损益。

多步式利润表是通过对当期的收入、费用、支出项目按性质加以归类,按利润形成的主要环节列示一些中间性利润指标,分步计算当期净损益。格式如表10-2所示。

会计报表列报准则规定,企业应当采用多步式列报利润表,将不同性质的收入和费用类进行对比,从而可以得出一些中间性的利润数据,便于使用者理解企业经营成果的不同来源。编制利润表可以分如下三个步骤。

第一步,以营业收入为基础,减去营业成本、税金及附加、业务及管理费用、信用减值损失、其他资产减值损失、加上公允价值变动收益(减去公允价值变动损失)、汇兑收益(减去汇兑损失)和投资收益(减去投资损失),计算出营业利润。

第二步,以营业利润为基础,加上营业外收入,减去营业外支出,计算出利润总额。

第三步,以利润总额为基础,减去所得税费用,计算出净利润(或净亏损)。

普通股或潜在普通股已公开交易的企业,以及正处于公开发行普通股或潜在普通股过程中的企业,还应当在利润表中列示每股收益信息。

2. 综合收益的列报

综合收益是指企业在某一期间除与所有者以其所有者身份进行的交易之外的其他交易或事项所引起的所有者权益变动。综合收益总额项目反映净利润和其他综合收益扣除所得税影响后的净额相加后的合计金额。其他综合收益是指企业根据其他会计准则规定未在当期损益中确认的各项利得和损失。

企业会计准则规定,应当以扣除相关所得税影响后的净额在利润表上单独列示各项其他综合收益项目,并且其他综合收益项目应当根据其他相关会计准则的规定分为下列两类列报。

(1)以后会计期间不能重分类进损益的其他综合收益项目。它主要包括重新计量设定受益计划净负债或净资产导致的变动、指定以公允价值计量且其变动计入其他综合收益的权益工具公允价值变动等。

(2)以后会计期间在满足规定条件时将重分类进损益的其他综合收益项目。它主要包括重新计量设定受益计划变动额、指定以公允价值计量且其变动计入其他综合收益的权益工具公允价值变动、以公允价值计量且其变动计入其他综合收益的债务工具公允价值变动、以公允价值计量且其变动计入其他综合收益的债务工具信用损失准备、前期计入其他综合收益当期因出售转入损益的净额、现金流量套期、外币报表折算差额等。

商业银行利润表各项目的编制方法与工商企业利润表各项目编制方法相似。

表 10-2　利润表

编制单位：　　　　　　　　　　年　　月　　日　　　　　　　会商银 02 表　　单位：元

项　　目	本期金额	上期金额
一、营业收入		
利息净收入		
利息收入		
利息支出		
手续费及佣金净收入		
手续费及佣金收入		
手续费及佣金支出		
投资收益（损失以"—"号填列）		
其中：对联营企业和合营企业的投资收益		
公允价值变动收益（损失以"—"号填列）		
汇兑收益		
其他业务收入		
二、营业支出		
税金及附加		
业务及管理费		
信用减值损失		
其他资产减值损失		
其他业务成本		
三、营业利润		
加：营业外收入		
减：营业外支出		
四、利润总额		
减：所得税费用		
五、净利润		
归属于本行股东的净利润		
少数股东损益		
六、净利润		
（一）基本每股收益		
（二）稀释每股收益		

（二）利润表的编制方法

利润表采用多步式，每个项目通常又分为"本期数"和"本年累计数"两栏分别填列。"本月数"栏反映各项目的本月实际发生数，按照各损益项目本月结转利润前的余额填列；在编制中期财务会计报告时，填列上年同期累计发生数；在编制年度财务会计报告时，填列上年全年累计实际发生数。如果上年度利润表与本年度利润表的项目名称和内容不一致，则按编制当年的口径对上年度利润表项目的名称和数字进行调整，填入本表"上年数"栏。在编制中期和年度财务会计报告时，将"本期数"栏改成"上年数"栏。本表"本年累计数"栏反映各项目自年初起至报告期末止的累计实际发生数。

五、现金流量表

现金流量表是反映企业一定会计期间现金和现金等价物流入和流出增减变动情形的会计报表。现金流量表主要是要反映出资产负债表中各个项目对现金流量的影响,并根据其用途划分为经营、投资和融资三个活动。现金流量表应当分为经营活动、投资活动和筹资活动分别列报现金流量。

(一)列报基础与要求

1. 现金流量表以收付实现制为基础,计算编制"现金及现金等价物"流出和流入的变动情况

现金主要包括库存现金、银行存款和其他货币资金。

现金等价物是指企业持有的期限短、流动性强、易于转换为已知金额现金、价值变动风险很小的投资。其中,"期限短"一般是指从购买日起3个月以内到期,比如可在证券市场上流动的3个月以内的短期债券。商业银行的现金及现金等价物包括库存现金、存放中央银行可以随时支取的备付金、存放同业的结算性款项、拆出资金、短期投资等。现金流量表按照收付实现制原则编制,将权责发生制下的盈利信息调整为收付实现制下的现金流量信息。

2. 现金流量应当分别按照现金流入和现金流出总额列报

但下列各项可以按照净额列报:

(1)代客户收取或支付的现金;

(2)周转快、金额大、期限短项目的现金流入和现金流出;

(3)金融企业的有关项目,包括短期贷款发放与收回的贷款本金、活期存款的吸收与支付、同业存款和存放同业款项的存取、向其他金融企业拆借资金以及证券的买入与卖出等。

3. 自然灾害损失、保险索赔等特殊项目单独列报

4. 汇率变动对现金的影响额应当作为调节项目,在现金流量表中单独列报

(二)商业银行现金流量表结构

现金流量表格式如表10-3所示,主要内容包括以下三类现金流量。

1. 经营活动产生的现金流量

2. 投资活动产生的现金流量

3. 筹资活动产生的现金流量

表 10-3　现金流量表

会商银 03 表

编制单位：　　　　　　　　　　年　　月　　日　　　　　　　　　　　单位：元

项　　目	本期金额	上期金额
一、经营活动的现金流量：		
向中央银行借款净增加额		
吸收存款和同业及其他金融机构存放款项净增加额		
拆入资金净增加额		
存放中央银行和同业款项净减少额		
收取的利息、手续费及佣金的现金		
收到的其他与经营活动有关的现金		
经营活动现金流入小计		
拆出资金净增加额		
发放贷款和垫款净增加额		
存放中央银行和同业款项净增加额		
向中央银行借款净减少额		
拆入资金净减少额		
支付的利息、手续费及佣金的现金		
支付给职工以及为职工支付的现金		
支付的各项税费		
支付的其他与经营活动有关的现金		
经营活动现金流出小计		
经营活动产生的现金流量净额		
二、投资活动的现金流量：		
收回投资收到的现金		
取得投资收益收到的现金		
收回纳入合并范围的结构化主体投资收到的现金		
处置固定资产和其他长期资产收回的现金净额		
投资活动现金流入小计		
投资支付的现金		
取得子公司、联营企业和合营企业支付的现金		
对子公司增资所支付的现金		
购建固定资产和其他长期资产支付的现金		
支付的其他与投资活动有关的现金		
投资活动现金流出小计		
投资活动所用的现金流量净额		
三、筹资活动的现金流量：		
吸收投资收到的现金		
发行债券收到的现金		
收到的其他与筹资活动有关的现金		
筹资活动现金流入小计		
分配股利、利润支付的现金		
偿还债务支付的现金		
偿付债券利息支付的现金		
支付的其他与筹资活动有关的现金		
筹资活动现金流出小计		
筹资活动产生的现金流量净额		
四、汇率变动对现金及现金等价物的影响		
五、现金及现金等价物净减少额		
加：年初现金及现金等价物余额		
六、期末现金及现金等价物余额		

(三)现金流量表的编制方法

商业银行现金流量表的编制方法与工商企业现金流量表的编制方法相似。可以采用工作底稿法,也可以采用T形账户法,还可以直接根据有关账户记录分析填列。目前多数银行都是直接按照表中每个项目涉及的科目进行分析计算填列。

六、所有者权益变动表

(一)内容与结构

根据企业会计准则的规定,所有者权益是指企业资产扣除负债后由所有者享有的剩余权益。所有者权益的来源包括所有者投入的资本(包括实收资本和资本溢价等资本公积)、其他综合收益、留存收益(包括未分配利润和盈余公积)等。

所有者权益变动表应当反映构成所有者权益的各组成部分当期的增减变动情况。综合收益和与所有者(或股东)的资本交易导致的所有者权益的变动,应当分别列示。与所有者的资本交易是指与所有者以其所有者身份进行的、导致企业所有者权益变动的交易。金融企业的所有者权益变动表列报格式,应当遵循企业会计准则的相关规定,并根据金融企业经营活动的性质和要求进行相应调整。所有者权益变动表又称为"股东权益变动表"。

所有者权益变动表的格式如表 10-4 所示。

表 10-4 所有者权益变动表　　　　　　　　　　会商银 04 表

编制单位:　　　　　　　　　　　年度　　　　　　　　　　单位:元

项目	本年金额						上年金额					
	股本	资本公积	减:库存股	盈余公积	一般风险准备	未分配利润	所有者权益合计	股本	资本公积	减:库存股	盈余公积	一般风险准备	未分配利润	所有者权益合计
一、上年年末余额 加:会计政策变更 　　前期差错更正													
二、本年年初余额													
三、本年增减变动金额													
(一)净利润													
(二)直接计入所有者权益的利得和损失 1.可供出售金融资产公允价值变动净额 　(1)计入所有者权益的金额 　(2)转入当期损益的金额													

续表

项　　目	本年金额							上年金额						
	股本	资本公积	减：库存股	盈余公积	一般风险准备	未分配利润	所有者权益合计	股本	资本公积	减：库存股	盈余公积	一般风险准备	未分配利润	所有者权益合计
2.现金流量套期工具公允价值变动净额 　　(1)计入所有者权益的金额 　　(2)转入当期损益的金额 　　(3)计入被套期项目初始确认金额中的金额 3.权益法下被投资单位其他所有者权益变动的影响 4.与计入所有者权益项目相关的所得税影响 5.其他 　　上述(一)和(二)小计														
(三)所有者投入和减少资本 1.所有者投入资本 2.股份支付计入所有者权益的金额 3.其他														
(四)利润分配 1.提取盈余公积 2.提取一般风险准备 3.对股东的分配 4.其他														
(五)所有者权益内部结转 1.资本公积转增股本 2.盈余公积转增股本 3.盈余公积弥补亏损 4.一般风险准备弥补亏损 5.其他														
四、本年年末余额														

(二)编制方法

根据所有者权益变动明细账户分析计算填列。

七、附注

附注是对在资产负债表、利润表、现金流量表和所有者权益变动表等报表中列示项目的文字描述或明细资料，以及对未能在这些报表中列示项目的说明等。

附注应当披露财务报表的编制基础，其相关信息应当与资产负债表、利润表、现金流量表和所有者权益变动表等报表中列示的项目相互参照。

(一)附注的内容

商业银行财务报告附注主要包括企业基本情况、会计报表的编制基础、遵循企业会计准则的声明、重要会计政策和会计估计及其变更说明、报表重要项目的说明、或有事项和承诺事项、资产负债表日后非调整事项、关联方关系及其交易等需要说明的事项。有助于财务报表使用者评价企业管理资本的目标、政策及程序的信息。

企业应当在附注中披露在资产负债表日后、财务报告批准报出日前提议或宣布发放的股利总额和每股股利金额(或向投资者分配的利润总额)。

下面主要介绍商业银行财务报告附注的主表项目的说明、分部报告、风险管理和关联方关系及其交易。

1. 主表项目的说明

主表项目的说明主要是对资产负债表、利润表、股东权益变动表和现金流量表上相关项目进行的多维度分析说明,将数据从不同维度进一步挖掘,有助于投资者和其他信息需求者从多个角度更深入地了解商业银行的经营管理情况。以金融投资附注为例,该附注将金融投资按照不同计量方式、性质和发行机构类别进行了分析。

2. 分部报告

分部报告通常按照商业银行经营的地区和业务类别进行分类披露,包括地区分部报告和业务分部报告。分部收入、业绩、资产和负债包含直接归属某一分部以及按合理的基准分配至该分部的项目。分部收入和业绩包含要在编制财务报表时抵销集团内部交易。以商业银行对外披露财务报告为例,按地区分部列报信息时,营业收入以产生收入的省级分行及子公司的所在地划分,分部资产、负债和资本性支出按其所在地划分,然后按照利润表上项目对各个地区分部进行披露。业务分部报告则将业务划分为公司银行业务、个人银行业务、资金业务和其他业务,同样按照利润表上项目进行披露。

3. 风险管理

附注的风险管理部分主要从信用风险、市场风险、流动性风险、操作风险和保险风险等角度对企业的各类风险按照定性和定量的方式进行分析。

信用风险是指债务人或交易对手没有履行合同约定的对集团的义务或承诺,使集团蒙受财务损失的风险。信用风险披露部分主要包括最大信用风险敞口、发放贷款和垫款信贷质量分布分析、信用风险敞口、评级分布分析、衍生工具的信用风险、敏感性分析等方面。

市场风险是指因市场价格(利率、汇率、商品价格和股票价格等)发生不利变动而使集团表内和表外业务发生损失的风险。市场风险披露部分主要包括风险价值分析、利率风险、货币风险等。

流动性风险是指集团无法以合理成本及时获得充足资金,用于偿付到期债务、履行其他支付义务和满足正常业务开展其他资金需求的风险。流动性风险披露主要包括剩余到期日分析和未折现合同现金流量分析。

操作风险是指由不完善或有问题的内部程序、人员、系统或外部事件所造成损失的风险。

保险风险主要指所承保事件发生的可能性及由此引起的赔付金额的不确定性。

4. 关联方关系及其交易

商业银行关联方关系及其交易附注包括:与母公司及母公司旗下公司的交易,集团与联营和合营企业的往来,商业银行与子公司的往来,集团与企业年金和计划资产的交易,与关键管理人员的业务交易以及董事、监事和高级管理人员贷款和垫款。它主要披露重大交易余额及其占比。

八、合并会计报表

合并会计报表是指反映母公司和其全部子公司形成的企业集团整体财务状况、经营成果和现金流量的会计报表。其编制方法详见二维码。

思考与练习

1. 什么是年度决算?年度决算有什么意义?
2. 年度决算日工作的主要内容是什么?
3. 什么是商业银行的财务会计报告?其编制要求有哪些?
4. 简述资产负债表的编制。
5. 简述利润表的编制。
6. 简述现金流量表的编制。
7. 简述合并报表的编制。

第三篇

保险公司与证券公司业务核算方法

第十一章
保险公司业务的核算

学习目标

1. 了解保险业务的种类、保险业务会计核算的特点。
2. 掌握财产保险和人身保险基本业务的核算方法。
3. 了解再保险分出和分入业务的核算。
4. 理解财险原保险业务与寿险原保险业务在会计核算上的区别。

第一节 概 述

保险业务是金融业务的重要组成部分。保险业务由依照《中华人民共和国保险法》(以下简称《保险法》)设立的保险公司(也称为"保险人")以及法律、行政法规规定的其他保险组织经营,其他单位和个人不得经营保险业务。保险业和银行业、证券业、信托业实行分业经营、分业监管,保险公司与银行、证券、信托业务机构分别设立,国家另有规定的除外。

一、基本概念

依据《保险法》和中华人民共和国国家标准《保险术语(GB/T 36687—2018)》,对保险的有关概念和术语解释如下。

(一)保险

保险是指投保人依据合同约定,向保险人支付保险费,保险人对合同约定的可能发生的事故因其发生所造成的财产损失承担赔偿保险金责任,或者当被保险人死亡、伤残、疾病或者达到合同约定的年龄、期限时承担给付保险金责任的商业行为。

保险是集合具有同类风险的众多单位和个人,以概率的数理计算为依据收取保险费,当少数成员因该类风险事故发生而遭受损失时,为其提供经济保障(赔偿金)的行为。保险是个人和组织转移自身风险的一种方法,是最古老的风险管理方法之一,在一定条件下分担了个别单位和个人所不能承担的风险。

(二)保险合同及当事人

保险合同是投保人与保险人约定保险权利义务关系的协议。

投保人是指与保险人订立保险合同,并按照合同约定负有支付保险费义务的人。

保险人是指与投保人订立保险合同,并按照合同约定承担赔偿或者给付保险金责任的保险公司。

被保险人是指其财产或人身受保险合同保障,享有保险金请求权的人。投保人可以为被保险人。

受益人是指人身保险合同中由被保险人或者投保人指定的享有保险金请求权的人。投保人、被保险人可以为受益人。

保险金额是指保险人承担赔偿或者给付保险金责任的最高限额。

保险利益是指投保人或者被保险人对保险标的具有的法律上承认的利益。人身保险的投保人在保险合同订立时,对被保险人应当具有保险利益。财产保险的被保险人在保险事故发生时,对保险标的应当具有保险利益。

二、保险业务的种类

(一)按保险对象分为财产保险和人身保险

财产保险是以财产及其有关利益为保险标的的保险。人身保险是以人的寿命和身体为保险标的的保险。

国际上习惯将保险业务划分为寿险与非寿险业务。非寿险业务不完全等同于财产保险。

非寿险业务是指除人寿保险业务以外的保险业务,包括财产损失保险、责任保险、信用保险、保证保险、短期健康保险和意外伤害保险业务以及上述业务的再保险业务。

(二)按业务承保方式分为原保险和再保险

再保险,也叫"分保",是指保险人将其所承保的风险责任的一部分或全部向一个或多个保险人再进行投保的行为。再保险是对原保险人的保险,也叫分保,是保险发展到一定程度的产物。

在再保险业务中,习惯上把分出自己承保业务的保险人称作原保险人,或称分出人；接受分保业务的保险人叫作"再保险人"或"分入人、分保接受人"。原保险人分出的那部分风险责任金额叫分保额或分出额，而由自己保留负责的那部分叫作自留额。如果再保险人又将接受的分保业务再分给其他的保险公司，这种做法叫转分保，双方当事人分别称作转分保分出人和转分保接受人。

再保险可以在本国范围内进行，也可以在世界范围内进行。

三、保险公司的业务

《保险法》第九十五条规定了保险公司的业务范围：

(1)人身保险业务，包括人寿保险、健康保险、意外伤害保险等保险业务；

(2)财产保险业务，包括财产损失保险、责任保险、信用保险、保证保险等保险业务；

(3)国务院保险监督管理机构批准的与保险有关的其他业务。

保险人不得兼营人身保险业务和财产保险业务。但是，经营财产保险业务的保险公司经国务院保险监督管理机构批准，可以经营短期健康保险业务和意外伤害保险业务。

保险公司应当在国务院保险监督管理机构依法批准的业务范围内从事保险经营活动。

《保险法》第九十六条规定，经国务院保险监督管理机构批准，保险公司可以经营本法第九十五条规定的保险业务的下列再保险业务：

(1)分出保险；

(2)分入保险。

保险公司应当按照国务院保险监督管理机构的规定办理再保险，并审慎选择再保险接受人。

四、保险业务的特征及基本要求

保险具有补偿性、互助性和科学性等特征。

(一)存出保证金形成长期资产

保险公司应当按照其注册资本总额的百分之二十提取保证金，存入国务院保险监督管理机构指定的银行，除公司清算时用于清偿债务外，不得动用。

(二)提取的各项准备金形成保险公司独特的负债

保险公司应当根据保障被保险人利益、保证偿付能力的原则，提取各项责任准备金。保险公司提取和结转责任准备金的具体办法，由国务院保险监督管理机构制定。

各种准备金是保险公司为履行其未来理赔或给付而从所收取的保费中提存的负债。

保险公司类别不同,准备金种类亦不同。财产保险公司业务提存的准备金包括未决赔款准备金、未到期责任准备金和长期责任准备金三种。人寿保险公司业务提存的准备金包括寿险责任准备金、长期健康险责任准备金、未到期责任准备金和未决赔款准备金四种。

总准备金是由税后利润提取的,是留存盈余的一部分,属于所有者权益项目。

(三)保险公司的利润由承保利润与投资利润组成,投资利润稳健上升

承保利润由承保业务产生,投资利润为资金运用的收益。随着保险资金规模的迅速扩大,保险公司投资利润所占比重逐年上升。由于保险公司资金循环是先收保费,后理赔,在收取全部或部分保费后则会形成保险基金,这部分资金留足理赔准备金后,可遵循稳健、安全性原则,在《保险法》规定的下列范围内进行保险资金运用:银行存款;买卖债券、股票、证券投资基金份额等有价证券;投资不动产及国务院规定的其他资金运用形式。此外,经国务院保险监督管理机构会与国务院证券监督管理机构批准,保险公司可以设立保险资产管理公司,保险资产管理公司遵守《中华人民共和国证券法》等法律、行政法规的规定,从事证券投资活动。

(四)保险公司应当缴纳保险保障基金

保险保障基金以保障保单持有人利益、维护保险业稳健经营为使用原则,依法集中管理,统筹使用。保险保障基金分为财产保险保障基金和人身保险保障基金,财产保险保障基金由财产保险公司缴纳形成,人身保险保障基金由人身保险公司缴纳形成。

2022年修订的《保险保障基金管理办法》规定,保险公司应当及时、足额将保险保障基金缴纳到保险保障基金公司的专门账户。有下列情形之一的,可以暂停缴纳:

(1)财产保险保障基金余额达到行业总资产6%的;

(2)人身保险保障基金余额达到行业总资产1%的。

保险保障基金余额是指行业累计缴纳的保险保障基金金额加上投资收益,扣除各项费用支出和使用额以后的金额。

保险保障基金应当集中管理,并在下列情形下统筹使用:在保险公司被撤销或者被宣告破产时,向投保人、被保险人或者受益人提供救济;在保险公司被撤销或者被宣告破产时,向依法接受其人寿保险合同的保险公司提供救济;国务院规定的其他情形。

第二节 财产保险业务的核算

一、财产保险业务概述

(一)财产保险业务种类

财产保险是以各种财产及其有关利益为保险标的的保险。我国保险法把财产保险业务范围规定为财产损失保险、责任保险、信用保险、保证保险等保险业务。财产保险按其保险标的分类主要分为普通财产保险、运输工具保险、海上保险、工程保险、责任保险、特殊风险的财产保险和信用保险等业务。

1. 普通财产保险

普通财产保险是以物质财产及其有关利益为保险标的,以火灾及其他自然灾害和意外事故为保险责任的保险。现行的普通财产保险险种有企业财产保险、家庭财产保险、涉外财产保险等。

2. 运输工具保险

运输工具保险是以各种运输工具,如机动车辆、船舶、飞机等为保险标的的保险,承保运输工具因自然灾害、意外事故造成的损失和对第三者造成的财产损失及人身伤亡依法应承担的损害赔偿责任。运输工具保险险种主要有机动车辆险、船舶保险和飞机保险。

3. 海上保险

(1)海洋货物运输保险。海洋货物运输保险以海上货物运输保险为主,也有航空、集装箱、多式联运的运输保险。它承保货物运输由于自然灾害和意外事故以及其他外来原因引起的外来风险所造成的损失和费用。

(2)船舶保险。船舶保险承保航行国际航线的各类船舶,因各种自然灾害和意外事故造成船壳、机器和必要财属设备的损失。我国现行的涉外船舶保险承保责任分为全损险和一切险两种。

4. 工程保险

工程保险承保建筑工程、安装工程、机器及附属设备、工程所有人提供的物料、建筑安装设备和各种建筑物,因自然灾害、意外事故遭受的损失,包括物质财产损毁和第三者责任。工程保险有建筑工程、切险、安装工程一切险和机器损坏险。

5. 责任保险

责任保险是以被保险人依法应负的民事损害赔偿责任或经过特别约定的合同责任作为保险标的的保险。它主要包括公众责任保险、雇主责任保险、产品责任保险、职业责任保险。

6. 特殊风险的财产保险

特殊风险的财产保险主要是指以高新技术开发与应用过程中可能产生的高风险作为保险责任而开发的一类新险种。目前,已开办的这类保险有航天保险、核电站保险和海洋石油开发保险等。

7. 信用保险

信用保险是指以被保险人的诚实信用为保险标的的保险,即被保险人将自己的信誉投保后,以此为保证而从事商业行为,当被保险人因违约行为致使他人受损时,保险公司负责赔偿责任的一种保险,它包括出口信用保险、投资保险等。信用保险属于政策性险种,会计核算按相关法规办理。

(二)财产保险业务的特点

1. 财产保险标的必须可以用货币衡量价值的财产或利益

财产保险标的是财产或利益,其实际价值是获得保险保障的最高限额。因此,财产或利益的实际价值是必须能够用货币衡量的,无法用货币衡量价值的财产或利益不能成为保险标的,如空气、江河、国有土地、矿藏和政府信用等。

2. 财产保险的保障功能表现为经济补偿

财产保险的经济补偿原则表现为被保险人的财产或利益在遭遇保险责任范围内的损失后,保险人通过保险补偿形式,使被保险的财产或利益恢复到损失前的状态,维持保险标的原有的商业价值,不允许被保险人从保险补偿中获得额外好处。

3. 适用分摊原则

分摊原则是指在投保人对同一保险标的、同一保险利益、同一保险事故分别与两个或两个以上保险公司订立保险合同的情况下,被保险人所能得到的保险赔款金由保险公司按照其保险金额与总保险金额的比例进行分摊。这一原则是由补偿原则派生出来的,只适用于财产保险,不适用于人身保险。

(三)财产保险业务会计核算的特点

财产保险业务核算的主要内容包括保费收入、赔款支出和财产保险准备金的核算。相较于人身保险的会计核算,财产保险业务的会计核算具有以下特点。

第一,财产保险业务一般在签订保险单时确认保费收入,而人身保险业务的保费收入一般于收到保费时确认。

第二,财产保险业务不发生佣金支出。

第三,短期财产保险应按会计年度结算损益,而长期财产保险应按业务年度结算损益。即在保险责任期未满的非结算损益年度,该业务的收支差不计入当期利润,而作为长期责任准备金提存,在保险责任期满的当期再结算该业务的损益。

例如,长期工程险业务就是实行三年结算损益,即对于每一会计年度新发生的保险业务,其前两个会计年度的营业收支余额以提存长期责任准备金并于次年转回的方式滚存到第三个会计年度终了时结算利润。

第四,财产保险业务不具有储蓄性质。不存在向保户返还利息或因合同利率与实际利率不同而产生的保险资金收益差的问题,因而不涉及保户利差支出的核算。

二、财产保险业务保费收入的核算

(一)保费收入核算的内容

保费收入是保险公司销售保险产品取得的收入,是保险公司的主要收入项目。财产保险业务保费收入的核算包括保费的计算、保费收入的确认的账务处理等内容。

(二)保费的计算原则

1. 保证补偿的原则

保险人按保险费率收取的保险费,必须足以应付赔款支出、保险金给付以及各种经营费用。

2. 公平合理原则

公平合理原则是指保险费率在保险人与投保人之间及各投保人之间要体现公平合理的原则。保险人与投保人之间的公平合理,一方面表现为必须贯彻补偿原则,另一方面强调保险费率不能偏高。

3. 相对稳定原则

保险费率的厘定,要考虑保险收费标准的相对稳定性。当然,费率的稳定也是相对的,随着社会和经济的发展以及风险的变化,对于不适当的费率,应当根据实际情况加以调整。

4. 促进防损原则

促进防损原则是指保险费率的厘定要能促进防灾防损,减少危险事故。一方面,保险公司要鼓励和引导被保险人从事预防损失的活动;另一方面,保险公司应积极从事防灾防损活动,其所需经费在厘定费率时也应予以考虑。

(三)保费收入的确认与计量

企业会计准则规定,保费收入应在下列条件均能满足时予以确认:原保险合同成立并承担相应保险责任;与原保险合同相关的经济利益很可能流入;与原保险合同相关的收入能够可靠地计量。保费收入按保险合同规定应向投保人收取的金额确定。

财产保险合同是签单生效,即保险合同双方一经签订即告成立并开始发生法律效力,投保人和保险人任何一方不能单方面撤销合同。财产保险合同期限一般较短,保费通常一次性收取。即使在分期收取的情况下,投保人一般也不能违约,因此,财产保险合同一般应于签单时根据合同约定的保费总额确认保费收入。但是,财产保险合同也存在签单日与承担保险责任日不一致的情况,如货物运输保险合同,在这种情况下,签单日收取的保费应确认为预收保费,待将来承担保险责任时再转作保费收入。

此外,由于财产保险合同存在不可预见的损失风险,如国家政治、政策风险,地震、洪水等巨灾风险,有时存在收到金额的可能性小于不能收到金额的可能性的情况。这种情况一旦出现,保险公司不能确认保费收入,而应于实际收到保费时确认保费收入。例如,某保险公司为某单位建设滨湖宾馆承保,该宾馆建设期为3年,保险公司采取分期收款的方式收取保费,收款期也是3年。第一年保险公司如期收到保费,按规定可以确认保费收入,第二年保险公司获悉环保部将下令停止侵占水源地的楼堂馆所建设,该宾馆列入拆除范围的可能性极大,保险公司收到保费的可能性小,不能收到保费的可能性大。在此种情况下,保险公司在收到保费前不应确认保费收入。

(四)保费收入的账务处理

保险公司应设置"保费收入""应收保费""坏账准备"和"预收保费"等科目进行核算,由会计部门以业务部门出具的"保费日报表"或"保费收据"作为原始凭证,编制记账凭证入账。确认保费收入时应作价税分离入账。

1. 签发保单时保费一次付清的核算

【例11-1】 20××年3月10日,某财产保险公司会计部门收到业务部门交来的财产基本险保费日报表、保费收据存根和银行收账通知100 000元,该业务于签单生效时收到全部保费。请编制该财产保险公司的会计分录。

解析:金融企业一般纳税人的增值税率为6%,确认收入时需进行价税分离计算。

增值税销项税额=100 000÷(1+6%)×6%=5 660.38(元)

价税分离后的保费收入=100 000−5 660.38=94 339.62(元)

会计分录为:

借:银行存款　　　　　　　　　　　　　　　　　　100 000
　　贷:保费收入——财产基本险　　　　　　　　　　94 339.62
　　　　应交税费——应交增值税(销项税额)　　　　5 660.38

2. 预收保费的核算

如果发生保险客户提前缴费或缴纳保费在前、承担保险责任在后的业务,则应作为预收保费入账,保险责任生效时再转作保费收入。

【例 11-2】 20××年3月11日,某财产保险公司会计部门收到业务部门交来的货物运输保险保费日报表、保费收据存根和银行收账通知120 000元,该业务于下月1日起承担保险责任。请编制该财产保险公司的会计分录。

解析:(1)201×年3月11日,收到保费时,会计分录为:

  借:银行存款   120 000
    贷:预收保费——××企业   120 000

(2)201×年4月1日,确认保费收入时,价税分离计算同例11-1,不再列出算式计算(下同),会计分录为:

  借:预收保费——××企业   120 000
    贷:保费收入——货物运输险   113 207.55
      应交税费——应交增值税(销项税额) 6 792.45

3. 分期缴费的核算

对于一些保费高的大保户,保险公司同意分期缴纳保费的,保险单一经签单,全部保费均应确认为保费收入,未收款部分确认为应收保费,待分期收款时再冲销。对应收保费应根据其可收回金额按期估计坏账损失,计提坏账准备;实际发生坏账时,冲销坏账准备;收回已确认为坏账并转销的应收保费时,先转回坏账准备和应收保费,然后将收到的保费入账。

【例 11-3】 20××年3月12日,甲财产保险公司与A公司签订一份财产综合保险合同,双方约定保费为100 000元,采用分期缴费方式。保险公司已收到首期保费40 000元,其余保费分3期缴清,每期缴纳20 000元。请编制甲财产保险公司的会计分录。

解析:(1)20××年3月12日,收到首期保费,并确认保费收入时进行价税分离,会计分录为:

  借:银行存款   40 000
    应收保费——A公司   60 000
    贷:保费收入——财产综合险   94 339.62
      应交税费——应交增值税(销项税额) 5 660.38

(2)以后每期收到应收保费时,会计分录为:

  借:银行存款   20 000
    贷:应收保费——A公司   20 000

(3)假设最后一期保费未收到已有三年以上,确认为坏账时,会计分录为:

  借:坏账准备   20 000
    贷:应收保费——A公司   20 000

上述已确认为坏账的应收保费以后又收到时,会计分录为:

  借:应收保费——A 公司   20 000

    贷:坏账准备   20 000

同时:

  借:银行存款   20 000

    贷:应收保费——A 公司   20 000

4.保户储金收益转作保费收入的核算

对于财产保险业务中的两全保险如家庭财产两全险,投保人在投保时按保险金额与保险公司规定的储金比例,一次交存保险储金,保险公司将该保险储金存入银行或者进行债券投资,将从银行取得的利息收入或投资收益作为保险费收入,保险期满,投保人到保险公司领回投保时所交纳的全部保险储金。这种保险业务形式。要把保户储金作为定期存款存入银行或购买债券,期限一般为三年或五年。

【例 11-4】 某财产保险公司会计部门收到业务部门交来三年期家庭财产两全险保户储金日结汇总表、储金收据及银行储金专户收账通知计 2 000 000 元,预定年利率为 2.25%,不计复利,三年后一次还本付息。请编制该财产保险公司的会计分录。

解析:(1)收到保户储金存入银行专户时,会计分录为:

  借:银行存款——储金专户   2 000 000

    贷:保户储金——家庭财产两全险   2 000 000

(2)按预定年利率计算保户储金每年应计利息 45 000 元,转作保费收入。会计分录为:

  借:应收利息   45 000

    贷:保费收入——家庭财产两全险   42 452.83

      应交税费——应交增值税(销项税额)   2 547.17

(3)第三年,家庭财产两全保险的保单到期,三年期专户存储的定期存单转为活期存款,并将银行存款归还保户储金。会计分录为:

  借:银行存款——活期户   2 135 000

    贷:银行存款——储金专户   2 000 000

      应收利息   90 000

      保费收入——家庭财产两全险   42 452.83

      应交税费——应交增值税(销项税额)   2 547.17

同时:

  借:保户储金——家庭财产两全险   2 000 000

    贷:银行存款——活期户   2 000 000

三、财产保险业务赔款支出的核算

(一)理赔的意义

赔款支出,也叫"保险理赔",是指保险标的发生了保险责任范围内的保险事故后,保险人向被保险人支付的损失补偿金的行为。保险理赔必须坚持"迅速、诚信,合理、公平"的原则,做好保险理赔工作,这对于稳定保险公司经营规模以及提高保险公司的信誉和经济效益,具有重要意义。

(二)理赔的程序

保险理赔的程序一般包括受理案件、现场查勘、责任审核和核定损失四个步骤。

(三)财产保险赔款支出的计算

保险财产经现场勘定核实后,即可按条款规定的赔偿处理方式计算赔偿,并相应扣除保险财产的残值。

1. 全部损失

受损财产的保险金额等于或高于出险当时的重置价值,其赔偿金额以不超过出险当时的重置价值为限;保险金额低于出险当时的重置价值,其赔款不得超过保险金额。

2. 部分损失

受损财产的保险金额等于或高于出险当时的重置价值,其赔偿金额按实际损失计算;保险金额低于出险当时的重置价值,应按比例赔付,并应扣除保险财产残值。即用公式表示为:

保险赔款=保险金额÷出险时重置价值×实际损失(或受损财产恢复原状所需修理费用)-残值(若有)

保险人在赔款计算中应掌握最高赔付额不超过保险金额。当投保的资产项目不止一项时,其赔偿应根据会计明细账、卡分项计算;对在保险期间内新增加的同类固定资产,须办理加保手续,否则,形成不足额保险时,保险人应按比例赔付。

保单保险财产存在重复保险时,本保险人按照保险金额与保险金额总和的比例承担赔偿责任。

(四)赔款支出的确认与计量

保险公司应当在确定了实际应支付赔付款项金额或实际发生理赔费用的当期,按照确定支付的赔付款项金额或实际发生的理赔费用金额,计入当期赔付支出;同时，应当按照确定支付的赔付款项金额或实际发生的理赔费用金额，冲减相应的未决赔款准备金余额。

保险公司将实际应支付的赔付款项或实际发生的理赔费用确认为赔付支出单独核算，而不是直接冲减未决赔款准备金余额，主要是为了满足赔付率监管的需要，并与未决赔款准备金精算实务相衔接。在实务中，保险精算部门是根据有效保单定期计算未决赔款准备金余额，已决保单没有包括在有效保单内。在资产负债表日，会计部门根据保险精算结果按差额确认未决赔款准备金时，已经自动将已决保单相关的未决赔款准备金转销。

(五)赔款支出的账务处理

1. 当时结案的赔款支出的核算

【**例 11-5**】 20××年5月2日，B公司投保的车辆损失险出险；其承保的甲财产保险公司会计部门收到业务部门交来的赔款计算书和被保险人签章的赔款收据，赔款金额为80 000元，签发转账支票给被保险人予以支付。请编制甲财产保险公司的会计分录。

解析：应编制会计分录如下：

借：赔款支出——车辆损失险　　　　　　　　　　　80 000
　　贷：银行存款　　　　　　　　　　　　　　　　　　80 000

2. 预付赔款的核算

有些保险赔案损失大且案情复杂，理赔过程长，短期内难以确定赔款金额，为使被保险人尽快恢复生产经营或生活秩序，保险公司可先预付一笔赔款，记入"预付赔付款"科目，其余的待结案时再转入"赔款支出"科目。

【**例 11-6**】 B公司企业投保的财产综合险出险，因保险双方对实际损失存在争议，一时难以结案。甲财产保险公司先预付赔款200 000元，以转账支票付讫。后经双方调查协商，确定保险损失为500 000元，公司再以转账支票300 000元补足赔款。甲财产保险公司已为该保险事故提取未决赔款准备金。请编制甲财产保险公司的会计分录。

解析：(1)预付赔款时，会计分录为：

借：预付赔付款——财产综合险B公司　　　　　　200 000
　　贷：银行存款　　　　　　　　　　　　　　　　　200 000

(2)补付赔款及结案时，会计分录为：

借：赔款支出——财产综合险　　　　　　　　　　500 000
　　贷：预付赔付款——财产综合险B公司　　　　　200 000
　　　　银行存款　　　　　　　　　　　　　　　　300 000

3. 理赔勘查费的核算

理赔勘查员是指保险公司对保险责任范围内的保险事故现场勘查发生的费用,如聘请保险公估机构进行协助所支付的费用,律师费、诉讼费、损失检验费等。

【例 11-7】 20××年3月31日,甲财产保险公司对某保户财产基本险出险,聘请某保险公估机构进行评估,以银行转账支票支付评估费 12 000 元。请编制甲财产保险公司的会计分录。

解析: 应编制会计分录如下:

借:赔款支出——财产基本险　　　　　　　　　　　12 000
　　贷:银行存款　　　　　　　　　　　　　　　　　　　12 000

4. 损余物资的核算

保险财产遭受保险事故后,损余物资一般应合理作价归投保人,并在赔款中予以扣除;如果被保险人不愿意接受,保险公司就可按全额赔付,损余物资交归保险公司处理。处置损余物资的收入冲减赔款支出。

【例 11-8】 某商场投保财产综合险后遭受水灾,经计算,财产损失应赔款 200 000 元,损余物资折价 50 000 元归商场所有,其余赔款保险公司全部赔付,签发转账支票支付。请编制甲财产保险公司的会计分录。

解析: 应编制会计分录如下:

借:赔款支出——财产综合险　　　　　　　　　　　150 000
　　贷:银行存款　　　　　　　　　　　　　　　　　　　150 000

【例 11-9】 上例中,假设损余物资商场没有接受而由甲财产保险公司收回。保险公司收回时估价为 35000 元,一个月后保险公司将该损余物资作价 40 000 元出售给别的单位,在此期间,该损余物资没有发生减值。请编制甲财产保险公司编制的会计分录。

解析: (1)支付商场赔款时,会计分录为:

借:赔款支出——财产综合险　　　　　　　　　　　200 000
　　贷:银行存款　　　　　　　　　　　　　　　　　　　200 000

(2)取得损余物资时,会计分录为:

借:物料用品或损余物资　　　　　　　　　　　　　 35 000
　　贷:赔款支出——财产综合险　　　　　　　　　　　 35 000

(3)出售损余物资时,会计分录为:

借:银行存款　　　　　　　　　　　　　　　　　　　40 000
　　贷:赔款支出——财产综合险　　　　　　　　　　　　5 000
　　　　损余物资　　　　　　　　　　　　　　　　　　 35 000

5. 错赔或骗赔案件的核算

在保险理赔过程中,有时会发生错赔或骗赔案件,发现后应依法查处并追回赔款,追回的赔款应冲减相应的赔付支出。

【例 11-10】 甲财产保险公司在支付了某企业的财产综合险赔款后,发现这是一起错赔案件,系工作失误多赔了 100 000 元。经与企业交涉,该企业以转账支票退回已多付的赔款。请编制甲财产保险公司的会计分录。

解析:应编制会计分录如下:

借:银行存款　　　　　　　　　　　　　　　　　　100 000
　　贷:赔款支出——财产综合险　　　　　　　　　　　　　100 000

6. 代位追偿款的核算

代位追偿款是指保险人承担赔付保险金责任后,依法从被保险人取得代位追偿权向第三者责任人索赔而应取得的赔款。

【例 11-11】 20××年 5 月 20 日,红星乳品厂投保的运货车发生保险事故,甲财产保险公司在承担赔偿保险金责任后,取得向责任方追偿的权利,估计追偿金额为 50 000 元。20××年 7 月 16 日,甲财产保险公司从责任方收回追偿款 35 000 元,款项已存入银行。甲财产保险公司已为该项应收代位追偿款计提坏账准备 6 000 元。请编制甲财产保险公司的会计分录。

解析:(1)20××年 5 月 20 日,确认代位追偿款时,会计分录为:

借:应收代位追偿款　　　　　　　　　　　　　　　50 000
　　贷:赔付支出——赔款支出　　　　　　　　　　　　　　50 000

(2)20××年 7 月 16 日,收回代位追偿款时,会计分录为:

借:银行存款　　　　　　　　　　　　　　　　　　35 000
　　贷:坏账准备　　　　　　　　　　　　　　　　　　　　6 000
　　　　应收代位追偿款　　　　　　　　　　　　　　　　19 000

四、财产保险准备金(非寿险业务准备金)的核算

根据我国《保险公司非寿险业务准备金管理办法》(以下简称《管理办法》)和《保险公司非寿险业务准备金管理办法实施细则(1—7 号)》(以下简称《实施细则》)的规定:保险公司非寿险业务准备金包括未到期责任准备金和未决赔款准备金。

我国《会计准则第 25 号—原保险合同》《会计准则第 26 号—再保险合同》规定:保险人在确定保险合同准备金时,应当将单项保险合同作为一个计量单元,也可以将具有同质保险风险的保险合同组合作为一个计量单元。计量单元的确定标准应当在各个会计期间保持一致,不得随意变更;保险合同准备金应当以保险人履行保险合同

相关义务所需支出的合理估计金额为基础进行计量;预期未来净现金流出的合理估计金额,应当以资产负债表日可获取的当前信息为基础,按照各种情形的可能结果及相关概率计算确定;保险人在确定保险合同准备金时,应当考虑边际因素,并单独计量。保险人应当在保险期间内,采用系统、合理的方法,将边际计入当期损益;保险人在保险合同初始确认日不应当确认首日利得,发生首日损失的,应当予以确认并计入当期损益;保险人在确定保险合同准备金时,应当考虑货币时间价值的影响。

(一)未到期责任准备金的核算

1. 概念及计算方法

未到期责任准备金是指在准备金评估日为尚未终止的保险责任而提取的准备金,包括未赚保费准备金及保费不足准备金。

未赚保费准备金是指以未满期部分保费收入为基础所计提的准备金,并应减除与获取保费收入相关联的保单获取成本的未到期部分。对未赚保费准备金,应当采用以下方法确定:

(1)三百六十五分之一法;

(2)风险分布法;

(3)银保监会认可的其他方法。

保险公司应在未到期责任准备金评估过程中进行保费充足性测试,并根据测试结果提取保费不足准备金,作为未到期责任准备金的一部分。

2. 会计科目的设置

(1)"未到期责任准备金"科目,用于核算保险公司一年以内(含一年)的财产险业务按规定提存的未到期责任准备金。本科目属于负债类科目,贷方登记提存的准备金数额,借方登记转回上年同期提存的准备金数额,期末余额在贷方,反映保险公司已提存但尚未转回的未到期责任准备金。本科目应按险种设置明细账进行明细核算。

(2)"转回未到期责任准备金"科目,用于核算保险公司转回上年同期提存的未到期责任准备金。本科目属于损益类科目,贷方登记转回上年同期提存的准备金数额,借方登记结转"本年利润"科目的数额,期末结转后,本科目无余额。本科目应按险种设置明细账进行明细核算。

(3)"提存未到期责任准备金"科目,用于核算保险公司一年以内(含一年)的财产险业务按规定提存的未到期责任准备金。本科目属于损益类科目,借方登记提存的准备金数额,贷方登记结转"本年利润"科目的数额,期末结转后,本科目无余额。本科目应按险种设置明细账进行明细核算。

3. 账务处理

未到期责任准备金的账务处理包括提存未到期责任准备金、转回未到期责任准备金和将提存和转回的未到期责任准备金结转本年利润三项内容。

(1)期末,保险公司按规定提存未到期责任准备金时,会计分录为:

借:提存未到期责任准备金
　　贷:未到期责任准备金

(2)按规定转回上年同期提存的未到期责任准备金时,会计分录为:

借:未到期责任准备金
　　贷:转回未到期责任准备金

(3)将"提存未到期责任准备金"科目余额转入"本年利润"科目,会计分录为:

借:本年利润
　　贷:提存未到期责任准备金

将"转回未到期责任准备金"科目余额转入"本年利润"科目,会计分录为:

借:转回未到期责任准备金
　　贷:本年利润

期末结转后,"提存未到期责任准备金"和"转回未到期责任准备金"科目应无余额。举例说明如下。

【例 11-12】 某财产保险公司全年一年期直接承保的保费收入为 90 000 000 元,分保费收入为 20 000 000 元,分保费支出为 18 000 000 元,按自留保费的 50% 的比例提取未到期责任准备金,即为(90 000 000+20 000 000−18 000 000)×50%=46 000 000 元,并转回上年同期提存未到期责任准备金 40 000 000 元。请编制该财产保险公司的会计分录。

解析: (1)提取未到期责任准备金时,会计分录为:

借:提存未到期责任准备金　　　　　　　　　　　　46 000 000
　　贷:未到期责任准备金　　　　　　　　　　　　　　46 000 000

(2)将上年提存的未到期责任准备金转回时,会计分录为:

借:未到期责任准备金　　　　　　　　　　　　　　40 000 000
　　贷:转回未到期责任准备金　　　　　　　　　　　　40 000 000

(3)期末结转时,会计分录为:

借:本年利润　　　　　　　　　　　　　　　　　　46 000 000
　　贷:提存未到期责任准备金　　　　　　　　　　　　46 000 000
借:转回未到期责任准备金　　　　　　　　　　　　40 000 000
　　贷:本年利润　　　　　　　　　　　　　　　　　　40 000 000

(二)未决赔款准备金的计量与核算

未决赔款准备金是指保险公司为保险事故已经发生但尚未最终结案的损失提取

的准备金,包括已发生已报案未决赔款准备金、已发生未报案未决赔款准备金和理赔费用准备金。

1. 计量方法

(1)已发生已报案未决赔款准备金,是指为保险事故已经发生并已向保险公司提出索赔,保险公司尚未结案的损失而提取的准备金。保险人应当采用逐案估损法、案均赔款法等方法以及银保监会认可的其他方法,以最终赔付的合理估计金额为基础,同时考虑边际因素,计量已发生已报案未决赔款准备金。

(2)已发生未报案未决赔款准备金。保险人应当根据保险风险的性质和分布、赔款发展模式、经验数据等因素,采用链梯法、案均赔款法、准备金进展法、B-F法等方法以及银保监会认可的其他方法,以最终赔付的合理估计金额为基础,同时考虑边际因素,计量已发生未报案未决赔款准备金。

(3)理赔费用准备金。保险人应当以未来必需发生的理赔费用的合理估计金额为基础,计量理赔费用准备金。它包括直接发生于具体赔案专家费、律师费、损失检验费等提取的直接理赔费用准备金,以及为非直接发生于具体赔案的费用。

2. 账务处理

保险公司应当在非寿险保险事故发生的当期,按照保险精算部门确定的金额,提取未决赔款准备金,并确认未决赔款准备金负债。保险公司在会计期末对于在本期已发生保险事故应付未付的赔款(即不能在本期结算的赔款)计提赔款准备金,计入当期损益,以免虚增本期利润。

保险公司应设置"未决赔款准备金""提取未决赔款准备金"科目进行核算。再保险接受人提取的再保险合同未决赔款准备金,也通过这两个科目核算。其中,"未决赔款准备金"为负债类科目,"提取未决赔款准备金"为损益类科目。

(1)未决赔款准备金的计提。投保人发生非寿险保险合同约定的保险事故当期,保险公司应按保险精算确定的未决赔款准备金金额,提取未决赔款准备金,并确认未决赔款准备金负债。会计分录为:

借:提取未决赔款准备金
　　贷:未决赔款准备金

(2)未决赔款准备金充足性测试。保险公司至少应当于每年年度终了,对未决赔款准备金进行充足性测试。保险公司按照保险精算重新计算确定的未决赔款准备金金额超过充足性测试日已提取的未决赔款准备金余额的,应当按照其差额补提未决赔款准备金;保险公司按照保险精算重新计算确定的未决赔款准备金金额小于充足性测试日已提取的未决赔款准备金余额的,不调整未决赔款准备金。

(3)未决赔款准备金的冲减。保险公司确定支付赔付款项金额或实际发生理赔费用的当期,应冲减相应的未决赔款准备金余额。会计分录为:

借:未决赔款准备金
　　贷:银行存款

(4)提取未决赔款准备金的期末结转。期末,应将"提取未决赔款准备金"科目的余额结转至"本年利润"科目。会计分录为:

借:本年利润
　　贷:提取未决赔款准备金

【例 11-13】 20××年3月20日,甲财产保险公司承保的货物运输险出险,按保险精算确定的未决赔款准备金为1 600 000元。20××年12月31日,保险公司对未决赔款准备金进行充足性测试,按保险精算重新计算确定的未决赔款准备金为8 500 000元,充足性测试日已提取的未决赔款准备金余额为8 000 000元。请编制甲财产保险公司的会计分录。

解析:(1)20××年3月20日,提取未决赔款准备金时,会计分录为:

借:提取未决赔款准备金　　　　　　　　　　　　　1 600 000
　　贷:未决赔款准备金　　　　　　　　　　　　　　1 600 000

(2)20××年12月31日,进行充足性测试补提未决赔款准备金时,会计分录为:

借:提取未决赔款准备金　　　　　　　　　　　　　　500 000
　　贷:未决赔款准备金　　　　　　　　　　　　　　　500 000

(3)期末结转时,会计分录为:

借:本年利润　　　　　　　　　　　　　　　　　　2 100 000
　　贷:提取未决赔款准备金　　　　　　　　　　　　2 100 000

第三节　人身保险业务的核算

一、人身保险公司业务概述

(一)人身保险业务的种类

1. 按保障范围分类,人身保险可以分为人寿保险、人身意外伤害保险和健康保险

(1)人寿保险。人寿保险可分为死亡保险、生存保险、两全保险和年金保险。

①死亡保险。死亡保险是以被保险人在保险期限内死亡为给付保险金的条件,如果被保险人生存到保险期满,保险人就不负给付保险金责任。它可分为定期保险与终身保险两种。

②生存保险。生存保险是指以被保险人在某一期间内生存为保险事故，给付约定的保险金的保险。也就是说，被保险人在中途死亡不给付保险金，所交付的保险费也不再退还。

③两全保险。两全保险又称"储蓄保险"或"混合保险、生死合险"，是指被保险人不论在保险期内死亡还是生存到保险期届满，保险人都给付保险金的保险。

④年金保险。年金保险也称"养老金保险"，是指保险人在约定的期间内，按照一定的周期给付保险金的保险。其目的是为被保险人老年生活提供经济保障。被保险人在年轻时，从其收入中支付一定量的保险费购买年金保险，当到达约定领取年金的年龄时开始领取保险金，直到受领人死亡或规定的期限终了为止。

(2)人身意外伤害保险。人身意外伤害保险是指被保险人因意外事故（亦即外来、急剧、偶然的事故）致使身体蒙受伤害，并以此伤害为直接原因致使被保险人死亡、残废需就医治疗时，由保险人按其伤害情况依照约定的金额给付死亡保险金、残废保险金或医疗保险金的保险。人身意外伤害保险区别于人寿保险，其保险期限一般为一年或更短的期限。

(3)健康保险。健康保险是指补偿被保险人因疾病或身体伤残所致损失的保险。当被保险人因身体伤残、疾病或医疗费用造成损失时，保险人提供一次性给付或定期给付。

2. 按保险合同的性质分类，人身保险可以分为非赔偿性合同和赔偿性合同

非赔偿性合同：被保险人对保险标的具有无限的可保权益。如人寿保险是非赔偿性合同。

赔偿性合同：赔偿性合同的被保险人对保险标的则只有有限的可保权益。如人身意外伤害保险是赔偿性合同。

3. 按有无红利分类，人身保险可以分为分红保险和非分红保险

分红保险是保险公司在每个会计年度结束后，将上一会计年度该类分红保险的可分配盈余，按一定的比例，以现金红利或增值红利的方式，分配给客户的一种人寿保险。分红保险要求保险公司在非分红保险之外专门设立一个独立的账户，所有和分红保险有关的保费收入、投资收入、佣金支出、费用支出、理赔支出、责任准备金提取等都在这个独立账户中进行核算，不受其他险种损益的影响，从而确保红利分配的公平与合理。

非分红保险是被保险人只能在约定的保险事件发生或保险期满时获得保险金，而不能得到保险人的其他盈利。

4. 按承保技术分类，人身保险可以分为普通人寿保险和简易人寿保险

普通人寿保险是指以个人作为投保人和承保对象，以通常的技术方法经营的人寿保险。

简易人寿保险一般是指保险金额小、保费低、交费期短、无体检的人寿保险合同。它通常为限期交费的终身保险或生死两全保险。

需要说明的是,对人身保险业务的分类,我国的《保险法》是以保障范围为分类标准,将人身保险业务分为人寿保险、人身意外伤害保险和健康保险三类。

(二)人身保险业务的特点

人身保险和财产保险有着共同的保障目的,都是弥补保险事故造成的损失,为被保险人解除经济上的困难和忧虑。与财产保险相比,人身保险有其自身的特征。

1. 人身保险的保险金额具有定额给付的特征

在人身保险业务中,由于不能够用货币衡量人身价值,针对人身保险标的遭遇的保险事件,只能用经济给付的形式实现对人身保险的保障。人身保险标的获得保险保障的最高经济额度,并无理论上的限制,完全取决于保险合同的约定。当保险事故发生后,保险人按照合同约定的保险金额给付,因而人身保险又称为"定值保险"。财产保险的标的是各种财物,其价值一般都能用货币加以衡量或估算,而财产保险金额的确定和损失赔偿是以财产的实际价值和实际损失为依据,故财产保险又称为"损害保险"。

2. 人身保险的期限具有长期性

人身保险合同的数量、保险费收入和保险金给付较为稳定,其保险资金积累时间长、金额大,融通资金的能力远比财产保险强大。而财产保险多为短期保险,保险期限通常为一年或者一年以内,保险合同的数量、保费收入和赔款支出不稳定,故要求其资金保持较高的流动性,从而保费收入中可用于融资的比重较小。

3. 人身保险具有储蓄性

人身保险除意外伤害保险和少数定期死亡保险外,投保人可以享受财产保险所没有的储蓄权利。人身保险的投保人甚至可以在保险的责任准备金内,用保单向保险人质押借款,也可在中途解除合同要求返还储蓄存款。

4. 人身保险所保风险具有规则性,保险经营稳定

人身保险所保的风险为死亡、生存或残废,其发生的概率较具规则性,因而保险经营较稳定,其需要的现金准备相对少一些。而财产保险所保的风险为各种自然灾害和意外事故,其发生频率和损失程度的规则性较弱,且各个保险单位的价值相差悬殊,在保险经营上必须保持较多的现金准备。

5. 人身保险的保险费率根据危险程度制定

人身保险的保险费率是根据危险程度的不同而制定的。而财产保险的保险费率一般以过去长时期的保险财产损失统计资料作为计算基础。

6. 人身保险不存在超额投保、重复保险和代位求偿权问题

因为人身保险的可保利益无法用货币估量,所以人身保险不存在超额投保和重复保险问题。代位求偿原则也不适用于人身保险,如被保险人伤亡是由于第三者造成的,被保险人或其受益人既能从保险公司取得保险金,又能向肇事方提出损害赔偿要求,保险公司不能取得代位求偿权。而财产保险的保险金额要受到可保利益或财产价值的限制,而且财产保险对重复保险要实行分摊原则。

7. 保险公司开办的一年期以上人身保险产品取得的保费收入,享受免征增值税优惠

(三)人身保险业务会计核算的特点

1. 同时运用"收付实现制"和"权责发生制"两种记账基础

在人身保险业务核算中,人身保险业务在签订保单时,以实际收到保费后确认保险合同生效。对于保费收入和保险金的给付按照"收付实现制"原则记账,在年终决算时,对应收利息、提取和转回寿险责任准备金等账项,应按权责发生制原则进行账务处理。

由于保费收入和保险金的给付按照"收付实现制"原则记账,人寿保险保单在收到保险费后才能作为保费收入入账,对已到期但尚未交付的保险费不作应收保费处理,趸交保险费在交费时一次性作为保费收入入账,而且不存在应付保险金问题。而财产保险中被保险人尚未交付的即期保费则可确认为保费收入,并作为应收保费处理。

2. 保险精算具有重要意义

人身保险与财产保险有着很大的差别。人身保险在责任准备金计算、负债评估、成本费用、利源分析和利润分配等方面具有自己的特性,必须运用科学的数理逻辑进行精算,这就确立了寿险精算在人寿保险公司财务核算乃至整个经营活动中的重要作用和地位。人寿保险公司必须配备保险精算师,并以保险精算数据作为寿险会计核算及其损益计算的基础。

3. 损益结算期限存在差异

人寿保险业务均按会计年度结算损益。而财产保险业务短期险种实行一年期结算损益,但长期财产险实行多年期业务年度结算损益。

4. 退保业务核算不同

人寿保险客户中途退保时,保险公司退还的退保金是人寿保险保单产生的现金价值;而非人寿保险业务的退保则按原先收取的保险费以天数比例或短期费率计算,并退还剩余的保险费。在会计核算中前者通过"退保金"核算,后者则直接冲减"保费收入"。

5. 人身保险业务具有给付性质

人身保险业务涉及给付的核算,包括年金给付、死伤医疗给付和满期给付的核算;而财产保险业务不涉及给付的核算。人身保险业务中通常没有以保户储金的投资收益作为保费的业务;而财产保险中的返还性两全保险业务,以保户储金运用获得的利息收入或投资收益作为保费收入。

二、人寿保险业务的核算

(一)保费收入的核算

1. 保费的构成

保费由纯保费和附加保费两部分构成。其中,纯保费是以预定死亡率和预定利率为基础所计算的保费,是保险公司用于保险金支付部分的费用;附加保费根据预定费用率计算,主要用于保险公司的各项业务开支和预期利润。

2. 保费收入的确认与计量

寿险原保险合同的保险期间一般较长,保费通常分期收取,一次性趸交较少;投保人可以单方面取消合同,保费的收回存在不确定性。因此,分期收取保费的,应当根据当期应收取的保费确认保费收入;一次性收取保费的,应当根据一次性应收取的保费确认保费收入。

具体而言,对于寿险原保险合同,分期收取保费的,保险公司应当在合同约定的承担保险责任日确认首期保费收入,在合同约定的以后各期投保人缴费日确认相应各期的保费收入;一次性收取保费的,保险公司应当在合同约定的承担保险责任日确认保费收入。

3. 保费收入的账务处理

寿险保费收入的核算包括业务发生时收取保费和预收保费两种,分别设置"保费收入""预收保费""应收保费""坏账准备"等科目进行核算。保险公司开办的一年期以上人身保险产品取得的保费收入享受免征增值税的优惠政策。一年期以上人身保险是指保险期间为一年期及以上返还本利的人寿保险、养老年金保险,以及保险期间为一年期及以上的健康保险。

(1)业务发生时收取保费的处理。在保险业务发生时收取保费的情况下,由于保险业务已经发生,所收保险费就是即期保费收入,趸交保费视同即期保险收入一次性记入"保费收入"科目明细账。

【例 11-14】 某保险公司会计部门根据业务部门送来"简身险保费日结单"及所附收据存根和银行转账记录 10 000 元,审查后办理入账。请编制该保险公司的会计分录。

解析：一年期以内的保费收入应价税分离,编制会计分录如下：

借：银行存款
　　贷：保费收入——普通寿险(简身险)
　　　　应交税费——应交增值税(销项税额)

【例 11-15】 某人寿保险公司收到银行转来的收账通知,系华星集团投保五年期团寿险,投保对象为该集团所有员工 200 人,每人按标准每月交费 10 元。请编制该人寿保险公司的会计分录。

解析：应编制会计分录如下：

借：银行存款　　　　　　　　　　　　　　　　　　2 000
　　贷：保费收入——普通寿险(团寿险)　　　　　　　　2 000
　　　　应交税费——应交增值税(销项税额)

(2)预收保费的核算。在预收保费的情况下,保险客户提前交纳的保险费,应通过"预收保费"科目核算。"预收保费"核算保险公司在保险责任生效前向投保人预收的保费,其贷方登记发生的保费预收数,借方登记转作保费收入的保费预数,期末余额在贷方,表示期末公司向投保人预收的保险费。"预收保费"科目应按投保人设置明细账。

【例 11-16】 王平投保 3 年期个人养老金险,该保户约定每月交费 50 元,2021 年 1 月 5 日以现金预交全年保费 600 元。根据上述业务,请编制相应的会计分录。

解析：一年以上养老年金保险免征增值税。应编制会计分录如下：

借：现金　　　　　　　　　　　　　　　　　　　　600
　　贷：保费收入——年金保险(个人养老金险)　　　　　50
　　　　预收保费——王平　　　　　　　　　　　　　550

以后每月将预收保费转为实现的保费收入时,应编制会计分录如下：

借：预收保费——王平　　　　　　　　　　　　　　　50
　　贷：保费收入——年金保险(个人养老金险)　　　　　50

(二)人寿保险业务保险金给付的核算

人寿保险业务保险金给付是保险公司对投保人在保险期满或在保险期中支付保险金,以及对保险期内发生保险责任范围的意外事故按规定给付保险金。人寿保险公司应重合同、守信用,按规定正确、及时地给付保险金。

人寿保险公司在办理保险金给付时,应由投保人提供有关单证及证明,经业务部门审查核实后,填制"满期给付领取收据"或"死伤医疗给付领取收据",并由投保人签章后,连同保险分户卡一并送交会计部门,会计人员认真复核后,向投保人支付保险金。人寿保险业务保险金的给付分满期给付、死伤医疗给付和年金给付三种。

1. 满期给付的核算

现阶段开办的人寿保险满期险种主要有：简易人寿保险、团体人寿保险、普通个人生存保险以及生死两全保险等。满期给付是按投保年龄、保险期限、交费时间和投保份数等因素，根据寿险数学精算出来的。满期给付一般由被保险人本人受领。

人寿保险公司设置"满期给付"科目，核算当人寿保险业务的被保险人生存至保险期满，人寿保险公司按保险合同约定支付给被保险人的满期保险金。该科目借方登记满期给付实际支付的金额，贷方登记期末转入"本年利润"科目的本期发生额，期末结转后"满期给付"科目应无余额。"满期给付"科目应按险种设置明细账。具体账务处理如下：

(1)发生满期给付时，借记"满期给付"科目，贷记"现金""银行存款"等科目。

(2)若在满期给付时有贷款本息未还清者，则应将其未还清贷款本息从应支付的保险金中扣除，按给付金额借记"满期给付"科目，按未收回的保户质押贷款本金贷记"保户质押贷款"科目，按欠息数贷记"利息收入"科目，按实际支付的金额贷记"现金""银行存款"等科目。

(3)在保险合同规定的交费宽限期内发生满期给付时，按应给付金额借记"满期给付"科目，按投保人未交保费部分贷记"保费收入"科目，按欠息数贷记"利息收入"科目，按实际支付的金额贷记"现金""银行存款"等科目。

(4)期末将"满期给付"科目的余额转入"本年利润"科目时，借记"本年利润"科目，贷记"满期给付"科目。

【例11-17】某简易人寿保险保户保险期满，持必要单证申请给付保险金5 000元，会计人员复核后以现金支付保险金。请编制相应的会计分录。

解析： 应编制会计分录如下：

借：满期给付——简寿险　　　　　　　　　　　　5 000
　　贷：现金　　　　　　　　　　　　　　　　　　　　　5 000

【例11-18】华夏集团公司给员工投保期限为三年的团体两全人寿保险，现已到期。保险公司业务部门按交费期限、投保份数计算每一个被保险人已满期的保险金，总计为300 000元，用转账支票支付这笔保险金。请编制相应的会计分录。

解析： 应编制会计分录如下：

借：满期给付——团体人寿险　　　　　　　　　300 000
　　贷：银行存款　　　　　　　　　　　　　　　　　　300 000

【例11-19】投保人李平投保保险金额为50 000元的两全保险满期，尚有8 000元的保单质押贷款未归还，该笔贷款应付利息为406元，会计部门将贷款及利息扣除后办理给付。请编制相应的会计分录。

解析: 保单质押贷款收取的利息收入需缴纳增值税,收入确认时应进行价税分离处理。会计分录为:

借:满期给付　　　　　　　　　　　　　　　　　　　　　　50 000
　　贷:保单质押贷款　　　　　　　　　　　　　　　　　　　8 000
　　　　利息收入　　　　　　　　　　　　　　　　　　　　　383.02
　　　　应交税费——应交增值税(销项税额)　　　　　　　　　22.98
　　　　现金　　　　　　　　　　　　　　　　　　　　　　41 694

2. 死伤医疗给付的核算

死伤医疗给付是指投保人在保险期内发生保险责任范围内的死亡、伤残等意外事故,按规定给付保险金,包括死亡给付、伤残给付和医疗给付责任。

人寿保险公司的意外伤害保险和短期医疗保险的保险金在"赔款支出"科目核算。其余则设置"死伤医疗给付"科目,核算人寿保险及长期健康保险业务的被保险人在保险期内发生保险责任范围内的保险事故时,公司按保险合同约定支付给被保险人(或受益人)的保险金。该科目借方登记实际支付的死伤医疗给付金额,贷方登记期末转入"本年利润"科目的本期发生额,期末结转后"死伤医疗给付"科目应无余额。"死伤医疗给付"科目应设置"死亡给付"和"医疗给付"两个明细科目,并按险种进行明细核算。具体账务处理如下。

(1)发生死伤医疗给付时,借记"死伤医疗给付"科目,贷记"现金""银行存款"科目。

(2)发生死伤医疗给付时,若有贷款本息未还清者,则按应给付金额借记"死伤医疗给付"科目,按未收回的保户质押贷款本金贷记"保户质押贷款"科目,按欠息数贷记"利息收入"科目,按实际支付的金额贷记"现金""银行存款"等科目。

(3)若在保险合同规定的交费宽限期内发生死伤医疗给付,则按应给付金额借记"死伤医疗给付"科目,按投保人未交保费部分贷记"保费收入"科目,按欠息数贷记"利息收入"科目,按实际支付的金额贷记"现金""银行存款"等科目。

(4)期末将"死伤医疗给付"科目的余额转入"本年利润"科目时,借记"本年利润"科目,贷记"死伤医疗给付"科目。

【例 11-20】 某简易人寿保险保户杨某因病死亡,其受益人提出死亡给付申请,人寿保险公司业务部门审查同意给付全部保险金 20 000 元,该保户当月已确认但尚未缴纳的保费为 200 元,会计部门从应给付的保险金中扣除后,将现金支付给保户。请编制该人寿保险公司的会计分录。

解析: 应编制会计分录如下:

借:死伤医疗给付——简寿险　　　　　　　　　　　　　　20 000

```
    贷:应收保费——杨某                              200
        现金                                    18 000
    借:寿险责任准备金                              20 000
    贷:提取寿险责任准备金                           20 000
```

【例 11-21】 某养老金保户因病死亡,其受益人持有关单证申请领取丧葬费。业务部门经审查按规定同意给付 980 元,会计部门核对无误后,以现金支付。请编制相应的会计分录。

解析:应编制会计分录如下:

```
    借:死伤医疗给付——养老金险                      980
    贷:现金                                      980
```

3. 年金给付的核算

年金给付是指人寿保险公司年金保险业务的被保险人生存至规定的年龄,按保险合同约定支付给被保险人的给付金额。人寿保险公司设置"年金给付"科目核算公司因年金保险业务的被保险人生存至规定的年龄,按保险合同约定支付给被保险人的给付金额。该科目借方登记实际支付的年金给付金额,贷方登记期末转入"本年利润"科目的本期发生额,期末结转后"满期给付"科目应无余额。"年金给付"科目应按险种设置明细账。账务处理具体如下。

(1)发生年金给付时,借记"年金给付"科目,贷记"现金""银行存款"等科目。

(2)若年金给付时,有贷款本息未还清者,按给付金额借记"年金给付"科目,贷记"银行存款"等科目

【例 11-22】 胡某投保终身年金保险,每月缴纳保费 500 元,现已到约定年金领取年龄。胡某持有关证件向人寿保险公司办理领取手续,按规定每月领取保险金 1 000 元。会计部门审核无误后,以现金支付。请编制相应的会计分录。

解析:应编制会计分录如下:

```
    借:年金给付——年金保险                        1 000
    贷:现金                                     1 000
```

三、人身意外伤害保险业务和健康保险业务的核算

(一)人身意外伤害保险业务概述

1. 人身意外伤害保险业务的概念

人身意外伤害保险是指被保险人因意外事故导致死亡或伤残时,保险人依照合

同约定给付保险金的保险。人身意外伤害保险的性质与其他人身保险有所不同,它与人的生命因素没有直接关系。它表现在:在人身意外伤害保险中,被保险人所面临的危险程度,并不因被保险人的年龄、性别而有所差异。因此,人身意外伤害保险的保险费率的制定不需要考虑被保险人年龄、性别等因素,不需要以死亡率为依据。另外,保险人承保时对被保险人的年龄和身体状况没有严格的限制。

人身意外伤害保险具有损害赔偿的性质,具体地说,只有当被保险人的身体因意外伤害而引起死亡或者伤残时,保险人才给付保险金。如果被保险人的死亡、伤残是由于疾病引起的,或者是自然死亡,保险人不给付保险金。

2. 人身意外伤害保险费的计收方式

人身意外伤害保险费的计收方式有以下三种。

(1)按保险金额的一定比率计收。例如,保险费率为2‰表示每千元保险金额收取保险费2元,按照这种计收方式,保险费随保险金额的增长而成正比增加。

(2)按有关收费金额的一定比率计收。例如,公路旅客意外伤害保险,保险费按票价的2%计收,亦称保险费率为2%。

(3)按约定的金额计收。例如,旅游意外伤害保险,规定每人每天收取一定金额的保险费。

在保险经营实践中,一年期人身意外伤害的保险费一般均采用按保险金额的一定比率计收保险费;极短期人身意外伤害保险,大多采用按有关收费金额的一定比率或按约定的金额计收保险费。

(二)健康保险业务概述

1. 健康保险业务的概念

健康保险是指保险人依照合同约定,对被保险人因健康原因导致的损失给付保险金的保险。在健康保险合同有效期内,被保险人因疾病、分娩及其所造成的残废或死亡,保险人按照合同的规定,承担给付保险金的责任。健康保险与普通财产保险一样,属于有价补偿保险的范畴。

2. 制定保险费率的方式

(1)期初固定保险费率方式。在订立保险合同时,即确定投保人向保险人交纳固定保险费,以后无论保险人所收保险费是否足够支付赔款和营业费用开支,投保人均不再承担任何保险费,不足部分由保险人动用准备金抵偿。

(2)期终分摊保险费率方式。在投保时,投保人不交纳保险费,待到保险期限终了,根据全部赔偿支出和其他支出,界定保险金额,计算出每个被保险人应分摊的保费和保险费率。

(3)期初预交保险费、期终结算的方式。订立保险合同时,先按暂定保险费率标准交纳保险费,待保险期限终了,保险业务盈亏决算后,再按计算出来的实收保险费数额结算,多退少补。

(三)人身意外伤害保险和健康保险业务的核算

1. 保费收入的核算

保费收入的确认和计量与财产保险业务相同,由会计部门以业务部门出具的"保费日结单"或"保费收据"作为原始凭证,编制记账凭证入账。

【例11-23】 201×年9月1日,某保险公司收到业务部门的"公路旅客人身意外险日结单"及所附收据存根和现金3 000元,经审核后办理入账。请编制该保险公司的会计分录。

解析:应编制会计分录如下:

  借:库存现金　　　　　　　　　　　　　　　　　3 000
   贷:保费收入——意外伤害险　　　　　　　　　　2 830.19
    应交税费——应交增值税(销项税额)　　　　　169.81

2. 保险金给付的核算

投保人提出索赔并提供有关证明后,由保险公司业务部门理赔,责任确认无误后,填制"××险给付领取收据",由投保人签章后,连同分户卡一并送交会计部门,会计部门凭此给付保险金。

【例11-24】 某中学投保一年期学生住院医疗险,每人保额为50 000元。投保后该中学一学生因患病住院治疗,发生保单责任范围内的医疗费用42 000元,保险公司按分级累进计算给付保险金36 000元,以现金支付。请编制该保险公司的会计分录。

解析:应编制会计分录如下:

  借:赔款支出——健康险　　　　　　　　　　　　36 000
   贷:现金　　　　　　　　　　　　　　　　　　　36 000

四、中途退保的核算

投保人在保险责任开始后要求提前解除寿险合同的,如果在犹豫期内(投保人收到保单后10天),则保险公司应当在扣除手续费后退还全部保费,作为退保费,直接冲减保费收入。如果过了犹豫期,保险公司应按合同约定退还保单现金价值,作为退保费,计入当期损益(退保金科目)。

同时,由于保险公司在确认寿险合同保费收入的当期,已经将未来应承担的赔付保险金责任确认为寿险责任准备金、长期健康险责任准备金,而在寿险原保险合同提前解除时,保险公司原确认的未来应承担的赔付保险金责任已经不复存在。因此,在寿险原保险合同提前解除时,保险公司还应当转销已确认的相关寿险责任准备金、长期健康险责任准备金余额。

保单现金价值是指寿险原保险合同在发生解约或退保时可以返还的金额。保险公司签发的保险合同中附有现金价值表,投保人可在表中查到投保后第×年退保所能得到的现金价值,作为退保费,直接冲减保费收入。退保时尚结欠的应收保费,应从所退保费中直接扣除。同时,由于保险公司在确认非寿险原保险合同保费收入的当期,通过确认未到期责任准备金,将其作为保费收入的调整,而在非寿险原保险合同提前解除时,尚未赚取的保费收入已经不可能再赚取。因此,在非寿险原保险合同提前解除时,保险公司还应当转销相关的尚未赚取的保费收入,即转销相关未到期责任准备金余额。

对于非寿险原保险合同确认的未决赔款准备金,由于其确认的前提条件是发生非寿险保险事故,而在发生非寿险保险事故的情况下,理性的投保人是不可能要求解除合同的,通常不存在转销相关的未决赔款准备金余额。

【例 11-25】 某保户要求退保,业务部门核定应退 1 550 元,但该保户尚有预交三个月的保费 80 元,财会部门审核无误后,将退保金与预收保费一并退还被保险人。该笔业务已计提未到期责任准备金 600 元予以冲回。请编制相应的会计分录。

解析: 应编制会计分录如下:

借:退保金　　　　　　　　　　　　　　　　　1 550
　　预收保费　　　　　　　　　　　　　　　　　 80
　　贷:现金　　　　　　　　　　　　　　　　　1 630
借:未到期责任准备金　　　　　　　　　　　　　600
　　贷:提取未到期责任准备金　　　　　　　　　　600

五、人身保险准备金的核算

(一)人身保险准备金的种类

人身保险业务提存的准备金包括寿险责任准备金、长期健康险责任准备金、未到期责任准备金和未决赔款准备金四种。在理解和掌握人身保险准备金时,应注意:

经营有人寿保险业务的人寿保险公司,应当按照有效的人寿保险单的全部净值提取未到期责任准备金;

短期人身保险和意外伤害保险业务提存的准备金包括未决赔款准备金和未到期责任准备金,见本章第二节所述财产保险业务准备金(非寿险业务准备金)的核算。

(二)寿险责任准备金的计提

寿险责任准备金是保险人为履行未到期的保险责任,从寿险保费中提取的专用资金。寿险责任准备金是确保人寿保险公司有足够的偿付能力来履行其赔偿与给付责任而设立的。

1. 会计科目的设置

寿险责任准备金的核算包括寿险责任准备金的核算、提存寿险责任准备金的核算和转回寿险责任准备金的核算三项内容,对此,应设置如下三个会计科目。

(1)"寿险责任准备金"科目,用于核算人寿保险公司按规定对人寿保险业务提存的责任准备金。该科目属于负债类科目,贷方登记提存的准备金数额,借方登记转回的准备金数额,期末余额在贷方,反映人寿保险公司本期提存的未决赔款准备金。本科目应按险种设置明细账进行明细核算。

(2)"提存寿险责任准备金"科目,用于核算人寿保险公司对人寿保险业务提存的责任准备金。该科目属于损益类科目,借方登记提存的准备金数额,贷方登记结转"本年利润"科目的数额,期末结转后,本科目无余额。本科目应按险种设置明细账进行明细核算。

(3)"转回寿险责任准备金"科目,用于核算人寿保险公司转回上年同期提存的寿险责任准备金。该科目属于损益类科目,贷方登记转回上年同期提存的准备金数额,借方登记结转"本年利润"科目的数额,期末结转后,本科目无余额。本科目应按险种设置明细账进行明细核算。

2. 账务处理

寿险责任准备金的账务处理包括提存寿险责任准备金、转回寿险责任准备金以及将提存和转回的寿险责任准备金结转本年利润三项内容。

(1)人寿保险公司期末按规定提存寿险责任准备金时,借记"提存寿险责任准备金"科目,贷记"寿险责任准备金"科目。

(2)期末按规定转回上年同期提存的寿险责任准备金时,借记"寿险责任准备金"科目,贷记"转回寿险责任准备金"科目。

(3)期末将"提存寿险责任准备金""转回寿险责任准备金"科目余额转入"本年利润"科目时,借记"本年利润"科目,贷记"提存寿险责任准备金"科目;同时,借记"转回寿险责任准备金"科目,贷记"本年利润"科目。

3. 核算举例

【例 11-26】 某人寿保险公司 1999 年 12 月 31 日提存寿险责任准备金 32 000 000 元,转回上年同期提存的寿险责任准备金 28 000 000 元。请编制该人寿保险公司的会计。

解析:(1)提存寿险责任准备金时,会计分录为:

借:提存寿险责任准备金　　　　　　　　　　　　　　32 000 000
　　贷:寿险责任准备金　　　　　　　　　　　　　　　32 000 000

(2)转回寿险责任准备金时,会计分录为:

借:寿险责任准备金　　　　　　　　　　　　　　　　28 000 000
　　贷:转回寿险责任准备金　　　　　　　　　　　　　28 000 000

(3)将提存和转回的寿险责任准备金结转本年利润时,会计分录为:

借:本年利润　　　　　　　　　　　　　　　　　　　32 000 000
　　贷:提存寿险责任准备金　　　　　　　　　　　　　32 000 000
借:转回寿险责任准备金　　　　　　　　　　　　　　28 000 000
　　贷:本年利润　　　　　　　　　　　　　　　　　　28 000 000

(三)长期健康险责任准备金的核算

长期健康险责任准备金依据精算结果提存。

长期健康险责任准备金的核算包括长期健康险责任准备金的核算、提存长期健康险责任准备金的核算和转回长期健康险责任准备金的核算三项内容。对此,应设置三个会计科目:"长期健康险责任准备金"科目、"提存长期健康险责任准备金"科目、"转回长期健康险责任准备金"科目。这三个会计科目的记账方向及账务处理同寿险责任准备金。

【例 11-27】 20××年 12 月 31 日,某人寿保险公司在确认某团体终身寿险保险合同保费放入时,按照保险精算确定的寿险责任准备金金额为 120 000 元,在确认某重大疾病保险合同保费收入时,按照保险精算确定的长期健康险责任准备金金额为 150 000 元。请编制该人寿保险公司的会计分录。

解析:应编制会计分录如下:

借:提取寿险责任准备金　　　　　　　　　　　　　　120 000
　　贷:寿险责任准备金　　　　　　　　　　　　　　　120 000
借:提取长期健康险责任准备金　　　　　　　　　　　150 000
　　贷:长期健康险责任准备金　　　　　　　　　　　　150 000

第四节 再保险业务的核算

一、再保险业务概述

(一)再保险的意义及法律规定

再保险,也叫"分保",是保险人将其所承保的风险责任的一部分或全部向一个或多个保险人再进行投保的行为。可以说,再保险是对原保险人的保险,是保险发展到一定程度的产物。再保险业务包括分出保险和分入保险。

在再保险关系中,原保险人转嫁风险和责任要向再保险人支付一部分保费,这种保费叫"分保保费";而原保险人承保业务和经营管理要花一定的开支,因而要向再保险人收取一定的分保手续费,又称"分保佣金"。有时,再保险人还从分保盈余中支付一定比例的佣金给分保人,作为对分出人良好经营成果的报酬,这种佣金叫"盈余佣金",又叫"纯益手续费"。盈余佣金按盈余多少确定不同的百分比,盈余越多,比例越高,这样可促使分保分出人更加注意选择业务的质量。

再保险业务的意义在于分散风险,控制责任,均衡业务质量,扩大保险人承保能力,提高经济效益。通过再保险,可将超过一定标准的风险责任转移出去,对自留的同类业务保额实现了均衡化。每个保险公司和再保险公司都可根据自己的承保能力,科学地制定自留额和责任限额,以此控制自己的风险责任,既增加了风险单位的数目,又达到了保险金额均衡的目的,实现稳定业务经营。此外,再保险的存在也使得小型保险公司得以生存,有利于促进保险业的竞争,增强保险市场的活力。

我国《保险法》对再保险的规定如下。

第一,保险人将其承担的保险业务,以分保形式部分转移给其他保险人的,为再保险。应再保险接受人的要求,再保险分出人应当将其自负责任及原保险的有关情况书面告知再保险接受人。

第二,再保险接受人不得向原保险的投保人要求支付保险费。原保险的被保险人或者受益人不得向再保险接受人提出赔偿或者给付保险金的请求。再保险分出人不得以再保险接受人未履行再保险责任为由,拒绝履行或者迟延履行其原保险责任。

第三,保险公司对每一危险单位,即对一次保险事故可能造成的最大损失范围所承担的责任,不得超过其实有资本金加公积金总和的百分之十;超过的部分应当办理再保险。

第四,经营财产保险业务的保险公司当年自留保险费,不得超过其实有资本金加公积金总和的四倍。

（二）再保险的特征

再保险是一种以原保险为基础的独立的保险业务，它既与原保险有所区别，也与共同保险存在区别。再保险的特征如下。

第一，再保险是保险公司之间的一种业务经营活动，只在保险公司之间进行，按照平等互利、互相往来的原则分出、分入业务。

第二，再保险合同是独立合同，虽然再保险合同是在原保险合同的基础上产生的，但是再保险合同与原保险合同分别是两个独立的合同。

第三，再保险合同是补偿性合同，不论原保险合同是财产保险还是人身保险，一旦它们分保构成再保险合同，都以补偿责任为目的。

（三）再保险的种类

按照原保险人与再保险人之间对保险责任的分配方式，再保险分为比例再保险和非比例再保险两大类。

1. 比例再保险

比例再保险是指原保险人与再保险人以保险金额为基础，计算比例，分担保险责任限额的再保险。比例再保险又可分为成数再保险和溢额再保险。计算公式为：

分出保费＝保费×确定的比例

成数再保险是指再保险分出人以保险金额为基础，对每一危险单位划出固定比例即一定成数作为自留额，将其余的一定成数转让给再保险分入人，保险费和保险赔款按同一比例分摊。

溢额再保险是指再保险分出人以保险金额为基础，规定每一风险单位的一定额度作为自留额，并将其超过自留额的部分，即溢额，分给再保险接受人。再保险接受人按承担溢额责任占保险金额的比例收取分保费用和分摊分保赔款。

2. 非比例再保险

非比例再保险又称"超额再保险"，是一种以赔款为基础，计算自赔限额和分保责任限额的再保险。非比例再保险分为超额赔款再保险和超额赔付率再保险两种。

（1）超额赔款再保险又叫"超额赔款分保"，简称"超赔分保"。在超额赔款再保险方式下，原保险人承保标的因同一原因所导致的任何一次损失，或因同一原因所导致的若干次赔款的总和，超过约定的自负额时，其超过部分由再保险人负责承担至一定的额度。超额赔款再保险又分为险位超赔再保险和事故超赔再保险两种。

险位超赔再保险又叫"险位超赔分保"，是以每一风险单位的损失赔款为基础计算自留责任额和分保责任额。分出人按每一风险单位确定自负责任的限额，称为"起赔点"或"免赔额"。在限额内的由分出人自己赔付，超过部分由分入人承担，但一般都规定有对每次事故总赔款的限制。

事故超赔再保险又叫"事故超赔分保",是以一次保险事故所造成的赔款总和为基础计算自负责任额和分保责任额的再保险方式。它可以一次解决造成多个风险单位损失所形成的责任积累,可以被看作险位超赔分保在空间上的扩展。

(2)超额赔付率再保险是指以一定时期(一般为一年)的累积责任赔付率为基础计算责任限额,当实际赔款总额赔付率超过约定赔付率时,其超过部分由再保险分入人负责一定限额。

(四)分保账单

分保账单是分保业务的分出人,对于分保业务的各项财务指标按一定格式编制的凭证,它既是再保险双方定期进行账务往来资金清算的基础和依据,又是核算再保险业务的专用原始会计凭证。其格式如表11-1所示。

表 11-1　分保账单

公司名称:A财产保险公司　　　　　　　　　　险种:火险
接受人名称:M再保险公司　　　　　　　　　　账单期:20××年第四季度
业务年度:20××年货币　　　　　　　　　　　单位:元

借方		贷方	
项目	金额	项目	金额
分保手续费	1 250 000	分保费	5 000 000
原手续费		未到期责任保费转入	
转分手续费		利息	
分保赔款	2 500 000	保费准备金返还	1 600 000
保费准备金扣存	2 000 000	赔款准备金返还	800 000
赔款准备金扣存	900 000	准备金利息	120 000
税款及杂项	460 000	赔款退回款	
原纯益手续费		退回分保手续费	
未到期责任保费转出		退回转分保手续费	
未决赔款转出		准备金利息	120 000
分保费退回			
纯益手续费			
经纪人手续费			
应付你方余额	410 000	应收你方余额	
你方成分%	410 000		

分保账单由再保险分出人按季编制并送再保险接受人,双方根据账单中借贷方的差额进行结算。表中"应付你方余额"为账单贷方金额合计减去借方金额合计后的

差额,是再保险分出人应向再保险接受人实际支付的金额;"应收你方余额"为账单借方金额合计减去贷方金额合计后的差额,是再保险接受人应向再保险分出人实际支付的金额。

二、分出业务的核算

分保业务分出人的核算内容主要包括向分保业务分入人分出的保费和摊回的应由分保业务分入人承担的赔款及各项费用两项内容。

(一)科目设置

1."应付分保账款"科目

"应付分保账款"科目核算保险公司之间开展分保业务发生的应付款项。该科目属于负债类科目,期末贷方余额,反映保险公司应付的分保账款。本科目应按往来单位设置明细账进行明细核算。

2."应收分保账款"科目

"应收分保账款"科目核算保险公司之间开展分保业务发生的应收款项。该科目属于资产类科目,期末借方余额,反映尚未收回的分保账款。

3."预收分保赔款"科目

"预收分保赔款"科目核算保险公司分出分保业务按保险合同约定预收的分保赔款。该科目属于负债类科目,贷方登记预收分保赔款数,借方登记转入摊回分保赔款数,余额在贷方,反映尚未转销的预收分保赔款数。本科目应按分入人设置明细账进行明细核算。

4."存入分保准备金"科目

"存入分保准备金"科目核算保险公司分出分保业务按合同约定扣存分入人的保费形成的准备金。该科目属于负债类科目,贷方登记扣存的分保准备金数,借方登记转回上期扣存的分保准备金数,余额在贷方,反映保险公司扣存的尚未退还的分保准备金。本科目应按分入人设置明细账进行明细核算。

5."分出保费"科目

"分出保费"科目核算保险公司分出分保业务向分入人分出的保费。该科目属于损益类科目,借方登记分出保费数,贷方登记转入"本年利润"科目数,结转后,本科目应无余额。本科目应按险种设置明细账进行明细核算。

6."摊回分保赔款"科目

"摊回分保赔款"科目核算保险公司分出分保业务向分入人摊回的应由其承担的赔款。该科目为损益类科目,贷方登记向分保接受人摊回的应由其承担的赔款数,借方登记转入"本年利润"科目数,结转后,本科目应无余额。本科目应按险种设置明细账进行明细核算。

7."摊回分保费用"科目

"摊回分保费用"科目核算保险公司分出分保业务向分入人摊回的应由其承担的各项费用。该科目属于损益类科目,贷方登记向分入人摊回的应由其承担的费用数,借方登记转入"本年利润"科目数,期末结转后,本科目应无余额。本科目应按险种设置明细账进行明细核算。

(二)账务处理

1. 发出分保业务账单

发出分保业务账单时,按分保费金额,借记"分出保费"科目;按应由分入人负担的赔款金额,贷记"摊回分保赔款"科目;按应由分入人负担的手续费、税款及杂项等费用金额,贷记"摊回分保费用"科目;按分保业务账单中标明的应返还上年同期的准备金,借记"存入分保准备金"科目;按分保业务账单中标明的扣存本期的准备金,贷记"存入分保准备金"科目;按借贷方的差额,贷记"应付分保款项"科目或借记"应收分保款项"科目。

2. 预收分保赔款

预收分保赔款时,借记"银行存款"科目,贷记"预收分保赔款"科目;发出分保业务账单时,按账单上转销的赔款,借记"预收分保赔款"科目,贷记"摊回分保赔款"科目。

3. 存入分保准备金

分保保证金是再保险分出人从应付给再保险接受人的分保费中以一定比例扣存,作为再保险接受人履行分保未了责任的保证金。该保证金留存期一般为12个月,至次年同期归还,归还时要支付利息。

再保险分出人扣存分保保证金的交易具体体现在分保账单中。再保险分出人应当在发出分保账单时,将账单标明的扣存本期分保保证金确认为存入分保保证金,借记"银行存款"科目,贷记"存入分保准备金"科目;再保险分出人对于存入分保保证金,应当按期计提利息,借记"利息支出"科目,贷记"应付分保账款"科目。

4. 结算分保账款

再保险分出人、再保险接受人在结算分保账款时,应按应付分保账款金额,借记"应付分保账款"科目,按应收分保账款金额,贷记"应收分保账款"科目,按借贷方差额,借记或贷记"银行存款"科目。

5. 期末结转损益类科目

期末再保险分出人将损益类科目的余额转入"本年利润"科目,结转后损益类科目无余额。会计分录为:

借:本年利润
　　贷:分出保费
　　　　利息支出
借:摊回分保费用
　　摊回赔付支出
　　摊回未决赔款准备金
　　摊回寿险责任准备金
　　摊回长期健康险责任准备金
　　贷:本年利润

【例11-28】 A财产保险公司200×年将火险业务采用固定合同成数分保方式安排分保,自留额成分为80%,分出额成分为20%(分出额由M再保险公司接受)。A财产保险公司业务部门提供资料显示,M再保险公司接受分保时曾经向A财产保险公司交存分保准备金100 000元。根据表11-1分保账单资料,请编制A财产保险公司的会计分录。

解析:(1)收到再保险公司交存的分保准备金100 000元时,会计分录为:

借:银行存款　　　　　　　　　　　　　　　　　　　　　100 000
　　贷:存入分保准备金　　　　　　　　　　　　　　　　　100 000

(2)发出分保账单时,会计分录为:

借:分出保费　　　　　　　　　　　　　　　　　　　　　5 000 000
　　利息支出　　　　　　　　　　　　　　　　　　　　　　120 000
　　贷:存入分保准备金　　　　　　　　　　　　　　　　　500 000
　　　　摊回分保赔款　　　　　　　　　　　　　　　　 2 500 000
　　　　摊回分保费用　　　　　　　　　　　　　　　　 1 710 000
　　　　应付分保款项　　　　　　　　　　　　　　　　　 410 000

(3)期末将上述分保业务收支转入"本年利润"科目,会计分录为:

借:本年利润　　　　　　　　　　　　　　　　　　　　 5 120 000
　　贷:分出保费　　　　　　　　　　　　　　　　　　 5 000 000
　　　　利息支出　　　　　　　　　　　　　　　　　　　 120 000
借:摊回分保赔款　　　　　　　　　　　　　　　　　　 2 500 000
　　摊回分保费用　　　　　　　　　　　　　　　　　　 1 710 000
　　贷:本年利润　　　　　　　　　　　　　　　　　　 4 210 000

三、分入业务的核算

对于分入业务,分入人的核算内容主要包括分保费收入的确认、分保赔款和费用的核算以及提存准备金的核算三项内容。

(一)科目设置

1."分保费用"科目

"分保费用"科目属于损益类科目,核算再保险接受人向再保险分出人支付的应由其承担的各项费用。其借方登记再保险接受人按再保险合同约定计算确定的分保费用金额、收到分保业务账单时对分保费用调整增加的金额,以及按再保险合同约定计算确定的纯益手续费金额,贷方登记收到分保业务账单时对分保费用调整减少的金额。期末应将该科目余额转入"本年利润"科目,结转后该科目无余额。该科目可按险种进行明细核算。

2."存出保证金"科目

"存出保证金"科目属于资产类科目,核算再保险接受人按合同约定存出的分保保证金。其借方登记存出的分保保证金,贷方登记收回的分保保证金,期末借方余额,反映再保险接受人存出的分保保证金。该科目可按再保险分出人进行明细核算。

(二)分入的账务处理

1.分保费收入的核算

(1)根据企业会计准则的规定,分保费收入应当在同时满足以下条件时予以确认:再保险合同成立并承担相应保险责任;与再保险合同相关的经济利益很可能流入;与再保险合同相关的收入能够可靠地计量。

再保险接受人应当根据相关再保险合同的约定,计算确定分保费收入金额,计入当期损益。会计分录为:

借:应收分保账款
　　贷:保费收入

(2)再保险接受人在收到分保账单时,按账单标明的金额对分保费收入进行调整,调整金额计入当期损益。

调整增加时,会计分录为:

借:应收分保账款
　　贷:保费收入

调整减少时,作相反的会计分录。

2.分保费用的核算

(1)再保险接受人应当在确认分保费收入的当期,根据相关再保险合同的约定,计算确定分保费用,计入当期损益。会计分录为:

借:分保费用
　　贷:应付分保账款

(2)再保险接受人应当在收到分保账单时,按照账单标明的金额对分保费用进行调整,调整金额计入当期损益。

调整增加时,会计分录为:

借:分保费用
　　贷:应付分保账款

调整减少时,作相反的会计分录。

(3)再保险接受人应当根据相关再保险合同的约定,在能够计算确定应向再保险分出人支付的纯益手续费时,将该项纯益手续费作为分保费用,计入当期损益。会计分录为:

借:分保费用
　　贷:应付分保账款

3. 分保准备金的核算

(1)再保险接受人提取分保未到期责任准备金、分保未决赔款准备金、分保寿险责任准备金、分保长期健康险责任准备金的核算,以及进行相关分保准备金充足性测试的处理,与原保险业务基本相同,这里不再赘述。

(2)再保险接受人应当在收到分保账单确认分保赔付成本的当期,冲减相应的分保准备金余额。会计分录为:

借:未决赔款准备金
　　寿险责任准备金
　　长期健康险责任准备金
　　贷:提取未决赔款准备金
　　　　提取寿险责任准备金
　　　　提取长期健康险责任准备金

4. 分保赔付支出的核算

再保险接受人应当在收到分保账单的当期,按照账单标明的分保赔付款项金额,将其作为分保赔付成本,计入当期损益。会计分录为:

借:分保赔付支出
　　贷:应付分保账款

5. 预付赔款的核算

再保险接受人向再保险分出人预付的现金赔款,应当在支付预付赔款时,作如下会计分录:

借:预付赔付款
　　贷:银行存款

再保险接受人收到分保账单时,按照账单上转销的赔款,作如下会计分录:

借:应付分保账款
  贷:预付赔付款

6. 存出分保保证金的核算

再保险接受人应当在收到分保账单时,将账单标明的扣存本期分保保证金确认为存出分保保证金。会计分录为:

借:存出保证金
  贷:应收分保账款

同时,按照账单标明的再保险分出人返还上期扣存分保保证金转销相关存出分保保证金。会计分录为:

借:应收分保账款
  贷:存出保证金

再保险接受人根据相关再保险合同的约定,按期计算存出分保保证金利息,计入当期损益。会计分录为:

借:应收分保账款
  贷:利息收入

7. 期末结转损益类科目的核算

期末再保险接受人将损益类科目的余额转入"本年利润"科目,结转后损益类科目无余额。

(1)结转费用类科目余额,会计分录为:

借:本年利润
  贷:分保费用
    分保赔付支出
    提取未到期责任准备金
    提取未决赔款准备金
    提取寿险责任准备金
    提取长期健康险责任准备金

(2)结转收入类科目余额,会计分录为:

借:保费收入
  利息收入
  贷:本年利润

【例11-29】20×1年12月22日,Z保险公司与Y保险公司签订了一份成数再保险合同,接受Y保险公司分出的原保险业务。合同约定的分保比例为40%,分保手续费率为35%。合同起期日为20×2年1月1日,保险责任期间为1年。H保险公司经验、技术等方面比较成熟,采用预估方法确认每期的分保费收入。假定Z保险公司预估20×2年第一季度各月份与Y保险公司再保险合同项下的分保费收入金额为:1月份6 800 000元,2月份7 300 000元,3月份6 000 000元。Z保险公司于5月20日收到Y保险公司发来的第一季度分保账单,账单标明的分保费为21 000 000元,分保手续费为7 350 000元。请编制Z保险公司的会计分录。

解析:(1)20×2年1月,Z保险公司预估确认分保费收入和分保费用时,会计分录为:

  借:应收分保账款——Y保险公司   6 800 000
    贷:保费收入   6 800 000

分保费用=6 800 000×35%=2 380 000(元)

  借:分保费用   2 380 000
    贷:应付分保账款——保险公司   2 380 000

(2)20×2年2月,Z保险公司预估确认分保费收入和分保费用时,会计分录为:

  借:应收分保账款——Y保险公司   7 300 000
    贷:保费收入   7 300 000

分保费用=7 300 000×35%=2 555 000(元)

  借:分保费用   2 555 000
    贷:应付分保账款——Y保险公司   2 555 000

(3)20×2年3月,Z保险公司预估确认分保费收入和分保费用时,会计分录为:

  借:应收分保账款——Y保险公司   6 000 000
    贷:保费收入   6 000 000

分保费用=6 000 000×35%=2 100 000(元)

  借:分保费用   2 100 000
    贷:应付分保账款——Y保险公司   2 100 000

(4)20×2年4月,Z保险公司预估确认分保费收入和分保费用的会计分录略。

(5)20×2年5月20日,Z保险公司收到分保账单,调整第一季度确认的分保费收入和分保费用时,会计分录为:

分保费收入调整金额=21 000 000-(6 800 000+7 300 000+6 000 000)
        =900 000(元)

  借:应收分保账款——Y保险公司   900 000
    贷:保费收入   900 000

分保手续费调整金额=7 350 000-(2 380 000+2 555 000+2 100 000)
        =315 000(元)

  借:分保费用   315 000
    贷:应付分保账款——Y保险公司   315 000

此例中,若Z保险公司不具备对分保费收入进行预估确认的条件,则Z保险公司应在20×2年5月20日收到分保账单时,编制会计分录如下:

借:应收分保账款——Y保险公司　　　　　　　21 000 000
　　贷:保费收入　　　　　　　　　　　　　　　21 000 000
借:分保费用　　　　　　　　　　　　　　　　　7 350 000
　　贷:应付分保账款——K保险公司　　　　　　 7 350 000

【例11-30】沿用例13-30的资料,假设Z保险公司于20×2年5月20日收到Y保险公司发来的第一季度分保账单,账单中标明的分保赔款金额为9 000 000元,Z保险公司已提取相应的分保未决赔款准备金。请编制Z保险公司的会计分录。

解析:应编制会计分录如下:

借:分保赔付支出　　　　　　　　　　　　　　9 000 000
　　贷:应付分保账款——K保险公司　　　　　　 9 000 000
借:未决赔款准备金　　　　　　　　　　　　　　9 000 000
　　贷:提取未决赔款准备金　　　　　　　　　　 9 000 000

思考与练习

一、思考题

1. 什么是人身保险?什么是财产保险?人身保险和财产保险分别包括哪些业务?
2. 简述保险业务会计核算的特点。
3. 保险公司对人寿保险合同为什么要提取寿险责任准备金?
4. 什么是原保险?什么是再保险?再保险包括哪些业务?
5. 保险公司对非寿险原保险合同提取哪些责任准备金?

二、选择题

1. 我国按照保险对象,习惯将保险分为(　　)。
　　A. 人身保险　　B. 财产保险　　C. 健康保险　　D. 运输保险
2. 国际上将保险划分为(　　)。
　　A. 寿险　　　　B. 非寿险业务　C. 财产保险　　D. 人身保险
3. 人身保险按保障范围可以分为(　　)三类。
　　A. 人寿保险　　　　　　　　　　B. 人身意外伤害保险
　　C. 健康保险　　　　　　　　　　D. 年金保险
4. 如果再保险人又将接受的分保业务再分给其他的保险公司,这种做法叫(　　)。
　　A. 原保险　　　B. 再保险　　　C. 转分保　　　D. 分保

5.下列关于非寿险业务的表述中,正确的是( )。

　　A.非寿险业务就是财产保险业务

　　B.非寿险业务包括财产保险业务和短期健康险业务

　　C.非寿险业务不包括人身保险业务

　　D.非寿险业务包括财产保险业务和短期健康险业务、意外伤害保险等

三、业务分录题

1.F财产保险公司发生以下各项经济业务,要求逐笔编制会计分录。

(1)会计部门收到业务部门交来的财产基本险保费日报表、保费收据存根和银行收账通知36 000元,签单生效时收到保费。

(2)20×1年1月1日,F财产保险公司与王某签订一份家庭财产保险合同,保险金额为1 000 000元,保险期间为1年,保费为1 000元。合同规定,F财产保险公司自2月1日零时起开始承担保险责任。合同签订当日,阳光财产保险公司收到王某缴纳的全部保费并存入银行。

(3)20×1年1月1日,F财产保险公司与A公司签订一份工程保险合同,保险金额为4 000 000元,保险期间为20×1年1月1日零时至20×2年12月31日24时;保费总额为4 000元,分两年于每年年初等额收取。合同生效当日,F财产保险公司收到第一期保费并存入银行。

(4)20×1年4月12日,F财产保险公司确定应赔偿张某投保的家庭财产保险款80 000元,款项尚未支付。同时,F财产保险公司应冲减为该保险事故确认的未决赔款准备金80 000元。

(5)20×1年6月25日,F财产保险公司收到C公司通知,要求提前解除投保的企业财产保险合同。F财产保险公司按约定计算应退还C公司保费8 100元,并于当日以银行存款转账支付。假定F财产保险公司已为该企业财产保险合同确认未到期责任准备金9 000元。

(6)20×1年11月1日,F财产保险公司确认B公司投保的财产保险合同保费收入48 000元;11月30日,阳光财产保险公司保险精算部门计算确定该财产保险合同未到期责任准备金金额为44 000元;12月31日,阳光财产保险公司保险精算部门计算确定该财产保险合同未到期责任准备金金额为40 000元。

2.H人寿保险公司发生以下各项经济业务,要求逐笔编制会计分录。

(1)H人寿保险公司会计部门根据业务部门送来的"简身险保费日结单"及所附收据存根和现金30 000元,审查后办理入账。

(2)H人寿保险公司收到银行转来的收账通知,系D公司投保5年期团体寿险,投保对象为该公司的所有员工100人,每人按标准每月缴费50元。

(3) B公司为员工投保的3年期团体两全人寿保险现已到期。F人寿保险公司业务部门按缴费期限、投保份数,计算每一个被保险人已满期的保险金,总计为500 000元,以银行存款转账支付。

(4) 客户张宇投保的保险金额为60 000元的两全保险满期,尚有12 000元的保单质押贷款未归还,该笔贷款应付利息为600元,泰康人寿保险公司会计部门将贷款及利息扣除后办理给付。

(5) 20××年12月31日,H人寿保险公司保险精算部门计算确定的某团体终身寿险合同寿险责任准备金金额为120 000元。

3. 甲保险公司与乙保险公司签订货运险再保险合同,采取溢额再保险方式,甲保险公司承保金额为50 000 000元,自留额为10 000 000元,甲保险公司本月保费为8 000 000元,发生赔款6 000 000元,按合同规定甲保险公司向乙保险公司提供理赔资料,乙保险公司向甲保险公司预付了2 400 000元的现金赔款。要求编制甲保险公司的会计分录。

第十二章 证券公司业务的核算

学习目标

1. 了解证券的概念、种类,证券公司业务的内容。
2. 掌握证券经纪业务的内容、证券承销三种方式的业务核算。
3. 掌握证券自营业务的核算内容。
4. 掌握买入返售证券、卖出回购证券的核算,了解受托资产管理业务的核算。

第一节 概 述

我国金融业实行分业经营,证券业务由证券公司经办。设立证券公司,应当具备《中华人民共和国证券法》(以下简称《证券法》)规定的条件,并经国务院证券监督管理机构批准;未经国务院证券监督管理机构批准,任何单位和个人不得以证券公司名义开展证券业务活动。

一、证券的概念与种类

证券是以证明或设定权利为目的而形成的书面凭证。证券可作如下分类。

(一)按证券所载内容,分为货币证券、资本证券和商品证券

货币证券是指可以用来代替货币使用的信用凭证或信用工具,主要用于企业之间的商品交易、劳务供应等引起的债权债务的清算,常见的有汇票、本票、支票等。资本证券也称"收益性证券",是指企业为筹集资金而发行的、持券人凭以证明权利和领取收益的证券,通常包括股票和债券等。商品证券也称"货物证券",是指对货物有提取权的证明,它证明证券持有人可以凭券提取该证券上所列明的货物,常见的有仓单、提单等。

(二)按证券性质,分为证据证券和有价证券

证据证券是证明某种事实存在的凭证,如各种收据、借据等,凭证本身没有价值,只起证据作用,一般不具有流通性。有价证券是具有一定票面金额,代表或证明财产所有权的书面凭证,持券人有权按凭证取得一定收入。有价证券包括货币证券和资本证券,前者有汇票、本票、支票,后者如股票和债券等。

(三)按上市与否,分为上市证券和非上市证券

能够在我国证券交易所进行公开挂牌交易的证券称为"上市证券",否则称为"非上市证券"。证券上市的公司为上市公司。

以上证券在现代经济生活中发挥着各自的作用,其中最重要的是资本证券,即我国《证券法》规定的证券。

(四)我国证券法所规定的证券

在中华人民共和国境内,股票、公司债券、存托凭证和国务院依法认定的其他证券的发行和交易,适用《证券法》规定。

1. 股票

股份是股份有限公司的基本单元,股票是股份有限公司成立后签发给股东证明其所持股份的凭证,凭以取得股息和红利。股票按照投资主体可分为国家股、法人股、个人股和外资股;按照股东权益的性质可分为普通股、优先股;按照认购股票投资者身份和上市地点,可分为境内上市内资股(A股)、境内上市外资股(B股)和境外上市外资股(H股、N股、S股)三类。其中,B股是指以人民币标明面值,以外币认购和买卖,在沪深交易所上市交易,供港澳台及境外投资者买卖的外资股,2001年2月19日,中国证监会发布决定允许境内居民交易B股;H股、N股、S股是指注册地在内地,上市地分别在香港、纽约、新加坡的外资股。股票具有收益性、流通性、非返还性和风险性等特点。

2. 公司债券

债券是发行人依照法定程序发行的、约定在一定期限还本付息的有价证券。根据发行人的不同,债券可分为公司债券、金融债券、政府债券。其中,公司债券是指公司依照法定程序发行的、按约定还本付息的有价证券;金融债券是指依法在境内设立的金融机构法人为筹集资金、补偿流动资金的不足而在全国银行间债券市场发行的、按约定还本付息的有价证券;政府债券是指政府或政府授权的代理机构基于财政或其他目的而发行的、按约定还本付息的有价证券,包括国库券、财政债券、建设公债、特种国债、保值公债等。债券具有偿还性、流通性、安全性和收益性等特点。

3. 存托凭证

存托凭证又称"存券收据"或"存股证",是指在一国证券市场流通的代表外国公司有价证券的可转让凭证,是由存托人签发,以境外证券为基础在境内发行,代表境外基础证券权益的证券。它属于公司融资业务范畴的金融衍生工具。存托凭证一般代表公司股票,但有时也代表债券。

4. 证券投资基金

证券投资基金是一种利益共享、风险共担的集合证券投资方式,即通过向社会公众发行基金份额,集中投资者的资金,由基金托管人托管,由基金管理人管理和运用资金,从事股票、债券等金融工具投资的方式。投资者按其所持基金份额在基金中所占比例分享基金盈利和分担基金亏损。

二、证券发行和证券交易

证券市场是证券发行和买卖证券的市场,是金融市场的重要组成部分,由一级市场和二级市场组成。一级市场又称为"初级市场",是证券发行市场,即新发行证券认购和销售的市场。二级市场是证券流通和转让的市场,是对已发行的证券进行买卖、转让和流通的市场。

这里主要分析发行人在境内发行股票或者可转换公司债券(以下统称"证券")、证券公司在境内承销证券以及投资者认购境内发行的证券的情形。

(一)证券发行

1. 概念

证券发行是指证券发行人以筹集资金为目的,在证券发行市场依法向投资者以同一条件出售证券的行为。证券发行市场主体包括证券发行人、投资者和证券经纪人组成。资本证券的发行人是公司,经过严格的审批程序,可以在证券交易所发行股票和可转换公司债券,发行股票一为新设立公司而发行,二为增资扩股而发行;投资者包括机构投资者和个人投资者;证券公司是证券经纪人,负责承销证券。

2. 证券发行方式

证券发行方式有公开发行(也称"公募")和不公开发行(也称"私募")两种。我国证券发行制度已由核准制全面改为注册制。公开发行证券必须符合法律、行政法规规定的条件,并依法报经国务院证券监督管理机构或者国务院授权的部门注册。未经依法注册,任何单位和个人不得公开发行证券。有下列情形之一的,为公开发行:

(1)向不特定对象发行证券;

(2)向特定对象发行证券累计超过二百人,但依法实施员工持股计划的员工人数不计算在内;

(3)法律、行政法规规定的其他发行行为。

非公开发行证券,不得采用广告、公开劝诱和变相公开方式。

3. 证券发行保荐制度

发行人申请公开发行股票、可转换为股票的公司债券,依法采取承销方式的,或者公开发行法律、行政法规规定实行保荐制度的其他证券的,应当聘请证券公司担任保荐人。保荐人应当遵守业务规则和行业规范,诚实守信,勤勉尽责,对发行人的申请文件和信息披露资料进行审慎核查,督导发行人规范运作。保荐人的管理办法由国务院证券监督管理机构规定。

(二)证券交易

证券交易分为场内交易和场外交易。

场内交易即是在证券交易所、国务院批准的其他全国性证券交易场所进行的交易。证券交易所为证券集中交易提供场所和设施,组织和监督证券交易,实行自律管理。证券交易所依法登记,取得法人资格,目前我国设有上海证券交易所、深圳证券交易所、北京证券交易所三家全国性证券交易所,此外多地还设有区域性的新三板股票转让市场。证券交易所设定场内交易规则和交易时间,其交易方式包括集中竞价交易和非集中竞价交易。其中,非集中竞价交易有协议转让、裁判转让、报价转让(也称作"市商制度")、大宗交易、回购交易等。证券交易的类型包括现货交易、期货交易、期权交易等。

场外交易市场是不在交易所内,而在交易所外进行证券交易的总称。这种交易由证券买卖双方直接当面议价成交,一般没有固定的交易规则。交易的对象可以是上市证券,也可以是未上市的证券,但多数为未上市的证券。

证券交易当事人依法买卖的证券,必须是依法发行并交付的证券。非依法发行的证券,不得买卖。

三、证券公司的业务

《证券法》第一百二十条规定,经国务院证券监督管理机构核准,取得经营证券业务许可证,证券公司可以经营下列部分或者全部证券业务:

(1)证券经纪;

(2)证券投资咨询;

(3)与证券交易、证券投资活动有关的财务顾问;

(4)证券承销与保荐;

(5)证券融资融券;

(6)证券做市交易;

(7)证券自营;

(8)其他证券业务。

证券公司经营证券资产管理业务的,应当符合《中华人民共和国证券投资基金法》等法律、行政法规的规定。

除证券公司外,任何单位和个人不得从事证券承销、证券保荐、证券经纪和证券融资融券业务。

证券公司从事证券融资融券业务,应当采取措施,严格防范和控制风险,不得违反规定向客户出借资金或者证券。

我国对证券公司实行分类管理,分为综合类证券公司和经纪类证券公司。

综合类证券公司的证券业务分为证券经纪业务、证券自营业务、证券承销业务和经国务院证券监督管理机构核定的其他证券业务四种。

经纪类证券公司只允许专门从事证券经纪业务,即只能专门从事代理客户买卖股票、债券、基金、可转换企业债券、认股权证等。

证券公司应当根据经批准从事的业务范围,按照有关制度的规定,进行相关业务的会计核算。经纪类证券公司除证券经纪业务外,不需要涉及与证券自营、证券承销等业务相关的会计核算,也不需要设置与证券自营、证券承销等业务相关的会计科目和披露与证券自营、证券承销等业务相关的信息;综合类证券公司,根据所从事的证券经纪业务、证券自营业务、证券承销业务等业务,按照本制度的规定进行相关业务的会计核算。

第二节 证券经纪业务的核算

证券经纪业务是指公司代理客户(投资者)买卖证券的活动。它包括代理买卖证券业务、代理兑付证券业务、代理认购新股、代理配股派息、代保管证券业务,各类业务须分类核算。在证券经纪业务中,证券公司不垫付资金,不赚差价,只按规定收取一定的手续费及佣金。

一、代理买卖证券业务的核算

代理买卖证券业务是公司代理客户进行证券买卖的业务。公司代理客户买卖证券收到的代买卖证券款,必须全额存入指定的商业银行,并在"银行存款"科目中单设明细科目进行核算,不能与本公司的存款混淆;公司在收到代理客户买卖证券款项的同时还应当确认为一项负债,与客户进行相关的结算。公司代理客户买卖证券的手续费收入,应当在与客户办理买卖证券款项清算时确认收入,并进行增值税价税分离的处理。

代保管证券业务是公司代理其他各方保管的有价证券。公司代保管证券业务不需要单独设置科目核算,不论采取何种代保管方式,均只在专设的备查账簿中记录代保管证券的情况。

代理证券业务的手续费收入,应于代保管服务完成时确认收入;一次性收取的手续费,作为预收账款处理,待后续代保管服务完成时再确认收入。手续费和佣金收入确认或收到时应作价税分离入账,税率和计算方法规定与银行相同。

(一)会计科目的设置

1."银行存款"科目

"银行存款"科目属于资产类科目,核算公司存入银行的各种存款,其中客户交易结算资金存款应在本科目下单独设置明细科目核算。公司收入的一切款项,除国家另有规定的以外,都必须当日解交银行;一切支出,除规定可用现金支付的以外,应按现行有关规定,通过银行办理转账结算。期末借方余额,反映公司(包括客户)实际存在银行的款项。

公司发生外币业务时,应当将有关外币金额折合为人民币记账。除另有规定外,所有与外币业务有关的账户,应采用业务发生时的汇率,也可以采用业务发生当月月初的汇率折合。

2."结算备付金"科目

"结算备付金"科目属于资产类科目,核算公司为证券交易的资金清算与交收而存入指定清算代理机构的款项。本科目期末借方余额,反映公司和客户存入指定清算代理机构尚未使用的款项。本科目应设置以下两个明细科目。

(1)公司。本明细科目核算公司为进行自营证券交易等业务的资金清算与交收而存入指定清算代理机构的款项。

(2)客户。本明细科目核算公司代理客户进行证券交易等业务的资金清算与交收而为客户存入指定清算代理机构的款项。公司可以每日结转清算备付金的明细科目,也可以每月定期结转。

公司将款项存入清算代理机构,借记本科目,贷记"银行存款"科目;从清算代理机构收回资金,借记"银行存款"科目,贷记本科目。

3."代理买卖证券款"科目

"代理买卖证券款"科目属于负债类科目,核算证券公司接受客户委托,代理客户买卖股票、债券和基金等有价证券而收到的款项。公司代理客户认购新股的款项、代理客户领取的现金股利和债券利息、代理客户向证券交易所支付的赔付款等,也在该科目核算。该科目期为贷方余额,反映证券公司接受客户存放的代理买卖证券资金。该科目可按客户类别等进行明细核算。

(二)代理买卖证券业务的核算

1. 客户交易结算资金专户的核算

(1)收到客户交来的代理买卖证券款,在存管银行开设客户交易结算资金专用存款账户时,会计分录为:

借:银行存款——客户
　　贷:代理买卖证券款——××客户

客户可以在其资金专户办理日常存款、取款。公司按季向客户统一结计利息,会计分录为:

借:应付利息
　　贷:代理买卖证券款——××客户

(2)证券公司为客户在指定清算代理机构(中国证券登记结算公司)开设用于证券交易资金清算与交收的清算备付金专用存款账户时,会计分录为:

借:结算备付金——客户
　　贷:银行存款——客户

2. 买入证券成交总额大于卖出证券成交总额的核算

证券公司接受客户委托,通过证券交易所代理买卖证券。与客户清算时,如果买入证券成交总额大于卖出证券成交总额,就按清算日买卖证券成交价的差额,加代扣代交的印花税费和应向客户收取的佣金等手续费,借记"代买卖证券款"科目;按公司应负担的交易费用,借记"手续费支出——代买卖证券手续费支出"科目;按买卖证券成交价的差额,加代扣代交的印花税费和公司应负担的交易费用,贷记"结算备付金"科目;按应向客户收取的佣金等手续费,贷记"手续费收入——代买卖证券手续费收入"科目。其会计分录为:

借:代买卖证券款——××客户
　　手续费及佣金支出——代买卖证券手续费支出
　　贷:结算备付金——客户
　　　　手续费及佣金收入——代买卖证券手续费收入
　　　　应交税费——应交增值税(销项税额)

【例 12-1】 某证券公司接受客户委托,通过上海证券交易所代理买卖股票,买入股票成交总额为 1 100 000 元,卖出股票成交总额为 1 000 000 元,代扣代交的相关税费为 1 000 元,应向客户收取的佣金等费用为 2 000 元,证券公司应向交易所支付的结算手续费为 500 元。请编制该证券公司的会计分录。

解析:证券公司根据资金清算凭证编制会计分录如下:

金融会计

```
借:代理买卖证券款——××客户                103 000
                            (1 100 000－1 000 000＋1 000＋2 000)
   手续费及佣金支出——代买卖证券手续费支出      500
贷:清算备付金——客户                         101 500
                            (1 100 000－1 000 000＋1 000＋500)
   手续费及佣金收入——代买卖证券手续费收入    1 886.79
   应交税费——应交增值税(销项税额)            113.21
```

3. 卖出证券成交总额大于买入证券成交总额的核算

证券公司接受客户委托,通过证券交易所代理买卖证券。与客户清算时,如果卖出证券成交总额大于买入证券成交总额,就按清算日买卖证券成交价的差额,减代扣代缴的印花税费和公司应负担的交易费用,借记"结算备付金"科目;按公司应负担的交易费用,借记"手续费支出——代买卖证券手续费支出"科目;按买卖证券成交价的差额,减代扣代交的印花税费和应向客户收取的佣金等手续费,贷记"代买卖证券款"科目;按应向客户收取的佣金等手续费,贷记"手续费收入——代买卖证券手续费收入"科目。其会计分录为:

```
借:结算备付金——客户
   手续费及佣金支出——代买卖证券手续费支出
贷:代买卖证券款——××客户
   手续费及佣金收入——代买卖证券手续费收入
   应交税费——应交增值税(销项税额)
```

【例 12-2】 某证券公司接受客户委托,通过深圳证券交易所代理买卖证券,当买入证券成交总额小于卖出证券成交总额 510 万元,发生代扣代缴的交易税 1 万元,过户费 2.6 万元,应向客户收取的手续费 2.4 万元,公司缴纳交易所的费用 1.5 万元。请编制该证券公司的会计分录。

解析:应编制会计分录如下:

```
借:结算备付金——客户                      5 075 000
                            (5 100 000－10 000－15 000)
   手续费及佣金支出                         15 000
贷:代理买卖证券款——客户                    5 040 000
                            (5 100 000－10 000－24 000－26 000)
   手续费及佣金收入——代买卖证券手续费收入   47 169.81
   应交税费——应交增值税(销项税额)          2 830.19
```

二、代理兑付证券业务的核算

代理兑付证券业务是指证券公司接受公司客户委托,对其发行的证券到期进行兑付的证券业务。公司收取代兑付证券的手续费,代兑付证券业务完成,与委托方结算时确认收入。

(一)会计科目的设置

1."代兑付债券"科目

"代兑付债券"科目核算公司接受委托代理兑付到期的债券。本科目属于资产类科目,期末借方余额,反映公司接受委托代理兑付到期的债券实际已兑付的金额。公司收到委托单位的兑付资金时,借记"银行存款"科目,贷记"代兑付债券款"科目。收到客户交来的实物券,就按兑付金额,借记本科目,贷记"银行存款"等科目。公司向委托单位交回已兑付的实物券,借记"代兑付债券款"科目,贷记本科目。如果委托单位尚未拨付兑付资金,并由公司垫付的,在收到客户交来的实物券时,就按兑付金额,借记本科目,贷记"银行存款"等科目;向委托单位交回已兑付的债券并收回垫付的资金,借记"银行存款"科目,贷记本科目。本科目应按委托单位和债券种类设置明细账。

2."代兑付债券款"科目

"代兑付债券款"科目核算公司接受委托代理兑付债券业务而收到委托单位预付的兑付资金。本科目属于负债类科目,期末贷方余额,反映公司已收到但尚未兑付的代兑付债券款余额。本科目应按委托单位和债券种类设置明细账。

(二)代兑付证券业务核算

公司兑付债券本息,应分别以下两种情况进行账务处理。

1.公司代兑付无记名债券的核算

(1)收到委托单位的兑付资金时,会计分录为:

借:银行存款
    贷:代兑付债券款

(2)收到客户交来的债券时,按兑付金额,会计分录为:

借:代兑付债券
    贷:现金或银行存款

(3)兑付期结束,证券公司向委托单位交回已兑付的债券款、实物券时,会计分录为:

借:代兑付债券款
    贷:代兑付债券

2. 公司兑付记名债券的核算

(1)收到委托单位的兑付资金时,会计分录为:

借:银行存款
　　贷:代兑付债券款

(2)兑付债券本息,按兑付金额,会计分录为:

借:代兑付债券款
　　贷:银行存款

3. 公司收取的代兑付债券手续费收入

向委托单位单独收取时,按应收或已收取的手续费,会计分录为:

借:应收款项或银行存款
　　贷:手续费收入——代兑付债券手续费收入
　　　　应交税费——应交增值税(销项税额)

如果手续费与兑付款一并汇入,在收到款项时,就按实际收到的金额,借记"银行存款"科目,按应兑付的金额,贷记"代兑付债券款"科目,按事先取得的手续费,贷记"应收款项——预收代兑付债券手续费"科目;待兑付债券业务完成后,确认手续费收入,借记"应收款项——预收代兑付债券手续费"科目,贷记"手续费收入——代兑付债券手续费收入"科目。

【例 12-3】 某证券公司代理 M 公司兑付到期的无记名债券(实物券),8 月 1 日收到 M 公司的兑付资金 6 000 000 元,其中手续费 26 000 元,至 8 月底共兑付债券 5 974 000 元。请编制该证券公司的会计分录。

解析:(1)收到远大公司划来的兑付资金时,会计分录为:

借:银行存款　　　　　　　　　　　　　　　　　6 000 000
　　贷:代兑付债券款——M 公司　　　　　　　　　5 974 000
　　　　其他应付款——预收代兑付债券手续费　　　　26 000

(2)收到客户交来的实物券,予以兑付时,会计分录为:

借:代兑付债券——M 公司　　　　　　　　　　　5 974 000
　　贷:银行存款　　　　　　　　　　　　　　　　5 974 000

(3)兑付期结束,向 M 公司交回已兑付证券和办理结算时,会计分录为:

借:代兑付债券款——M 公司　　　　　　　　　　5 974 000
　　贷:代兑付债券——M 公司　　　　　　　　　　5 974 000

同时,确认手续费收入,价税分离的会计分录为:

借:其他应付款——预收代兑付债券手续费　　　　　26 000
　　贷:手续费及佣金收入——代兑付债券手续费收入　24 528.30
　　　　应交税费——应交增值税(销项税额)　　　　1 471.70

第三节 证券承销业务的核算

一、证券承销业务的基本规定

证券承销业务是指证券公司在一级市场接受发行单位的委托,代理发行人承销发行证券的业务。

(一)承销方式

我国《证券法》规定:发行人向不特定对象发行的证券,法律、行政法规规定应当由证券公司承销的,发行人应当同证券公司签订承销协议。证券承销业务采取代销或者包销方式。

证券代销是指证券公司代发行人发售证券,在承销期结束时,将未售出的证券全部退还给发行人的承销方式。

证券包销是指证券公司将发行人的证券按照协议全部购入或者在承销期结束时将售后剩余证券全部自行购入的承销方式。它分为全额承购包销和余额承购包销两种。

(二)证券承销业务中的有关规定

证券公司承销证券,应当对公开发行募集文件的真实性、准确性、完整性进行核查。发现有虚假记载、误导性陈述或者重大遗漏的,不得进行销售活动;已经销售的,必须立即停止销售活动,并采取纠正措施。

证券公司承销证券,不得有下列行为:进行虚假的或者误导投资者的广告宣传或者其他宣传推介活动;以不正当竞争手段招揽承销业务;其他违反证券承销业务规定的行为。证券公司有前款所列行为,给其他证券承销机构或者投资者造成损失的,应当依法承担赔偿责任。

向不特定对象发行证券聘请承销团承销的,承销团应当由主承销和参与承销的证券公司组成。

证券的代销、包销期限最长不得超过九十日。证券公司在代销、包销期内,对所代销、包销的证券应当保证先行出售给认购人,证券公司不得为本公司预留所代销的证券和预先购入并留存所包销的证券。

股票发行采取溢价发行的,其发行价格由发行人与承销的证券公司协商确定。

股票发行采用代销方式,代销期限届满,向投资者出售的股票数量未达到拟公开发行股票数量百分之七十的,为发行失败。发行人应当按照发行价并加算银行同期存款利息返还股票认购人。

二、证券承销业务的核算

证券公司承销证券应通过指定清算代理机构进行资金清算,因此,证券公司应在指定清算代理机构(中国证券登记结算公司)开立用于证券承销资金清算与交割的清算备付金专用存款账户。有关清算备付金专户开立的核算如前所述。

(一)会计科目的设置

1."代理承销证券"科目

"代理承销证券"科目核算公司接受委托代理发行的股票、债券等证券的价值。本科目属于资产类科目,期末借方余额,反映公司尚未售出的代发行证券的价值。

2."代理承销证券款"科目

"代理承销证券款"科目核算公司接受委托,采用余额承购包销方式或代销方式代发行证券所形成的应付证券资金。本科目属于负债类科目,期末余额在贷方,反映证券公司承销证券应付未付给委托单位的款项。本科目可按委托单位和证券种类进行明细核算。

(二)全额承购包销方式承销证券的核算

全额承购包销是指证券公司与发行人签订合同,由证券公司按合同确定的价格将证券从发行单位购进,并即向发行单位支付全部款项,然后按一定价格在证券一级市场发售给投资者的一种代理发行方式。证券公司主要是从中赚取证券发售价格与证券承购价格的差价。

证券公司在按承购价格购入待发售的证券时,确认为一项金融资产;将证券转售给投资者时,按发行价格进行价款结算,按已发行证券的承购价格结转代发行证券的成本并确认投资收益。发行期结束后,如有未售出的证券,应按自营证券进行核算与管理。

1. 认购证券

证券公司根据协议认购全部证券,按协议承购价向委托发行单位支付全部证券款项时,会计分录为:

借:代理承销证券
贷:银行存款

2. 发售或转售证券

发行期转售给投资者时,按发行价办理核算,同时按照承购价结转售出证券的实际成本,差额确认为投资收益。会计分录为:

借:银行存款或结算备付金——自有
　　贷:代理承销证券
　　　　手续费及佣金收入——代理承销证券手续费收入
　　　　应交税费——应交增值税(销项税额)

3. 未售证券转自营或长期投资

承销期结束,如果全部售出,则不再进行账务处理。如果有尚未售出的证券,则按自营证券进行管理,并按自营证券的有关规定进行核算,借记"交易性金融资产""其他权益工具投资""长期债券投资"或"长期股权投资"等科目。即按持有意图或证券性质进行账务处理。会计分录为:

借:交易性金融资产
或:其他权益工具投资
或:长期股权(债权)投资
　　贷:代理承销证券

【例12-4】 C证券公司与A公司签订合同,采用全额承购包销方式代为发行股票1 800万股,每股面值为1元。合同规定承购价为每股2.5元,承购价款于收到股票时一次付清。C证券公司通过深交所发行股票,自定发售价为每股3.2元,发行期内共售出股票1 500万股。C证券公司收到股票时,将其划分为以公允价值计量且其变动计入当期损益的金融资产,假设不考虑其他因素。请编制C证券公司的会计分录。

解析: C证券公司的账务处理如下。

(1)认购证券,按每股2.5元支付全部价款时,会计分录为:

　　借:代理承销证券——A公司　　　　　　　　　　45 000 000
　　　　贷:银行存款　　　　　　　　　　　　　　　45 000 000

(2)发售给投资者,按每股3.2元发售1 500万股时,会计分录为:

　　借:结算备付金——自有　　　　　　　　　　　　48 000 000
　　　　贷:代理承销证券——A公司　　　　　　　　37 500 000
　　　　　　手续费及佣金收入——代理承销证券手续费收入　　9 905 660.38
　　　　　　应交税费——应交增值税(销项税额)　　　594 339.62

(3)承销期满,证券公司对未售出的300万股股票按交易性金融资产自营证券进行核算。会计分录为:

　　借:交易性金融资产　　　　　　　　　　　　　　7 500 000
　　　　贷:代理承销证券——A公司　　　　　　　　7 500 000

(三)余额承购包销的核算

余额承购包销是指发行人委托承销机构在约定期限内发行证券,到销售截止日期,未售出的余额由承销商按协议价格认购。

证券公司收到代发行单位发售的证券时,在备查簿中进行登记。证券承销期内,按承销价格销售证券,承销期结束后,与发行单位结算承销证券款项和手续费,如果有未发售完的证券,则按规定由企业认购。

代理承销证券收取的手续费,应于发行期结束后,与发行单位结算发行价款时确认为手续费及佣金收入。

1. 收到委托发行的证券

收到委托单位委托发行的证券时,按约定的发行价格记账,会计分录为:

借:代理承销证券
　　贷:代理承销证券款

2. 承销期内发售证券

在约定的期限内售出证券时,按承销价格记账,会计分录为:

借:银行存款
　　贷:代理承销证券

3. 承销期结束,认购未售证券

承销期结束,如有未售出证券,则按合同规定由公司认购,在转为自营证券或长期投资时,按发行价格借记相关科目,会计分录为:

借:交易性金融资产
　　或其他权益工具投资
　　或长期股权投资等科目
　　贷:代理承销证券

4. 承销期结束,将募集资金付给委托单位并收取手续费

账务处理为:按承销价格,借记"代理承销证券款"科目,按实际支付给委托单位的金额,贷记"银行存款"科目,按应收取的手续费,贷记"手续费及佣金收入"科目;同时,冲销备查簿中登记的承销证券。会计分录为:

借:代理承销证券款
　　贷:银行存款
　　　　手续费及佣金收入——代理承销证券收入
　　　　应交税费——应交增值税(销项税额)

【例12-5】 W证券公司与H公司签订合同,采用余额承购包销方式代为发行股票1 000万股,每股面值为1元。W证券公司通过深交所上网发行股票,发行价定为每股 2.5 元,发行期内共售出股票 900 万股,代发行手续费为 2‰,承销期结束,W 证券公司按发行价认购未售出的 100 万股股票,并将其划分为以公允价值计量且其变动计入当期损益的金融资产。请编制 W 证券公司的会计分录。

解析: W 证券公司的账务处理如下。

(1)W 证券公司在股票上网发行日,根据承销合同确认的股票发行总额,按承销价款,在备查簿中记录承销股票的情况。会计分录为:

  借:代理承销证券——H 公司   25 000 000
    贷:代理承销证券款——H 公司   25 000 000

(2)W 证券公司与证券交易所交割清算时,按实际收到的金额,编制会计分录为:

  借:结算备付金——证券登记结算公司深圳分公司——自有 22 500 000
    贷:代理承销证券——H 公司   22 500 000

(3)承销期结束,W 证券公司认购未售出的 100 万股股票时,会计分录为:

  借:交易性金融资产   2 500 000
    贷:代理承销证券——H 公司   2 500 000

(4)承销期结束,W 证券公司将承销股票款项交付白云公司并收取承销手续费时,会计分录为:

  借:代理承销证券款——H 公司   25 000 000
    贷:银行存款   24 950 000
      手续费及佣金收入——代承销证券手续费收入 47 169.81
      应交税费——应交增值税(销项税额)   2 830.19

(四)代销方式承销证券的核算

代销方式承销证券是指证券公司接受发行人委托,按照规定的条件,在约定的期限内,代其向投资者销售证券,发行期结束,证券未按原定发行额售出,未售部分退回发行人,承销商向委托人收取手续费,不承担任何发行风险。代销的核算与余额承购包销的核算基本相同,只是在代销方式下,承销期结束后,如有未售出的证券,则应退还给发行单位。

收到委托单位委托发行的证券时,按委托方约定的发行价格,会计分录为:

  借:代理承销证券
    贷:代理承销证券款

证券售出后,按约定的发行价格,会计分录为:

  借:银行存款
    贷:代理承销证券

发行期结束,所募集资金付给委托单位,并收取手续费,按约定的发行价格,借记

"代理承销证券款"科目,按支付给委托单位的价款,贷记"银行存款"科目,按应收取的手续费,贷记"手续费及佣金收入——代理承销证券手续费收入"科目。会计分录为:

  借:代理承销证券款
   贷:银行存款
    手续费及佣金收入——代理承销证券手续费收入
    应交税费——应交增值税(销项税额)

同时,将未售出的代发行证券退还委托单位,会计分录为:

  借:代理承销证券款
   贷:代理承销证券

第四节　证券自营业务的核算

  证券自营业务是指公司以自己的名义,用公司的资金买卖证券以达到赚取差价收益目的的证券业务。自营证券业务包括买入证券和卖出证券。

  公司自营买入的证券,应按取得时的实际成本计价,其实际成本包括买入时成交的价款和交纳的各项税费。

  证券公司自营业务投资范围:已经和依法可以在境内证券交易所上市交易的证券,主要是股票、债券、权证、证券投资基金等,这是证券公司自营买卖的主要标的;已经和依法可以在境内银行间市场交易的证券;依法经中国证监会批准或者备案发行并在境内金融机构柜台交易的证券,主要是指开放式基金、证券公司理财产品等依法经中国证监会批准或向中国证监会备案发行,由商业银行、证券公司等金融机构销售的证券。

一、会计科目的设置

(一)"交易性金融资产"科目

  "交易性金融资产"科目属于资产类科目,核算公司为了获取证券买卖差价收入而买入的、能随时变现的股票、债券和基金等的实际成本。该科目可按该类金融资产的类别和品种,分别以"成本""公允价值变动"等进行明细核算。本科目还应按自营证券的存放地点和种类及品种设置明细账,进行数量和金额的明细核算。本科目期末借方余额,反映公司持有的各种自营证券的公允价值。

(二)"公允价值变动损益"科目

  "公允价值变动损益"科目属于损益类科目,核算证券公司交易性金融资产、交易性金融负债、指定为以公允价值计量且其变动计入当期损益的金融资产和金融负债、衍生工具等公允价值变动形成的应计入当期损益的利得或损失。该科目可按交易性金融资产、交易性金融负债、衍生工具等进行明细核算。期末,应将该科目余额转入"本年利润",结转后该科目无余额。

(三)"证券销售"科目

"证券销售"科目核算公司自营证券买卖中的销售收入、销售成本及差价。自营债券到期兑付的本金,也在本科目核算。

公司卖出证券或到期兑付债券时,按清算日实际收到的金额,借记"结算备付金——公司"或"银行存款"科目,贷记本科目。对于自营债券买卖业务,卖出时可将购买日至卖出日的持有期间应计利息确认为投资收益,即卖出时,按实际收到的价款,借记"结算备付金——公司"或"银行存款"科目,按买卖持有期间应计利息,贷记"投资收益"科目,按两者差额(即实际收到价款扣除买卖持有期间应计利息),贷记"证券销售"科目。

结转已售证券成本时,借记本科目,贷记"交易性金融资产"等科目。

本科目按证券种类设置明细账。

期末,结转证券销售差价收入时,借记本科目,贷记"本年利润"科目;发生亏损,作相反的会计分录。期末本科目的余额结转"本年利润"后应无余额。

需要说明的是,也有些公司不设置"证券销售"科目,直接通过"交易性金融资产"科目进行卖出证券业务的核算,见下文卖出证券业务的核算。

(四)"应收款项"科目

"应收款项"科目属于资产类科目,核算公司因证券经营而发生的除应收股利和应收利息以外的各种应收款项,如应收自营业务认购新股占用款、转入的逾期拆出资金等,以及其他各种应收、暂付款项,如不设"备用金"科目的公司拨出的备用金、预支差旅费、应收现金短款、应收赔款和罚款等。本科目应按应收、暂付款项类别以及不同的债务人设置明细账。该科目期末借方余额,反映公司尚未收回的各种应收款项。

(五)"投资收益"科目

"投资收益"科目核算公司进行长期股权投资、长期债券投资取得的收益或发生的损失。自营证券业务取得的现金股利和利息,也在本科目核算。

长期股权投资采用成本法核算的,被投资单位宣告发放现金股利或分派利润时,借记"应收股利"等科目,贷记本科目。长期股权投资采用权益法核算的,被投资单位当年实现的净利润,公司按应分享的份额,借记"长期股权投资"科目,贷记本科目;被投资单位当年发生净亏损,公司按应分担的份额,借记本科目,贷记"长期股权投资"科目。出售和收回股权投资时按实际收到的金额,借记"银行存款"等科目,按长期股权投资的账面价值,贷记"长期股权投资"科目,按其差额,贷记或借记本科目。计提投资风险准备的公司,还应同时冲减已计提的风险准备。

公司认购溢价发行在1年以上(不含1年)的长期债券,应于每期结账时,按应计的利息,借记"长期债券投资——应计利息"科目或"应收利息"科目,按当期应分摊的溢价,贷记"长期债权投资——溢折价"科目,按其差额,贷记本科目;购入折价发行的债券,应于每期结账时按应计利息,借记"长期债权投资——应计利息"科目或"应收利息"科目,按应分摊的折价,借记"长期债权投资——溢折价"科目,按应计利息与分摊数的合计数,贷记本科目。长期债权到期收回本息,按实际收到的价款,借记"银行存款"等科目,按债券本金和已计未收利息,贷记"长期债权投资——面值、应计利息"科目,按尚未摊销的溢价和折价,贷记或借记"长期债权投资——溢折价"科目,按其差额,贷记或借记本科目。计提投资风险准备的公司,还应同时冲减已计提的风险准备。

二、开设资金清算专户和交存交易保证金的核算

(一)开立资金结算专户的核算

公司在证券交易所办理自营证券业务时,应在交易所清算机构开设资金清算专用账户,结算备付金专户开立后,证券公司就可以进行自营买卖证券交易。将款项存入专用清算账户时,会计分录为:

  借:结算备付金——公司
    贷:银行存款

从清算代理机构划回资金,会计分录相反。

(二)交存交易保证金的核算

设置"交易保证金"科目,该科目属于资产类科目,核算公司向证券交易所交存的交易保证金。本科目应按收取交易保证金的单位(如上海证券交易所、深圳证券交易所)设置明细账。期末为借方余额,反映公司交存的交易保证金。

公司交存的交易保证金时的会计分录为:

  借:交易保证金
    贷:银行存款

收回交易保证金作相反的会计分录。

三、自营买入证券的核算

证券公司自营买入证券,依据《金融工具确认与计量》会计准则,将取得的证券在初始确认时划分为以下三类:以摊余成本计量的金融资产,以公允价值计量且其变动计入其他综合收益的金融资产,以公允价值计量且其变动计入当期损益的金融资产。并分别设置"长期股权投资""长期债权投资""其他权益投资""交易性金融资产"等会计科目进行核算。证券公司长期股、债权投资的核算办法与银行、保险等企业该类业务相同,这里不再赘述。

证券公司自营业务大量以在二级市场快进快出、赚取差价为目的,因而自营业务主要是交易性金融资产,即以公允价值计量且其变动计入当期损益的金融资产。

交易性金融资产是指证券公司为了近期内出售而持有的,在活跃市场上有公开报价、公允价值能够持续可靠获得的金融资产,有股票、债券和基金份额等。这里介绍自营"交易性金融资产"的核算方法。

(一)初始确认的核算

1. 买入证券的核算

(1)证券公司自营买入交易性金融资产,初始确认时,按公允价值计量。会计分录为:
　　借:交易性金融资产——成本
　　　　贷:结算备付金——公司

(2)发生的相关交易费用计入当期损益,会计分录为:
　　借:投资收益
　　　　贷:结算备付金——公司

(3)支付的价款中包含已宣告但尚未发放的现金股利或已到付息期但尚未领取的债券利息的,应单独确认为应收股利或应收利息,按实际支付的金额减少结算备付金。会计分录为:
　　借:应收股利或应收利息
　　　　贷:结算备付金——公司

收到上述支付价款中包含的已宣告发放的现金股利或债券利息时,会计分录为:
　　借:结算备付金——公司
　　　　贷:应收股利或应收利息

2. 包销余额转自营证券的核算

公司采用包销方式代发行的证券,发行期结束,未售出的证券转为自营证券的,按承购价或发行价进行如下会计处理:
　　借:交易性金融资产——成本等科目
　　　　贷:代承销证券

(二)持有期间的核算

1. 现金股利的核算

(1)自营买入的股票在持有期间被投资单位宣告发放的现金股利,或在资产负债表日按分期付息、一次还本债券投资的票面利率计算的利息,应确认为投资收益。会计分录为:

借:应收股利或应收利息
　　贷:投资收益

收到宣告发放的现金股利或债券利息时,会计分录为:

借:结算备付金——××清算代理机构——自有
　　贷:应收股利或应收利息

(2)自营买入分期付息到期还本的债券,其持有期间分期取得的利息,按实际取得的金额入账,会计分录为:

借:结算备付金——公司或"银行存款"科目
　　贷:投资收益

2. 股票股利的核算

公司自营买入的股票在持有期间派得的股票股利(即派送红股)或转增股份,应于股权登记日,根据上市公司股东会决议公告,按本公司原持有股数及送股或转增比例,计算确定本公司增加的股票数量,在明细账户"数量"栏进行记录。

3. 配股的核算

公司因持有股票而享有的配股权,通过网上配股的,在与证券交易所清算配股款时,按实际清交的配股款,会计分录为:

借:交易性金融资产——成本
　　贷:结算备付金——公司

通过网下配股的,按实际支付的配股款,会计分录为:

借:交易性金融资产——成本
　　贷:银行存款

4. 认购新股的核算

(1)公司通过网上认购新股,公司申购款被证券交易所从账户中划出并冻结时,会计分录为:

借:应收款项——应收认购新股占用款
　　贷:结算备付金——公司

认购新股中签,与证券交易所清算中签款项时,按中签新股的实际成本,会计分录为:

借：交易性金融资产——成本
　　　　贷：应收款项——应收认购新股占用款
同时，按退回的未中签款项，会计分录为：
　　借：结算备付金——公司
　　　　贷：应收款项——应收认购新股占用款
(2)公司通过网下认购新股，按规定存入指定机构的款项时，会计分录为：
　　借：应收款项——应收认购新股占用款
　　　　贷：银行存款
认购新股中签，按中签新股的实际成本进行如下会计处理：
　　借：交易性金融资产——成本
　　　　贷：应收款项——应收认购新股占用款
同时，按退回的未中签款项，借记"银行存款"科目，贷记"应收款项——应收认购新股占用款"科目。

(三)资产负债表日的处理

资产负债表日应将以公允价值计量且其变动计入当期损益的金融资产公允价值变动形成的利得或损失，计入当期损益。

交易性金融资产的公允价值高于其账面余额的，按其差额，编制会计分录为：
　　借：交易性金融资产——公允价值变动
　　　　贷：公允价值变动损益
公允价值低于其账面余额的差额，会计分录相反。

四、卖出证券的核算

(一)自营卖出股票的核算

公司出售以公允价值计量且其变动计入当期损益的金融资产时，应将与证券交易所清算时按成交价扣除相关税费后的净额，与该金融资产账面余额的差额，确认为投资收益；同时，将原计入该金融资产的公允价值变动损益转出，计入投资收益。会计分录为：
　　借：结算备付金——自有或银行存款
　　借(或贷)：交易性金融资产——公允价值变动
　　　　贷(或借)：投资收益
　　　　贷：交易性金融资产——成本

同时,把原来未确认的投资收益加以确认,会计分录为:

借:公允价值变动损益(原记录的公允价值变动损益)
　　贷:投资收益

如为损失,则会计分录相反。

以上两组会计分录也可以合二为一,则为:

借:结算备付金
借(或贷):交易性金融资产——公允价值变动
借(或贷):投资收益
借(或贷):公允价值变动损益
　　贷:交易性金融资产——成本

【例 12-6】 2021 年 10 月 20 日,W 证券公司将 10 000 000 元资金存入清算代理机构进行自营证券业务。2021 年 10 月 23 日,W 证券公司自营购入中国石油股份 1 000 000 股,每股 4.5 元,划分为交易性金融资产,各项费用支出为 4 000 元。2021 年 12 月 31 日,中国石油股价为每股 4.9 元。2022 年 2 月 18 日,W 证券公司将所持中国石油股份售出,每股 6 元。请分别编制以上各项业务的会计分录。

解析:(1)2021 年 10 月 20 日存入资金专户时,会计分录为:

借:结算备付金——公司　　　　　　　　　　　　　　10 000 000
　　贷:银行存款　　　　　　　　　　　　　　　　　　10 000 000

(2)2021 年 10 月 23 日买入证券时,会计分录为:

借:交易性金融资产——成本　　　　　　　　　　　　4 500 000
　　贷:结算备付金——公司　　　　　　　　　　　　　4 500 000

(3)发生交易费用时,会计分录为:

借:投资收益　　　　　　　　　　　　　　　　　　　4 000
　　贷:结算备付金——公司　　　　　　　　　　　　　4 000

(4)2021 年 12 月 31 日,会计分录为:

借:交易性金融资产——公允价值变动　　　　　　　　400 000
　　贷:公允价值变动损益　　　　　　　　　　　　　　400 000

(5)2022 年 2 月 28 日出售交易性金融资产时,会计分录为:

借:结算备付金　　　　　　　　　　　　　　　　　　6 000 000
　　公允价值变动损益　　　　　　　　　　　　　　　400 000
　　贷:交易性金融资产——成本　　　　　　　　　　　4 500 000
　　　　交易性金融资产——公允价值变动　　　　　　　400 000
　　　　投资收益　　　　　　　　　　　　　　　　　　1 500 000

(二)公司自营卖出债券的核算

卖出债券时可将购买日至卖出日的持有期间应计利息确认为投资收益,即卖出时,按实际收到的价款,借记"结算备付金——公司"或"银行存款"科目,按买卖持有期间应计利息,贷记"投资收益"科目,按两者差额(即实际收到价款扣除买卖持有期间应计利息),贷记"证券销售"科目。会计分录为:

借:结算备付金——公司或银行存款
　贷:投资收益
　　　交易性金融资产——成本

自营债券若到期前不出售而是继续持有直至到期兑付本息,则按到期兑付的金额,借记"结算备付金——公司"或"银行存款"科目,按到期兑付的利息,贷记"投资收益"科目,按到期兑付的金额扣除兑付的利息,贷记"其他权益投资"科目或"长期债权投资"科目。

第五节　其他证券业务的核算

其他证券业务是指证券公司在国家许可的范围内进行的除经纪、自营和承销业务以外的其他与证券有关的业务。它主要包括买入返售证券业务、卖出回购证券业务以及受托资产管理业务等。

买入返售证券和卖出回归证券是一项短期融资业务,应该在国家规定的场所进行,若是金融机构之间融资则一般在银行间同业拆借市场公开询价、报价、成交;若是上市公司之间的回购业务则在证券交易所内进行。买卖双方一方为资金融出方,另一方为资金融入方。买入返售证券是融出方融出资金的业务,是资产业务,也称为"回购业务"或"正回购业务";卖出回购业务是融入方融入资金的业务,是负债业务,也称为"逆回购业务"。与银行的证券回购业务核算略有差异。

证券公司的融资业务还包括同业拆借业务,通常是证券公司以自营证券向金融机构质押借款,详见第七章相关业务介绍,这里不再赘述。

一、买入返售证券业务的核算

买入返售证券业务是指公司与其他企业以合同或协议的方式,按一定价格买入证券,到期日再按合同规定的价格将该批证券返售给原卖出方,以获取买入价与卖出价的差价收入。公司应于买入某种证券时,按实际发生的成本确认为一项资产;证券到期返售时,按返售价格与买入成本价格的差额,确认为当期收入。

(一)会计科目的设置

1."买入返售证券"科目

"买入返售证券"科目属于资产类科目,核算公司按规定进行证券回购业务买入证券所发生的成本。该科目属于资产类科目,期末借方余额,反映公司已经买入尚未到期返售的证券的实际成本。本科目按不同交易场所、不同期限的证券种类设置明细账。

2."买入返售证券收入"科目

"买入返售证券收入"科目属于损益类科目,核算公司取得的买入返售证券收入。本科目应按买入返售证券的种类设置明细账。期末,应将本科目的余额转入"本年利润"科目,结转后本科目应无余额。

(二)买入返售证券的核算

证券公司通过国家规定的场所(一般在银行间同业拆借市场开展证券回购业务)买入证券,按实际支付的款项作为买入返售证券的初始确认金额入账。会计分录为:

借:买入返售证券
　　贷:结算备付金——公司

证券到期返售时,按实际收到的款项,借记"结算备付金——公司"科目,按买入证券时实际支付的款项,贷记"买入返售证券"科目,按其差额,贷记"买入返售证券收入"科目。会计分录为:

借:结算备付金——公司
　　贷:买入返售证券
　　　　买入返售证券收入

二、卖出回购证券业务的核算

卖出回购证券业务是指公司与其他金融企业以合同或协议的方式,按一定价格卖出证券,到期日再按合同规定的价格买回该批证券,以获得一定时期内资金的使用权。公司应于卖出证券时,按实际收到的款项确认为一项负债;证券到期购回时,按实际支付的款项与卖出证券时实际收到的款项的差额,确认为当期费用。

(一)会计科目的设置

1."卖出回购证券款"科目

"卖出回购证券款"科目属于负债类科目,核算公司按规定进行证券回购业务卖出证券取得的款项。本科目按券种设置明细账。期末贷方余额,反映公司卖出尚未回购的证券的价款。

2."卖出回购证券支出"科目

"卖出回购证券支出"科目属于损益类科目,核算按证券回购合同约定的证券回购价款与卖出回购证券价款的差额。本科目应按卖出回购证券的种类设置明细账。期末,应将本科目的余额转入"本年利润"科目,结转后本科目应无余额。

(二)卖出回购证券的核算

1. 卖出回购证券的核算

证券公司通过国家规定的场所:一般在银行间同业拆借市场开展金融机构之间的证券回购业务,或证交所参与上市公司之间的证券回购业务,卖出证券成交时,按实际收到的款项,借记"结算备付金——公司"科目,贷记"卖出回购证券款"科目。会计分录为:

借:结算备付金——公司
　　贷:卖出回购证券款

2. 到期回购的核算

到期回购回该批证券,按卖出证券时实际收到的款项,借记本科目,按回购证券时实际支付的款项,贷记"结算备付金——公司"科目,按其差额,借记"卖出回购证券支出"科目。会计分录为:

借:卖出回购证券款
　　卖出回购证券支出
　　贷:结算备付金——公司

三、受托资产管理业务的核算

受托资产管理业务是指公司接受委托负责经营管理受托资产的业务。公司受托经营管理资产,应按实际受托资产的款项,同时确认为一项资产和一项负债;公司对受托管理的资产进行证券买卖,按代买卖证券业务的会计核算进行处理;合同到期,与委托单位结算收益或损失时,按合同规定的比例计算的应由公司享有的收益或承担的损失,确认为当期的收益或损失。

(一)会计科目的设置

1."受托资产"科目

"受托资产"科目属于资产类科目,核算公司接受客户委托,用受托资金购买的证券的实际成本。本科目应按委托单位分别以"成本""已实现未结算损益"等设置明细账。期末借方余额,反映公司用受托资金购买的证券的实际成本。

2. "受托资金"科目

"受托资金"科目属于负债类科目,核算公司接受客户委托划来的受托资金。该科目可按委托单位、资产管理类别(如定向、集合和专项资产管理业务)等进行明细核算。期末贷方余额,反映公司尚未使用的受托资金的余额。

也有证券公司不设上述两个会计科目,另设"代理业务资产"科目""代理业务负债"科目进行上述业务的核算。

(二)账务处理

1. 证券公司收到委托人汇入的资金时,应按实际收到的金额同时确认一项资产和一项负债。会计分录为:

借:银行存款
　　贷:受托资金或代理业务负债

2. 证券公司以代理业务资金购买证券时,会计分录为:

借:受托资产或代理业务资产——成本
　　贷:结算备付金——客户

3. 证券公司将购买的证券售出时,按实际收到的价款,会计分录为:

借:结算备付金——客户
　　贷:受托资产或代理业务资产——成本
　　贷或借:代理业务资产——已实现未结算损益(借贷方差额)

4. 与委托单位结算时,借记"受托资产"科目,属于委托单位收益的,贷记"受托资金"科目,属于公司收益的,贷记"其他业务收入——受托资产管理业务收入"科目;如果发生损失,则应减少受托资金的金额,借记"受托资金"科目,按公司应承担的损失金额,借记"其他业务支出——受托资产管理业务损失"科目,按损失的金额,贷记本科目。会计分录为:

借:受托资产或代理业务资产——已实现未结算损益
　　贷:受托资金或代理业务负债
　　　　其他业务收入——受托资产管理业务收入

代理业务资产发生亏损时,应按损失金额核销代理业务资金,并结转已实现未结算损益。会计分录为:

借:受托资金或代理业务负债
　　其他业务支出——受托资产管理业务损失
　　贷:受托资产或代理业务资产——已实现未结算损益

5. 到期退还委托单位委托管理的资金及损益时,借记"受托资金"科目,贷记"银行存款"科目。会计分录为:

借:受托资金或代理业务负债
　　贷:银行存款

思考与练习

一、思考题

1. 证券公司的经纪业务包括哪些?
2. 什么是证券自营业务?包括哪些内容?
3. 什么是证券承销业务?简述证券承销的三种方式。
4. 什么是买入返售证券业务和卖出回购证券业务?

二、选择题

1. 证券按所载内容划分,可以分为( )。
   A. 货币证券　　　B. 商品证券　　　C. 资本证券　　　D. 证据证券
2. 下列哪些证券在我国境内的发行和交易适用《证券法》的规定?( )
   A. 股票　　　　　B. 债券　　　　　C. 存托凭证　　　D. 证券投资基金
3. 证券公司的证券经纪业务包括( )。
   A. 代理买卖证券　B. 代理兑付证券　C. 买入证券　　　D. 卖出证券
4. 证券公司的证券承销业务采取( )或者( )方式。
   A. 包销　　　　　B. 代销　　　　　C. 公开发行　　　D. 不公开发行
5. 证券公司自营业务包括( )两类。
   A. 代理买卖证券　B. 代理兑付证券　C. 买入证券　　　D. 卖出证券
6. 买入返售证券业务是证券公司的( ),卖出回购业务是证券公司的( )。
   A. 资产业务　　　B. 负债业务　　　C. 正回购　　　　D. 逆回购

三、练习题

1. A证券公司接受客户委托,通过上海证券交易所代理买卖股票,买入股票成交总额为1 600 000元,卖出股票成交总额为1 000 000元,代扣代交的相关税费为1 000元,应向客户收取的佣金等费用为2 000元,证券公司应向交易所支付的结算手续费为500元。要求:编制A证券公司上述各项业务的会计分录。

2. W证券公司代理M公司兑付到期的无记名债券(实物券),8月1日收到M公司的兑付资金5 000 000元,其中手续费25 000元,至8月底共兑付债券5 900 000元。要求:编制证券公司的会计分录。

3. W证券公司与H公司签订合同,采用余额承购包销方式代为发行股票5 000万股,每股面值1元。W证券公司通过深交所上网发行股票,发行价定为每股12.5元,发行期内共售出股票4 500万股,代发行手续费为2‰,承销期结束,W证券公司按发行价认购未售出的500万股股票,并将其划分为交易性金融资产。要求:编制W证券公司的会计分录。

4. A证券公司于20××年6月10日从证券市场上自营购入B公司发行在外的股票10万股作为交易性金融资产,每股支付价款5元;20×1年12月31日,该股票市价为5.3元;20×2年1月12日,A公司将上述股票以每股均价6.5元对外出售,收到款项65万元存入银行。要求:编制A证券公司上述各项业务的会计分录。

5. 三峡公司因急需资金扩展经营业务,经批准发行5年期分期付息的科转换企业债券5 000万元,由H证券公司承销,采取余额承购包销方式。承销期内H证券公司共销售4 000万,已与证券交易所交割清算。余额由H证券公司购买。划分为长期债权投资。要求:编制H证券公司的有关会计分录。

第四篇

模拟实验操作

第十三章 银行会计实验项目选编

学习目标

1. 熟悉银行基本业务实务操作流程,强化理论与实践紧密的结合,加深对理论的理解。

2. 熟悉业务操作中的关键要素,强化学生实际操作能力。

3. 使学生初步具备商业银行柜面业务操作能力,突出应用型人才培养目标。

金融会计实验是商业银行柜面业务模拟实习课程,以硕研金融实验软件为例加以介绍。

第一节 银行日间业务操作流程

实验目的:通过实验使学生熟悉当前商业银行业务系统日间业务操作流程,熟悉银行临柜柜员日常工作流程,理解业务系统中的重要概念。

一、柜员每日签到、签退操作流程

柜员签到 → 现金出库 → 凭证出库 → 日间业务处理 → 现金入库 → 柜员轧账 → 尾箱核对 → 柜员签退

工前准备主要是进行柜员的签到,以及每个柜员必须预匡算当天的现金和凭证用量,从金库管库员处将现金和凭证的出库,领入自己的尾箱。

柜员签到:柜员签到是柜员进入到业务前台系统的入口;柜员签到会判断柜员是否本机构柜员,柜员的密码是否正确,是否属于正常的柜员(没有被封锁等状态),柜员的密码是否过期等检查。

现金出库:现金出库是临柜柜员凭"现金出库票"向金库管库员从金库中领取现金,属每日工前准备;凭证出库临柜柜员把重要空白凭证从业务大库中领入各自的票箱。

现金入库:各临柜柜员将超出尾箱限额部分的现金交存入金库,该柜员尾箱对应币种的现金数量减少。

柜员轧差、尾箱核对是日终业务结束后,柜员使用"柜员轧差"轧平本人的账务,尾箱核对是对本柜员尾箱中的钱箱和票箱进行核清。柜员签退柜员结束当天工作后,通过签退交易退出系统,这是每个柜员进入系统后下班前必须完成的交易。柜员通过本交易确认当天工作已经结束、交易已经核清且不再办理业务;中心在每晚日结前将检查全辖柜员的签退状态,对于未签退下班的柜员将不定期全辖公布予以行政处理。

二、柜员日间业务处理的基本操作步骤如图 13-1 所示

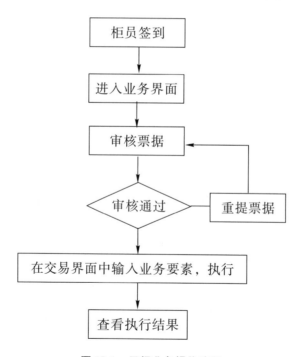

图 13-1　日间业务操作流程

三、新客户开立客户号业务操作

新客户开立客户号也就是要建立客户信息档案。

(一)个人开立客户号

个人开立客户号包括选择证件类别:身份证、护照、军官证、户口簿;证件号码;客户姓名:填写存款用户实名(证件上的姓名)、地址等。

(二)单位开立客户号

单位开立客户号包括企业类型:有限责任公司、股份有限公司、国有独资企业、个人独资企业、合伙企业、个体工商户、外商投资企业、私营企业、其他(包括全民所有制)。

社会信用代码:证件上的编号(18位数字);单位姓名:填写单位名称(营业执照的公司名称)、地址等。

第二节 存款业务实验

本节介绍个人活期、定期储蓄存款和单位活期存款开户、续存、取现、销户等业务的操作流程和实验步骤,详细介绍扫码可见。

第三节　贷款与贴现业务实验

本节介绍个人消费贷款发放、部分还款、全部结清业务操作流程和实验步骤。以及单位贷款发放和收回业务操作流程和步骤，银行承兑汇票贴现放款和到期收回业务操作步骤，详细介绍扫码可见。

第四节　结算业务实验

本节介绍同城票据交换提出、提入业务操作步骤，以及银行承兑汇票出票与承兑、到期托收及收到划回款项等业务流程和操作步骤，详细介绍扫码可见。

参考文献

[1] 钱红华.金融会计(第四版)[M].上海:上海财经大学出版社,2020.

[2] 钱红华,张慧珏.《金融会计》(第三版)[M].上海:上海财经大学出版社,2016.

[3] 孟艳琼.《金融企业会计》(第二版)[M].北京:中国人民大学出版社,2016.

[4] 志学红.《银行会计》(第四版)[M].北京:中国人民大学出版社,2019.

[5] 王允平,关新红,李晓梅.《金融企业会计学》[M].北京:经济科学出版社,2011.

[6] 唐国彬.《银行会计学》[M].北京:清华大学出版社,2004.

[7] 易国洪.《工商银行外汇业务实务》[M].内部资料.

[8] 张卓奇.《保险公司会计》[M].上海:上海财经大学出版社,2001.

[9] 程婵娟.银行会计学(第五版)[M].北京:科学出版社,2021.

[10] 李晓梅.金融企业会计精讲(第二版)[M].大连:东北财经大学出版社,2018.3.

[11] 魏永宏.金融会计学[M].北京:电子工业出版社,2017. [12] 张凤卫.金融企业会计(第2版)[M].北京:清华大学出版社,2013.

[13] 张丽娟.金融会计实务操作[M].北京:清华大学出版社,2006.

[14] 中国金融会计学会.中国金融会计学会重点研究课题文集[M].北京:经济管理出版社,2017.

[15] 何亚玲.金融会计学[M].北京:经济管理出版社,2013.

[16] 郭德松,刘海燕.金融会计(第3版)[M].武汉:华中科技大学出版社,2016.

[17] 关新红.新会计准则下金融企业会计实务[M].北京:电子工业出版社,2015.

[18] 潘丽娟.金融企业会计[M].大连:大连出版社,2010.

[19] 季丹群.金融会计实务[M].北京:北京师范大学出版社,2012.

[20] 王文平.金融会计[M].北京:清华大学出版社,2006.